普通高等院校经济管理类"十四五"应用型精品教材

【经济管理类专业基础课系列】

管理信息系统

主　编　邱立新
副主编　索　琪
参　编　于龙振　傅佳琳

MANAGEMENT

INFORMATION

SYSTEM

机械工业出版社
China Machine Press

图书在版编目（CIP）数据

管理信息系统 / 邱立新主编 . —北京：机械工业出版社，2020.10（2025.6 重印）
（普通高等院校经济管理类"十四五"应用型精品教材·经济管理类专业基础课系列）

ISBN 978-7-111-66565-6

Ⅰ. 管⋯　Ⅱ. 邱⋯　Ⅲ. 管理信息系统 - 高等学校 - 教材　Ⅳ. C931.6

中国版本图书馆 CIP 数据核字（2020）第 179180 号

　　本书用初识信息系统、应用信息系统和开发信息系统 3 个篇章全面系统地介绍了管理信息系统的基本概念、技术支撑、应用领域、规划和设计、实施与评价以及信息系统的前沿技术。每章以导入案例开篇，以实训收篇，强调案例应用和技能培训。各章配有思考题，配备免费的教学课件（可直接从 http://jg.qust.edu.cn/jgxyweb/ 上下载）。

　　本书是管理信息系统的通识教材，内容深入浅出、通俗易懂。本书通过案例讨论和课程设计的训练，强化教学互动，给学生留有创新的空间。本书主要面向管理类专业学生，适合作为高等学校管理类各专业的教材和教学参考书，也可供其他专业师生和社会读者选用、阅读。

出版发行：机械工业出版社（北京市西城区百万庄大街 22 号　邮政编码：100037）
责任编辑：杜　霜　　　　　　　　　　　　　　责任校对：殷　虹
印　　刷：涿州市般润文化传播有限公司　　　　版　　次：2025 年 6 月第 1 版第 7 次印刷
开　　本：185mm×260mm　1/16　　　　　　　印　　张：20
书　　号：ISBN 978-7-111-66565-6　　　　　　定　　价：45.00 元

客服电话：(010) 88361066　68326294

版权所有·侵权必究
封底无防伪标均为盗版

Preface 前言

20 世纪 80 年代以来，我国以计算机数据处理为基础的管理信息系统蓬勃兴起。经过 30 多年的发展，管理信息系统在理论上日趋完善，已经成为一门独立的学科，并在系统开发和应用实践上取得了丰硕的成果。成熟的商品化管理软件大量涌现，并在实际应用中产生了巨大的经济效益与社会效益。随着管理科学、计算机网络、通信技术的飞速发展和应用水平的不断提高，管理信息系统的规模越来越大，功能越来越复杂，集成化的程度也越来越高。管理信息系统已经成为企事业单位数字化、网络化、现代化管理的一个主要标志。

党的二十大报告提出要"加快发展数字经济，促进数字经济和实体经济深度融合""推动制造业高端化、智能化、绿色化发展"。以科技创新推动产业创新，发展新质生产力，推广应用新一代信息技术，发挥数字资源优势，打通核心数据链条，挖掘数字资源价值，提升构建数据驱动型高效运营管理模式的能力，加快传统产业和中小企业数字化转型升级。

大数据时代急需大量从事信息资源管理和信息系统开发与维护的人才，这样的人才不仅必须具有计算机科学、管理科学、系统科学等方面的知识，还必须掌握信息系统设计的基本原理、开发方法，具备系统分析、设计、实施的能力。为促进管理信息系统开发与维护人才的培养，也为促进管理信息系统在企事业单位的应用普及与提高，我们根据多年讲授管理信息系统的教学实践经验，在汲取国内外同类教材先进教学思想和教学内容的基础上编写了此教材。

本书共分 12 章，第 1 章主要介绍了信息、信息资源管理以及信息系统的概念和特征等管理信息系统的基本知识。第 2 章主要介绍了与信息系统建设相关的信息技术，包括数据库技术、数据仓库与数据挖掘、计算机网络以及数据通信与信息交换等。第3章主要介绍了企业资源计划（ERP）的基本概念、发展历程、基本原理和功能及应用等。第4章阐述了决策问题与决策过程的概念，介绍了决策支持系统与专家系统的基本概念、功能结构、建模技术及系统应用。第5章主要介绍了电子商务的发展历程和发展趋势，以及电子商务的商务模式和应用框架等。第6章主要介绍了信息系统开发的主要方法以及这些方法的基本思想、开发过程及各自的优缺点和适用范围。第7章主要介绍了信息系统的规划思想以及信息系统规划的步骤和常用方法等。第8章主要介绍了系统分析阶段的任务和主要工作以及结构化系统分析方法的基本思想和建模方法。第9章主要介绍了系统设计的任务、原则、主要内容以及所采用的方法，以结构化设计方法为例展示系统设计过程。第10章主要介绍了面向对象系统分析与设计的基本概念、建模工具以及常用设计模式。第11章主要介绍了系统实施阶段所要完成的任务，包括程序设计、系统测试、系统切换、系统维护与评价、系统运行管理等。第12章介绍了人工智能技术、大数据分析技术、量子技术和区块链技术等信息系统前沿技术。

本书是在2011版《管理信息系统》（中国标准出版社）的基础上，根据多年教学实践经验和教学需求，结合当前大数据发展趋势和信息技术前沿修订完成的，是高等院校精品课程和精品实验建设的阶段性成果，是邱立新教授及其课程组成员共同努力与通力合作的结晶。本书强调案例的应用，采用实例阅读和课程设计相结合的教学方法，各章配有实训和复习思考题，其中，第8、9、10章还配有系统分析和设计示范，学生可以在阅读资料和学习案例的基础上组成课题设计小组，完成课后给出的管理信息系统的逻辑模型设计、详细设计和编程实施。这一方法使作者多年的教学取得了良好的成效，不仅加深了学生对管理信息系统的理解，而且激发了他们的创新欲望，提高了他们综合运用相关知识解决问题的能力。本书采用模块化结构设计，配套多元的教辅资料（如电子课件、习题库和实训手册等），有利于不同层次、不同专业的读者参考使用。

本书各章的编写分工如下：第1、2、5、6、7章由索琪编写，第3、4、8、9、11章由邱立新编写，第10、12章由于龙振编写，傅佳琳参与部分章节编写。邱立新负责全书的规划、统稿和校对，索琪负责全书配套电子课件的制作，于龙振负责网络资源维护。

在本书的编写过程中作者参考了国内外有关文献和资料，在此谨向这些文献和资料的作者表示诚挚的谢意。感谢为本书提供案例和实例资料的有关人士。

本书主要面向管理类学生，适合作为高等学校管理类各专业的教材和教学参考书，也可作为其他专业的教材和社会读者的参考用书。由于作者水平所限，书中内容不免有欠妥之处，敬请读者赐教。

邱立新

Suggestion 教学建议

本课程是关于信息系统应用与信息系统开发的课程。本课程的教学目的在于,通过讲授信息系统的技术基础、系统开发的理论方法,培养学生开发、维护信息系统的基本技能,提升学生综合运用知识从而提供信息资源管理方案的能力。

管理信息系统是一门系统研究信息技术在管理领域应用方面的综合性边缘学科,学生需要掌握的知识点非常多,涉及管理学、运筹学、计算机科学的概念和方法。为使教学达到预期效果,建议在以理论教学为主的基础上,采用"导入案例 + 理论学习 + 案例分析 + 复习思考 + 课程设计"五个环节的教学模式:通过"导入案例"引发学生思考并提出问题,从而延伸到"理论学习";利用"案例分析"拓展思路,深化了解;回归课后"复习思考题",能够更好地巩固理论知识,掌握本门课程的考试要点;结合"课程设计",训练学生综合运用知识开发信息系统的初步能力。

管理信息系统是一门实践性较强的课程,要求学生在课后完成指定的课程设计。一个完整的信息系统开发需要若干人共同协作才能较好地完成,因此,建议学生在"课程设计"环节以团队作业的形式按项目管理进行操作,有助于提升学生自我管理、自主学习的能力,从而有效地促进学生创造能力的发展,使学生全面掌握管理信息系统的基本理论和实践技能。

课时分配建议(供参考):

序号	章节	教学内容	学习要点	课时安排
1	第1章	信息系统概论	数据、信息和知识的基本概念	2
			信息资源管理的概念与任务	
			信息系统类型、结构	

(续)

序号	章节	教学内容	学习要点	课时安排
1	第2章	信息系统的技术基础	数据库相关概念、数据模型和关系模式规范化理论	6
			数据仓库、数据挖掘技术与应用	
			计算机网络与数据通信的基本知识	
3	第3章	企业资源计划	ERP的发展历程	3
			ERP的基本原理	
			ERP系统的功能及应用	
4	第4章	决策支持与商务智能	决策问题与决策过程	3
			决策支持系统的结构与功能	
			专家系统	
5	第5章	电子商务	电子商务的商务模式	2
			电子商务系统的应用框架	
6	第6章	信息系统开发方法	信息系统开发的生命周期	2
			信息系统开发的主要方法	
7	第7章	信息系统总体规划	信息系统规划的内容	6
			三种信息系统规划方法：关键成功因素法、价值链方法、业务系统规划法	
			初步调查与可行性分析	
			拟订信息系统总体方案	
8	第8章	结构化系统分析	系统分析的主要任务、主要内容和方法	8
			业务流程分析与建模	
			数据流程分析、数据字典	
			系统功能模型设计	
			新系统逻辑方案	
9	第9章	结构化系统设计	系统设计的目标和任务	6
			结构化系统设计方法	
			系统平台设计、代码设计、数据库设计、输入输出与界面设计、软件结构设计	
10	第10章	面向对象系统分析与设计	面向对象的相关概念	4
			统一建模语言	
			设计模式	
11	第11章	系统实施、维护与管理	程序设计的主要指标	4
			系统测试方法、步骤	
			系统切换方式	
			系统维护与系统评价	
12	第12章	信息系统前沿技术	人工智能技术、大数据分析技术、量子技术和区块链技术等技术简介	2
13	合计			48

Contents 目录

前言
教学建议

第一篇　初识信息系统

第1章　信息系统概论　/2

1.1　数据、信息和知识　/3
1.2　信息资源管理　/6
1.3　信息系统的基本概念　/8
本章小结　/19
复习思考题　/20
实训：数梦工场助力城市数字化改革　/20

第2章　信息系统的技术基础　/22

2.1　信息系统的基础设施　/23
2.2　数据库技术　/29
2.3　数据仓库与数据挖掘　/39
2.4　计算机网络　/44
2.5　数据通信与信息交换　/50
本章小结　/58
复习思考题　/59
实训：阿里巴巴的"数据战"　/59

第二篇　应用信息系统

第3章　企业资源计划　/64

3.1　顾名思义ERP　/65
3.2　ERP的发展历程　/65

3.3　ERP的基本原理　/71
3.4　ERP系统功能及应用　/74
3.5　ERP的实施与开发　/80
本章小结　/84
复习思考题　/84
实训：主生产计划调整　/84

第4章　决策支持与商务智能　/86

4.1　决策问题与决策过程　/87
4.2　决策支持系统　/89
4.3　决策支持建模技术　/94
4.4　智能决策与专家系统　/96
本章小结　/99
复习思考题　/99
实训：分析完善决策支持系统　/100

第5章　电子商务　/102

5.1　电子商务的起源与发展　/103
5.2　电子商务的商务模式　/108
5.3　电子商务系统应用框架　/114
5.4　电子商务系统的发展趋势　/119
本章小结　/120
复习思考题　/121
实训：美式橄榄球联盟赛事中的
　　　电子商务　/121

第三篇　开发信息系统

第6章　信息系统开发方法　/124

6.1　系统开发概述　/125

6.2 生命周期法 /128
6.3 原型法 /129
6.4 面向对象的开发方法 /133
6.5 系统开发的项目管理 /136
本章小结 /140
复习思考题 /140
实训：同方股份有限公司开发方式
　　　的选择 /141

第7章　信息系统总体规划 /142

7.1 信息系统总体规划概述 /143
7.2 总体规划主要方法 /147
7.3 初步调查与可行性分析 /160
7.4 拟订信息系统总体方案 /162
7.5 系统开发实施计划 /163
本章小结 /167
复习思考题 /168
实训：A公司的信息系统规划 /168

第8章　结构化系统分析 /171

8.1 系统分析概述 /172
8.2 组织机构调查与业务流程分析 /174
8.3 数据与数据流程分析 /181
8.4 系统功能模型设计 /188
8.5 建立新系统逻辑方案 /191
8.6 系统分析报告 /193
8.7 信息系统分析实例：考试管理信息
　　系统分析 /193
本章小结 /201
复习思考题 /202
实训：补充订货系统的逻辑模型设计 /202

第9章　结构化系统设计 /204

9.1 系统设计概述 /205
9.2 系统平台设计 /211
9.3 代码设计 /213
9.4 数据库设计 /216
9.5 输入输出与界面设计 /221
9.6 软件结构设计 /222
9.7 系统设计报告 /227
本章小结 /228
复习思考题 /228
实训：补充订货系统的物理结构
　　　设计 /229

第10章　面向对象系统分析与设计 /230

10.1 面向对象理念 /231
10.2 类与对象 /237
10.3 面向对象特征 /242
10.4 统一建模语言 /245
10.5 设计模式 /251
本章小结 /262
复习思考题 /263
实训：识别系统开发涉及的类
　　　和对象 /263

第11章　系统实施、维护与管理 /266

11.1 系统实施概述 /267
11.2 程序设计 /267
11.3 系统测试 /269
11.4 系统切换 /272
11.5 系统维护与评价 /274
11.6 系统运行管理 /277
本章小结 /279
复习思考题 /280
实训：谁来负责 /280

第12章　信息系统前沿技术 /282

12.1 人工智能技术 /283
12.2 大数据分析技术 /293
12.3 量子技术 /298
12.4 区块链技术 /302
本章小结 /307
复习思考题 /307
实训：深度学习 /307

参考文献 /309

第一篇

初识信息系统

第 1 章

信息系统概论

📝 学习目的和要求

1. 熟悉数据、信息和知识的基本概念
2. 理解信息资源管理的含义
3. 理解并掌握信息系统的概念
4. 了解信息系统的主要类型
5. 了解信息系统的体系结构

📖 导入案例：大数据的推动力

互联网时代的汽车客户呈现出新的时代特点，不同客户对汽车的要求不同，企业竞争力不仅取决于品牌及产品对客户的吸引力，还取决于企业的营销及渠道能力。面对互联网浪潮的冲击，如果能合理利用大数据技术，必将推动整个汽车行业的发展，使之呈现出崭新的面貌。

近年来，汽车企业纷纷开始探索企业商业模式和组织管理模式的持续创新，提出了大数据时代下的全渠道营销。其重点在于以消费者为中心，收集不同渠道的消费者数据，打通线上线下的数据触点，从而做出更全面的消费者洞察。企业通过建立一个包含原始数据层、事实标签、模型标签和预测标签的多层次的客户标签体系来构建大数据时代完整的客户画像体系。企业能够通过原始数据建立相应的事实标签，如性别、年龄等人口属性；模型标签，如德系、大众等汽车购买偏好；还有预测标签，如预测客户的近期购车需求、购买能力等。首先，通过建立客户画像，可以准确挖掘出客户特征，进而找到潜在客户群；其次，对消费者进行细分，有助于理解不同消费群体的心理状态和需求，也就是价值观诉求；再次，通过有针对性的营销，能够真正实现客户的个性化定制，并利用多种渠道与这些客户接触，如互联网电商平台、手机 App、微信、微博等自媒体平台、4S 店等；最后，企业可以根据客户的购车需求提供有针对性的销售服务。同时，企业还应对得出的数据进行反馈，这样就形成了一个完整的循环体系。在这个体系中，企业通过不断的数据更新、数据分析、数据应用、数据反馈来保证服务的准确性，从而提高客户黏性。

汽车行业的竞争越来越激烈，客户对市场的响应越来越及时，个性化要求越来越高，这必然会加速相关企业的数字化转型之路。

资料来源：中国管理案例共享中心网，http://www.cmcc-dut.cn/Cases/Detail/3633，有删改。

1.1 数据、信息和知识

信息化是当今经济发展和社会生活的重要特征，借助于信息技术（Information Technology，IT）和信息系统（Information System，IS），可以优化管理决策，提高企业生产与经营的效率和效益，改造传统产业，以信息化带动工业化，最终达到推动经济增长的目的。

现代化的管理需要借助于信息系统支持日常的工作，企业自身也需要不断变革管理方式以适应信息时代的新需求。企业需要信息系统来处理经营中的一些基本运作，如数据收集、交易处理以及创建报表等，需要网络共享数据、支持协同工作以及建立与客户和供应商的联系，以支持新的商业模式，还需要改变企业自身的管理方式来适应信息时代的要求。数据、信息和知识是信息系统的最基本术语。

1.1.1 数据

数据是信息系统处理的基本对象，是指那些未经加工的事实，用于描述客观事物的属性。数据是人们为了反映客观世界而记录下来的可以鉴别的符号，它没有特定的背景和意义，不提供对事件的判断和解释。例如，一笔销售业务涉及产品名称、销售单价、销售数量、客户信息、交货时间等，这些都是描述这笔业务的数据。又如，"140"是一个数字，在没有特定的背景下，可以将其理解为人的身高，也可以理解为道路的长度，等等。

数据按照类型可以分为数值数据、字符数据、图表数据、音频数据和视频数据等，甚至可以是如高、矮、胖、瘦等特性数据的模糊数据。数据需要用具体的载体来记录和描述，用于记录数据的媒体具有多样性，如纸张和现代技术中多采用的存储媒体（硬盘、光盘等）。只有通过一定的媒体加载后，才能对数据进行存取、加工、传递和处理。当前，数据已经渗透到所有行业和领域，成为重要的生产因素。

近年来，大数据已成为信息领域一项颠覆性的技术，只有对海量数据进行深入挖掘和利用，将其转变成能够帮助管理者科学决策的信息，才能实现其真正价值。管理并利用好重要的数据资产，使其为个人生活、企业决策乃至国家治理提供辅助，是现阶段信息行业面临的重要挑战。麦肯锡全球研究所将大数据（Big Data）定义为一种规模大到在获取、存储、管理和分析方面大大超出了传统数据库软件工具能力范围的数据集合。维基百科对大数据的定义突出地强调，大数据的数据量规模巨大到无法通过人工，在合理时间内达到截取、管理、处理并整理成为人类所能解读的信息。IBM将大数据的特征归纳为4个"V"：大量（Volume）、多样（Variety）、高速（Velocity）和真实（Veracity）。

1.1.2 信息

信息是信息系统处理的核心内容，如果将信息系统比喻为组织的神经系统，信息则是神经系统所传递的具体内容。信息是数据加工后的结果，对特定的使用者而言具有意义和价值，能够对使用者的行为和决策产生影响。在经济管理学中，信息被泛指为提供决策的有效数据。关于信息的概念，许多学者从不同的视角进行了阐述。

"信息"作为科学术语，最早由哈特莱于1928年提出，他认为，信息是指有新内容、新知识的消息。20世纪40年代，信息论创始人克劳德·艾尔伍德·香农（Claude Elwood Shannon）认为，信息是用以消除不确定性的东西。这一定义后来被人们作为经典定义而经常加以引用。此后，不同的研究者从各自的学科领域出发，对信息进行了不同的界定，其中具有代表性的定义如下：

在系统论中，信息被认为是系统内部联系的特殊形式。

在控制论中，诺伯特·维纳（Norbert Wiener）认为信息是在适应外部世界、控制外部世界的过程中同外部世界交换的内容的名称。

在信息论中，信息被视为是可以获得、变换、传递、存储、处理、识别和利用的一般对象，它能够为实现目标排除意外性，增加有效性。

在经济管理学中，信息泛指为决策提供的有效数据。

我国著名信息学专家钟义信认为，信息的概念应该有层次性。在信息概念的诸多层次中，最重要的是两个层次：一是没有任何约束条件的客观的本体论层次，即信息是事物运动的状态及改变方式；二是受主体约束的认识论层次，即信息是主体感知或所表述的事物运动的状态及改变方式。由于引入了"主体"这一条件，认识论层次信息的概念有了更为丰富的内涵。本体论层次信息与认识论层次信息的关系如图1-1所示。

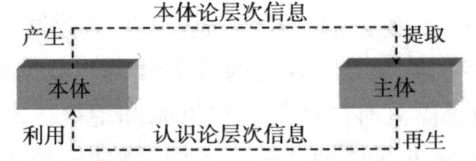

图1-1 本体论层次信息与认识论层次信息的关系

认识论层次信息可以进一步扩展为三个层次：①语法信息，即信息的外在形式，由主体所感知。②语义信息，即信息的逻辑含义，由主体所理解。③语用信息，即信息的效用，由主体根据目的来判断。我们以交通信号灯为例，分析认识论的三个信息层次：红灯亮，是关于交通的语法信息；让人们停止前进的含义是语义信息；为保证正常运行和安全是语用信息。

为更好地理解信息，我们需要深入地了解信息的特征。信息具有以下特征：

（1）客观性。信息客观地反映了事物的状态和特征，由于事物的运动、发展和变化是不以人的意志为转移的，因此反映这种客观存在的信息，同样带有客观性。信息必须是符合现实的，事实性是信息的第一和最基本的属性。

（2）时效性。信息是对事物运动状态和变化的历史记录，总是先有事实后有信息。一般而言，信息的使用价值与时间成反比，时间越久，信息的使用价值越小，直到信息的使用价值衰减至完全消失。

（3）共享性。信息可以多次被多方共享，信息本身可以扩散、传递，可以从一个信息源传递至多个接收者，并被多个接收者共享，通过信息交流能够使信息价值倍增。共享性是信息所独有的特性，信息不会因为共享而消失，这是信息与物质和能量的本质区别。

（4）传递性。信息可以通过各种通信方式进行传递，其传输成本远远低于传输物质和能源。尤其是互联网的迅速发展和普及，使得信息的传递不受时间和空间的限制，传递形式不断完善，传递更加及时和便捷。信息的可传递性加速了资源的交流与共享。

（5）层次性。管理是分等级的，不同等级的管理活动需要使用不同类型的信息，因此信息也是分等级的。一般将管理活动分为战略级、管理级和作业级，不同等级管理活动的信息来源、信息性质、信息频率、信息精度均存在明显差异，需要区别处理。

（6）价值性。信息是重要的资源，是价值与使用价值的统一。信息的使用价值是指信息能够满足人们特定的需求，例如，信息能够帮助人们决策、学习、研究等。信息的价值体现了信息的社会属性，可以根据获得信息所需要的劳动量及使用效果来计算。信息的使用价值必须经过转换才能获得。

数据与信息的区别在于：数据是信息的表达形式，而信息是数据表达的内容，数据有向信息转化的实际需求。例如，将企业的历年销售数据进行处理，按照客户名称对销售数量进行分类汇总，然后进行排序，对排序结果进行分类，即可筛选出排名在前十位的客户作为企业的重要客户，排名居中的为中等客户，其余的为小客户。针对不同客户类别实行不同的销售策略，这样就实现了数据向信息的转化。

1.1.3　知识

知识是一种包含结构化经验、价值观念、关联信息及专家见识等要素的动态混合体，是在信息基础上经过进一步提炼的"有价值"的东西。知识产生于人们对客观世界的认知过程，并被应用于人们改造客观世界的活动。知识是对客观世界更高层次的理解，能够预测和指导未来的活动，其价值在使用过程中得以体现。合理的知识利用可以转化为生产力。

按照知识的存在形态可以将知识分为显性知识和隐性知识。显性知识（已定型信息）

是指用语言能明确表达出来的可编码化、可结构化的知识，如各种规章制度、业务手册、设计图纸等。隐性知识（非定型信息）是指存在于人们头脑中的个人经验、观念等隐含化知识。由于隐性知识难以用较为简单的方式表达出来，难以传递与交流，因此其内涵比显性知识复杂，个性化程度高，包括主观的理解、直觉、预感和经验等。

调查显示，企业中有42%的知识是存在于员工头脑中的隐性知识，而不同种类的显性知识总和达58%，比重大于隐性知识。过去，人们重视对文字资料、图纸等显性知识的管理，而忽略了对隐性知识的管理。然而，随着知识经济的到来，信息和知识取代了资本和能源，成为创造财富的主要因素。深入挖掘和有效地存储、利用隐性知识，具有重要的意义。

数据、信息和知识这三个概念之间存在何种关系？事实上，当事件发生时便产生了数据，数据经过加工处理后才能转化为信息，决策者会依赖获得的信息做出决策，这就是数据变成信息并提供决策依据的过程。而知识则侧重于使信息之间建立因果联系或获得规律，是对大量的信息进行理解、认识并经过重新组织和系列化而形成的。以车间生产为例，100件废品只是一个数据，但如果将其折算成废品率，与规定废品率水平进行比较，发现废品率超过规定值，从而引起质量管理部门重视，查找原因并采取改进措施，这一信息对质量主管的决策产生了影响，这时废品率数据便转化为信息。质量主管经过调查分析发现，当某类设备使用年限超过3年或工人连续加班时，废品率就会上升，进而找到废品形成的主要原因并总结出规律，这时数据就转化为知识。

可见，数据、信息和知识之间是依次递进的关系，分别从语法、语义、语用三个层面反映了人们认知深化的过程。同时，数据、信息和知识之间是相互作用的。此外，情报是信息的特殊子集，是具有机密性质的特殊信息。数据、信息和知识三者之间的关系如图1-2所示。

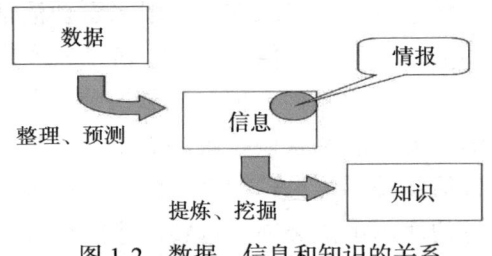

图1-2 数据、信息和知识的关系

1.2 信息资源管理

1.2.1 信息资源

信息作为现代管理的基本要素和重要手段，是生产力的关键因素、社会发展的战略资源。信息管理是指对人类社会信息活动的各种相关因素（主要指人、信息、技术等）进行科学的计划、组织、控制与协调，以实现信息资源的充分开发、合理配置和有效利用的过程。信息管理（作为一种社会活动）的目的在于解决社会信息的无序性与人类需要的特定性之间的尖锐矛盾，使特定的人在特定的时间能够获取所需要的特定信息。

信息是一种资源，它具有资源的三个基本经济属性：

（1）有用性。信息可以减少经济行为中的不确定性，节省生产和投资的成本，并带来经济利益,是有用的。

(2) 稀缺性。信息资源的开发需要相应的成本投入,在既定的时间、空间及其他条件约束下,经济活动行为者因人力、物力、财力等方面的限制,其信息资源拥有量总是有限的。

(3) 可选择性。同一信息资源可以作用于不同的对象,并可以产生多种不同的作用效果。经济活动行为者可以根据这种现象对信息资源的使用方向做出选择。正是由于这种特性,产生了信息资源的有效配置问题。

对信息资源的理解有广义和狭义之分。狭义的信息资源是信息内容本身所构成的信息有序化集合,是人类社会经济活动经过加工、处理、有序化并大量积累后的有用信息的集合。例如,科学技术信息、政策法规信息、社会发展信息、市场信息、金融信息等,都是信息资源的重要构成要素。广义的信息资源既包括信息内容本身,又包括有关提供信息的设施、设备、组织、人员和资金等。也就是说,信息资源及与其有关的各种资源的总和,是人类社会信息活动中积累起来的信息、信息生产者、信息技术等信息活动要素的集合。两者是对信息资源不同角度的认识和理解,前者强调信息资源概念的内涵和实质,后者则侧重以整体视角把握其内涵。

在信息资源的各要素中,信息生产者、信息和信息技术是三个基本组成部分,称为信息资源三要素。其中,信息生产者是信息资源的关键,人创造了信息,并使用信息技术对信息进行收集、加工和处理,使信息的效用和价值得到充分发挥。信息是信息资源的核心,只有通过开发、利用信息,才能实现信息资源的价值。信息技术是信息收集、加工、存储和传递技术的集合,其物化的产物包括有形的物质手段,如望远镜、电视机、电子计算机等,而抽象的智力成果包括人工智能、数学方法等。信息技术的应用大大提高了开发与利用信息的效率和效益,能更有效地实现和创造信息的价值,使信息生产者和信息的作用与价值得到延伸。

1.2.2 信息资源管理的概念

既然信息是一种资源,那么同其他资源类似,人们需要对其进行合理配置和有效控制来实现组织的目标。信息资源管理(Information Resources Management,IRM)是指运用管理科学的一般原理和方法,从经济、技术、人文(法律、政策、伦理)等多个角度,对信息资源进行科学的规划、组织、协调与控制,以确保信息资源的合理开发和充分利用,从而有效地满足社会的信息需求。

IRM 的主要思想是把信息资源作为组织中的战略资源,最大限度地发挥其作用,以系统思想为导向,将技术、经济、人文手段相结合对信息资源进行整体管理。技术管理包括开发信息系统和推进信息技术的应用;经济管理是按信息经济学中关于信息资源的成本、价值、价格的形成规律,开发利用信息资源;人文管理是指关注信息文化建设。信息资源管理不仅是一种新的管理思想,而且是一种新的、实用的信息管理模式。

1.2.3 信息资源管理的任务

1. 宏观层次信息资源管理的任务

宏观层次的信息资源管理是一种战略管理，一般由国家有关部门运用经济、法律和必要的行政手段加以实施，主要是宏观层次上通过国家有关政策、法规、管理条例等来组织、协调信息的生产和开发利用活动，使信息按照国家宏观调控的目标，在不影响国家信息主权和信息安全的前提下得到最合理的开发和最有效的利用。

具体而言，宏观层次信息资源管理的任务包括以下几个方面：

（1）制定信息开发战略、策略、规划、方针和政策，使信息的开发活动在国家统一指导和管理下有条不紊地进行，使信息的开发不仅成本低廉，而且能够很好地满足国民经济和社会发展的总体需要。

（2）制定信息资源管理的法律、规章和条例，建立信息资源管理的监督和保障体系，使信息资源管理真正有法可依、有章可循，使生产和开发的信息能得到充分、及时和有效的利用。

（3）综合运用经济、法律和行政手段协调各部门、各地区和各企业之间的关系，明确各级信息开发利用机构的责、权、利界限，使信息的开发利用在平等互利的基础上最大限度地实现资源共享。

（4）加强国家信息基础设施和网络建设，使信息的生产、开发利用和管理具有良好的硬件环境支持。

2. 微观层次信息资源管理的任务

微观层次的信息资源管理是指基层组织进行的信息管理活动，一般由各级政府部门、信息机构和企业等负责实施。其主要任务是认清组织内各级各类人员对信息的需求，合理组织和开发信息，实现信息的效用价值。具体而言，微观层次信息资源管理的任务包括以下几个方面：

（1）调查和了解组织或机构内部各类人员的信息需求，制订一个满足不同需求的折中方案（不能忽视任何一类人员的信息需求），以最大限度地满足不同的信息需求。

（2）梳理组织或机构内外信息来源和信息获取渠道，以便获取所需信息或向外输出信息。

（3）选择适用的信息技术，建设组织或机构内部信息系统和网络，确定信息加工处理、存储、检索和传递方法，建立组织或机构内部高效的信息保障体系。

（4）对信息资源管理的绩效进行评价，为改善信息资源管理提供依据。

1.3 信息系统的基本概念

1.3.1 信息系统的要素

信息系统满足系统的基本要求，具有系统的基本特征，我们首先对系统的概念及特征进行准确的界定。

1. 系统概述

"系统"一词源于古希腊语，用以表示"群体"和"集合"等抽象概念。古希腊哲学家德谟克利特在其所著的《宇宙大系统》中最早采用"系统"一词。我国学者钱学森认为，系统是由处于一定环境中的相互联系和相互作用的若干部分结合而成，并为达到整体目的，具有特定功能的有机整体。我们可以从以下三个方面理解系统的概念：

（1）系统由若干要素组成。这些要素可能是一些个体、元件、零件，也可能其本身就是一个系统（或称为子系统）。比如，运算器、控制器、存储器、输入/输出设备组成了计算机的硬件系统，而硬件系统又是计算机系统的一个子系统。

（2）系统的要素之间具有结构。一个系统是其构成要素的集合，这些要素相互联系、相互制约。系统内部各要素之间相对稳定的联系方式、组织秩序及失控关系的内在表现形式，就是系统的结构。例如，钟表是由齿轮、发条、指针等零部件按一定的方式装配而成的，但一堆齿轮、发条、指针随意放在一起不能构成钟表；人体由各个器官组成，但单个各器官简单拼凑在一起则不能构成一个有行为能力的人。

（3）系统具备一定的功能，或者说系统具有一定的目的性。系统的功能是指系统在与外部环境相互联系和相互作用中表现出来的性质、能力与功能。例如，信息系统的功能是进行信息的收集、传递、储存、加工、维护和使用，辅助决策者进行决策，帮助企业实现目标。

系统在实际应用中总是以特定系统出现的，如消化系统、生物系统、教育系统等，其前面的修饰词描述了研究对象的物质特点，即"物性"，而"系统"一词则表征所述对象的整体性。对某一具体对象的研究，既离不开对其物性的描述，也离不开对其系统性的描述。

这样的系统（又被称为动态系统）包含三个相互关联的基本要素或功能：

（1）输入（Input）。输入是指获取和收集要输入系统并加以处理的元素。例如，为便于系统处理，原材料、能源、数据和人的努力等要素必须是固定的和有组织的。

（2）处理（Processing）。处理是将输入转换为输出的转换过程，如生产过程、人的呼吸过程和数学计算过程。

（3）输出（Output）。输出是指将系统转化过程所产生的元素传递给特定的接受者。例如，产成品、人类服务与管理信息等必须传递给系统用户。

如果再增加反馈与控制这两个要素，系统的概念将变得更加有用。带有反馈与控制要素的系统被称为控制系统，即可以实现自我控制与自我调整的系统。

反馈（Feedback）是关于系统行为特征的数据。例如，销售业绩数据对销售主管而言就是反馈信息。

控制（Control）是对反馈数据进行监控和评价，以确定系统是否向着目标前进。控制功能可以对系统的输入和处理要素做出必要的调整，以确保系统产生正确的输出。例如，销售主管在评价销售业绩等反馈信息后，可以将销售人员派往新的销售地区，从而实施销售控制。

2. 系统的特征

系统的特征可以归纳为以下几点：

（1）目标性。一个系统有一个总目标，组成这个系统的各个要素都为实现这个系统的目标而贡献。可以根据系统的可分性，将系统目标进行分解，各个子系统只要确保相关子系统功能的实现，就能保证系统总目标的实现。

（2）整体性。系统整体功能不是各个组成要素功能的简单叠加，而是呈现出各个组成要素所没有的新功能，作为集合的整体的功能比所有子系统的功能之和要大。

（3）层次性。系统组织表现出等级性，系统要素中存在子系统，子系统的要素中又包含更低一层的子系统，由上至下组成金字塔结构，逐层具体化。结构化方法就是考虑到系统的层次性，采取从抽象到具体的逐步求精的方法对系统进行研究。

（4）可分性。复杂系统可以分成较小的系统，较小的系统又可以再分解，直到分解的子系统易于求解为止。

（5）相关性。系统内部各要素是相互作用、相互联系的。如果某一要素发生了变化，则对应的与之相关联的要素也应进行相应的改变和调整，以保持系统整体的最佳状态。

（6）稳定性。在外界作用下的开放系统具有一定的自我稳定功能。系统能够在一定范围内自我调节，从而保持和恢复原来的有序状态、结构和功能。稳定不是绝对的，而是在发展中求稳定。

（7）突变性。系统状态的变化，也称为"相变"，是指系统通过失稳，从一种状态进入另一种状态的过程，它是系统质变的一种基本形式。系统中要素的平衡是相对的，不平衡才是绝对的，因此突变经常发生，也成为推动系统发展的非平衡性因素。

（8）环境适应性。一个开放的系统要生存下去，必须适应环境的变化。可以通过调整或改变内部的要素组成比例、要素之间的关系，甚至要素的组成等，使系统克服"刚性"以适应环境。

3. 信息系统的概念

我们可以从不同的角度去定义和解释信息系统这一概念。从应用的角度出发，由于信息系统所处理信息内容不同，因此具有不同的内涵。例如，电子类专业定义的信息系统是指对电子信息进行处理，除此以外，还有气象预报信息系统、地理信息系统、新闻信息系统、管理信息系统等。

在管理领域，信息系统是指对经营、管理方面的信息进行加工和处理，这种用于经营管理方面的信息系统也称为管理信息系统（Management Information System，MIS）。近年来，随着管理信息系统概念的不断拓展，管理信息系统有了广义和狭义之分。国外有关管理信息系统的近期著作大多用信息系统（Information System，IS）一词代替早期的管理信息系统，信息系统成为广义的管理信息系统的代名词。广义的管理信息系统包括各种形态、各种模式的用于经济和管理领域的计算机信息系统。而在另外一些场合，例如在描述信息系统结构时，管理信息系统又被赋予了狭义的含义。狭义的管理信息系统常常指为组织内部管理层服务的计算机信息系统，是各类信息系统的一种。本书采用"信息系统"一词代替广义的管理信息系统。

信息系统具有与一般系统相同的特征，信息系统的主要目标是把数据转化为信息。如果抛开信息系统的应用背景，从系统的角度定义信息系统，那么信息系统是指接收输入数据，按照人们规定的要求进行处理，并输出有用信息的人机系统。

美国著名教授肯尼斯·C.劳顿（Kenneth C. Laudon）和简·P.劳顿（Jane P. Laudon）在《管理信息系统》一书中从技术和经营两个方面对信息系统进行了全面的定义。他们认为：从技术的角度看，信息系统可以定义为一组相互关联的，能够通过收集、处理、存储和传播信息来支持组织内部决策和控制的部件的集合；从经营的角度看，信息系统是一个基于信息技术的，为了应对环境造成的挑战而生成的组织和管理的解决方案。

4. 信息系统的构成要素

信息系统是一个集成化的人机系统，它以人为主导，以科学的管理理论为前提，在科学的管理制度基础上，利用计算机硬件、软件、网络通信设备以及其他办公设备进行信息的收集、传输、加工、储存、更新和维护，以提高企业的竞争优势，改善企业的效益和效率为目的，支持企业的高层决策、中层控制及基层作业。图1-3为信息系统模型（Information System Model），它是表达信息系统构成要素及系统活动的基本概念框架。信息系统作为一个人机系统，其人员包括高层管理决策人员、中层职能人员和基层业务人员；机器包括计算机硬件（包括各种办公和通信设备）和软件（包括业务信息系统、知识工作系统和办公自动化系统、决策支持系统、经理信息系统）。

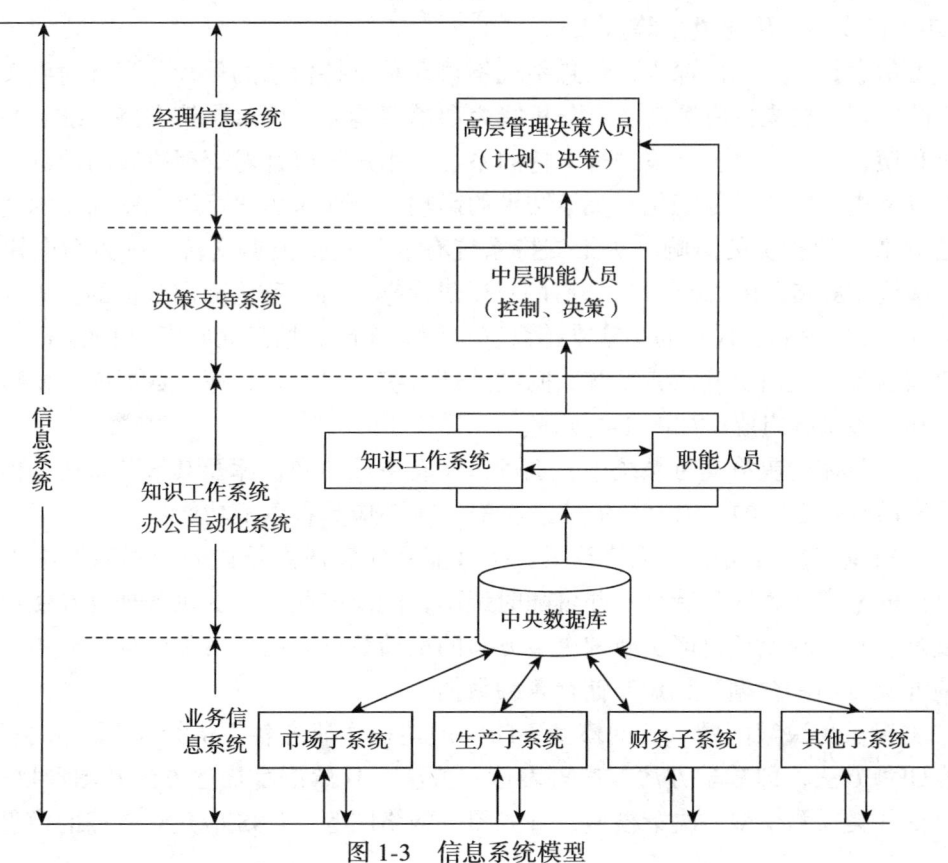

图1-3 信息系统模型

1.3.2 信息系统的类型

1. 经理信息系统

经理信息系统（Executive Information System，EIS），也称主管信息系统，是服务于组织的战略层，针对高级管理人员的信息需求，辅助管理者解决非结构化问题决策的信息系统。由于经理是处在组织的上层并对组织的战略和政策制定有重大影响的管理者，因此经理对信息系统有着特殊的要求，一般要通盘考虑组织的长期和短期目标。经理信息系统具有以下几个特点：

（1）数据调用方便，易于操作。

（2）数据全面反映历史和当前的信息，预测未来的信息，数据对象丰富，包括行业、客户、竞争者等。

（3）采用图、表、文字等形式输出信息。

（4）能够对存在的问题和异常情况及时报警。

2. 决策支持系统

决策支持系统（Decision Support System，DSS）服务于管理层，为组织中高层管理者的决策提供支持。它是将数据、管理模型、软件和用户友好地集合在一起的能够支持组织高层和中层管理人员进行半结构化和非结构化决策的信息系统，其目的在于提高决策的效能，而不是效率。决策支持系统中常用的模型包括财务模型、统计模型、预测模型、What-if 模型、优化模型等。

随着信息技术应用的深入，信息系统不再只是支持信息的处理，而且向上发展，支持管理的决策。要支持决策就要有分析能力和模型能力，所以决策支持系统是利用计算机分析和模型能力对管理决策进行支持的系统。用户可以针对管理决策的问题，建立一个模型以考查一些变量的变化对决策结果的影响。例如，用户可以观察利率的变化对一个新建制造厂的投资的影响。决策支持系统有的只提供模型支持，称为面向模型的决策支持系统（Model Based DSS）；有的只提供数据支持，称为面向数据的决策支持系统（Data-oriented DSS）。现在的决策支持系统均为既面向数据又面向模型的系统。

决策支持系统由交互语言系统、问题处理系统，以及知识库、数据库、模型库、方法库及其管理系统组成，如图 1-4 所示。

在某些具体的决策支持系统中，也可以没有单独的知识库及其管理系统，但模型库和方法库通常是必需的。为有效地辅助决策，DSS 应具备以下功能：

（1）提供与决策问题有关的数据。DSS 能及时完成系统内外与本系统决策有关的各种数据的采集、整理和储存，并可随时调用；能及时收集、提供各种已经做出的决策方案成果预测数据或已付诸实施的决策方案的反馈数据。由于各类数据性质不同，因此 DSS 应建立专门的数据库，用于储存各种数据。

（2）提供与决策问题有关的模型。DSS 应能提供研究各类决策问题的方法和模型，通常有四种方法，即数学方法、逻辑表达式方法、自然语言描述方法及图形描述方法，模型包括各类预测模型、决策模型、直方图、网络图等。DSS 应建立专门的模型库和方法库，用于储存各类模型和方法。

（3）提供数据和模型的管理功能。DSS 应能提供对数据和模型、方法进行查询、修改、增加、删除和连接的功能，使决策者在使用系统时，都能方便地完成上述操作。

（4）提供综合信息和预测信息。DSS 应能运用各种模型和方法，灵活地对数据进行加工、汇总，通过分析和预测提供综合信息和预测信息。

（5）提供各种方案模拟运行的功能。DSS 应具有对各种备选方案或决策方案进行模拟运行的功能，通过对模拟运行结果的分析和评价，为正确选取决策方案提供依据。

（6）提供人机对话的功能。DSS 应具有方便的人机对话接口及图形输出功能，能随机查询所需要的数据，在整个决策过程中，伴随决策人员的知识、经验和判断能力的主动运用，需要通过及时的人机对话才能体现。

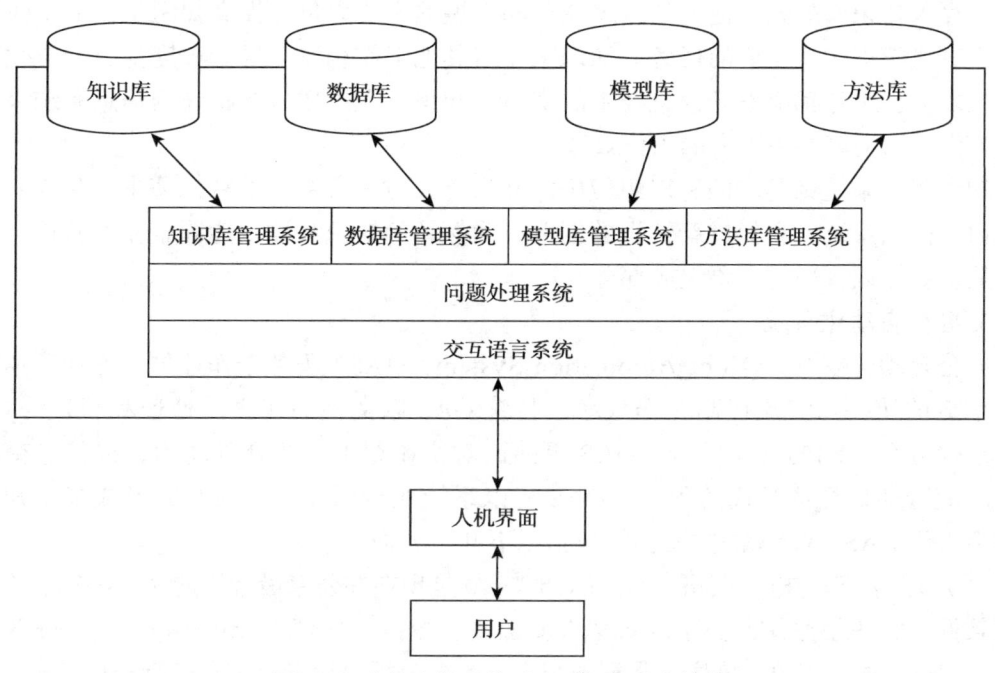

图 1-4　决策支持系统（DSS）的基本结构

3. 管理信息系统

管理信息系统（Management Information System，MIS）服务于管理层，为组织中层管理者的监控、管理提供支持。狭义上的管理信息系统是指那些能从内部和外部收集数据，经过加工处理，形成有用的信息，为中层使用的信息系统，起到衔接战略层和作业层的作用。

管理信息系统提供各种报表给管理者使用，主要有以下几种形式：

（1）周期报表。周期报表是按周期或规定日程生成的报表，如每日、每周、每月的报表。

（2）定制报表。定制报表是按管理者的要求为提供某些信息而制作的报表。

（3）异常报表。异常报表是反映企业异常情况的报表。异常报表的内容能够引起管理者的注意，从而及时采取措施。

（4）详细报表。详细报表是为管理者提供详细数据的报表。

4. 知识工作系统

知识工作系统（Knowledge Work System，KWS）服务于作业层，支持组织的专业技术和知识的创建、捕获、存储和传播，有利于组织的学习活动和知识的创造。KWS可以对知识员工做出快速响应，它鼓励员工改变工作方式，能够显著提高企业业绩。随着组织学习过程的继续以及知识库的扩展，知识创造型企业可以将其知识与业务流程、产品以及服务整合起来。这使企业更具创新性，并成为敏捷的高质量产品和服务的提供商，成为市场中一个强大的竞争者。

知识工人是那些掌握组织中不断变化的、与组织有关的知识，不断发现或创造新知识并存入知识库的人，他们是组织变革和发展的主要力量。提高知识工人的工作效率是知识时代管理的最重要的任务。知识工作与其他工作相比，复杂程度高、专业化程度高，很多知识工作都离不开信息技术的支持。知识工人迫切需要特殊的信息系统来支持知识工作，以提高知识工人的工作效率。

知识工作系统则是专门针对组织中的知识工人对信息系统的特殊需求，建立和集成新知识的信息系统。它促进新知识的创造，确保新的知识和技术能同企业经营恰当地结合，是组织知识管理的重要组成部分。

5. 办公自动化系统

办公自动化系统（Office Automation System，OAS）服务于作业层，作业层通过办公室信息的协调与交流提高工作效率。传统OAS以文档的建立、处理和管理为核心。随着现代办公活动的日益发展，OAS更强调对协作型工作的处理能力，以信息交流为核心。随着知识经济时代的到来，OAS将以系统地运用知识为核心，形成基于知识管理的第三代OAS。OAS的主要功能包括以下几个方面：

（1）文字处理与电子表格。Microsoft Word是现在办公室最常用的文字编辑、排版与打印软件，它的使用使办公室的效率大幅提高。数据的处理以Microsoft Excel作为主要工具，通过公式、函数、排序、数据透视表、数据分析等功能对数据进行分析处理。

（2）工作流管理。工作流是一类能够完全或部分自动执行的经营过程，它能够根据一系列过程规则、文档、信息或任务在不同的执行者之间进行传递与执行。系统自动处理文档的整个流转过程，并监控文档的当前状态，从而提高办公效率。

（3）支持群体工作。支持群体工作是指使用计算机网络来连接群体中的每个成员，共享信息，支持电子会议的召开，包括音频和视频会议；安排日程；使用电子公告栏作为发布各种公用信息的平台，交流意见或讨论；收发电子邮件等。

6. 事务处理系统

事务处理系统（Transaction Processing System，TPS）服务于作业层，作业层处理和记录组织的基本活动和事务处理。作业层活动是高度结构化的，其过程有严格的步骤和规范，如工资核算、销售订单处理、原材料出库、费用支出报销等。事务处理系统的基本特点有以下几个方面：

（1）主要处理日常业务数据，数据量大，数据详细，精度高，逻辑关系简单，规律性强，结构化程度高。

（2）处理的信息大多来自企业内部。

（3）支持多用户。

（4）服务对象主要是组织的作业层。

7. 组织间信息系统

经济全球化使更多的企业考虑全球战略，于是出现了全球采购、全球产品研发、全球制造、全球市场等，跨地域的商务往来越来越频繁，企业需要借助于先进的信息技术和通信技术进行快速的信息交流。组织间信息系统（Inter-organizational Information System，IOS）是许多互相联系的组织为实现共同目标，应用信息技术克服地理位置、组织边界的障碍而组成的协同工作系统。同时，虚拟企业、供应链模式、电子商务等新的组织和经营理念本身就是在信息技术和信息系统的基础上形成的，快速跨地域的信息沟通和信息处理成为当今组织需要解决的首要任务。

1.3.3 信息系统的结构

1. 层次结构

企业管理研究专家安东尼（Anthony）认为，经营管理活动可以分成三个层次：战略层、管理层和作业层。由于管理层次的构成和目的不同，每个层次的信息需求也不同。战略层信息系统支持高级管理层进行长期计划活动，如企业发展目标、市场战略、产品品种等，一般属于非结构化问题，包括经理信息系统（EIS）；管理层信息系统支持中层管理人员进行监督、控制、决策和行政活动，受战略管理层所做的目标和策略的限制，对组织的人、财、物等资源合理配置，制订具体的实施计划，指导作业层按计划完成工作任务，一般属于半结构化或结构化的决策，包括管理信息系统（MIS）和决策支持系统（DSS）；作业层信息系统负责组织的基本活动和交易，信息量大，数据变动频繁，数据收集汇总的任务比较繁重，工作模式较为固定，一般属于结构化决策，包括知识工作系统（KWS）、办公自动化系统（OAS）和事务处理系统（TPS）。

从信息处理的数量来看，随着管理层次的变化，对应的信息量也在发生变化，层次越高，信息量越小，如图1-5所示。

2. 功能结构

任何信息系统都有一个确定的管理目标，管理目标是通过若干功能来实现的，每项管理功能又可以有相对独立的子目标，因此需要设计相应的功能子系统支持其管理决策活动。同时，借助于不同类型的信息交互和联系，各个功能子系统构成一个有机结合的整体，管理信息系统正是

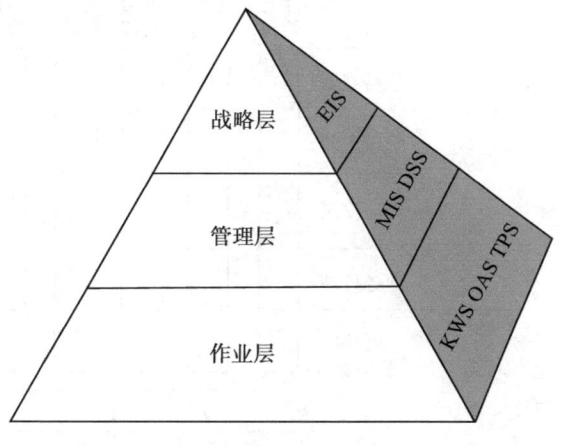

图1-5 管理层次结构及对应的信息系统

完成信息处理的各功能子系统的综合。图 1-6 为信息系统的功能结构示意图，每个子系统分别完成各自的信息处理工作。

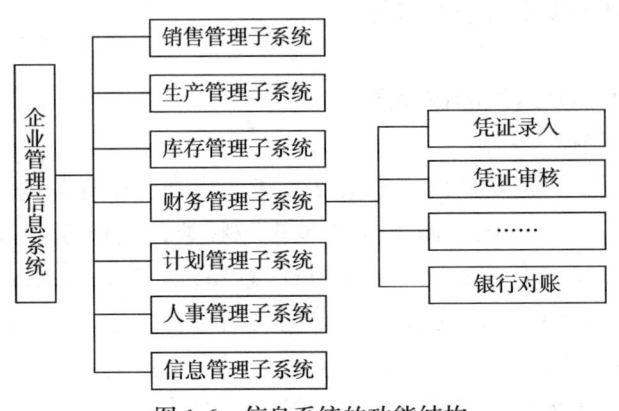

图 1-6　信息系统的功能结构

目前，信息系统的功能子系统通常被设计为悬挂式，每个子系统既可以单独使用，也可以组合成多功能的综合系统。这种悬挂式结构不仅方便用户组合，也极大地方便系统开发与系统维护。当功能子系统的规模较大时，其可以分解为几个下级子系统。

信息系统是一个密切联系、信息共享、具有反馈能力的闭环系统。因此，信息系统的不同功能子系统之间必须保持内在联系，不要使子系统成为一个个"孤岛"，人为地切断功能子系统之间的信息联系，否则，无法实现资源共享，不能反映系统全貌，管理人员也难以正确决策与实施有效控制。

3. 软件结构

MIS 的软件由两部分构成，即系统软件和用户软件。目前支持 MIS 运行的系统软件主要是数据库管理系统。用户软件主要是以数据库管理系统为平台，根据用户管理需求，由用户或委托软件开发公司设计开发，或直接购买商品化管理软件。图 1-7 展示了一个具有多种职能、信息资源共享、能为不同层次管理者提供信息服务的 MIS 的软件结构模型。

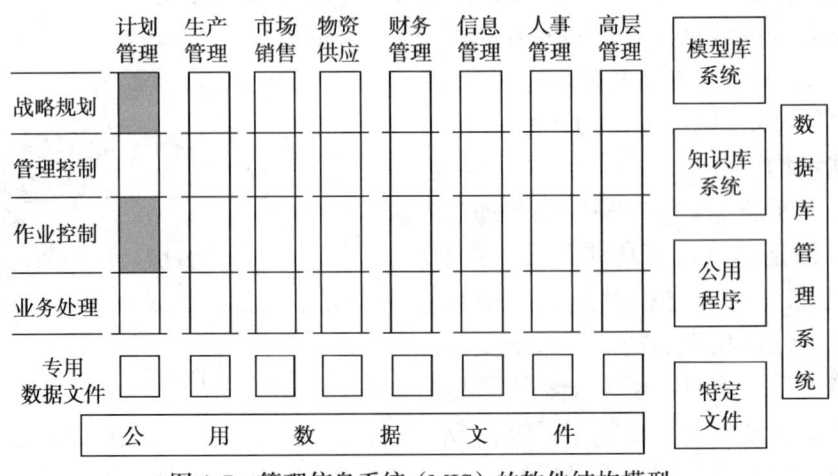

图 1-7　管理信息系统（MIS）的软件结构模型

图中的每一项管理职能均可以构成一个软件子系统，每个软件子系统又可以分为战略规划、管理控制、作业控制和业务处理四个下级子系统。子系统一般通过多种功能来实现其管理目标，复杂的功能通常需要分解为多个简单的功能，每个简单的功能设计成用户系统的一个模块。子系统可以有自己的专用数据文件，由本子系统产生、供其他子系统使用的数据可以存入公用数据文件或特定文件。子系统之间通过公用数据文件或特定接口文件交换数据，实现数据共享，沟通子系统之间的关系。在信息系统中，数据的存储方式分为两大类：分散式和集中式。以银行存款管理系统为例，储户数据分散存储在存款储蓄点的计算机中，中心银行计算机并不直接管理每个储户的具体数据；又如飞机、火车订票系统，数据集中于中央计算机，不是分散存储在订票工作站，以实时控制方式实现旅客订票。若将飞机票和火车票数据分散存储在各工作站，势必会出现两种情况：①不同旅客都预订同一班次的飞机票和火车票；②有的工作站客票剩余，有的工作站客票紧缺。各子系统均可以调用模型库、知识库和公用程序资源为自己服务。

4. 物理结构

MIS 的物理结构主要是指系统的硬件组成、连接方式、物理分布以及每个设备所担负的功能等。简单的信息系统为单机系统，通常主要是为一个职能部门用于数据处理及事务管理。单机系统的硬件组成主要是计算机及其有关的输入/输出设备，这种系统无法实现不同组织间的信息共享。大中型企业可以构建局域网或广域网，使用通信设备与通信线路将分布在不同地域的计算机系统连接起来，在网络操作系统的控制下实现资源共享。

（1）集中式系统与分布式系统。根据信息系统的硬件、软件、数据等信息资源在空间的分布情况，系统的结构可以分为集中式和分布式两大类型。

信息资源在空间上集中配置的系统称为集中式系统。以配有相应外围设备的单台计算机为基础的系统，通常称为单机系统，是典型的集中式系统。面向终端的多用户系统也是将系统的硬件、软件、数据和主要外围设备集中于一套计算机系统之中，分布在不同地点的多个用户通过设在当地的分时终端享用这些资源。距离较远的用户可以通过通信线路实现与主机通信。

分布式系统是利用计算机网络将分布在不同地点的计算机硬件、软件、数据等信息资源联系在一起，服务于一个共同的目标，实现相互通信和资源共享，从而形成信息系统的分布式结构。这种具有分布式结构的系统称为分布式系统。

分布式系统的特征为：①可实现不同地点的硬件、软件和数据等信息资源的共享；②各地与计算机网络系统相连的计算机系统既可以在计算机网络系统的统一管理下工作，又可以脱离网络环境利用本地信息资源独立开展工作。

（2）客户机/服务器（Client/Server，C/S）模式。网络系统上的计算机系统分为客户机与服务器两类。服务器包括文件服务器、数据库服务器、打印服务器、专用服务器等。网络系统节点上的其他计算机系统称为客户机。用户通过客户机在网络系统上向服务器提出服务请求，服务器根据请求向有关方面提供经过加工的信息。客户机本身也承担本地信息管理工作。客户机/服务器模式将信息处理工作分解为两部分，一部分由服务器来实现，另一部分由客户机本身来完成，如图 1-8 所示。

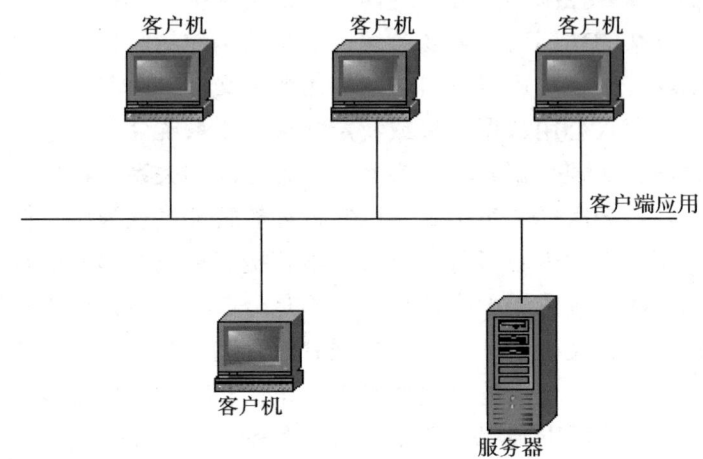

图 1-8　客户机 / 服务器（C/S）模式

（3）浏览器 / 服务器（Browser/Server，B/S）模式。B/S 结构，是广域网（Web）兴起后的一种网络结构模式，Web 浏览器是客户端最主要的应用软件。这种模式统一了客户端，将系统功能实现的核心部分集中到服务器上，简化了系统的开发、维护和使用。客户机上只需要安装一个浏览器（Browser），如网景领航员（Netscape Navigator）或 IE 浏览器（Internet Explorer）；服务器安装 Oracle、Sybase、Informix 或 SQL Server 等数据库。浏览器通过 Web 服务器（Web Server）同数据库服务器进行数据交互。浏览器 / 服务器模式如图 1-9 所示。

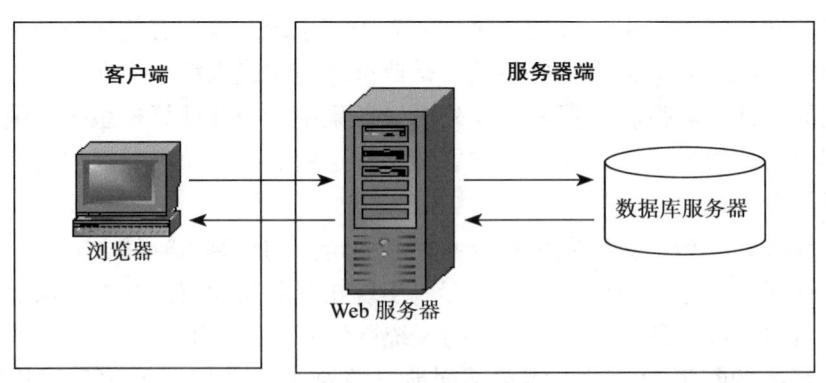

图 1-9　浏览器 / 服务器（B/S）模式

浏览器 / 服务器模式具有维护和升级方式简单、成本低、配置选择多等优势。目前，软件系统的改进和升级越来越频繁，B/S 结构的产品明显体现出更为便捷的特性。对于一个大中型组织而言，系统管理人员如果需要在几百甚至上千部电脑之间来回奔跑，效率和工作量是可想而知的，但 B/S 结构的软件只需要管理服务器即可，所有的客户端只是浏览器，根本不需要做任何的维护。无论用户的规模有多大，有多少分支机构，都不会增加任何维护升级的工作量，所有的操作只需要针对服务器进行。如果是异地，只需要服务器连接专网，就可以实现远程维护、升级和共享。客户机越来越"瘦"，而服务器越来越"胖"是信息化发展的主流趋势。今后，软件升级和维护会越来越容易，客户使用起来会越来越简单，这对客户人力、物力、时间、费用的节省是显而易见的。因此，维护和升级革命的方式是"瘦"客户机，"胖"服务器。

Windows 操作系统非常普遍，浏览器成了标准配置，但在服务器操作系统上，Windows 并不是处于绝对的统治地位。现在的趋势是，凡使用 B/S 结构的应用管理软件，只需安装在 Linux 服务器上即可，而且安全性高。事实上，服务器操作系统的选择有很多，但不管选用哪种操作系统，都可以让大部分人使用 Windows 作为桌面操作系统而不受影响，这就使得最流行免费的 Linux 操作系统快速发展起来。Linux 除了操作系统是免费的，连数据库也是免费的，这种选择非常盛行。比如，很多人每天上"新浪"网，只需安装浏览器即可，并不需要了解"新浪"的服务器用的是什么操作系统，而事实上，大部分网站并没有使用 Windows 操作系统，但大部分客户的电脑本身安装的是 Windows 操作系统。

值得关注的是，伴随信息的爆炸式增长，信息筛选的重要性也日渐凸显，随之迎来的是搜索引擎的迅速崛起。2006 年，在搜索引擎大会上，谷歌时任首席执行官埃里克·施密特（Eric Schmidt）首次提出了"云计算"的概念。之所以用"云"这个概念，是因为，一方面，云是网络、互联网的一种比喻，代表着电信网、互联网和底层基础设施；另一方面，云是动态的，可以不断调整和优化。目前，很多互联网企业已经为用户提供了各种各样的云服务，有提供云存储服务的百度云，有致力于打造公共、开放的云计算服务平台的阿里云，还有旨在为开发者、企业提供云数据、云运营和云服务一体化解决方案的腾讯云等。这些云服务平台必将为分析体量庞大、种类繁多、价值密度低的大数据提供重要的工具。

本章小结

当今社会正处于信息时代，互联网、移动通信、大数据和人工智能等新兴信息技术的发展日新月异，成为推动社会经济发展的重要技术驱动力，同时也改变着企业的经营环境。现代化企业借助于信息系统可以获得显著而持久的竞争优势。

本章首先介绍了信息系统的基本概念，主要包括数据、信息、知识以及不同专家和学者从不同角度对信息系统的定义。信息作为一种战略资源，得到越来越广泛的关注，信息资源管理提供了一种新的管理思想和管理模式。然后，本章用系统的观点，对应管理的层次性结构，介绍了组织内几种常见的信息系统类型，分别是服务于作业层、管理层、战略层的 TPS、OAS、KWS、MIS、DSS 和 EIS，它们各有其信息需求和特点。组织间的信息系统 IOS 是一类跨越组织边界，支持信息在组织间流动，并被组织共享的信息系统。信息系统的结构可以从层次结构、功能结构、软件结构和硬件结构四个角度来进行划分。

本章的重点在于使读者理解数据、信息、知识、信息管理以及信息系统的概念，掌握各类信息系统的基本特点。

复习思考题

1. 简述数据、信息和知识的概念，并说明它们是如何相互转化的。
2. 简述信息系统的概念。
3. 信息系统的主要类型有哪些？
4. 信息系统的结构可以分为哪几种？简述每一种结构的内容。
5. 简述 B/S 结构的优缺点。
6. 如何理解信息系统是社会–技术系统？

实训：数梦工场助力城市数字化改革

2015 年 3 月，杭州数梦工场科技有限公司（以下简称"数梦工场"）成立，并入驻杭州云栖小镇。其注册资本约 19 181 万元，是杭州城市大脑建设的 13 家创始企业之一，同时也是国家高新技术企业的代表性成员。数梦工场凭借国家与地方政策优势，制定了"数链为基，数脑为用，构建一体化智能化数据平台"的企业战略，专注于大数据核心技术的研发，致力于城市数字化改革。在大数据领域，数梦工场的产品技术、解决方案、实践案例累计获得了国家、行业及地方级嘉奖逾百个，拥有多项已授权专利、软件著作权等。

1. 抢占先机

早在 2015 年，数梦工场就发现以数据技术为驱动力的重要性，开始打造一支高素质、专业化的人才团队。在团队建设中，数梦工场意识到缺乏科学的数据分析和预测将导致对市场需求变化与趋势的理解不够准确，从而导致资源分配不均衡。在决策支持方面，传统的决策方法往往无法及时处理大量数据，缺乏实时性和灵活性，决策者无法及时获取关键信息，导致决策滞后。在优化公共服务方面，传统的公共服务往往缺乏个性化和定制化，无法满足不同人群多样化的需求。缺乏数据导致数梦工场无法有效监控和评估服务质量，难以了解自身所提供数字化改革的效果和满意度，无法实现持续改进和提升。在新型互联网浪潮中，合作是关键，只有携手合作，企业才能更好地实现客户价值。认清了这些形势后，数梦工场构建了一支具备丰富的数据挖掘和分析经验，能够为客户提供高质量的数据服务和解决方案的团队。

数梦工场团队先行服务于浙江省数字化建设，致力于业务、数据平滑上云，为企业提供包括上云服务、混合云、互联网架构、数据治理及智能应用、云安全在内的完整解决方案；为云运营商提供完善的线上运营和线下递推的支持服务，实现在"互联网+"及数据驱动下的业务变革，数梦工场通过搭建一体化、智能化数据平台，助力实现中国"智造"和"云上"中国。

2. 携手同行

在杭州城市大脑建设初期，解决交通拥堵、构建"互联网+公交"新业态成为首要任务。数梦工场城市大脑项目组从宏观层面着手,在初步了解并构思项目后,迅速发掘内部潜力,发挥行业领头羊的最大优势,联合阿里巴巴,通过对城市运行管理的全程跟踪,收集了包括交通感知、视频感知、环境感知、综合社会网络感知等城市主要数据源,争取合理分配城市资源,智能诊断城市问题,高效分析城市运行效能,产出杭州公交数据大脑。杭州公交数据大脑的数据可视化功能,使得公交运营全景和重要指标的变化趋势以及定制公交的线路客流图能够直观展示,不仅提供了为公交运营方开辟全新线路,更加主动为乘客提供个性化、多元化公交服务的依据,还吸引了更多公交出行者,有效缓解了杭州交通运输系统压力,进一步推动了城市的可持续发展和数字化改革。

此外,为了助力城市治理能力现代化,数梦工场构建了生态环境行业数据资源体系。基于数据服务链平台 DTSphere DSC 及排污许可证后监管,数梦工场打造了以排污许可为核心的生态环境政企融合服务链,解决了政府环境监管和企业环保自管业务支撑不足的问题,实现了对生态环境管理部门和企业的统一双向协同服务,推动了生态环境治理模式创新。

从城市的综合管理领域看,数梦工场建立了管理中心业务系统,从数字驾驶舱、事件监督、指挥调度、资源管理、智能辅助、评价考核等方面铺开多张"城市业务网",打通城市数据和城市事件,实现全生命周期监管。在城市事件办理过程中,数梦工场团队发现其中的盲点、难点,进行针对性的城市跨部门、跨业务和综合事件场景的协作,形成覆盖整座城市、连接全体居民的一体化、智能化数据平台。数梦工场的这一做法,打通了城市运行管理的"最后一公里",最终使整座城市在数智化发展道路上稳步前行。

资料来源:中国管理案例共享中心。

提示问题:

1. 大数据背景下,数梦工场为何要助力城市的数字化改革?城市数字化改革为城市发展带来了什么影响和助力?同时这又对数梦工场自身的发展带来了哪些益处?

2. 数字化时代,像数梦工场这样的大数据资源体系供应企业在助力城市发展的过程中需要关注的要素有哪些?大数据资源体系如何赋能新质生产力发展?

第 2 章

信息系统的技术基础

📝 学习目的和要求

1. 理解信息系统及其相关的信息技术
2. 掌握数据库环境下的数据组织
3. 掌握数据库的相关概念、数据模型、关系模式规范化理论
4. 了解数据通信与网络的基本知识
5. 熟悉网络安全的概念及措施

📖 导入案例：火车票的变迁

自 1876 年中国铁路创建以来，火车票作为一种见证，从统一印刷、计算机打印、网络自助购票，到今天的刷脸购票，每一次变化都是中国铁路向前迈进的一大步。

20 世纪 40 年代至 90 年代，主要采用纸板火车票。1997 年，全国铁路系统开始实行计算机联网售票，启用第二代火车票——粉红色软纸票。第二代火车票使用一维条码，由于其容量较小，只能起到标识作用，而不具备防伪功能。为此，原铁道部（现划分为国家铁路局和中国铁路总公司）于 2009 年 12 月 10 日在全国范围内对火车票进行升级改版，启用第三代火车票。此次升级最大的变化是将火车票下方的一维条码变成了二维防伪条码。该二维防伪图案呈正方形，黑白相间。第三代火车票采用的是二维码，其中不仅含有火车票条码，还包含防伪加密码和里程数。

近年来，二维码逐渐成为国际上流行的可携带和传递数据的高科技手段，具有存储量大、保密性高、追踪性强、抗毁性强等特性。采用二维码防伪客票系统后，售票人员

根据乘客的购票类型,将相应信息(如车次、价格、售出地等)利用二维码制作软件加密后生成二维码,将其打印在客票的票面上。乘客在进站口检票时,检票人员通过二维码识读设备对客票上的二维码进行识读,系统将自动辨别车票的真伪,并将相应信息存入系统中。此外,检票人员还可利用掌上二维码识读设备在车上检票,掌上二维码识读设备自动将读到的信息与数据库中的数据进行对比,辨别客票的真伪。利用二维条码识读设备检查客票,不仅提高了工作效率,也避免了人为的错误。

2011年6月,"刷身份证进站"的无票时代来临。电子客票也称为"无纸化"车票,是指旅客通过互联网订购车票之后,无须换取纸质车票,可以直接持二代身份证等有效身份证件通过火车站进站口和验票闸机乘车。

资料来源:袁艺.四代火车票的变迁[EB/OL].(2018-11-8)[2020-01-18]. http://guoqing.china.com.cn/2018-11/08/content_70971460.htm.

2.1 信息系统的基础设施

2.1.1 信息系统技术驱动力

(1)信息技术革命。1980年,阿尔文·托夫勒(Alvin Toffler)在《第三次浪潮》中,将人类社会演变的历史阶段分为农业社会、工业社会和信息化社会三个阶段,形成了著名的三次浪潮理论。第三次浪潮即信息化阶段,始于20世纪50年代中期的美国,是以第一台计算机的问世为主要标志的信息技术革命。信息技术在其发展史上共经历了五次革命:第一次是语言的使用,第二次是文字的出现和使用,第三次是印刷术的发明和使用,第四次是电话、广播和电视的使用,第五次是计算机和互联网的使用。2013年,迈克尔·塞勒(Michael Saylor)进一步对托夫勒的信息技术革命进行了细分,他认为在信息化阶段存在五次信息处理浪潮:大型计算机、小型计算机、台式计算机、互联网个人计算机和移动互联网,目前正处于第五次信息处理浪潮阶段。信息技术的不断变革源于计算机处理能力的持续创新以及存储芯片、存储设备、通信和网络、软件设计等集群技术创新的迅速发展。

(2)摩尔定律。1946年开始的现代信息技术革命使社会信息化呈指数级发展,其发展动力源自呈指数级上升的计算机处理能力。计算机行业是如何保持这种惊人的发展速度的?著名的摩尔定律回答了这一问题。

1965年,英特尔公司的创始人之一戈登·摩尔(Gordon Moore)根据微处理器芯片上诞生不到10年的数据,预测了芯片的发展潜力,指出在保持元器件成本价格最低的情况下,每个芯片中集成的元器件(晶体管)数量每年翻一番,这一论断就是著名的摩尔定律。2002年,摩尔对预测周期进行了修订,即今天人们普遍采用的每个芯片中集成的元器件数量每18个月会提高一倍。摩尔推测这种发展速度将持续10年,而事实上这一定律已持续了50多年,并且还会继续。目前,计算机的处理能力呈指数级发展趋势,并朝着体积更小、速度更快、性能更强且更可靠、购买与维护成本更低的方向发展。

（3）大规模数据存储定律。大数据浪潮下，数据和信息量增长迅速。以网民每月使用的流量为例，1998年，每个网民一个月仅需要1M流量，2003年需要100M，2008年需要1G，2014年每个月的下载量大约为10G。2012年，全世界互联网一天的信息量大约是1EB，可以刻满1.68亿张DVD。现在全世界新产生的数据量每年较上一年增加40%左右，每两年数据量翻一倍。仅2012年和2013年两年所产生的数据总量就接近人类有史以来到2011年所产生的全部数据量的总和。预计到2020年，全球数据量将达到40ZB。

目前，几乎所有信息增量都以数字化形式存储，只有大约0.003%的信息增量以书面打印文件的方式保存下来。得益于存储成本呈指数形式下降，人们不必过度担心存储成本。早期个人计算机的硬盘存储量较小，以1980年希捷ST506为代表，其存储量仅有5M。1990年以后，硬盘存储容量以年均超过60%的速度递增，数据的存储单位也从M到G，从G到T，从T到Z。

（4）梅特卡夫定律（Metcalfe's Law）和网络经济学。1970年，以太网技术的发明者鲍勃·梅特卡夫（Bob Metcalfe）指出，网络的价值或网络的能力随网络中成员数量的增加而以指数形式增长。随着越来越多成员的加入，网络将会出现规模报酬递增效应。如果网络成员线性增加，整个网络的价值将以指数形式增长，而且在理论上可以随着网络成员数量的增加而持续增长。数字网络使得网络成员之间的实际链接数与潜在链接数成倍增加，其社会价值与商业价值驱动了人们对信息技术需求的不断增加。

20世纪90年代以来，互联网不仅呈现出这种超乎寻常的指数增长趋势，而且爆炸性地向经济和社会各个领域进行广泛的渗透和扩张。根据梅特卡夫定律，网络上联网的计算机越多，对经济和社会的影响就越大，每台电脑的价值就越大。只有在越来越多的用户使用新兴技术时，新兴技术才会彰显其最大价值。互联网的威力不仅在于它能使信息的消费者数量持续扩展，还在于它是一种传播与反馈同时进行的交互性媒介。

2.1.2 硬件平台及发展趋势

1. 硬件平台的构成

硬件是计算机进行工作的基础。计算机有很多种，不同的计算机生产厂商也各有其独具特色的产品，它们的体系结构不尽相同，但从基本原理和基本结构看，每一个计算机系统的硬件结构基本上都是由中央处理器、主存储器、辅助存储器、输入设备、输出设备和连接设备等组成的。

（1）中央处理器（Central Processing Unit，CPU）。CPU是计算机的核心，在很大程度上决定了计算机系统的性能。CPU是负责解释并执行指令，协调系统中其他硬件共同工作的硬件。它的功能就是高速、准确地执行预先安排好的指令，每一条指令完成一次基本的算术运算或逻辑判断。近年来，随着微电子技术的迅速发展，以超大规模集成电路为基础的功能芯片的发展和更新速度也不断加快。

（2）主板与总线。主板是计算机系统中最大的一块电路板，主板上布满了各种电子元件、插槽、接口等。计算机在正常运行时必须通过主板来完成对系统内存、存储设备和其他 I/O 设备的操控，因此计算机的整体运行速度和稳定性在相当程度上取决于主板的性能。总线是连接计算机中 CPU、内存、外存、输入输出设备的一组信号线以及相关的控制电路，它是计算机中用于在各个部件之间传输信息的公共通道。

（3）主存储器。主存储器即通常所说的内存，通常由半导体电路组成，通过总线与 CPU 相连。它是计算机内用于临时保存信息、操作系统以及应用软件的内存区。

（4）辅助存储器。辅助存储器又称外存储器，是挂接在计算机上的外部存储设备。它通过总线与主板相连。与内存不同，辅助存储器在关机时不会丢失信息。辅助存储器的特点是：数据存储容量大，可以长期保存，但数据的读写速度要比内存储器慢得多。常见的辅助存储设备包括硬盘、U 盘、软盘、CD-ROM 等。

（5）输入设备。输入设备是用来获取信息和命令的工具，它的功能是将数据信息以计算机可以接收的形式输入计算机。例如，可以用键盘输入信息或用鼠标指向并点击按钮和图标。常见的输入设备包括键盘、鼠标、扫描仪、销售点（POS）终端、触摸屏、条形码阅读器、光标阅读机等。

（6）输出设备。输出设备是以看、听或其他方式接收信息处理结果的工具，它的作用是将计算机信息处理得到的二进制代码信息转换成人们能够直观地理解和使用的形式。信息系统中常用的输出设备包括显示器、打印机、扬声器和绘图仪等。

（7）输入/输出（I/O）设备接口。与 CPU 相比，外围设备的工作速度相差悬殊，处理的信息从数据格式到逻辑时序一般不可能直接兼容，因此，微型机与外围设备间的连接与信息交换不能直接进行，必须设计一个"接口电路"作为两者之间的桥梁。其中用于系统本身的接口电路已做在称为主板芯片组的集成电路中，其余的接口电路又叫"适配器"，可供用户选择，连接于系统总线的插槽中，控制和驱动外围设备。主要的适配器包括显示适配器（显卡）、声卡、网络接口卡等。

2. 硬件平台的发展趋势

当前，计算机硬件正朝着高速度、微型化、多功能的方向发展。

（1）多核技术。1996 年，美国斯坦福大学首次提出多处理器（Chip Multi-processor，CMP）和首个多核结构原型；2001 年，IBM 推出第一个商用多核处理器；2005 年，Intel 和 AMD 多核处理器被大规模应用；到现在，多核处理器已经成为市场主流。多核处理器的应用范围已覆盖多媒体计算、嵌入式设备、个人计算机、商用服务器和高性能计算机等众多领域，多核技术及相关研究也得以迅速发展。

多核处理器将多个完全功能的核心集成在同一个芯片中，整个芯片作为统一的结构对外提供服务，输出性能。首先，多核处理器通过集成多个单线程处理核心或集成多个同时多线程处理核心，使得整个处理器可同时执行的线程数或任务数是单处理器的数倍，极大地提升了处理器的并行性能。其次，多个核集成在片内，极大地缩短了核间的互连线，核间通信延迟变低，通信效率提高了，数据传输带宽也得以提高。再次，多核结构有效共享资源，片上资源的利用率得到了提高，功耗也随着器件的减少而降低。最后，多核结构简单，易于优化设计，扩展性强。这些优势推动了多核的发展，并使其逐渐取代单处理器而成为主流。

（2）微型化。微处理器技术使得计算机朝着体积小、速度快、价格便宜的微型化方向发展。目前，很多汽车、玩具、手表、照相机和其他设备的智能化特征均基于微处理器。未来，更多的小型设备将会具有大、中型计算机的计算能力。更多的计算机功能将由小型手持电脑和小型信息器具执行，这些专用计算设备比个人计算机价格低廉，同时使用更为方便，它们提供的通信性能足以满足大多数人的计算需要。利用体积小巧的计算机，用户可以实现接收邮件、安排会议、填写表格等日常业务。同时，微型化的发展也使得智能卡逐渐应用于日常业务中，嵌入的芯片可以载入个人健康记录、身份确认数据等信息。

（3）巨型化。巨型化是指运算速度快、存储容量大、功能强的超大型计算机。巨型机提供了快速和有效的通用科学计算系统，在解决重大科学问题上起到了关键性作用，目前已成为核热能利用研究、空间技术发展、长期气象预报、石油地质勘探等领域试验模拟的有力工具。早期的巨型机是串行计算机，目前串行计算机正逐渐朝向量处理机的方向发展。向量计算机要求用户能够编制出高级的向量化程序。

目前在巨型机市场又出现了新的普及型巨型机或小巨型机。这些系统具有强大的向量或高级标量处理功能，但价格远低于巨型机，因此已被应用于传统的高性能科学计算中。此外，附加阵列处理机也能够增加数值计算能力，在某些情况下，向量处理能力将以多道处理模式扩充到一个以上的处理器。小巨型机的发展已经为新的体系结构提供了广阔的用武之地。

（4）智能化。智能化主要指计算机处理智能化。智能化使计算机能够模拟人的感觉和思维过程。智能化的研究领域很多，包括模拟识别、物形分析、自然语言的生成和理解、博弈、定理自动证明、专家系统和智能机器人等，其中最具代表性的领域是专家系统和智能机器人。目前已研制出多种具有人的部分智能的机器人，可以代替承担一些危险性的工作。1997年，当计算能力为每秒钟113.8亿次浮点运算的计算机"深蓝"战胜国际象棋世界冠军加里·卡斯帕罗夫（Garry Kasparov）时，就有人预测，智能化的家庭机器人是继个人计算机后下一个家庭普及的信息化产品。

目前智能计算机的发展已取得不少成果，但对于诸如在工业生产等领域的智能化与自动化而言，真正意义上的智能计算机离我们还有很远的距离，还需要智能科学的进一步发展。

2.1.3 软件平台及其发展趋势

1. 软件平台的构成

软件包括计算机硬件执行的一系列指令，用来完成某个信息处理任务。硬件与软件是相互作用的，软件依赖于硬件的物质条件，而硬件则需在软件的支配下才能有效地工作。随着信息技术的发展，软件变得越来越重要。没有软件，计算机就是一个昂贵又毫无用处的裸机。有了软件，用户面对的将不再是物理设备，用户不必了解计算机本身，可以采用更加方便、更加有效的手段使用计算机。从这个意义上说，软件就是用户与硬件的接口。

软件一般分为系统软件和应用软件两大类。在一个计算机系统中，硬件、系统软件、应用软件及用户之间的关系（即计算机系统的层次结构）如图 2-1 所示。

（1）系统软件。系统软件是用来管理计算机中 CPU、内存、通信连接以及各种外部设备等所有系统资源的程序，其主要作用是管理和控制计算机系统的各个部分，使之协调运行，并为各种数据处理提供基础功能。系统软件包括四种基本类型：操作系统、数据库管理系统、工具软件和程序设计语言。

1）操作系统。在计算机中，操作系统控制和管理系统中的硬件资源和软件资源，并且提供用户支持的程序以及与之有关的各种文档。操作系

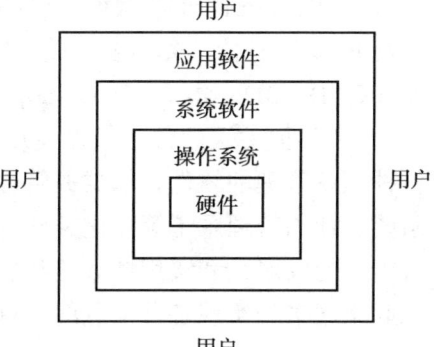

图 2-1 计算机系统的层次结构

统是介于用户和计算机硬件之间的操作平台，只有通过操作系统才能使用户不必了解计算机系统内部结构就能正确使用计算机。所有的应用软件和其他系统软件都是在操作系统下运行的，操作系统是整个计算机系统的管理指挥中心。

2）数据库管理系统（Database Management System，DBMS）。数据库管理系统是在计算机应用于生产经营活动的过程中逐渐发展起来的。最初，生产经营活动中产生的大量数据通过文件的方式存储和管理，但这种方式下数据的独立性、共享性以及完整性等方面都存在很多问题，需要一个系统软件来统一管理这些数据。因此，20 世纪 60 年代末出现了数据库管理系统，即以数据库的方式组织和管理数据，通过 DBMS 实现数据的整理加工、存储、检索和更新等日常管理工作。由于 DBMS 负责处理数据库和用户程序间的接口，因此用户不必注重数据的逻辑和物理表达细节，只需注意数据的内容即可。

3）工具软件。工具软件是为用户操作系统提供附加功能的软件。屏幕保护软件就是一个最简单的例子。工具软件包括各类对系统进行设置和维护的软件。更重要的是，工具软件中包含防病毒软件。防病毒软件是在内存和存储设备中扫描并消灭病毒的一种工具软件。除此之外，工具软件还包括防崩溃软件、卸载软件以及磁盘优化软件等。

4）程序设计语言。程序是指用某一种计算机语言编写的、计算机可以直接或间接执行的代码序列。在使用某一种语言编程时，这种语言的支持软件、编译程序或解释程序、内部库函数、用户支持环境、各种设计工具以及与编程和程序运行有关的软件，就构成了程序设计环境。程序设计语言可以分为机器语言、汇编语言、高级语言和第四代语言。

（2）应用软件。应用软件是具有特定功能的一组程序。应用软件运行在操作系统之上，完成用户指定的特定任务。不同操作系统下的应用软件的结构是不同的。一个 Unix 系统下的应用程序不能在 Windows 系统下运行。微机上的应用软件可谓是丰富多彩，其应用范围几乎遍布各个领域。下面列举几个主要的应用软件。

1）办公应用软件。办公应用是计算机应用领域中最为广泛的一种，它包括文字处

理、制表、幻灯片制作等。人们通过办公应用软件来处理各种办公信息工作，实现办公自动化。

2）图形图像处理软件。在多媒体时代，用计算机设计和制作的图形图像，其符号和色彩对所传达给人类的信息，比文字更直接。目前此类软件有很多，常用的有 AutoCAD、3DS Max、Photoshop 等。

3）其他专用软件。其他专用软件是指用于输入、存储、修改、检索、报表制作等各种信息管理的软件，如财务管理系统、仓库管理系统、人事档案管理系统、设备管理系统、计划管理系统等。这类软件一般是用户自己或联合协作单位开发的应用程序，具有很强的针对性和实用性。这类软件发展到一定水平，通过局域网使各个单项的软件互相联系起来，实现各种信息的合理的、规范化的流动，从而形成一个完整、高效的信息系统。

2. 软件平台的发展趋势

信息技术的变革日新月异，新兴技术的发展为社会进步和人们的工作及生活方式带来了巨大的影响，特别是近年来兴起的云计算、互联网+、物联网等技术和理念的发展，与信息系统的未来发展息息相关。

（1）云计算。为解决不断增加的用户需求与逐渐匮乏的信息资源之间的矛盾，云计算的概念被提出。1961年，约翰·麦卡锡首次提出将计算资源转换为公共服务的思想，这正是当今云计算的核心思想之一。而云计算（Cloud Computing）的名称来源于亚马逊公司的 EC2（Elastic Compute Cloud）产品，该产品允许用户通过租用的形式使用虚拟化的计算资源，并且这些资源能够随着用户的需求进行动态扩展。美国国家标准与技术研究所（National Institute of Standards and Technology，NIST）给出的云计算的定义是：云计算是一个提供便捷的、通过互联网访问一个可定制的 IT 资源（IT 资源包括网络、服务器、存储、应用、服务）共享池能力的按使用量付费的模式，这些资源能够快速部署，并只需要很少的管理工作或很少的与服务供应商的交互。

云计算不仅涉及虚拟化技术、互联网技术、信息终端技术等多类信息技术，而且融合决策科学、服务科学、管理科学等多门学科的基础理论，为用户提供了一种新型的服务环境。不同于传统信息服务环境，云计算包括虚拟化、弹性和按需服务等特征，其核心理念是服务，是一种新兴的计算服务模式和服务支撑平台。目前，云计算理念的迅速普及使其逐渐成为制造领域、金融与能源领域、电子政务领域、教育科研领域等重点行业信息化建设的核心基础。

（2）互联网+。"互联网+"是创新2.0下的互联网发展新形态、新业态，是知识社会创新推动下的经济社会发展的新形态演进。通俗来说，"互联网+"就是"互联网+各个传统行业"，但这并不是两者的简单相加，而是利用信息通信技术及互联网平台，让互联网与传统行业进行深度融合，创造新的发展生态。

"互联网+"强调跨界融合，"+"就是跨界，就是变革，就是重塑融合。"互联网+"强调用互联网思维求变、自我革命，发挥创新的力量，从而实现从资源驱动型增长方式转变为创新驱动发展。信息革命、全球化以及互联网业的发展已经打破了原有的社会结构、经济结构、地缘结构与文化结构，将孤岛式创新连接起来，让创业者有机会实现价值。"互联网+"促进了更多互联网创业项目的诞生，传统制造业企业通过采用移动互联网、云计算、大数据、物联网等信息通信技术，改造原有产品及研发生产方式，与"工业4.0"的内涵一致。在通信领域，几乎人人都在用即时通信App进行语音、文字甚至视频交流。互联网医疗能够优化传统的诊疗模式，为患者提供一条龙的健康管理服务。此外，农业信息的互联网化将有助于需求市场的对接，通过大数据平台掌握最新的农产品价格走势，从而决定农业生产重点。

（3）物联网。物联网的概念最早于1999年被提出，即通过射频识别、红外感应器、全球定位系统、激光扫描器、气体感应器等信息传感设备，按约定的协议，将任何物品与互联网连接起来，进行信息交换和通信，以实现智能化识别、定位、跟踪、监控和管理的一种网络。简言之，物联网就是"物物相连的互联网"。物联网是一个基于互联网、传统电信网等信息承载体，让所有能够被独立寻址的普通物理对象实现互联互通的网络，具有智能、先进、互联三个重要特征。

目前，物联网采用的关键技术包括传感器技术、RFID技术和嵌入式系统技术等，其越来越多地被应用到智能家居、智能电网、智能物流、智能医疗、智慧城市、智能汽车等各个领域。

2.2 数据库技术

2.2.1 数据库环境下的数据组织

1. 数据库系统概述

"数据库"一词起源于20世纪50年代，当时美国基于战争的需要，将各种情报收集在一起并存储在计算机里，称为数据库（Database，DB）。随着计算机在数据处理领域中的作用不断增大，人们开始研究在计算机系统中如何准确地表示数据，如何有效地组织与存储数据，以及如何高效地获取和处理数据，于是出现了数据库技术。数据库中的数据具有结构化、最小冗余、程序与数据之间的独立性强等特征，尤其是关系数据库概念简单、使用方便，并建立在一定的理论基础上，这使得数据库产品从20世纪70年代初一进入市场就受到广大用户的欢迎。

数据库技术是数据管理的最新技术，它已成为计算机领域中最重要的技术之一，它是软件学科中一个独立的分支。数据库的出现使得计算机应用渗透到各个领域及各行各业，事务处理系统、管理信息系统、办公自动化系统、决策支持系统等都是使用了数据库技术的计算机应用系统，数据库系统是信息系统的基础和主要组成部分。

数据库管理技术的发展经历了四个阶段，从数据处理的演变过程可以看出数据库技术的历史地位和发展前景。

（1）人工管理阶段。人工管理阶段出现在20世纪50年代中期以前，当时计算机主要用于科学与工程计算。由于当时没有必要的软件和硬件环境的支持，因此用户只能直接在裸机上操作，数据处理采用批处理方式。在这一管理方式下，用户的应用程序与数据相互结合、不可分割，当数据有所变动时，程序则随之改变，程序与数据之间不具有独立性；另外，各程序之间的数据不能相互传递，缺少共享性，各应用程序之间存在大量的重复数据，即数据冗余。这种管理方式既不灵活，也不安全，编程效率很低。

在人工管理阶段，应用程序与数据之间是一一对应的关系，如图2-2所示。

（2）文件管理阶段。文件管理阶段出现在20世纪50年代后期至60年代后期，大容量存储设备逐渐被投入使用，操作系统也已诞生，并且出现了专门的数据管理软件，一般称为文件管理系统，即将有关的数据组织成一种文件。这种数据文件可以脱离应用程序而独立存在，由一个专门的文件系统实施统一管理。文件管理系统是一个独立的系统软件，它是应用程序与数据文件之间的一个接口，数据处理不仅可以采用批处理方式，而且可以联机实时处理。

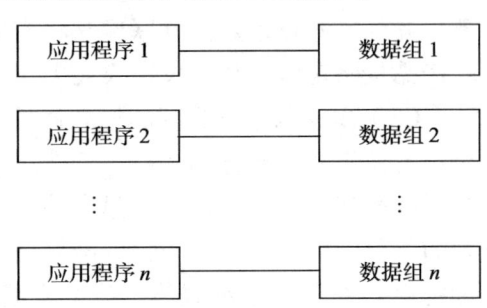

图2-2 人工管理阶段应用程序与数据之间的对应关系

在这一管理方式下，应用程序通过文件管理系统对数据文件中的数据进行加工处理，应用程序和数据之间具备一定的独立性。但是，一旦数据的结构改变，就必须修改应用程序；反之，一旦应用程序的结构改变，也必然引起数据结构的改变，因此，应用程序和数据之间的独立性较差。另外，数据文件高度依赖其对应的应用程序，不能被多个程序通用，数据文件之间不能建立任何联系，因而数据的共享性仍然较差，冗余量大。

在文件管理阶段，应用程序与数据之间的对应关系如图2-3所示。

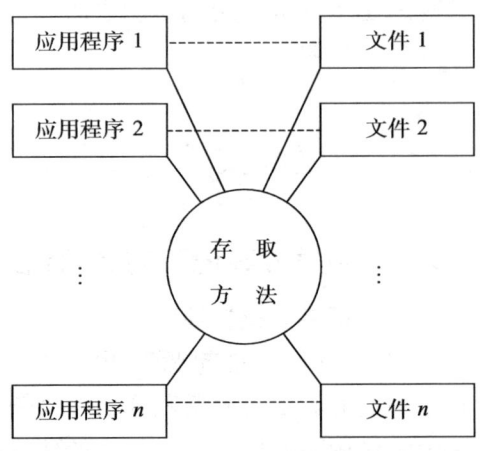

图2-3 文件管理阶段应用程序与数据之间的对应关系

（3）数据库管理阶段。数据库管理阶段出现在20世纪60年代后期，由于计算机需要处理的数据量急剧增加，同时为了克服文件管理方式的不足，数据库管理技术便应运而生。数据库管理技术的主要目的是有效地管理和存取大量的数据资源，它可以对所有的数据实行统一规划管理，形成一个数据中心，构成一个数据仓库，使数据库中的数据能够满足所有用户的不同要求，供不同用户共享。为数据库的建立、使用和维护而配置的软件称为数据库管理系统。数据库管理系统需利用操作系统提供的输入输出控制和文件访问功能，因此它需要在操作系统的支持下运行。

在这一管理方式下，应用程序不再只与一个孤立的数据文件相对应，而是通过数据库管理系统实现逻辑文件与物理数据之间的映射，这样应用程序对数据的管理和访问灵活方便，应用程序与数据之间也完全独立，使程序的编制质量和效率都有所提高；另外，由于数据文件间可以建立关联关系，数据的冗余大大减少，数据共享性显著增强。

在数据库管理阶段，应用程序与数据之间的对应关系如图 2-4 所示。

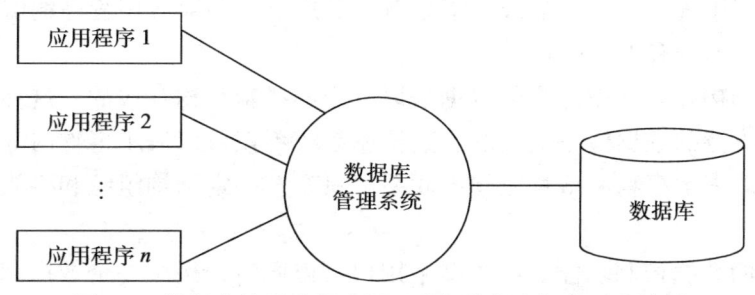

图 2-4　数据库管理阶段应用程序与数据之间的对应关系

（4）高级数据库阶段。自 20 世纪 80 年代以来，数据库技术在商业领域的巨大成功激发了其他领域对数据库技术需求的迅速增长。这些新的领域为数据库应用开辟了新的天地，在应用中提出的一些新的数据管理的需求也直接推动了数据库技术的研究和发展，尤其是面向对象数据库系统。另外，数据库技术不断与其他计算机分支结合，向高一级的数据库技术发展。例如，数据库技术与分布处理技术相结合，出现了分布式数据库系统；数据库技术与并行处理技术相结合，出现了并行数据库系统。

2. 数据库系统的相关概念

数据库、数据库管理系统、数据库系统、数据库应用系统既相互联系，又相互区别。

（1）数据库。数据库是存储在计算机存储设备上的结构化相关数据的集合。它不仅存放数据，还存放数据之间的联系。数据库中的数据是以文件的形式存储在存储介质上的，它是数据库系统操作的对象和结果。

（2）数据库管理系统。数据库管理系统是位于用户与操作系统之间的帮助用户建立、使用和管理数据库的数据管理软件。用户使用的各种数据库命令以及应用程序的执行，都要通过数据库管理系统来统一管理和控制。数据库管理系统还承担着数据库的维护工作，按照数据库管理员所规定的要求，保证数据库的安全性和完整性。数据库管理系统通常有四个主要功能：数据定义功能、数据操纵功能、数据控制功能和数据通信功能。

（3）数据库系统（DataBase System，DBS）。数据库系统是引入数据库技术后的计算机系统。数据库系统不但能够实现有组织地、动态地存储大量相关的数据，而且为数据处理和信息资源共享提供了便利条件。数据库系统主要由五部分组成：计算机硬件系统、数据库、数据库管理系统及相关软件、数据库管理员和用户。

（4）数据库应用系统（DataBase Application System，DBAS）。数据库应用系统是利用数据库系统资源开发的面向某一类实际应用的应用软件，如学生成绩管理系统、人事工资管理系统、产品销售管理系统等。

3. 数据库系统的特点

（1）数据共享性好。数据共享是数据库系统最重要的特点。数据库中的数据能够被多个用户、多个应用程序共享。数据共享可以大大减少数据冗余，节约存储空间，给数据应用带来很大的灵活性。

（2）数据独立性强。在数据库系统中，应用程序与数据是相互独立的，对数据结构的修改不会对应用程序产生影响或者不会有大的影响，而对应用程序的修改也不会对数据产生影响或者不会有大的影响。

（3）数据结构化。数据库中的数据是以一定的逻辑结构存放的，这种结构是由数据库管理系统所支持的数据模型决定的。数据库系统不仅可以表示事物内部各数据项之间的联系，还可以表示事物和事物之间的联系。只有按一定结构组织和存放的数据，才便于有效的管理。

（4）统一的数据控制功能。由于多个用户可以同时使用同一个数据库，因此必须提供必要的数据安全保护措施，包括安全性控制措施、完整性控制措施、并发操作控制措施等。

4. 数据库系统的结构

尽管数据库软件产品种类繁多，使用的数据库语言各异，基础操作系统不同，采用的数据结构模型相差甚大，但绝大多数数据库系统在总体结构上都体现出三级模式的结构特征：模式（Schema）、外模式（External Schema）和内模式（Internal Schema）。这个结构称为"数据库的体系结构"，有时也称为"三级模式结构"。数据库的三级模式结构是针对数据的三个抽象级别，它把数据的具体组织留给 DBMS 去做，用户只需要抽象地处理数据，而不必关心数据在计算机中的表示和存储，这样就减轻了用户使用系统的负担。

三级结构之间往往差别很大，为了实现这三个抽象级别的联系和转换，DBMS 在三级结构之间提供两个层次的映像，即外模式/模式映像和模式/内模式映像。

（1）数据库系统的三级模式结构

数据库系统的三级模式结构是指数据库系统由外模式、模式和内模式三级构成，如图 2-5 所示。

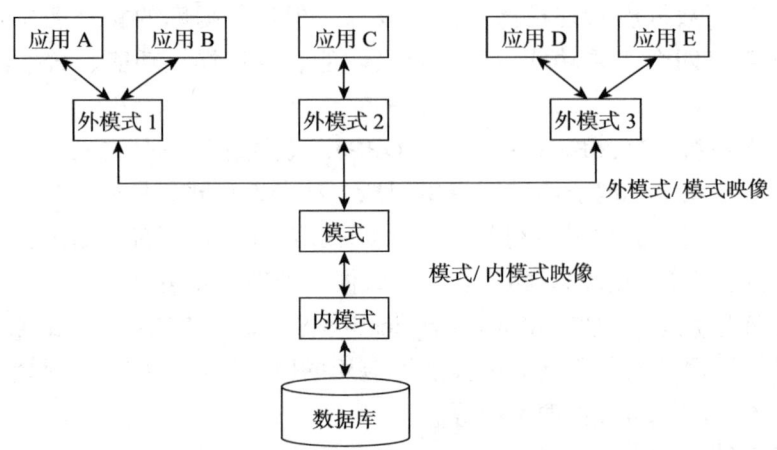

图 2-5 数据库系统的三级模式结构

1）模式。模式也称逻辑模式，是数据库中全体数据的逻辑结构和特征的描述，是所有用户的公共数据视图。它是数据库系统模式结构的中间层，既与数据的物理存储细节和硬件环境无关，也与具体的应用程序、与所使用的应用开发工具及高级程序设计语言无关。

模式实际上是数据库数据在逻辑级上的视图，一个数据库只有一个模式。数据库模式以某一种数据模型为基础，统一、综合地考虑了所有用户的需求并将这些需求有机地结合成一个逻辑整体。定义模式时不仅要定义数据的逻辑结构，如构成数据记录的数据项，数据项的名字、类型、取值范围等，而且要定义数据之间的联系，定义与数据有关的安全性、完整性要求。

2）外模式。外模式也称用户模式，它是数据库用户（包括应用程序员和最终用户）能够看见和使用的局部数据的逻辑结构和特征的描述，是数据库用户的数据视图，是与某一应用有关的数据的逻辑表示。

外模式通常是模式的子集。一个数据库可以有多个外模式，它是各个用户的数据视图，如果不同的用户在应用需求、看待数据的方式、对数据保密的要求等方面存在差异，则其外模式描述就是不同的。即使是模式中同一数据，其在外模式中的结构、类型、长度、保密级别等也可以不同。此外，同一外模式也可以为某一用户的多个应用系统所使用，但一个应用程序只能使用一个外模式。外模式是保证数据库安全性的一个有力措施，每个用户只能看见和访问所对应的外模式中的数据，数据库中的其余数据是不可见的。

3）内模式。内模式也称存储模式（Storage Schema），一个数据库只有一个内模式。它是数据物理结构和存储方式的描述，是数据在数据库内部的表示方式。例如，记录的存储方式是顺序存储、按 B 树结构存储还是按 Hash 方法存储；索引按照什么方式组织；数据是否压缩存储，是否加密；数据的存储记录结构有何规定等。

（2）数据库系统的二级映像

数据库系统的三级模式是对数据的三个抽象级别，为能在内部实现这三个抽象层次的联系和转换，数据库管理系统在这三级模式之间提供了两层映像，它保证了数据库系统中的数据能够具有较高的逻辑独立性和物理独立性。

1）外模式/模式映像。模式描述的是数据的全局逻辑结构，外模式描述的是数据的局部逻辑结构。对应于同一个模式可以有任意多个外模式。对于每一个外模式，数据库系统都有一个外模式/模式映像，它定义了外模式与模式之间的对应关系。这些映像定义通常包含在各自外模式的描述中。当模式改变时（例如增加新的关系、新的属性、改变属性的数据类型等），数据库管理员对各个外模式/模式的映像做相应改变，可以使外模式保持不变。应用程序是依据数据的外模式编写的，应用程序不必修改，从而保证了数据与程序的逻辑独立性，简称数据的逻辑独立性。

2）模式/内模式映像。数据库中只有一个模式，也只有一个内模式，所以模式/内模式映像是唯一的，它定义了数据库全局逻辑结构与存储结构之间的对应关系，例如说明逻辑记录和字段在内部是如何表示的。该映像定义通常包含在模式的描述中，当数据库的存储结构发生改变时（例如选用了另一种存储结构），数据库管理员对模式/内模式映像做相应改变，可以使模式保持不变，应用程序也不必改变，从而保证了数据与程序的物理独立性，简称数据的物理独立性。

2.2.2 数据模型

数据库是某个企业、组织或部门所涉及的数据的综合，它不仅要反映数据本身的内容，而且要反映数据之间的联系。由于计算机不可能直接处理现实世界中的具体事物，因此人们必须事先把具体事物转换成计算机能够处理的数据，在数据库中用数据模型这个工具抽象地表示和处理现实世界的模拟。

不同的数据模型实际上是提供给用户模型化数据和信息的不同工具。根据模型应用的不同目的，可以将这些模型划分为两类，即概念层数据模型和组织层数据模型，它们分属于两个不同的层次。概念层数据模型，简称概念模型，是按照用户的观点来对数据和信息建模，主要用于数据库的设计。另组织层数据模型，简称数据模型，是按照计算机系统的观点对数据建模，主要用于数据库的实现。

1. 概念层数据模型

（1）基本概念

概念层数据模型用于现实世界的建模，是现实世界到信息世界的第一层抽象，是数据库设计人员进行数据库设计的有力工具，也是数据库设计人员和用户之间进行交流的语言。概念层数据模型面向用户，描述用户的需求，它不依赖于某一个 DBMS，但可以转换为计算机上某一 DBMS 支持的特定数据模型。概念层数据模型的表示方法很多，其中最为著名和最常用的是实体 – 联系方法。

1）实体（Entity）。客观存在并且相互区别的事物称为实体。实体可以是实际的事物，如一个职工、一位教师、一本书等，也可以是抽象的事件，如一场比赛、一个创意、一次选课等。

2）属性（Attribute）。描述实体的特性称为属性。一个实体可以由若干个属性来刻画，例如，职工实体由职工号、姓名、性别、年龄、职称、部门等属性组成，则（1002，李娜，女，32，工程师，02）这组属性值就构成了一个具体的职工实体。属性有属性名与属性值之分，如"姓名"是属性名，"李娜"是姓名属性的一个属性值。

3）实体集（Entity Set）。具有相同类型及相同性质（或属性）的实体集合称为实体集。例如，职工实体指的是名为职工的实体集，（1002，李娜，女，32，工程师，02）是该实体集中的一个实体，同一实体集中没有完全相同的两个实体。

4）码（Key）。唯一标识实体的属性或属性集称为码，也称为实体标识符，或简称为键，如职工实体中的职工号属性。

5）域（Domain）。属性的取值范围称为该属性的域（值域），如"职工性别"的属性域为 [男，女]。

（2）实体间的联系。在现实世界中，事物之间是有关联的，这些关联在信息世界中被称为实体之间的联系。实体之间的联系可以归纳为一对一的联系、一对多的联系和多对多的联系三种类型。

1）一对一的联系。若对于实体集 A 中的每一个实体，在实体集 B 中都有唯一的一个实体与之联系，反之亦然，则称实体集 A 与实体集 B 具有一对一的联系。例如，一个部门只能有一名经理，而每一名经理只能在一个部门任职，则部门与经理之间具有一对一的联系。

2）一对多的联系。若对于实体集 A 中的每一个实体，在实体集 B 中有 n（$n>0$）个实体与之联系，反之，对于实体集 B 中的每一个实体，在实体集 A 中只有一个实体与之联系，则称实体集 A 与实体集 B 具有一对多的联系。例如，一个部门有若干名职工，而每一名职工只能在一个部门工作，则部门与职工之间具有一对多的联系。

3）多对多的联系。若对于实体集 A 中的每一个实体，在实体集 B 中有 n（$n>0$）个实体与之联系，反之，对于实体集 B 中的每一个实体，在实体集 A 中有 m（$m>0$）个实体与之联系，则称实体集 A 与实体集 B 具有多对多的联系。例如，一名学生可以选修多门课程，而每一门课程又可以被多名学生选修，则学生与课程之间具有多对多的联系。

（3）实体–联系模型

了解了实体、实体的属性及实体之间的联系之后，就可以建立实体–联系模型。实体–联系图（Entity Relationship Diagram，E-R 图）是用于描述实体–联系模型的常用工具。

E-R 图的图例说明如下。

实体：用矩形表示，矩形框内写明实体名。

实体的属性：用椭圆形表示，并用无向边将其与相应的实体连接起来。

联系：用菱形表示，菱形框内写明联系名，并用无向边分别与有关实体连接起来，同时在无向边旁标上联系的类型（1∶1、1∶n、m∶n）。

一对一的联系、一对多的联系和多对多的联系如图 2-6 所示。

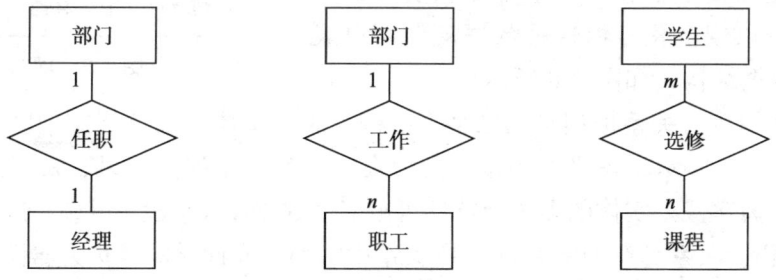

图 2-6　实体之间的联系 E-R 图

2. 组织层数据模型

数据库系统为了较好地支持概念数据模型，必须要采用具体的数据组织结构，这就是组织层数据模型。组织层数据模型是位于概念层数据模型和数据库系统之间的一个层次。常见的组织层数据模型包括层次模型、网状模型、关系模型和面向对象模型四类。它们之间的根本区别在于数据之间联系的表示方式不同（即记录型之间的联系方式不同）。其中，关系型数据库是目前最重要的一种数据库。20 世纪 80 年代以来，计算机厂商推出的数据库管理系统大多都采用关系型数据库系统。

（1）层次模型。层次模型是用树形结构来表示实体与实体之间的联系的。在这种模型中，记录类型为节点，由根节点、父节点和子节点构成。层次模型像一棵倒置的树，根节点在上，层次最高，子节点在下，逐层排列。其主要特征是：有且只有一个无双亲的根节点；根节点以外的子节点，向上仅有一个父节点，向下可以有若干个子节点。

层次模型表示的是一个父节点对应多个子节点，而一个子节点只能对应一个父节点的一对多的联系，它虽不能表示较复杂的数据结构，但简单、直观、处理方便、算法规范，如图2-7所示。

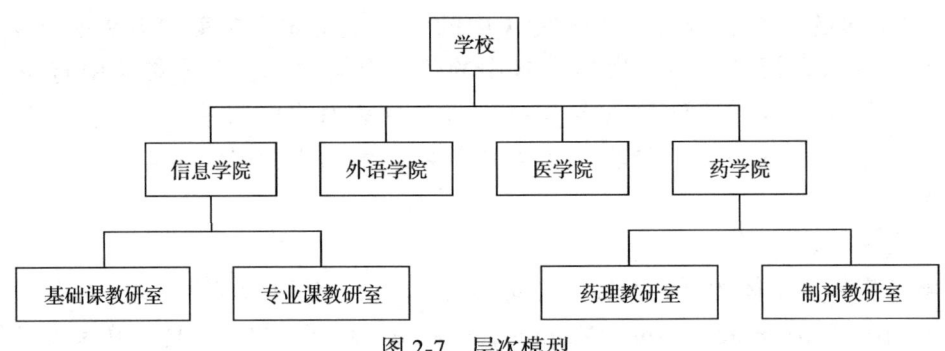

图 2-7 层次模型

（2）网状模型。网状模型是用网状结构表示实体与实体之间的联系的。这种模型的记录类型为节点，由节点与节点之间的相互关联构成。网状模型是层次模型的扩展，表示多个从属关系的层次结构，呈现一种交叉关系的网络结构，其主要特征是：允许有一个以上的节点无双亲节点；至少有一个节点有多于一个的双亲节点。

网状模型在概念上和结构上都比较复杂，实现的算法也难以规范化，但这种数据模型可以表示较复杂的数据结构，如图2-8所示。

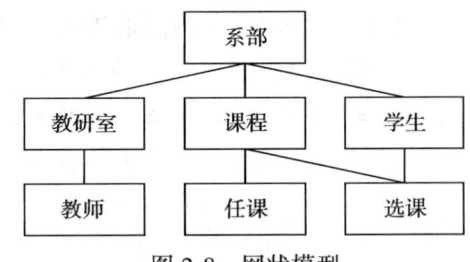

图 2-8 网状模型

（3）关系模型。关系模型是用二维表结构来表示实体与实体之间的联系的。关系模型的结构如表2-1所示，表格中的每一行代表一个实体，称为记录；每一列代表实体的一个属性，称为字段。实体的多方面特性可由多个数据项（字段）组成。这样的二维表格也称作"关系"。关系具有如下性质：① 关系中的列是同性质的，称为属性或字段。用字段名来区分不同的属性；② 关系中不能出现相同的记录，记录的顺序无限制；③ 每个关系都有一个关键字，它能唯一标识关系中的一个记录；④ 关系中列的顺序不重要。

表 2-1 关系表

学号	姓名	性别	年龄	班级	……
18080101	张三	男	19	信息1班	
……	……	……	……	……	……

关系式数据库是发展较晚的一种数据库，但由于关系式数据结构具有坚实的数学理

论基础，简单、明了、直观、容易理解和掌握，在现实生活中应用最多，因此关系式数据库得到了非常广泛的应用。而且，由于层次式和网状式数据结构都可以通过一定方法转化为关系式数据结构，运用关系式数据模型来处理。因此，关系式数据库被认为是数据库的主要发展方向。

（4）面向对象模型。面向对象数据库吸收了面向对象程序设计方法的核心概念和基本思想。一个面向对象数据模型是用面向对象观点来描述现实世界实体（对象）的逻辑组织、对象间限制、联系等的模型。

现实世界中的任何实体都被统一地抽象为对象表示，每一个对象都有它唯一的标识，称为对象标识。每一个对象都是其状态和行为的封装。对象的状态是该对象属性值的集合，而对象的行为是在对象状态上的操作方法（程序代码）的集合。对象被封装的状态和行为在对象外部是不可见的，只能通过显式定义的消息传递来存取。

2.2.3 关系模式规范化

关系模式的规范化理论用于研究关系模式中各属性之间的依赖关系及其对关系模式性能的影响，探讨关系模式应具备的性质和设计方法。它提供了判别关系模式优劣的标准，在实际数据库设计工作中首先要经过规范化处理。目前，规范化理论已经提出了五级规范化模式（Normal Form, NF），但一般将关系模式分解到三级即可满足实际应用。

（1）第一范式（1NF）。第一范式要求关系中的每一个属性都是不可分的数据项，简称 1NF。我们以表 2-2 基本情况表为例进行规范化处理。

表 2-2 基本情况表

学号	姓名	性别	政治面貌	籍贯	学习情况	
					课程名称	成绩
001	张晓	女	团员	河北石家庄	高等数学	85

从表 2-2 中可以看出，数据项"学习情况"包含"课程名称"和"成绩"两个数据项。如果将"学习情况"视为一个数据项，该关系就不符合第一范式形式了。如果将"学习情况"分解为"课程名称"和"成绩"两个独立的数据项，如表 2-3 所示，该关系就符合第一范式要求。

表 2-3 第一范式表

学号	姓名	性别	政治面貌	籍贯	课程名称	成绩
001	张晓	女	团员	河北石家庄	高等数学	85
001	张晓	女	团员	河北石家庄	英语	90

然而，用这种关系表描述一个学生的基本情况可能会产生以下问题：第一，有关姓名、性别、政治面貌、籍贯等数据元素的值要被重复存储，由此产生大量的数据冗余；

第二，如果某学生的基本信息需要改变，如张晓的"政治面貌"要由"团员"改为"党员"，那么有关她的所有记录都要进行修改，假如她的第一条记录被修改而第二条记录没有被修改，则会产生数据修改的不一致，在数据处理时就会产生错误；第三，在数据存储中关键字是不能为空的，当某学生刚入学没有学任何课程时，该学生的记录就无法输入到数据库中，这种现象被称为插入异常；第四，当某学生的记录已经输入到数据库中时，如果该学生因病取消了所选的所有课程，为此需要将该生的相关课程名称予以删除，由于关键字不能为空，在删除这些信息的同时有关这个学生的基本信息也将被删除，这种现象被称为删除异常。鉴于上述问题，该关系需进一步规范化处理。

（2）第二范式（2NF）。第二范式首先要满足第一范式，且所有非主属性完全函数依赖于其主属性，简称2NF。

在表 2-3 所示的第一范式表中，关键字是"学号"和"课程名称"，非关键字"成绩"完全函数依赖于关键字，而"姓名""性别""政治面貌"和"籍贯"则只依赖于"学号"，与关键字是部分依赖的关系，不属于第二范式。

为消除部分函数依赖，假设所有学员的所选课程只有"高等数学"和"英语"，则可将原关系表写成表 2-4 的形式。表 2-4 中关键字是"学号"，非关键字都依赖于"学号"，所以属于第二范式。

表 2-4　第二范式表

学号	姓名	性别	政治面貌	籍贯	课程名称1	成绩1	课程名称2	成绩2
001	张晓	女	团员	河北石家庄	高等数学	85	英语	90

如果学生选了 3 门或 3 门以上课程，这种表达形式就不能满足要求了。为此需要调查全体学生的选课情况，得到所选课程总数 n，然后建立数据元素。一般来说，不同学生在读书期间所选的课程存在较大差异，因此会带来大量的数据冗余，并且会增加数据处理的复杂程度，影响数据处理速度。由此可见，一些关系虽然满足了第二范式的要求，但仍不是一种良好的结构，还需要进一步进行规范处理。

（3）第三范式（3NF）。第三范式应满足第二范式的要求，且任何一个非主属性都不传递函数依赖于任何主属性，简称3NF。

在表 2-4 所示的关系表中，"学号"为关键字，"课程名称1"依赖于关键字"学号"，而"成绩1"依赖于"课程名称1"，即"成绩1"传递依赖于关键字"学号"，因此，该关系不属于第三范式。

为消除这种传递函数依赖关系，可将表 2-4 分解成如表 2-5 和表 2-6 所示的两个关系表。在表 2-5 中，关键字为"学号"，其他非关键字都不传递依赖于关键字，所以属于第三范式。在表 2-6 中，关键字为"学号"和"课程名称"，其他非关键字都不传递依赖于关键字，所以属于第三范式。

这样分解后的两个关系模式都满足第三范式的要求，完全消除了操作异常的问题。关系规范化的目的就是要消除关系中的操作异常问题。在模式分解时，往往通过投影的方式进行分解，通过连接可将分解后的关系恢复成原样，这样的分解既能消除问题，又不损失信息。

表 2-5 第三范式表

学号	姓名	性别	政治面貌	籍贯
01	张晓	女	团员	河北石家庄

表 2-6 第三范式表

学号	课程名称	成绩
001	高等数学	85
001	英语	90

2.3 数据仓库与数据挖掘

2.3.1 数据仓库

在数据库应用的早期，计算机系统所处理的是从无到有的问题，是传统手工业务自动化的问题，例如银行的储蓄系统就属于典型的联机事务处理（On-line Transaction Processing，OLTP）系统。联机事务处理系统只涉及当前数据，系统积累的历史数据往往被转储到脱机的环境中。由于在计算机系统应用的早期，还没有积累大量的历史数据可供统计与分析，因此，联机事务处理成了 20 世纪 80 年代至 90 年代初数据库应用的主流。

数据库系统作为数据管理的手段，传统上主要用于事务处理，这些数据库已经保存了大量的日常业务数据。企业的决策分析早期也是在这样的数据处理环境中进行的。尽管数据库在事务处理方面的应用获得了巨大的成功，但它对分析处理的支持一直不令人满意，尤其是当以业务处理为主的联机事务处理应用与以联机分析处理为主的 DSS 应用共存于同一个数据库系统时，两种类型的处理会发生明显的冲突。人们逐渐认识到，事务处理和分析处理具有极不相同的性质，直接使用事务处理环境来支持 DSS 是行不通的，因此就产生了数据仓库技术。

1. 数据仓库的定义及特点

1992 年，著名的数据仓库专家 William H. Inmon 在《构建数据仓库》（*Building the Data Warehouse*）一书中给予数据仓库如下定义：数据仓库是一个面向主题的、集成的、相对稳定的、反映历史变化的数据集合，用于支持管理决策。对于数据仓库的概念，可以从两个层次理解：首先，数据仓库用于支持决策，面向分析型数据处理，它不同于企业现有的操作型数据库；其次，数据仓库用于对多个异构的数据源有效集成，集成后按照主题进行重组，并包含历史数据，而且存放在数据仓库中的数据一般不再修改。以下是数据仓库的四个特点。

（1）数据仓库面向主题（Subject Oriented）。传统数据库的数据组织面向事务处理任务，各个业务系统之间各自分离；而数据仓库中的数据是按照一定的主题进行组织的。主题是一个抽象的概念，是指用户使用数据仓库进行决策时所关心的重点方面，一个主题通常与多个操作型信息系统相关。

（2）数据仓库是集成的（Integrate）。面向事务处理的传统数据库通常与某些特定的应用相关，如财务、人事、销售、生产等系统，数据库之间相互独立，往往异构[⊖]。而数据仓库中的数据是在对原有分散的数据库数据抽取、清理的基础上经过系统加工、汇总和整理得到的，必须消除源数据中的不一致性，以保证数据仓库中的信息是关于整个企业的一致的全局信息。也就是说，当这些数据进入数据仓库时，必须采用某种方法消除应用问题中存在的许多不一致，使之在数据仓库中有统一的表示和含义。

（3）数据仓库是相对稳定的（Nonvolatile）。传统数据库中的数据通常实时更新，数据根据需要及时发生变化。数据仓库的数据主要供企业决策分析用，所涉及的数据操作主要是数据查询，一旦某个数据进入数据仓库，一般情况下将被长期保留，很少被修改或删除，只需定期加载、刷新。

（4）数据仓库反映历史变化（Time Variant）。传统数据库主要关心当前某一个时间段内的数据；而数据仓库中的数据通常包含历史信息，系统记录了企业从过去某一时间点到目前的各个阶段的信息，通过这些信息，可以对企业的发展历程和未来趋势做定量分析和预测。

数据仓库不是数据的简单堆积，而是从容量庞大的事务型数据库中抽取数据，并将其清理、转换为新的存储格式，即根据决策目标将存储在数据库中对决策分析所必需的、历史的、分散的、详细的数据，经处理转换成集中统一的、随时可用的信息。

2. 数据仓库系统的体系结构

整个数据仓库系统是一个包含四个层次的体系结构，如图 2-9 所示。

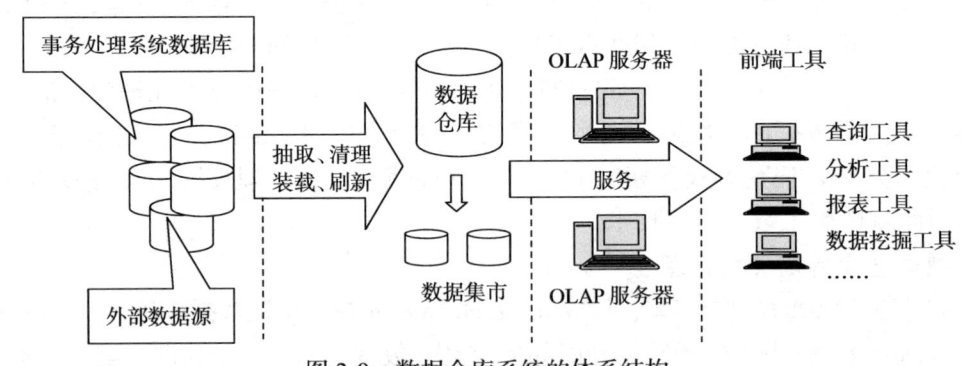

图 2-9　数据仓库系统的体系结构

（1）数据源。数据源是指企业的来自不同业务系统的、以不同形式存储的数据，包括企业数据库、业务文件和其他数据来源。数据源是数据仓库系统的基础，是整个系统的数据源泉。

（2）数据的存储与管理。数据仓库如果要从各种数据源中获得数据，必须具备有效的输入工具，并对这些原始"粗数据"进行必要的处理工作。这些粗数据源中很多信息

⊖ 异构是指编码、命名习惯、实际属性、属性度量等方面的不一致，例如对顾客的性别编码，有的系统用"男"或"女"来表示，有的用"0"或"1"表示；再比如在不同系统中产品编码、人员编码等用不同长度的字符串表示。

是不需要的，因此，必须有选择地抽取需要的字段。除此之外，对一些必要的但原始数据中又缺乏的信息，也必须提供"默认值"。总之，由于数据仓库有自己的独立数据库系统，字段长度、字段类型、索引定义等与源数据库有很大的不同，因此数据在导入之前，各种转换工作是必然的。

企业的所有数据经汇集整理后，集中到中央数据仓库，形成企业级的一致和完整的数据仓库，可以进一步根据不同主题需要将中央数据仓库划分为不同的数据集市（当然也可以将不同的数据集市统一为中央数据仓库）。

（3）OLAP服务器。OLAP服务器对分析需要的数据进行有效集成，按多维模型予以组织，以便进行多角度、多层次的分析，并发现趋势。

（4）前端工具。前端工具主要包括各种报表工具、查询工具、数据分析工具、数据挖掘工具以及各种基于数据仓库或数据集市的应用开发工具。其中，数据分析工具主要针对OLAP服务器，报表工具和数据挖掘工具主要针对数据仓库。

2.3.2 数据挖掘

1. OLAP的基本概念

联机分析处理（On-line Analytical Processing, OLAP）的概念最早由关系数据库之父埃德加·弗兰克·科德（Edgar Frank Codd）于1993年提出。科德认为，联机事务处理已不能满足终端用户对数据库查询分析的要求，结构化查询语言（Structured Query Language，SQL）对大数据库的简单查询也不能满足用户分析的需求。用户的决策分析需要在对关系数据库进行大量计算后才能得到结果，而查询的结果并不能满足决策者提出的需求。

因此，科德提出了多维数据库和多维分析的概念，即OLAP。OLAP委员会对联机分析处理的定义为：联机分析处理是使分析人员、管理人员或执行人员能够从多种角度对从原始数据中转化出来的，能够真正为用户所理解的，并真实反映企业维特性的信息进行快速、一致、交互的存取，从而获得对数据的更深入理解的一类软件技术。OLAP的目标是满足决策支持或多维环境特定的查询和报表需求，它的技术核心是"维"这个概念，因此OLAP也可以说是多维数据分析工具的集合。

数据仓库与OLAP的关系是互补的，现代OLAP系统一般以数据仓库作为基础，即从数据仓库中抽取详细数据的一个子集，并经过必要的聚集存储到OLAP存储器中供前端分析工具读取。

数据仓库和数据集市是用于存储分析数据的场地，OLAP是允许客户应用程序有效地访问这些数据的技术。使用OLAP进行数据分析的优点包括：

（1）查询数据的预先计算能够大幅度加快查询响应的时间。

（2）多维数据模型使得检索、浏览数据更加简单。

（3）有助于用户根据多个计算函数创建新的数据视图。

（4）这种技术增强了安全性管理、客户机/服务器查询管理和数据缓存，允许DBA优化用户需要的系统性能。

2. 数据挖掘的概念

从技术角度讲，数据挖掘（Data Mining，DM）是从大量的、不完全的、有噪声的、模糊的、随机的实际应用数据中，提取隐含在其中的、人们事先不知道的但又是潜在的有用的信息与知识的过程。

从商业角度看，数据挖掘是一种新的商业信息处理技术，是对商业数据库中的大量业务数据进行各种处理，从中提取辅助商业决策的关键性数据，是一个深层次的数据分析方法。

数据挖掘可描述为：按企业既定业务目标，对大量的业务数据进行探索和分析，揭示隐藏的、未知的或验证已知的规律性，并进一步将其模型化的先进且有效的方法。

3. 数据仓库与数据挖掘的关系

数据仓库与数据挖掘是作为两种独立的信息技术出现的。数据仓库与数据挖掘从不同的侧面完成对决策过程的支持，相互间有一定的内在联系。建立数据仓库的目的是能够按主题存放海量数据，从大量数据中寻求有用的信息。数据仓库是有效进行数据挖掘的基础，它与数据挖掘有自然的联系。很多人一说到数据挖掘，首先必须讲数据仓库。数据挖掘是从大量的数据中发现有意义的模式，但大量的数据并不一定是来源于数据仓库的。正确地理解两者之间的关系，才会避免"进行数据挖掘项目，一定要先建立数据仓库"这一误解。

事实上，数据仓库的结构并非适合进行数据挖掘分析。大部分数据仓库的结构采用星型或雪花型数据模型，这些数据仓库其实是为 OLAP 建立的，更适合进行 OLAP 的多维分析，而要从事数据挖掘项目，还需要将数据转换成数据挖掘算法能够识别的数据结构。

数据仓库为数据挖掘所做的，应该从数据整合和清洗的角度来理解，即数据仓库将不同操作源的数据存放到一个集中的环境中，并且进行适当的清洗和转换。数据挖掘所需要的数据，能够直接从数据仓库获得，但是获得后还是需要进行转换，如果没有数据仓库，就需要直接从操作型数据源中获取，并且要进行 ECTL（抽取、清洗、转换、装载）的操作。

因此，没有数据仓库也能够从事数据挖掘项目，数据仓库的结构不是为数据挖掘设计的，它更适合 OLAP 操作。

4. 数据挖掘的主要功能

数据挖掘通过预测未来趋势及行为做出基于知识的决策。数据挖掘的目标是从数据库中发现隐含的、有意义的知识。数据挖掘主要有以下五个功能。

（1）自动预测趋势和行为。数据挖掘自动在大型数据库中寻找预测性信息，以往需要进行大量手工分析的问题如今可以迅速地直接由数据本身得出结论。例如市场预测问题，数据挖掘使用过去有关促销的数据来寻找未来投资中回报最大的用户，其他可预测的问题包括预报破产以及认定对指定事件最可能做出反应的群体。

（2）关联分析。数据关联是数据库中存在的一类重要的、可被发现的知识。若两个或多个变量的取值之间存在某种规律，就称为关联。关联可分为简单关联、时序关联和因果关联。关联分析的目的是找出数据库中隐藏的关联网。有时并不知道数据库中数的关联函数，即使知道也是不确定的，因此关联分析生成的规则带有可信度。

（3）聚类。数据库中的记录可被划分为一系列有意义的子集，即聚类。聚类增强了人们对客观现实的认识，是概念描述和偏差分析的先决条件。聚类技术主要包括传统的模式识别方法和数学分类学。20 世纪 80 年代初，米哈尔斯基（R. S. Michalski）提出了概念聚类技术，其要点是在划分对象时不仅要考虑对象之间的距离，还要求划分出的类具有某种内涵描述，从而避免了传统技术的某些片面性。

（4）概念描述。概念描述就是对某类对象的内涵进行描述并概括这类对象的有关特征。概念描述分为特征性描述和区别性描述，前者描述某类对象的共同特征，后者描述不同类对象之间的区别。生成一个类的特征性描述只涉及该类对象中所有对象的共性。生成区别性描述的方法很多，如决策树方法、遗传算法等。

（5）偏差检测。数据库中的数据常有一些异常记录，从数据库中检测这些偏差具有重要意义。偏差包括很多潜在的知识，如分类中的反常实例、不满足规则的特例、观测结果与模型预测值的偏差、量值随时间的变化等。偏差检测的基本方法是寻找观测结果与参照值之间有意义的差别。

5. 数据挖掘的主要方法

目前，国内外有许多研究机构、公司和学术组织在从事数据挖掘工具的研究和开发工作。这些数据挖掘工具采用的主要方法包括决策树、神经网络、相关规则、K 最近邻分类算法、遗传算法以及可视化、OLAP 联机分析处理等，也包括传统的统计方法。

（1）决策树（Decision Tree）。决策树是建立在信息论基础之上，对数据进行分类的一种方法。首先，通过一批已知的训练数据建立一棵决策树。然后，利用建好的决策树，对数据进行预测。决策树的建立过程可以被看成是数据规则的生成过程，因此我们可以认为，决策树实现了数据规则的可视化，其输出结果也容易被理解。例如，在金融领域中将贷款对象分为低贷款风险与高贷款风险两类，通过决策树易于确定贷款申请者属于高风险还是低风险。由于决策树方法的精确度和效率较高，且结果易于理解，因此较为常用。

（2）神经网络（Neural Network）。神经网络建立在自学习的数学模型基础之上，它可以对大量复杂的数据进行分析，并可以对人脑或其他计算机来说极为复杂的模式进行抽取及趋势分析。

神经网络系统由一系列类似于人脑神经元的处理单元组成，我们称之为节点（Node）。这些节点通过网络彼此互连，如果有数据输入，它们便可以进行确定数据模式的工作。神经网络由相互连接的输入层、中间层（或隐藏层）和输出层组成。其中：中间层由多个节点组成，完成大部分网络工作；输出层输出数据分析的执行结果。例如，我们可以指定输入层为代表过去的销售情况、价格及季节等因素，输出层便可以输出判断本季度销售情况的数据。

（3）相关规则。相关规则是一种简单却很实用的关联分析规则，它描述了一个事物中某些属性同时出现的规律和模式，例如，超级市场中通过 POS 系统收集和存储了大量售货数据，记录了什么样的顾客在什么时间购买了什么商品，这些数据中常常隐含着诸如"购买面包的顾客中有90%的人同时购买牛奶"这类相关规则。相关规则分析就是依据一定的可信度、支持度、期望可信度和作用度建立相关规则的。

（4）K最近邻分类算法（K-nearest Neighbor，KNN）。近邻就是彼此距离很近的数据。依据"do as your neighbors do"的原则，K最近邻分类算法认为近邻数据必然有相同的属性或行为。K表示某个特定数据的K个邻居，可以通过K个近邻的平均数据来预测该特定数据的某个属性或行为。

（5）遗传算法。遗传算法是一种基于生物进化论和分子遗传学的搜索优化算法。它首先将问题的可能解按某种形式进行编码，编码后的解称为染色体；接着随机选取N个染色体作为初始种群，再根据预定的评价函数计算每个染色体的适应值，性能较好的染色体有较高的适应值；然后选择适应值较高的染色体进行复制，并通过遗传算子产生一群新的、更适应环境的染色体，形成新的种群，直至最后收敛到一个最适应环境的个体，得到问题的最优解。

数据挖掘的用途很多：在客户关系管理中，它可以发现使客户盈利的因素或促使客户转向竞争对手的因素；在医疗领域，它可以确定哪些过程更为有效，哪些病人最适合做外科手术；在市场销售领域中，它可以确定哪些客户对哪些特定商品更感兴趣或增加销售收入的方法；在制造领域，它可以确定哪些过程参数最能影响产品的质量。

2.4 计算机网络

2.4.1 计算机网络的概念

计算机网络是信息系统的基础。由于一个企业或组织中的信息处理都是分布式的，把分布式信息交给分布在不同位置的计算机进行处理，并通过网络把分布式信息组织起来，是信息系统的主要运行方式，因此，计算机网络技术是信息系统的基本技术。

计算机网络是把分布在不同地理位置的计算机及通信设备用传输介质连接起来，并配以相应的网络软件所构成的系统。计算机网络是计算机及相关外部设备组成的一个群体，其中计算机是网络中信息处理的主体，网络中的每台计算机既是网络中的一个节点，又是一个独立的实体，它们必须遵守共同的网络协议，通过传输介质来实现数据通信和资源共享及分布式处理。

计算机网络大体可以划分为两个部分：资源子网和通信子网。用于实现联网信息处理功能的部分称为资源子网。资源子网一般由主计算机系统、终端、监控设备、联网外设等组成。资源子网负责全网的数据处理和向网络用户提供网络资源及网络服务等。完成数据通信功能的部分称为通信子网。不同类型的网络，其通信子网的物理组成各不相同。

2.4.2 计算机网络的功能

计算机网络的主要功能如下：

（1）数据通信。随着 Internet 在世界各地的风行，传统的电话、电报、邮递通信方式受到很大冲击，电子邮件已为人们广泛接受，网上电话、视频会议等各种通信方式正在迅速发展。数据通信是计算机网络最基本的功能，该功能用于实现计算机与计算机、计算机与终端之间的数据传输。

（2）资源共享。资源共享是指网上的用户能部分或全部地享用系统中的资源，从而大大提高系统资源的利用率。共享的资源包括软件资源、硬件资源和数据资源。

（3）分布式处理。分布式处理应用在具有分布式处理能力的计算机网络中。当网络中某台计算机负荷过重时，网络操作系统自动完成对多台计算机的协调工作，将任务分布到多台计算机上进行处理，使各台计算机的负载平衡，提高了每台计算机的可用性，也提高了计算机的处理能力。

2.4.3 计算机网络体系结构

通过通信信道和设备互联起来的多个具有独立功能的计算机如果要协同工作，就必须遵循互相都能接受的规则，也就是网络协议。网络协议规定了计算机网络中的数据交换标准。

20 世纪 70 年代后期，国际标准化组织（International Standard Organization，ISO）提出了开放系统互联参考模型（Open Systems Interconnection，OSI），规定将七层网络体系结构作为一个标准框架来协调各层标准的规定。通过建立 OSI 参考模型，国际标准化组织向厂商提供了一系列标准，以保证各个公司提供的不同类型的网络技术之间具有兼容性和互操作性，同时定义了连接计算机的标准框架。OSI 参考模型超越了具体的物理实体或软件，从理论上解决了不同计算机及外设、不同的计算机网络之间相互通信的问题，成为计算机网络通信的标准。OSI 参考模型各层功能的描述如图 2-10 所示。

OSI 参考模型的每一层都有独立的功能，并且每一层只和相邻层存在接口，可以进行数据通信。每一层的真正功能是为其上一层提供服务，例如，(N+1) 层对等实体间的通信是通过 N 层提供的服务来完成的，而 N 层的通信则要通过 (N-1) 层及其更低层提供的功能服务来完成。OSI 参考模型的最高层（应用层）为网络应用程序提供网络通信服务，是网络应用程序和 OSI 参考模型的接口。OSI 参考模型的最底层（物理层）将网络数据转换成电信号发送到网络上，是 OSI 参考模型与网络的接口。

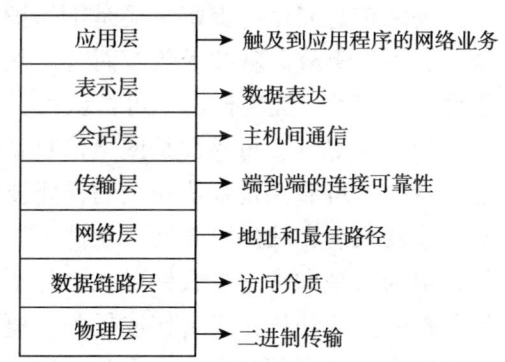

图 2-10　OSI 参考模型各层功能的描述

OSI 参考模型可以分为两大层次：介质层和主层。介质层控制网络之间消息的物理传送，是面向网络通信的。主层负责计算机之间数据的精确传输，是面向数据的。常见的网络互联设备分别工作在主层，例如，集线器工作在物理层，交换机工作在数据链路层，路由器工作在网络层。网络中的主机除能够与介质层接收和发送数据外，还要完成通信控制、会话管理、数据表达等主层的处理工作。

以下为 OSI 参考模型各层的作用。

（1）物理层：在物理媒体上传输原始的数据比特流。

（2）数据链路层：将数据分成一个个数据帧，以数据帧为单位传输。有应有答，遇错重发。

（3）网络层：将数据分成一定长度的分组，将分组穿过通信子网，从信源选择路径后传到信宿。

（4）传输层：提供不具体的网络的高效、经济、透明的端到端数据传输服务。

（5）会话层：进程间的对话也称为会话，会话层管理不同主机上各进程间的对话。

（6）表示层：提供数据信息的语法表示变换。

（7）应用层：提供应用程序访问 OSI 环境的手段。

2.4.4　计算机网络安全

随着全球信息基础设施和各国信息基础设施的逐渐形成，国与国之间变得"近在咫尺"。网络化、信息化已成为现代社会的重要特征。随着网络的快速普及，客户端软件多媒体化，资源共享、开放、远程管理化、电子商务、金融电子化等已成为网络时代应运而生的产物。科技进步在造福人类的同时，也为人类带来了新的危害。从某种意义上讲，广泛普及的网络信息系统，就像一个打开了的潘多拉魔盒，网络信息系统中的各种犯罪活动也随之而来，已经严重地危害社会的发展和国家的安全，也给人们带来了许多新的课题。下面，我们就网络安全的相关概念、网络安全威胁的来源及常见的网络攻击防范措施展开讨论。

1. 网络安全的概念

网络信息安全与保密主要是指保护网络信息系统，使网络信息系统没有危险、不受威胁、不出事故。就技术角度而言，网络信息安全与保密主要表现在系统的可靠性、可用性、保密性、完整性、不可否认性、可控性等方面。

（1）可靠性。可靠性是网络信息系统能够在规定条件下和规定的时间内完成规定功能的特性。可靠性是系统安全的首要要求，是所有网络信息系统建设和运行的目标。可靠性主要表现在硬件可靠性、软件可靠性、人员可靠性和环境可靠性四个方面。硬件可靠性最为直观和常见。软件可靠性是指程序在规定的时间内成功运行的概率。人员可靠性是指人员成功地完成工作或任务的概率，它在整个系统可靠性中扮演着重要角色，因为系统失效的大部分原因是人为差错。所以，人员的教育、培养、训练和管理以及合理的人机界面是提高可靠性的重要途径。环境可靠性是指在规定的环境内保证网络成功运行的概率，主要包括自然环境和电磁环境的可靠性。

（2）可用性。可用性是网络信息可被授权实体访问并按需求使用的特性，即网络信息服务在需要时，允许授权用户或实体使用的特性，或者是网络部分受损或需要降级使用时，仍能为授权用户提供有效服务的特性。可用性是网络信息系统面向用户的安全性能。网络信息系统最基本的功能是向用户提供服务，而用户的需求是随机和多方面的，有时还有时间要求。可用性一般用系统的正常使用时间和整个工作时间之比来度量。可用性还应该满足身份识别与确认、访问控制、业务流控制、审计跟踪等要求。

（3）保密性。保密性是网络信息不被泄露给非授权的用户、实体或过程的特性，即防止信息泄露给非授权个人或实体，信息只为授权用户使用。保密性是在可靠性和可用性基础之上保障网络信息安全的重要手段。

（4）完整性。完整性是网络信息未经授权不能进行改变的特性，即网络信息在存储或传输过程中保持不被偶然或蓄意地删除、修改、伪造、乱序、重放、插入等破坏和丢失的特性。完整性是一种面向信息的安全性，它要求保持信息的原样，即信息的正确生成、存储、传输和使用。

（5）不可否认性。不可否认性是指在网络信息系统的信息交互过程中，确信参与者的真实同一性，即所有参与者都不可能否认或抵赖曾经完成的操作和承诺。利用信息源证据可以防止发信方不真实地否认已发送信息，利用递交接收证据可以防止收信方事后否认已经接收的信息。

（6）可控性。可控性是对网络信息的传播及内容具有控制能力的特性。

概括而言，网络信息安全的核心是通过计算机、网络、密码技术和安全技术，保护在公用网络信息系统中传输、交换和存储的消息的可靠性、可用性、保密性、完整性、不可否认性、可控性等。

2. 网络安全威胁的来源

计算机网络的发展，使得信息共享应用日益广泛与深入，但是信息在公共通信网络上存储、共享和传输，会被非法窃听、截取、篡改或毁坏，从而导致不可估量的损失，尤其是银行系统、商业系统、管理部门、政府或军事领域对公共通信网络中的存储与传输的数据安全问题更为关注。

网络安全所面临的威胁源于多个方面，以宏观视角看，分为人为威胁和自然威胁。自然威胁可能来自各种自然灾害、恶劣的场地环境、电磁辐射、网络设备老化等。这些无目的的事件有时会直接影响网络信息安全。本书重点讨论人为威胁，此种威胁通过攻击系统的弱点，使得信息的保密性、完整性、可靠性等受到损害，进而造成重大损失。

（1）恶意攻击。恶意攻击是网络面临的最大威胁，恶意攻击属于有目的的破坏行为，一般分为主动攻击和被动攻击。主动攻击是指以各种方式有选择地破坏信息（如修改、删除、伪造、添加、重放、乱序、冒充、病毒等）。被动攻击是指在不干扰网络信息系统正常工作的情况下，进行侦收、截获、窃取、破译和业务流量分析及电磁泄漏等。信息战、商业间谍、窃听、拒绝服务、病毒等都属于有代表性的恶意攻击。

（2）安全缺陷。假如网络信息系统本身没有任何安全缺陷，那么恶意攻击者不能对网络信息安全构成威胁。然而遗憾的是，所有网络信息系统都不可避免地存在这样或那样的安全缺陷。

网络信息系统是计算机技术和通信技术的结合。计算机系统和通信链路的安全缺陷构成了网络信息系统的潜在安全缺陷。计算机硬件资源易受自然灾害和人为破坏；软件资源和数据信息易受计算机病毒的侵扰，被非授权用户复制、篡改和毁坏。计算机硬件工作时的电磁辐射以及软硬件的自然失效、外界电磁干扰等均会影响计算机的正常工作。通信链路易受自然灾害破坏和人为破坏。采用主动攻击和被动攻击可以窃听通信链路的信息并非法进入计算机网络获取有关敏感性的重要信息。网络信息系统的安全缺陷通常包括物理网络的安全缺陷、过程网络的安全缺陷以及通信链路安全缺陷。

（3）软件漏洞。网络信息系统由硬件和软件组成。软件程序的复杂性和编程的多样性使得网络信息系统的软件中很容易有意或无意地留下一些不易被发现的安全漏洞。软件漏洞显然会影响网络信息的安全。代表性网络安全漏洞包括陷门和操作系统的安全漏洞、数据库的安全漏洞、TCP/IP 通信协议漏洞、网络软件与网络服务的漏洞等。

（4）结构隐患。拓扑逻辑是构成网络的结构方式，是连接在地理位置上分散的各个节点的几何逻辑方式。拓扑逻辑决定了网络的工作原理及网络信息的传输方法。一旦网络的拓扑逻辑被选定，必定要选择一种适合这种拓扑逻辑的工作方式与信息的传输方式。如果这种选择和配置不当，将为网络安全埋下隐患。事实上，网络的拓扑结构本身就有可能给网络的安全带来问题。

3. 网络攻击防范措施

保障信息安全的方法有很多，涉及许多信息安全技术，下面介绍几种关键的信息安全技术。

（1）数据加密技术。随着计算机网络的迅速发展，网上数据通信趋于频繁，为保证重要数据在网上传输时不被窃取或篡改，有必要对传输的数据进行加密以保证安全传输。所谓数据加密，就是将被传输的数据转换成表面上杂乱无章的数据，只有合法的接收者才能恢复数据的本来面目，而对于非法窃取者而言，盗取的数据是读不懂的、毫无意义的数据。数据加密是网络信息安全的核心技术之一，它对保证网络信息安全起着特别重要的作用，是其他安全技术无法替代的。

没有加密的原始数据被称为明文，加密以后的数据被称为密文，把明文变换成密文的过程被称为加密，而把密文还原成明文的过程被称为解密。加密和解密都需要有密钥和相应的算法，密钥一般是一串数字，而加解密算法是作用于明文或密文以及对应密钥的一个数学函数。

在密码学中，根据不同的密钥使用方式，一般可以分为两种不同的密码体系，即对称密钥密码体系和非对称密钥密码体系。对称密钥密码体系在加密和解密过程中使用相同的密钥，而非对称密钥密码体系在加密和解密过程中使用不同的密钥，一般用公钥进行加密，用与之对应的私钥进行解密，也可以用私钥进行加密，用与之对应的公钥进行解密。

（2）数字签名。数字签名是对网上传输的电子报文进行签名确认的一种方式。这种签名方式不同于传统的手写签名，手写签名只需把名字写在纸上即可；而数字签名不是简单地在报文或文件里写个名字，因为在计算机中修改一个名字而不留任何痕迹是很容易的事情，这样的签名很容易被盗用，如果这样，接收方将无法确认文件的真伪，达不到签名确认的效果。数字签名必须满足以下三个条件：①接收方能够核实发送方对报文的签名；②发送方不能抵赖对报文的签名；③接收方不能伪造对报文的签名。

目前，数字签名已经应用到网上安全支付系统、电子银行系统、电子证券系统、安全邮件系统、电子订票系统、网上购物系统、网上报税等一系列电子商务应用的签名认证服务中。

（3）数字证书。数字证书相当于网上的身份证，它以数字签名的方式通过第三方权威认证中心 CA 有效地进行网上身份认证，数字身份认证是基于国际 PKI 公钥基础结构标准的网上身份认证系统，帮助网上各终端用户识别对方身份和表明自身身份，具有真实性和防抵赖的功能。不同于物理身份证，数字证书具有安全、保密、防篡改的特性，可以对网上传输的信息进行有效的保护和安全的传递。数字证书一般包含用户的身份信息、公钥信息以及身份验证机构（CA）的数字签名数据，身份验证机构的数字签名可以确保证书的真实性，用户公钥信息可以保证数字信息传输的完整性，用户的数字签名可以保证信息的不可否认性。

数字证书还包含发行证书 CA 的签名和用来生成数字签名的签名算法。随着互联网的日益普及，以网上银行、网上购物为代表的电子商务越来越受到人们的重视，开始深入到普通百姓的生活中。在网上进行交易时，交易双方并不在现场，因此很难确认双方的合法身份；同时，交易信息是交易双方的商业秘密，在网上传输时必须保证安全性和保密性。交易双方一旦发生纠纷，还要能够提供仲裁，因此在网上交易之前必须先去申领一个数字证书。

（4）防火墙技术。防火墙是设置在被保护的内部网络和外部网络之间的软件和硬件设备的组合，对内部网络和外部网络之间的通信进行控制，通过监测和限制跨越防火墙的数据流，尽可能地对外部屏蔽网络内部的结构、信息和运行情况，防止不可预测的、潜在破坏性的入侵或攻击，这是一种行之有效的网络安全技术。

防火墙主要保护内部网络的重要信息不被非授权访问、非法窃取或破坏，并记录内部网络和外部网络进行通信的有关安全日志信息，包括通信发生的时间、允许通过数据包和被过滤掉的数据包信息等。大部分防火墙软件都可以与防病毒软件搭配实现扫毒功能，有的防火墙则直接集成了扫毒功能。个人计算机可以用防病毒软件建立病毒防火墙。

按照不同的防火墙实现技术，可将防火墙分为以下几个主要的类型：

1）数据包过滤防火墙。数据包过滤是指在网络层对数据包进行分析和选择过滤。选择依据是系统内设置的访问控制表（规则表），它指定可以流入或流出内部网络的数据包类型。通过检查数据流中每一个 IP 数据包的源地址、目的地址、所用端口号、协议状态等因素或它们的组合可以确定数据包是否被通过。数据包过滤防火墙一般可以直接集成在路由器上，在进行路由选择的同时完成数据包的选择与过滤，也可以由一台单独的计算机来完成数据包的过滤。

数据包过滤防火墙的优点是速度快、逻辑简单、成本低、易于安装和使用，网络性能和透明度好，广泛地应用于 Cisco 和 Sonic System 等公司的路由器上；缺点是配置困难，容易出现漏洞，而且为特定服务开放的端口存在潜在的危险。

例如，"天网个人防火墙"就属于过滤类型防火墙，它根据系统预先设定的过滤规则以及用户自己设置的过滤规则来对网络数据的流动情况进行分析、监控和管理，有效地提高了计算机的抗攻击能力。

2）应用代理防火墙。应用代理防火墙能够将所有跨越防火墙的网络通信链路分为两段，使得网络内部的客户无法直接从外部的服务器通信。防火墙内外计算机系统间应用层的连接由两个代理服务器之间的连接来实现，其优点是外部计算机的网络链路只能到达代理服务器，从而起到隔离防火墙内外计算机系统的作用；缺点是执行速度慢，操作系统容易遭到攻击。

3）状态检测防火墙。状态检测防火墙又称为动态包过滤防火墙。状态检测防火墙在网络层由一个引擎获数据包并抽取出与应用层状态有关的信息，以此作为依据来决定对该数据包是接受还是拒绝。检查引擎维护一个动态的状态信息表并对后续的数据包进行检查，一旦发现任何连接的参数有意外变化，该连接就被终止。

状态检测防火墙克服了数据包过滤防火墙应用代理防火墙的局限性，能够根据协议、端口及 IP 数据包的源地址、目的地址的具体情况来决定数据包是否可以通过。

在实际应用中，一般综合采用以上几种技术，使防火墙产品能够满足用户对安全性、高效性、适应性和易管理性的要求，用集成防毒软件的功能来提高系统的防病毒能力和抗攻击能力，例如，瑞星企业级防火墙就是一个功能强大、安全性高的混合型防火墙，它集网络层状态包过滤、应用层专用代理、敏感信息的加密传输和详尽灵活的日志审计等多种安全技术于一体，可根据用户的不同需求，提供强大的访问控制、信息过滤、代理服务和流量统计等功能。

防火墙设计时的安全策略一般有两种：一种是没有被允许的就是禁止，另一种是没有被禁止的就是允许。如果采用第一种安全策略来设计防火墙的过滤规则，其安全性比较高，但灵活性差，只有被明确允许的数据包才能跨越防火墙，所有其他数据包都将被丢弃；而第二种安全策略则允许所有没有被明确禁止的数据包通过防火墙，这样做当然灵活方便，但同时存在很大的安全隐患，在实际应用中一般需要综合考虑以上两种策略，尽可能做到既安全又灵活。防火墙是网络安全技术中非常重要的一个因素，但不等于防火墙就可以百分之百保证系统的安全，防火墙仍存在许多的局限性，在设计防火墙时还需要考虑其他技术和非技术的因素。

2.5 数据通信与信息交换

2.5.1 数据通信原理

数据传输是计算机网络各种功能的基础。如果没有数据传输，网络中的数据就只能停留在本地，这会使得网络的连通失去本来的意义。而数据传输是在数据的发送方和接收方能够发生通信的基础上才能实现的。本节将介绍数据通信系统的基础知识。

1. 基本概念及基本结构

数据通信系统通过适当的通信线路将数据信息从一台机器设备传送到另一台机器设

备，这里的机器设备可以是计算机、各种输入输出终端和存储设备等。通信系统的三要素包括信源、信宿和信道。其中，产生和发送信息的一端称为信源；接收信息的一端称为信宿；两地间传输数据信号的通路，即信号的传输通道（包括传输媒体和通信设备）称为信道。

通信系统中若没有噪声则是一种理想模型，而实际上噪声或多或少存在，因此为了保证在信源和信宿之间能够实现正确的信息传输与交换，除了使用一些克服干扰以及差错的检测和控制方法，还要借助于其他各种通信技术来解决这个问题，如调制、编码、复用等。通信系统的基本框图如图 2-11 所示。

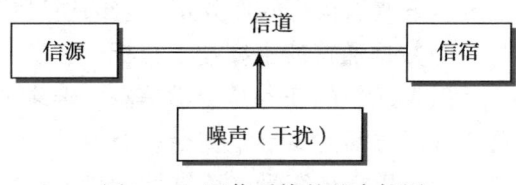

图 2-11　通信系统的基本框图

2. 模拟通信系统

模拟通信系统是指传输模拟信号的数据通信系统，通常由信源、调制器、信道、解调器、信宿以及噪声源组成（见图 2-12），如普通的电话、广播、电视等。

模拟通信系统的工作原理是，首先对信源所产生的原始模拟信号进行调制，然后通过信道传输，最后到达信宿后通过解调器将信号解调出来。

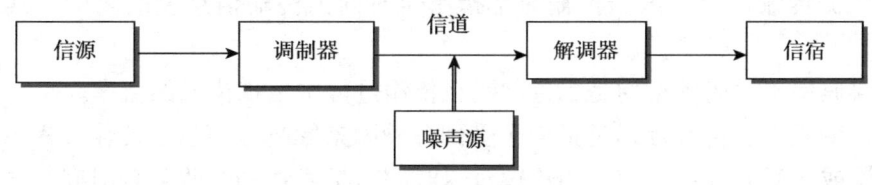

图 2-12　模拟通信系统

3. 数字通信系统

数字通信系统是指传输数据信号的数据通信系统，由信源、信源编码器、信道编码器、调制器、信道、解调器、信道译码器、信源译码器、信宿和噪声源组成（见图 2-13），如计算机通信、数字电话、数字电视等。

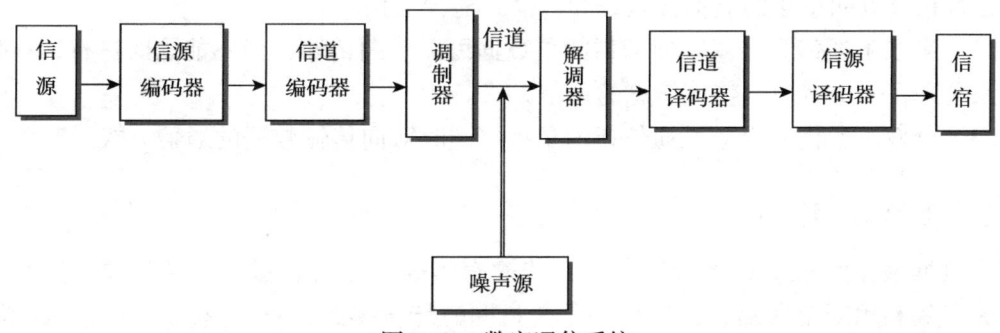

图 2-13　数字通信系统

在数字通信系统中，若信源发出的是模拟信号，则要经过信源编码器对模拟信号进行调制编码使其成为数字信号；若信源发出的是数字信号，仍然要进行数字编码。

信源编码有两个作用：一是实现数/模转换，二是降低信号的误码率。信源译码则是其逆过程。

信道编码是为了能够自动检测出错误或纠正错误所采用的检错编码或纠错编码。信道译码则是其逆过程。

从信道编码器输出的数字信号还是基带信号，除了近距离能够直接传输，通常为了与采用的信道相匹配，要将基带信号经过调制变换成频带信号再传输，这就是调制器的任务。解调器执行的任务正是它的逆过程。

4. 数据通信的主要技术指标

数据通信的任务是传递信息，要求速度快、效率高、差错率低，一般通过有效性和可靠性两方面的参数来衡量。有效性主要通过数据传输速率、传输延迟、信道带宽和信道容量等指标来衡量。可靠性一般通过数据传输的误码率指标来衡量。

（1）信道带宽和信道容量。信道带宽是指通信系统传输信息的信道的最大频率范围。信道容量是指单位时间内信道所能传输的最大信息量，它表征信道的传输能力。信道容量有时也表示为单位时间内最多可传输的二进制数的位数（b/s）。

一般情况下，信道带宽越宽，信道容量就越大，单位时间内信道上传输的信息量就越多，传输效率也就越高。信号传输速率受到信道带宽的限制。

（2）数据传输速率。数据传输速率指单位时间内传输信息量的多少，其单位为比特/秒。

（3）误码率。误码率指的是二进制码在传输过程中出现错误的概率。

（4）传输延迟。传输延迟是指由于受到各种因素影响，信息在传输过程中存在不同程度的延误或滞后的现象。信息的传输延迟时间包括发送和接收处理时间、电信号响应时间、中间转发时间和信道传输时间等。

5. 通信方式

数据在通信线路上的传输是有方向的。根据数据在线路上的传输方向和特点，通信分为单工通信、半双工通信和全双工通信三种方式。

（1）单工通信。单工通信指的是在通信线路上，数据只可按一个固定的方向传送而不能进行相反方向传送的通信方式，如广播、遥控通信。

（2）半双工通信。半双工通信指的是数据可以双向传输，但不能同时进行，在任一时刻只允许在一个方向上传输信息的通信方式。

（3）全双工通信。全双工通信指的是可以同时双向传输数据的通信方式。

2.5.2 多路复用技术

在数据通信系统或计算机网络中，传输媒体的带宽或容量往往超过单一用户的需求，为有效利用通信线路，需利用一条信道同时传输多路信息，这就是多路复用技术。多路复用技术能把多个信源信号组合在一条物理信道上传输，使多个计算机或终端设备共享信道资源，提高信道的利用率。

（1）频分多路复用（Frequency Division Multiplexing，FDM）。事实上，通信线路的可用带宽超过了给定信号的带宽，频分多路复用恰恰是利用了这一优点。频分多路复用的基本原理是：如果每路信号以不同的载波频率进行调制，而且各个载波频率是完全独立的，即各个信道所占用的频带不相互重叠，相邻信道之间用"警戒频带"隔离，那么每个信道就能独立地传输一路信号（见图2-14）。

频分多路复用的主要特点是，信号被划分成若干通道（频道、波段），每个通道互不重叠，独立进行数据传递。频分多路复用在无线电广播和电视领域中应用较多。ADSL就是一个典型的频分多路复用。ADSL采用频分多路复用方法，在PSTN使用的双绞线上划分出三个频段：一是0～4kHz，用来传送传统的语音信号；二是20～50kHz，用来传送计算机上载的数据信息；三是150～500kHz或140～1 100kHz，用来传送从服务器上下载的数据信息。

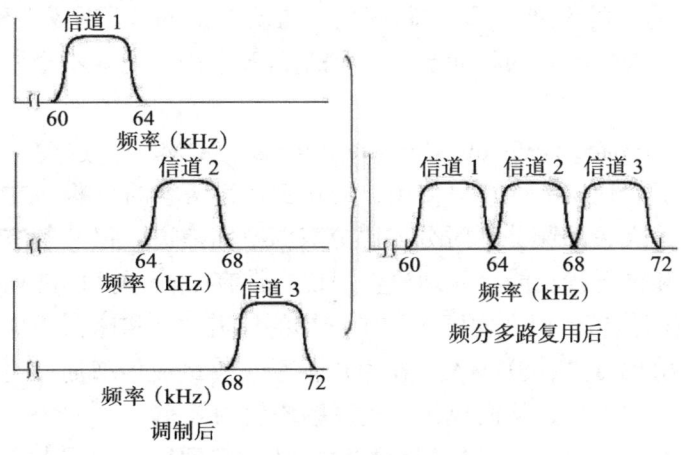

图2-14　频分多路复用的基本原理

（2）时分多路复用（Time Division Multiplexing，TDM）。时分多路复用是以信道传输时间作为分割对象，通过为多个信道分配互不重叠的时间片的方法来实现多路复用。时分多路复用将用于传输的时间划分为若干个时间片，每个用户分得一个时间片。

时分多路复用通信，是各路信号在同一信道上占有不同时间片进行通信。由抽样理论可知，抽样的一个重要作用是将时间上连续的信号变成时间上离散的信号，其在信道上占用时间的有限性，为多路信号沿同一信道传输提供了条件。具体来说，就是把时间分成一些均匀的时间片，将各路信号的传输时间分配在不同的时间片，以达到互相分开、互不干扰的目的。图2-15为时分多路复用示意图。

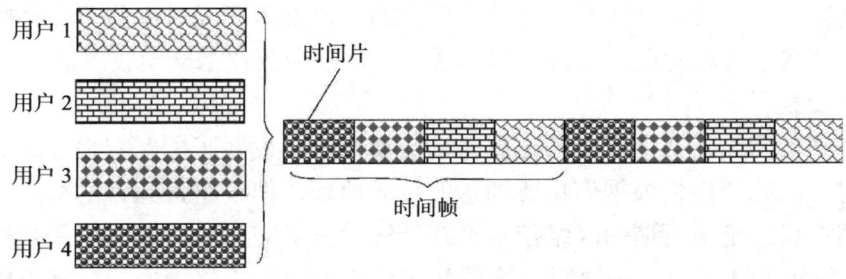

图2-15　时分多路复用示意图

（3）码分多址（Code Division Multiple Access，CDMA）。CDMA 是采用地址码和时间、频率共同区分信道的方式。CDMA 的特征是每个用户具有特定的地址码，而地址码之间相互具有正交性，因此各用户信息的发射信号在频率、时间和空间上都可能重叠，从而使有限的频率资源得到利用。

CDMA 是在扩频技术上发展起来的无线通信技术，即将需要传送的具有一定信号带宽的信息数据，用一个带宽远大于信号带宽的高速伪随机码进行调制，使原数据信号的带宽被扩展，再经载波调制并发送出去。接收端也使用完全相同的伪随机码，对接收的带宽信号做相关处理，把宽带信号换成原信息数据的窄带信号（即解扩），以实现信息通信。不同的移动台（或手机）可以使用同一个频率，但是每个移动台（或手机）都被分配带有一个独特的"码序列"，该"码序列"与所有别的"码序列"都不相同，借助于不同的"码序列"来分不同的移动台（或手机），各个用户之间不会相互干扰，从而达到多路复用的目的。

（4）空分多址（Space Division Multiple Access，SDMA）。这种技术是将空间分割成不同的信道，从而实现频率的重复使用，以达到信道增容的目的。SDMA 系统能够在一条普通信道上创建大量的频分、时分或码分双向空间信道，每一条信道都可以完全获得整个阵列的增益和抗干扰功能。从理论上来说，带有 m 个单元的阵列能够在每条普通信道上支持 m 条空间信道，但在实际应用中支持的信道数量将略低于这个数目，具体情况则取决于环境。由此可见，SDMA 系统可以使系统容量成倍增加，使得系统在有限的频谱内可以支持更多的用户，从而成倍地提高频谱使用效率。

若干年来，无线通信经历了从模拟到数字，从固定到移动的重大变革。而就移动通信而言，为更有效地利用有限的无线频率资源，时分多址技术（TDMA）、频分多址技术（FDMA）、码分多址技术（CDMA）得到了广泛的应用。就技术而言，这三种多址技术已经得到了充分的应用，频谱的使用效率已经发挥到了极限。空分多址技术（SDMA）则突破了传统的三维思维模式，在传统的三维技术基础上，第四维空间极大地拓宽了频谱的使用方式，使得移动用户仅仅由于空间位置的不同而复用同一个传统的物理信道成为可能，并将移动通信技术引入了一个崭新的领域。

2.5.3 数据交换技术

数据在通信线路上进行传输的最简单的形式是在两个互连的设备之间直接进行数据通信，但网络中所有设备都两两互连是不现实的，通常需要经过中间节点将数据从信源逐点传送到信宿，实现发送端与接收端的通信，这就涉及数据交换技术。

1. 电路交换

在数据通信网发展初期，人们根据电话交换原理，发展了电路交换方式。当用户要发送信息时，由源交换机根据信息要到达的目的地址，把线路接到目的交换机，这个过程称为线路接续，是由所谓的联络信号经存储转发方式完成的，即根据用户号码或地址（被叫），经局间中继线传送给被叫交换局并转被叫用户。线路接通后，就形成了一条端对端（用户终端和被叫用户终端之间）的信息通路，在这条通路上双方即可进行通信。

通信完毕，由通信双方的某一方，向自己所属的交换机发出拆除线路的要求，交换机收到此信号后就将此线路拆除，以供别的用户呼叫使用。电路交换与电话交换的工作过程就与此类似，如图 2-16 所示。

主机 A 要向主机 D 传送数据，需要借助通信子网 B 和 C，进而建立 A 和 D 之间的连接。首先主机 A 向节点 B 发送呼叫信号，其中含有要建立连接的主机 D 的目的地址；节点 B 根据目的地址和路径选择算法，选择下一个节点 C，并向节点 C 发送呼叫信号；节点 C 根据目的地址和路径选择算法，选择目的主机 D，并向主机 D 发送呼叫信号；主机 D 如果接受呼叫请求，它一方面将建立连接，另一方面将通过已建立的连接 A-B-C-D，向主机 A 发送呼叫回应包。

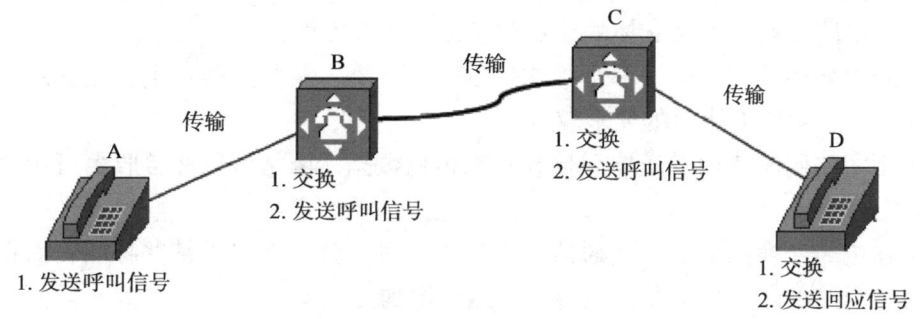

图 2-16　电路交换的工作过程示意图

由于电路交换的接续路径采用的是物理连接，在传输电路接续后，控制电路就与信息传输无关了，因此电路交换的主要优点是数据传输可靠、迅速、不易丢失且可保持原来的序列。电路交换的缺点是在部分情形下，电路空闲时的信道容量被浪费，而且如果数据传输阶段的持续时间不长，电路建立和拆除所用的时间也得不偿失。因此，电路交换适用于系统间要求高质量、大批量数据传输的情形，其一般按照预定的带宽、距离和时间来计费。

2. 报文交换

20 世纪 60 至 70 年代，为提高信道利用率，出现了"存储－转发"的想法，这种交换方式就是报文交换。目前这种技术仍普遍应用在某些领域（如电子信箱等）。

在报文交换中，不需要在两个节点之间建立一条专用通路，其数据传输的单位是报文，即站点一次性要发送的数据块，长度不限且可变。数据传输的方式为存储－转发方式，比如，一个节点想要发送一个报文，它把一个目的地址附加在报文上，网络节点根据报文上的目的地址信息，把报文发送到下一个节点，一直逐个节点地转送，直到目的节点。每个节点在收到整个报文之后便对报文进行检查，检查无误后，暂存这个报文，然后利用路由信息找出下一个节点的地址，再把整个报文传送给下一个节点，端与端之间无须事先通过呼叫建立连接。

报文交换的基本原理是用户之间进行数据传输，主叫用户不需要先建立呼叫，而是先进入本地交换机存储器，等到连接该交换机的中继线空闲时，再根据确定的路由转发到目的交换机。由于每份报文的头部都含有被寻址用户的完整地址，因此每条路由不是固定分配给某一个用户，而是由多个用户进行统计复用（见图2-17）。

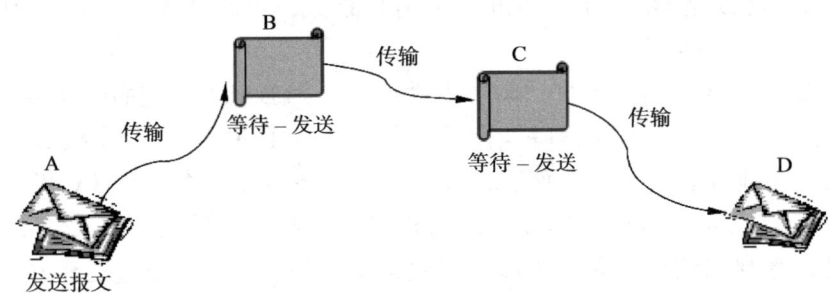

图 2-17　报文交换的基本原理

相较于电路交换，报文交换的优点包括以下几个方面：

（1）线路效率较高。由于多个报文可以分时共享一条节点的通道，因此对于同样的通信容量而言，对传输能力的要求较低。

（2）不需要同时使用发送器和接收器来传输数据，网络可以在接收器可用之前，暂时存储报文。

（3）在电路交换网络上，当通信量变得很大时，就不能接受某些呼叫；而在报文交换网络上，仍然可以接收报文，但传送延迟会增加。

（4）报文交换系统可以把一个报文发送到多个目的地，而电路交换网络则很难做到这一点。

报文交换的主要缺点是不能满足实时或交互式的通信要求，由于经过网络的延迟相当长，而且存在相当大的变化，因此这种方式不能用于声音连接，也不适用于交互式终端到计算机的连接。有时节点收到过多的数据而不得不丢弃报文，阻止了其他报文的传送，而且发出的报文不能按顺序到达目的地。另外，若要交换的报文较长，则需要较大容量的存储器，若将报文放到外存储器中，容易导致响应时间过长，进而增加网络延迟时间。

3. 分组交换

分组交换也称为包交换，它将用户传送的数据划分成一定的长度，每个部分叫作一个分组。分组交换与报文交换都采用的是存储–转发交换方式，二者的主要区别是：报文交换时报文的长度不限且可变，而分组交换的报文长度不变。分组交换首先把来自用户的数据暂存于存储装置中，并划分为多个一定长度的分组，每个分组前都加上固定格式的分组标题，用于指明该分组的发端地址、收端地址及分组序号等。

以报文分组作为存储转发的单位，分组在各交换节点之间传送比较灵活，交换节点不必等到整个报文的其他分组到齐后一个分组一个分组地转发。这样可以大大压缩节点所需要的存储容量，也缩短了网络时延。另外，相较于长的报文，较短的报文分组可以大大减少差错的产生，提高了传输的可靠性。

在分组交换方式中，由于能够以分组方式进行数据的暂存交换，因此经交换机处理后，很容易实现不同速率、不同规程的终端间通信。分组交换的特点主要有以下几个方面：

（1）线路利用率高。分组交换以虚电路的形式进行信道的多路复用，实现了资源共享，可在一条物理线路上提供多条逻辑信道，极大地提高了线路的利用率。

（2）不同种类的终端可以相互通信。数据以分组为单位在网络内存储转发，使不同速率终端、不同协议的设备经网络提供的协议变换功能后实现互相通信。

（3）信息传输可靠性高。由于每个分组在网络中进行传输时，在节点交换机之间采用的是差错校验与重发的方式，因而在网络中传送的误码率大大降低。而且当网络内发生故障时，网络中的路由机制会使分组自动地选择一条新的路由以避开故障点，不会造成通信中断。

（4）分组多路通信。由于每个分组都包含有控制信息，因此分组型终端可以同时与多个用户终端进行通信，把同一信息发送至不同用户。

4. 信元交换

普通的电路交换和分组交换都很难胜任宽带高速交换的交换任务。对于电路交换而言，当数据的传输速率及其变化非常大时，交换的控制就变得十分复杂；对于分组交换而言，当数据传输速率很高时，协议数据单元在各层的处理就成为很大的开销，无法满足实时性要求很强的业务需求。然而，电路交换的实时性较好，分组交换的灵活性较好。于是，一种结合了这两种交换方式优点的交换技术——信元交换就产生了。

信元交换又称为异步传输模式（Asynchronous Transfer Mode，ATM），是一种面向连接的快速分组交换技术，它通过建立虚电路进行数据传输。ATM采用固定长度的信元作为数据传送的基本单位，信元长度为53字节，其中信元头为5字节，数据为48字节。长度固定的信元可以使ATM交换机的功能尽量简化，只用硬件电路就可以对信元头中的虚电路标识进行识别，大大缩短了每一个信元的处理时间。另外，ATM采用统计时分复用的方式来进行数据传输，根据各种业务的统计特性，在保证服务质量要求的前提下，在各个业务之间动态地分配网络带宽。

2.5.4 传输媒体

传输媒体是通信网络中发送方与接收方之间的物理通路，按媒体类型可分为有线信道和无线信道。双绞线、同轴电缆和光纤是常用的有线传输媒体，无线传输媒体包括无线电波、微波通信、卫星通信等。

1. 有线传输媒体

（1）双绞线。双绞线是最常用的传输媒体，由旋扭在一起的两根、四根或八根绝缘导线组成（见图2-18a），这样可以使各个线对之间的电磁干扰最小。双绞线具有成本低、易弯曲、易安装、适于结构化布线等优点，因此，在一般的局域网建设中被普遍采用。但它也有一定的缺点，例如传输时有信息辐射、容易被窃听等。

（2）同轴电缆。同轴电缆是计算机通信网中最常用的传输介质之一（见图2-18b），它由绕同一轴线的两个导体组成，即内导体（铜芯导线）和外导体（屏蔽层）。外导体的作用是屏蔽电磁干扰和辐射，两导体之间用绝缘材料隔离。同轴电缆包括基带同轴电缆和宽带同轴电缆，其中：基带同轴电缆只用于传输数字信号，宽带同轴电缆可用于传输多个经过调制的模拟信号。同轴电缆的抗干扰能力较强，价格介于双绞线与光纤之间。

（3）光纤。光纤是光导纤维的简称。以金属导体为核心的传输介质，传输的是电信号；而光纤传输的是具有数字特征的光脉冲信号。光纤电缆由保护层、包层和纤芯等部分组成（见图2-18c）。光纤传输光信号基于光的全反射原理，通过光在光纤中的不断反射来传送被调制的光信号，就可以把信息从光纤的一端传送到另一端。光纤具有重量轻、传输速率高、误码率低、不易受电磁干扰、保密性好、传输损耗低等一系列优点。

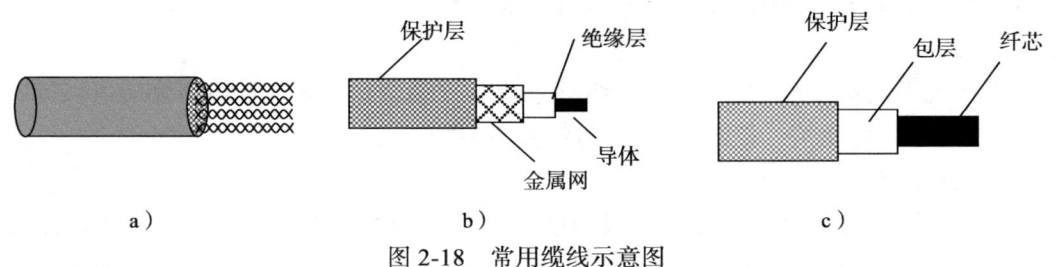

图 2-18　常用缆线示意图

2. 无线传输媒体

（1）无线电波。无线电波可分为短波和微波。短波信号频率较低，传输时通信质量较差。计算机网络中使用的无线介质主要是微波，微波是一种频率很高的电磁波。微波由天线发出后，沿两条路径在空间传播。其中，地波沿地表面传播，天波则在地球与地球电离层之间来回反射，其他频段类似。

无线电波的缺点：易受天气等因素的影响，信号幅度变化较大，容易被干扰。

无线电波的优点：技术成熟，应用广泛，能用较小的发射功率传输较远的距离。

（2）微波通信。无线电微波通信在数据通信中占有重要地位，但由于微波在空间是直线传播的，而地球表面是个曲面，因此传播距离只有50千米左右，为了增大传播距离，一般使用较高的天线塔（如100米的天线塔，其传播距离为100千米）。为实现远距离通信，必须在一条无线电通信信道的两个终端之间建立若干个中继站，中继站将前一站送来的信号经过放大后再发送到下一站，即为地面微波"接力"通信。

（3）卫星通信。卫星通信系统是通过卫星微波形成的点对点的通信线路，是由两个地球站（发送站、接收站）和一颗通信卫星组成的。地面发送站使用上行链路向通信卫星发射微波信号。卫星起到一个中继器的作用，它接收通过上行链路发送来的微波信号，经过放大后通过下行链路（与上行链路具有不同的频率）发送回地面接收站。

由于发送站要通过卫星转发信号到接收站，因此就存在传输延迟。商用卫星通信是在地球站之间利用位于3.59万千米高空的人造同步地球卫星作为中继器的一种微波接力通信，其覆盖跨度超过1.8万千米，若在地球赤道上空的同步轨道上等距离放置3颗相隔120度的卫星，基本上就能实现全球的通信。

本章小结

信息技术是信息系统的基础，只有把信息技术与管理系统紧密地结合起来，才能真正发挥出信息系统的作用。信息系统也正是在计算机系统的基础上建立起来的，系统的开发、运行、维护等都离不开计算机的硬件和软件平台（环境）。

本章首先介绍了驱动信息系统基础设施发展的技术驱动力，然后介绍了软件和硬件平台，展望了其未来的主要发展趋势，最后重点介绍了数据库及数据仓库技术、网络技术等与信息系统密切相关的知识。数据库管理技术经历了人工管理、文件管理和数据库管理阶段。目前关系数据模型应用较多，在数据库设计时应符合一定的规范程度，根据具体的应用需求分为 1NF、2NF 和 3NF。数据仓库技术注重对数据的分析处理，它具有面向主题、集成的、相对稳定、反映历史变化等特点，具有四层次的体系结构。OLAP 和数据挖掘注重对数据仓库中数据的深入分析。

现代信息系统依赖网络进行数据的共享与传输，本章对计算机网络的概念、功能、分类等相关知识进行了介绍。随着网络的普及，网络安全技术也日益引起人们的关注，常见的保证网络安全的措施有数据加密、数字签名、数字证书和防火墙技术。数据传输是网络的基础，它实现了从信源到信宿的数据传递。在传输中为有效利用信道空间，常用的多路复用技术有频分多路复用、时分多路复用和码分多路复用等。传输媒体分为有线传输媒体和无线传输媒体。

复习思考题

1. 信息技术基础设施的技术驱动力有哪些？
2. 简述计算机系统的体系结构。
3. 什么是数据库和数据库系统？
4. 常见的数据模型有哪几种？
5. 简述数据规范化理论的 1NF、2NF、3NF 的含义。
6. 数据仓库与数据库的联系和区别分别是什么？
7. 数据挖掘的常用方法有哪几种？
8. 数据通信的基本通信过程是怎样的？
9. 数据传输中常见的多路复用技术有哪些？
10. 什么是计算机网络？按照 ISO/OSI 模型，网络有哪几层协议？
11. 计算机网络的拓扑结构主要有几种？分别有何优缺点？
12. 网络系统安全的威胁主要来自哪些方面？
13. 常见的保证网络安全的措施有哪些？

实训：阿里巴巴的"数据战"

平台型企业的大数据应用策略有何特点？阿里巴巴汇集了海量用户和商家，聚集成富有张力的生态系统，它的大数据应用不再仅仅局限于企业本身，也为平台上寄生的众多企业提供更多的数据产品和服务，同时也是这些平台企业未来的收入增长引擎。

2005 年，阿里巴巴开发出主要供内部运营人员使用的数据产品——淘数据，阿巴巴由此进入数据化运营阶段。此时，阿里巴巴在大数据方面关注的重点是利用平台上的海量消费者和商家数据来改进自身经营，大数据仅仅局限于内部。2009年，阿里巴巴的大数据应用开始走向外部，让淘宝商户分享数据。2011年，阿里巴巴开发了数据魔方，通过淘宝数据魔方平台，商家可以直接获取行业宏观情况、自己品牌的市场状况、消费者在自己网站上的行为等情况。2011年4月，"页面点击"诞生，它可以监控每个页面上每个位置的用户浏览点击情况。随后，天猫携手阿里云、万网宣布联合推出聚石塔平台，为天猫和淘宝平台上的电商及电商服务商等提供数据云服务。2012年，阿里巴巴正式公布了三步走发展策略，即"平台、金融、数据"。2018年，阿里巴巴启动中台战略，构建符合DT时代的更具创新性和灵活性的"大中台、小前台"组织机制和业务机制：作为前台的一线业务会更敏捷，更快速适应瞬息万变的市场；中台将集合整个集团的运营数据能力、产品技术能力，对各前台业务形成强力支撑，由此推动了集团电商零售平台的全面改革升级，实现了云计算、阿里妈妈、菜鸟等新兴业务的全面独立发展。

　　阿里巴巴的大数据策略意味着什么？阿里巴巴数据委员会时任主席车品觉一语道破："在数据化运营阶段，数据产生价值，你有意识地用它，却没有关注它。而当你发现数据已经和战略融合后，你认识到要有意识收集它，管理它。"由此，阿里巴巴的大数据应用策略正从数据化运营向运营数据转变。前者关注如何将大数据用好，而后者则意味着如何让大数据更好用。从淘宝创立之时，阿里巴巴就开始搜集平台上的数据，直至支付宝、聚划算、一淘等平台上的数据随着业务的爆发式增长而成倍增加，汇集成海。这些数据包括交易数据、用户浏览和点击网页数据、购物数据等。当海量数据开始聚集时，这些数据也变得良莠不齐，出现大量失真、标准混乱的现象。另外，当海量数据聚集在一起时，它们是无序的，不能直接使用，必须要经过提炼和加工。再者，阿里纵有海量数据，却也只是大数据之海中的一个孤岛，无法满足平台商家全部的数据需求，比如商家需要了解用户在其他平台上的购买情况，阿里巴巴迫切需要外部数据。阿里巴巴如何让大数据更好用？阿里巴巴从六个方面入手：确保数据安全（保护商家和个人的隐私）、保证数据的质量（去除虚假数据）、实现各个部门数据标准的统一（如转化率）、使原始数据变得更精细化（更符合商家的应用情景）、获得外部数据（如并购新浪微博、和其他平台合作、购买数据信息等）、建立数据委员会。具体做法如下：

　　（1）去除源头污染，净化数据质量。自阿里巴巴数据委员会建立以来，保证数据质量就成了部门的核心工作。由于淘宝等平台上的数据往往良莠不齐，不少数据虚假，带来很大的噪声干扰。"有时，在淘宝平台上，我们会看到一个人的两个手机，一个iPad，三张信用卡，五个淘宝账号，商家在收集数据时，以为是多个人，但实际上就是一个人"。为此，阿里巴巴试图剔除虚假的数据，让收集的数据能反映真实的消费情景。就如上述案例，我们需要鉴定这些账户、信用卡等是否为同一个人所有。再如，阿里巴巴经常要做产品界面测试，有时会临时修改界面，会一下子多出一个按钮，带来大量误点击操作，在这种情况下进行数据收集就会得到很多失真的用户行为数据。阿里巴巴数据人员目前的工作就是要将这些失真的数据剔除，或者将数据还原到真实的场景。

（2）打破分割，统一数据标准。统一数据标准，就是让净化后的数据流得以汇集。由于阿里巴巴下属各个部门的业务重点不同，对数据的理解也不同，因此数据标准往往各不相同，如转化率的标准等。要将这些数据汇集成大数据之海，就必须统一标准，这也是阿里巴巴数据委员会目前重点推行的项目。

（3）精选+加工，让数据精细化。很多企业希望阿里巴巴能将用户属性的标签分得更细（不仅仅按性别分，还要进一步按不同的消费特点和收入水平细分）。如何让数据精细化？阿里巴巴根据各个商家的应用场景，将原始数据打上更细致和对商家更有参考价值的标签。以淘宝平台为例，一方面，在收集用户信息时，专注对商家更实用的内容，比如对于大学生用户，除了搜集他们的地址信息，还通过其他渠道搜集其房屋的租金，从而了解其消费水平，并将这些数据提供给相应的商家。另一方面，根据商家的应用情景，对数据材料做初加工。"比如，如果我们筛出一个人是否戴眼镜，戴多少度的眼镜的数据，就对卖眼镜的商家起到了很大的作用"。再如，如果一个人去母婴超市里面买东西，不一定能证明他有孩子，但如果这个人是女性，看起来又差不多是适合生育的年纪，那这个人有孩子的可能性就很大。不断加入的其他证明信息，让这个消费者的数据变得越来越精细化。

在数据精细化思路下，2011年年底，阿里巴巴的支付宝平台开发了一款数据产品"黄金策"，数据处理团队在处理了1亿多活跃的消费者数据后，拿出了500个变量，试图用它们来描述消费者，最终让企业能够随时调用变量，获得用户信息，比如某一类包含使用信用卡数量和手机型号等具体信息的客户数目。

2013年，天猫开始研发适用于天猫商家的CRM系统，通过对会员标签化让商户了解店铺会员在天猫平台的所有购物行为特点。

（4）海纳百川，纳入更多外部数据。阿里巴巴平台大多时候收集的是顾客的显性需求数据，如购买的商品和浏览等数据，但顾客在购买之前，可能通过微博、论坛、导购网站等流露出隐性需求。仅仅做好自己的大数据是不够的，还要纳入更多外部数据。

2011年以前，阿里曾尝试通过收购掌握中国互联网的底层数据。2013年4月，阿里巴巴收购了新浪微博18%的股权，获得了新浪微博几亿用户的数据信息。2013年5月，阿里巴巴收购了高德软件28%的股份，分享高德的地理位置、交通信息数据以及用户数据。还有其他并购，包括对墨迹天气、友盟、美团、虾米、快的、UC浏览器等的并购，招招不离数据。通过这些并购，阿里在试图拼出一份囊括互联网与移动互联网，涵盖用户生活方方面面的全景数据图。

（5）加强数据安全的管理。很多淘宝卖家希望阿里巴巴能加大数据开放的步伐，但对于阿里平台来说，这并不是一件容易的事情，因为这关乎商家和消费者的隐私。商家不希望竞争对手获得自己的机密信息，消费者也不希望被干扰。

阿里内部专门成立了一个小组来判断数据的公开与否，把握"谁应该看什么，谁不应该看什么，谁看什么的时候只能看什么"。

（6）组织体系支持——建立数据委员会。阿里巴巴的数据来自各个部门，无论是数据材料的质量，精细化的保证还是数据安全，都不是单个部门能完成的，需要全局性安排，迫切需要一个上层组织结构。但是成立什么样的组织机构合适呢？在阿里巴巴看来，数据的工作实际上主要还是由各个部门负责，毕竟它们把控着源头，单独成立一个凌驾于各部门之上的中央数据管理机构，容易让各个部门把责任直接推卸给新机构。

2013 年，阿里巴巴成立了虚拟组织——数据委员会，数据委员会由底层数据负责人、支付宝商业智能负责人、无线商业智能负责人和一名数据科学家组成。数据委员会更多地以协调会的形式来指导和协调各个部门形成合力，实现从大数据运营到运营大数据的转变。

资料来源：www.woshipm.com/operate/49617.html，有删改。

提示问题：
1. 阿里巴巴是如何有效利用其大数据的？
2. 运营大数据需要哪些信息技术的支持？

第二篇

应用信息系统

第 3 章

企业资源计划

📖 学习目的和要求

1. 理解 ERP 的基本含义和管理思想
2. 了解 ERP 的发展历程和各个阶段的主要特点
3. 了解 ERP 系统的基本业务流程和主要功能模块
4. 了解 ERP 的发展趋势

📖 导入案例：曲折的信息化之路

20 世纪 90 年代末，广东万和股份有限公司（以下简称"万和"）在经历了创业初期的原始资本、技术和人才的积累后进入了高速发展期。随着业务量的增大，万和对各部门间信息交流的时效性和准确性提出了更高的要求。不可思议的是，万和总部与各分厂之间居然通过一个"铁盒"来实现财务信息共享。每天，工厂把账单装入铁盒→上锁→运输；总部取出账单审阅→反馈信息→上锁→运输。万和是如何提高信息处理效率的呢？

当时，由于计算机技术飞速发展，会计电算化在国际上呈现出广泛普及之势。经过反复商讨和利弊权衡，1999 年，管理层最终决定引进一款国外软件——四班 ERP 来解决销售、采购和库存管理等问题。然而，由于前期准备不充分，决策带有一定盲目性，加之国内制造业间的流程管理未实现标准化，四班 ERP 无法很好地对接万和的业务，万和的第一次信息化尝试以失败告终。

第一次信息化尝试使万和的管理层和员工都意识到，信息技术与业务的融合绝非易事！总结第一次信息化的经验后，技术实施团队发现四班 ERP 这套国外软件根本不适应万和企业的发展需要。经过慎重对比地域和成本优势，万和在 2002 年开始引进金蝶 K3 系统。实施金蝶 K3 系统后，各部门纷纷组织员工学习和实践。经过一段时间的磨合，员工的工作效率得到了明显提高。然而，从宏观层面来看，效果还是不尽人意。2003～2009 年，随着万和逐渐成长为跨区域、多法人的集团型企业，金蝶 K3 系统动态协同性差的弊端愈加明显。

2009 年，在综合各部门意见的基础上，公司毅然决定放弃金蝶，引入新的 ERP 系统——用友 U9 系统。通过用友 U9 系统的多组织企业互联网应用平台，万和将分散在各地的分公司、经销商、供应商、物流公司和工厂等整合在同一平台内，实现了信息的集成和共享，为企业上下游供应链和产业链的协同奠定了坚实的基础。

资料来源：中国管理案例共享中心，www.cmcc-dut.cn/Cases/Detail/2761，有删改。

3.1 顾名思义 ERP

企业资源计划（Enterprise Resource Planning，ERP）是由美国著名的计算机技术咨询和评估集团——加特纳集团（Gartner Group）在 1990 年发表的研究报告《ERP：下一代 MRP Ⅱ 的远景设想》中首次提出的，其思想代表着当今社会先进的企业管理模式，其核心是在制造资源计划（Manufacturing Resources Planning，MRP Ⅱ）的基础上发展而来的更先进的企业信息管理的综合解决方案。

ERP 是一种管理思想，它体现了信息社会状态下企业最先进的管理理念。ERP 的核心思想是将企业的人、财、物、信息、时间和空间等均作为资源来对待，进行全面的、系统的、集成的管理，最大限度地发挥企业资源的整合优势，取得最大的经济效益。

由于计算机和信息技术的飞速发展，ERP 思想得以真正在企业管理中实现，没有计算机技术的支撑，ERP 思想只能停留在纯理论的位置。计算机软件开发人员依据 ERP 的思想，开发出各种 ERP 软件，使得 ERP 的管理思想真正地进入了企业，进入了应用阶段。

ERP 软件是当今社会具有代表性的信息系统，也是最具复杂性的信息系统之一。ERP 软件将企业的物流、资金流、信息流及企业的所有资源进行全面系统的整合，软件的功能模块涉及企业的各个环节和业务处理。由于企业所属行业不同，各个企业又有自身的特点和特殊要求，很难有一个适用于不同行业的通用的 ERP 软件，因此不同的 ERP 软件往往是针对某一行业的特点进行开发的，企业选择 ERP 软件时，要从行业的特点和企业的实际需要出发，决定 ERP 系统功能与结构的取舍。

3.2 ERP 的发展历程

ERP 的发展和成长是企业管理人员在实践中不断探索计算机技术如何体现企业管理规律的结果，把客观上本来就存在的企业业务流程的内在联系，借助计算机这个工具加

以规范化和条例化,成为适用于企业的管理信息系统。ERP 的发展大体经历了以下四个阶段:

(1) 20 世纪 60 年代中期:从订货点法到 MRP,解决了控制库存问题。
(2) 20 世纪 70 年代中期:闭环 MRP,解决了计划与控制问题。
(3) 20 世纪 80 年代初期:MRP Ⅱ,解决了物料与资金信息集成问题。
(4) 20 世纪 90 年代初期:ERP 解决了在经济全球化的环境下提高企业竞争力问题。

3.2.1 MRP:物料需求计划

MRP(Material Require Planning)是针对制造业广泛应用的订货点法的缺点和不足而产生的,它通过新概念与管理方式的引入,改善了企业库存管理的状况。为充分理解 MRP 在库存管理方面的作用,我们需要先了解订货点法的原理和不足。

1. 订货点法

20 世纪 40 年代初期,西方经济学家通过对库存物料随时间推移而被使用和消耗的规律进行研究,提出了订货点的方法和理论,并将其运用于企业的库存计划管理之中。当时工业企业的库存量控制普遍采用订货点法,即对企业所需各种物料均设置一个最大库存量和安全库存量。最大库存量是综合考虑库存容量、库存占用资金、合适的进货周期等因素而设置的;安全库存量使企业在一些突发事件发生时,能保证企业正常生产的需要。物料的实际库存量不能小于安全库存量。由于物料的供应都需要一定的时间,因此物料的订货应在安全库存量之上提前一定的时间进行,这个时间点称为订货点,当所订物料到达时,物料消耗恰恰达到安全库存量,物料得到了及时的补充,并达到最大库存量值,保证了物料供应的连续性。订货点控制模型必须确定两个参数:订货点与订货批量,订货点法的原理示意图如图 3-1 所示。

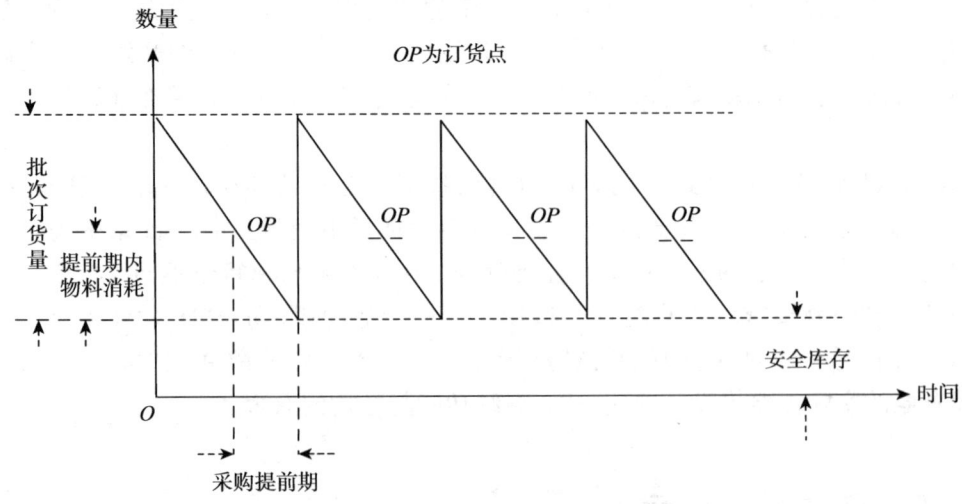

图 3-1 订货点法原理示意图

在稳定消费的情况下,订货点是一个固定值。当消费加快时,如果保持订货点不变,就会消耗安全库存;为了保持一定的安全库存,就必须增加订货量来补充消耗了的安全库存；如果不增加订货量，又不消耗安全库存，就必须提高订货点，这样，订货点就不再是一个常数。因此，对需求量随时间变化的物料，由于订货点会随着消费速度的快慢而升降，无法设定一个固定的订货点。所以，订货点法只适用于稳定消耗的情况，如日用消费品生产。

综上所述，订货点法的不足之处是它没有按照物料真正需用的时间来确定订货日期，因此往往还会造成较多的库存积压。于是人们提出了这样的问题：怎样才能在规定的时间、规定的地点、按照规定的数量得到真正需用的物料？换句话说，就是库存管理怎样才能符合生产计划的要求？这是当时生产与库存管理专家们不断探索的中心问题。

2. 物料需求计划

20世纪60年代中期，美国IBM公司的约瑟夫·奥列基博士提出了把企业产品中的各种所需物料分为独立需求和相关需求两种类型的概念，并按时间段确定不同时期物料需求，产生了解决库存物料订货的新方法，即物料需求计划（MRP）法。

独立需求的物料是指这些物料的需求量和需求时间与其他物料的需求量和需求时间无直接关系，如最终产品、备品备件等。与此相反，相关需求的物料是指这些物料的需求量和需求时间与其他物料的需求量和需求时间有着直接的关系，即产品结构关系，一个低层物料的需求量和需求时间取决于上一层部件的需求量和需求时间，部件的需求量和需求时间又取决于子组装件的需求量和需求时间，依此类推，直至最终产品的需求量和需求时间。比如，生产100个台灯，一个台灯由一个灯架、一个底座、一个灯泡组成，完成这项生产任务需要多少灯架、多少底座和多少灯泡都是由生产的台灯的数量来决定的。因此，台灯的数量属于独立需求，而它的具体组成——灯架、底座和灯泡的需要量就属于相关需求，其需求量和需求时间取决于企业计划生产的产品数量和交货期。物料需求计划（MRP）就是按照产品结构的层次从属结构关系，以产品的零件为计划对象，以最后完工日期为计划基准来倒排计划，按物料需要时间来供应所需物料的方法。

在物料需求计划中，独立需求型物料，如上述例子中的台灯的订货计划由市场需求决定，用主生产计划来体现。而相关需求型物料的订货计划通过MRP展开的产品结构，按从属关系和数量关系，经运算确定。

物料需求计划（MRP）回答了以下几个问题：根据主生产计划回答将生产什么；利用物料清单回答要用到什么；依据库存信息回答此物现在多少；经MRP运算后提出还缺多少，何时供应。其中主生产计划、物料清单信息、物料库存信息称为MRP的三个基本要素，而主生产计划起到主导作用。MRP的处理逻辑如图3-2所示。

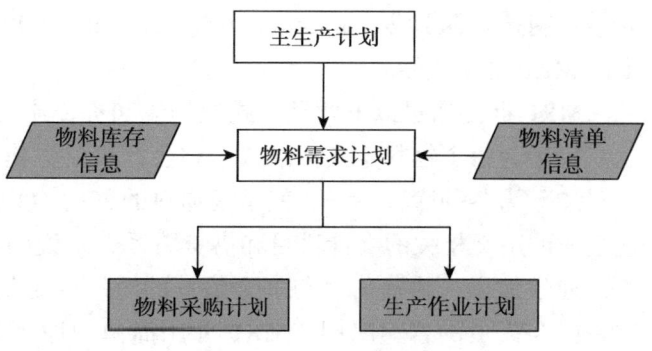

图3-2　MRP逻辑流程图

3.2.2 闭环 MRP

从 MRP 逻辑框图可以看出，当具备了主生产计划、物料清单和库存信息三个方面的数据时，便可以运行和编制 MRP，解决物料的相关需求问题。但这里存在一个问题，MRP 系统要能正常运行，首先需要有一个相对稳定、现实可行的主生产计划。但是，客观世界总是不断变化的，企业内外信息也在不断变化。人们不能阻止它变化，只能及时调整计划去适应客观变化。换句话说，计划的可执行性必须符合客观实际，信息必须及时地上、下内外沟通；既要有自上而下的目标和计划信息，又要有自下而上的执行和反馈信息。这里，客观变化包括企业外部市场需求的变化，也包括企业内部生产能力和各种资源的变化。于是，为提高物料需求计划的有效性，人们对 MRP 进行了改进，在 MRP 的基础上增加了能力需求计划（CRP）、车间作业管理（SFC）和采购管理（PM）等功能，并及时得到来自生产能力的反馈信息，从而形成了一个闭环的、完整的计划与控制系统，这就是闭环物料需求计划。

闭环 MRP 理论认为主生产计划与物料需求计划的可执行性，应充分考虑企业生产能力的约束，在满足生产能力需求的前提下，才能保证物料需求计划的执行。在这种思想要求下，企业必须对投入与产出进行控制，也就是对企业的能力进行检验、执行和控制。

3.2.3 MRP II：制造资源计划

20 世纪 80 年代初期，闭环 MRP 得到了推广和广泛的应用，企业物料采购环节与生产环节有效地纳入计划和控制管理之下，企业财务指标得到有效的改善，经济效益得到了提升。但人们在试图提高企业经济效益制定新的企业经营规划时，发现企业高层管理人员不仅需要生产产量、时间等方面的数据，还需要产值、销售额、利润、成本和费用等方面的财务数据，而这些数据在 MRP 系统中并没有涉及。如果能把财务信息与生产信息整合起来，将生产信息及时转换成财务信息，企业管理人员就能对企业的发展有更好的把握。基于这种思想，人们又把闭环 MRP 做了进一步的拓展，把与企业生产经营有着密切联系的成本会计、总账、应付账、应收账和销售等功能与 MRP 进行整合，及时准确的反应产品的成本、费用、资金利用率、销售收入和账务处理的情况，进而全面规划和管理企业的生产经营过程，达到整体优化的水平。这样就形成了新的管理计划体系：制造资源计划（Manufacturing Resources Planning），为了有别于 MRP 的缩写而采用 MRP II 来表示。

MRP II 是通过以下两种方式把物流和资金流的信息集成起来的：

（1）为每个物料定义标准成本和会计科目，建立物料和资金的静态关系。

（2）为各种库存事务，就是说物料的移动（实际的或逻辑的）或数量、价值的调整，建立凭证定义相关的会计科目和借贷关系，来说明物流和资金流的动态关系。

通俗地说，物流信息与资金信息的统一就是把"实物账"和"财务账"统一起来，这是财会人员的普遍愿望，MRP II 用简单的原理和软件工具实现了这个愿望。只要企业各个业务部门的人员能严格执行 MRP Ⅱ 的工作规程，按照规定及时输入正确的信息，那么，有关各个部门的资金占用、库存物料的价值、在产品成本、各项费用的支出、现金收支等信息就都可以随时被掌握和查询。MRP Ⅱ 的逻辑流程图如图 3-3 所示。

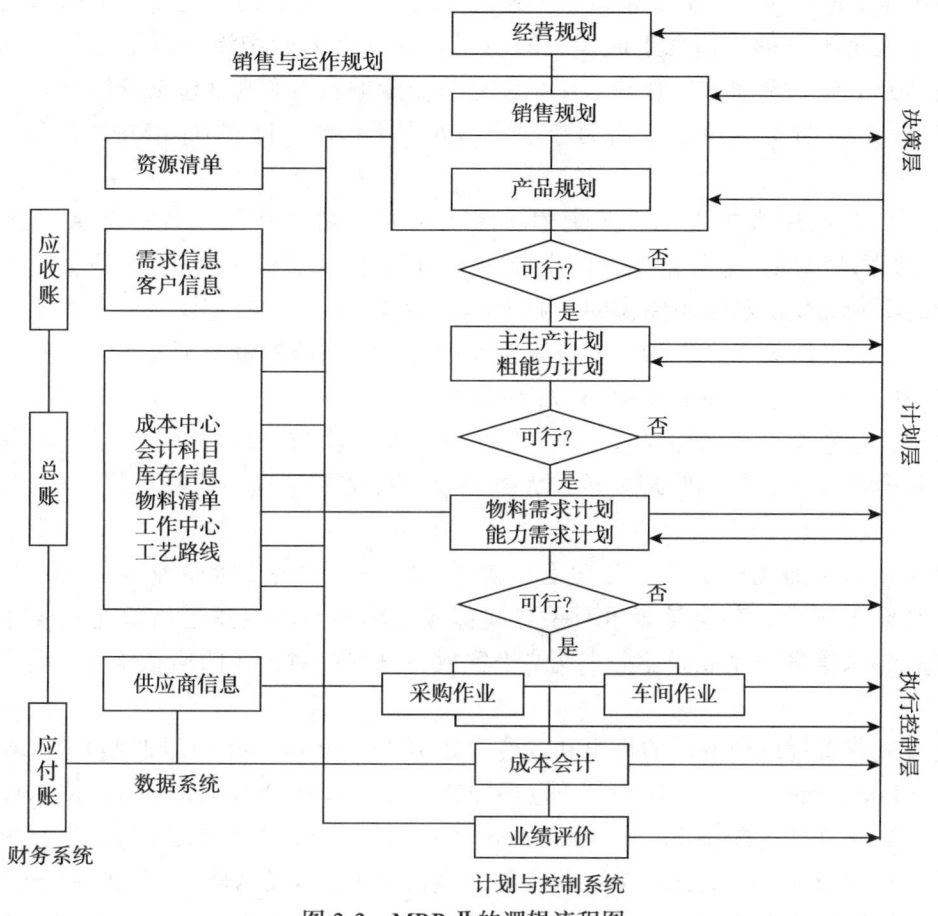

图 3-3　MRP Ⅱ 的逻辑流程图

MRP Ⅱ 在保持原有的闭环 MRP 的基础上，增加了财务信息与采购、生产、销售的整合，还增加了能反映企业长期发展经营目标的经营规划、反映产品生产大纲的生产规划、反映整个生产系统运行绩效的业绩评价，使物流和资金流有机地结合起来，从而形成一种先进的企业管理理论和方法。

3.2.4　企业资源计划

上述的基本 MRP、闭环 MRP 及 MRP Ⅱ 理论，都在相应的阶段对制造业的物流管理起到了积极和重要的作用，但随着市场全球化带来的激烈的市场竞争和高科技突飞猛进的发展，MRP Ⅱ 思想及系统也逐步显示出其局限性，主要表现在以下几个方面。

第一，面对企业间竞争程度的加剧和竞争范围的扩大，要想在激烈的市场竞争条件下生存和发展，企业必须在各个方面加强管理，企业的信息化建设应有更高的集成度，同时企业信息管理的范畴应扩大到对企业的所有资源实行集成管理,而不单是对企业的制造资源实行集成管理。

现代企业都意识到,企业的竞争是综合实力的竞争,这要求企业有更强的综合实力,能快速响应市场,因此,信息管理系统与理论仅停留在对制造部分的信息集成与理论研究是远远不够的。信息集成涉及的与竞争资源有关的物流、信息流及资金流已经从制造部分扩展到全面质量管理、市场信息与企业的所有资源(包括分销资源、人力资源、客户资源、服务资源等),并且要求能够处理工作流,这些方面MRP Ⅱ都已经无法满足。

第二,企业规模扩大化,多集团、多工厂要求协同作战,统一部署,这超出了MRP Ⅱ的管理范围。全球范围内的企业兼并和联合的潮流,造就了大型企业集团和跨国集团的不断涌现。越来越庞大的企业规模,要求企业内的各集团之间和集团内各工厂之间统一计划、协调生产步骤、汇总信息及优化集团内部的资源配置等,这些既要独立又要统一的资源共享管理是MRP Ⅱ无法解决的。

第三,信息全球化趋势要求企业之间加强信息交流与信息共享,企业之间既是竞争对手又是合作伙伴,信息管理要求扩大到整个供应链的管理,这些更是MRP Ⅱ不能解决的。

全球信息化的飞速发展,尤其是互联网的应用与发展要求企业与企业、企业与供应商、企业与用户,甚至是竞争对手之间都应能够对市场信息进行快速响应并实现信息共享。越来越多的企业间业务在网络上完成,这些都对企业的信息化应用提出了新的要求。

随着现代管理思想方法的提出和发展,如JIT(Just In Time,准时制)、TQM(Total Quality Management,全面质量管理)、OPT(Optimized Production Technology,优化生产技术)及DRP(Distribution Resource Planning,分销资源计划)等,又相继出现了MES(Manufacturing Execute System,制造执行系统)以及AME(Agile Manufacturing System,敏捷制造系统)等。MRP Ⅱ也逐步吸取和融合了其他先进理念来完善和发展自身理论,20世纪90年代,MRP Ⅱ发展到了一个新的阶段——ERP(Enterprise Resource Planning,企业资源计划)。

简要地说,企业所有资源包括三大流:物流、资金流和信息流。ERP就是对这三大流进行全面集成管理的信息系统。概括来说,ERP就是建立在信息技术基础上,利用现代企业的先进管理思想,全面集成企业所有的资源信息,为企业提供决策、计划、控制与经营业绩评估的全方位和系统化的管理平台。ERP系统是充分体现ERP管理思想和管理理论的信息系统,它整合了企业的所有资源,包括企业的内部资源与外部资源,为企业制造产品或提供服务创造最优化的解决方案,最终实现企业的经营目标。由于ERP管理思想必须依附于电脑软件系统的运行,因此人们往往将ERP系统误解为一种软件。只有深刻理解ERP的管理思想与理念,才能真正掌握与应用ERP系统。

ERP理论与系统是从MRP Ⅱ发展而来的,它不仅继承了MRP Ⅱ的基本思想(制造、供销、财务),还极大地扩展了企业管理的范畴,如多工厂管理、质量管理、设备管理、运输管理、分销资源管理、过程控制接口、数据采集接口及电子通信等。它汇合了离散型生产和流程型生产的特点，更加灵活和"柔性"地开展业务活动，实时响应市场的需求，融合了多种现代管理思想，进一步提高了企业的管理水平和竞争力。ERP 理论不是对 MRP Ⅱ 的否认，而是继承与发展。MRP Ⅱ 的核心是物流，主线是计划，伴随着物流的过程，同时存在资金流、信息流；ERP 的主线也是计划，但 ERP 已将管理的重心转移到财务管理上，在企业整个经营运作过程中贯穿了财务成本控制的理念。总之，ERP 极大地扩展了管理业务的范围及深度，包括质量、设备、分销、运输、多工厂管理、数据采集接口等多方面的管理业务。ERP 的管理范围涉及企业的所有供需过程，是供应链的全面管理。

我们了解了 ERP 的含义和它的发展历程，同时我们还应当意识到 ERP 是一个不断发展的概念，用户、软件供应商、实施顾问从不同的角度对 ERP 有着不同的理解，到目前为止，还没有产生一个 ERP 的定义或"ERP 标准系统"，因此，在社会实践中，既要深刻理解 ERP 管理思想的内涵，结合软件的实际功能，也要从企业的实际情况和需要出发，决定 ERP 系统建设中功能与结构的取舍。

3.3 ERP 的基本原理

3.3.1 主生产计划

主生产计划（Master Production Schedule，MPS）用来说明在可用资源条件下，企业在一定时间内生产什么，生产多少，什么时间生产。

任何制造业企业都有自己的生产计划，即使在没有实施 ERP 管理的传统管理模式下也必须有生产计划。传统管理模式企业的生产计划，通常是由计划部门下达，生产部门执行。一些中小企业甚至直接由销售部门给出销售预测或销售订单数量，生产部门直接根据销售部门提供的数据安排生产。

在传统管理模式下，当企业的生产计划发生变化时，企业内部的调整常常缺乏统一的调度与管理，企业各部门对这些变化不能及时有序地进行调整，各部门无法及时获得所需的数据与信息，给生产运行和管理带来严重的后果。

在 ERP 系统管理中，主生产计划是一个重要的管理层次，主生产计划确定每一个具体产品在每一个具体时间的生产计划，计划的对象一般是最终产品。ERP 系统计划的真正运行是从主生产计划开始的。主生产计划的确定过程伴随着粗能力计划的运行，即要对关键资源进行平衡。企业的物料需求计划、生产作业计划、物料采购计划等均来源于主生产计划，即先有主生产计划驱动物料需求计划，再由物料需求计划生成生产作业计划与物料采购计划。由此可见，主生产计划在 ERP 系统中起着承上启下的作用，实现了从宏观到微观计划的过渡与联结。主生产计划一旦发生变化，ERP 系统可以迅速地进行处理，给生产管理提供调整的依据，给采购与销售部门提供准确的变更信息。同时，主生产计划又是连接客户与企业销售部门的桥梁，因此，在 ERP 管理系统中，要充分重视主生产计划的作用。成功运行 ERP 系统的企业，其主生产计划的管理几乎都是成功的。

当然，如果企业产品的生产周期较长，它的重要性就不是很突出了，如一些大型设备、造船、飞机等设备的制造企业，这些企业的主生产计划安排往往是一年一次。

主生产计划必须是可执行、可实现的，它应该符合企业的实际情况，其制定与执行的周期应视企业的情况而定。主生产计划项目还应确定其在计划期内各时间段上的产品需求数量。主生产计划的来源主要有客户订单、市场预测和独立需求几种途径。

3.3.2 粗能力计划

主生产计划下达时，还有一个需要重点考虑的要素——企业的资源能力。主生产计划应该是一个可行的计划，需要在执行过程中得到企业生产能力及相关资源的支持。因此，当主生产计划制定完成后，需要计算所需资源的支持情况，这是检验主生产计划是否可行的重要依据。

企业生产能力是企业资源能力最重要的环节。企业生产能力是由多个生产环节构成的，在对主生产计划进行检验时，不必对企业每个加工环节的生产能力和各种资源进行检验。约束理论（Theory of Constraints，TOC）认为，产能是由瓶颈资源决定的。基于此原理，粗能力计划与约束理论的思想一致，即关键的资源、瓶颈资源决定了企业的产能，依靠提高非关键资源的能力来提高企业的产能是不可能的。

主生产计划的可行性主要通过粗能力计划（Rough-Cut Capacity Planning，RCCP）进行检验。粗能力计划是对关键工作中心的能力进行运算而产生的一种能力需求计划，企业中关键工作中心的数量有限，因此它的计算量要比能力需求计划小许多。粗能力计划的运算与平衡是确认主生产计划的重要过程，未进行粗能力平衡的主生产计划是不可靠的。相对而言，细能力需求计划则是针对企业全部工作中心的能力需求计划。

主生产计划人员要在主生产计划和关键资源的能力之间进行协调和平衡，一般从两个方面来解决计划和产能的矛盾：①改变负荷，即重新制订计划，延长交货期，取消客户订单，减少生产数量；②改变能力，即更改加工路线，加班加点，组织外协，增加人员和关键设备。

主生产计划人员应尽可能解决这些矛盾，若确有难以解决的严重问题，应把分析的情况及提出的建议报告给上级，协调有关部门工作，与有关部门一起商讨解决办法。图 3-4 为 MPS 与 RCCP 的关系。

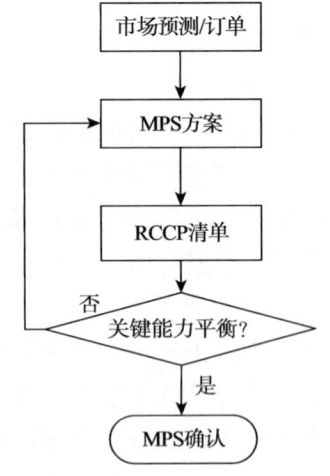

图 3-4　MPS 与 RCCP 的关系

3.3.3 物料需求计划

物料需求计划是 ERP 管理思想和 ERP 系统的重要部分。物料需求计划的可执行性要经过各种能力约束的检验与平衡，其最终结果应该是可以执行的计划。它与主生产计划一样，处于 ERP 系统计划层次的计划层，由 MPS 驱动 MRP 的运行。

物料需求计划是对主生产计划的各个项目所需的全部制造件和全部采购件的支持计划与时间进度计划。MPS 的对象是最终产品，产品的结构是多层次的，一个产品可能会包含成百上千种需要制造的零配件、外购材料，而且所有物料的提前期（加工时间、准备时间、采购时间等）各有不同，各零配件的投产顺序会有差别。另外，只有均衡的加工才能满足 MPS 的需求，这些就是 MRP 要解决的问题。MRP 的三个基本要素是主生产计划、产品结构与物料清单和库存信息。

1. 主生产计划

主生产计划是确定每一具体的最终产品在每一具体时间段内生产数量的计划。这里的最终产品是指企业最终完成的、要出厂的产品，它具体到产品的品种和型号。这里的具体时间段通常是以周为单位的，在有些情况下，也可以以日、旬或月为单位。主生产计划详细规定生产什么、什么时段应该产出，它是独立的需求计划。主生产计划根据客户合同和市场预测，把经营计划或生产大纲中的产品系列具体化，使之成为展开物料需求计划的主要依据，起到了从综合计划向具体计划过渡的承上启下的作用。

2. 产品结构与物料清单

产品结构也称为产品结构树，是一种常用的、用图形来描述产品结构的方法。产品结构列出构成成品或装配件的所有部件、组件、零件等的组成，装配关系和数量要求，它是 MRP 产品拆零的基础。产品的结构与产品的复杂程度有关，有的产品由成千上万个零部件组成，如飞机、轮船、汽车等；有的比较简单，如镜子、文具盒、圆珠笔等。图 3-5 是一个简化了的自行车的产品结构图，大体反映了自行车的构成。

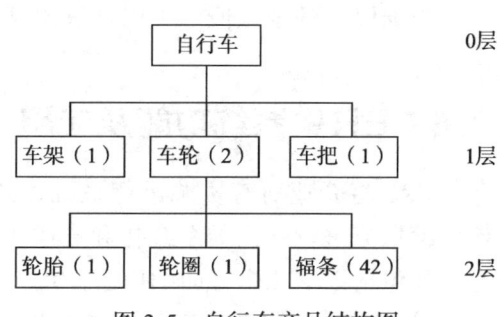

图 3-5 自行车产品结构图

当然，这并不是最终所要的产品结构与物料清单。为了便于计算机识别，必须把产品结构图转换成规范的数据格式，这种用规范的数据格式来描述产品结构的文件就是物料清单，它必须说明组件（部件）中各种物料需求的数量和相互之间的组成结构关系。表 3-1 就是一张简单的自行车产品的物料清单。

表 3-1 自行车产品的物料清单

层次	物料代码	物料名称	数量	计量单位	类型	成品率	生效日期	失效日期	提前期
0	GB950	自行车	1	辆	M	1.0	20200101	20231231	2
1	GB120	车架	1	件	M	1.0	20200101	20231231	3
1	GL120	车轮	2	个	M	1.0	20200101	20231231	2
2	LG300	轮圈	1	件	B	1.0	20200101	20231231	5
2	GB890	轮胎	1	套	B	1.0	20200101	20231231	7
2	GBA30	辐条	42	根	B	0.9	20200101	20231231	4
1	113000	车把	1	套	B	1.0	20200101	20231231	4

3. 库存信息

库存信息是保存企业所有产品、零部件、在制品、原材料等存在状态的数据库。在 MRP 系统中，产品、零部件、在制品、原材料甚至工装工具等被统称为"物料"或"项目"。为便于计算机识别，必须对物料进行编码。物料编码是 MRP 系统识别物料的唯一标识。

库存信息包括以下六个变量：

（1）现有库存量。现有库存量是指在企业仓库中实际存放的物料的可用库存数量。

（2）计划接收量（在途量）。计划接收量（在途量）是指根据正在执行中的采购订单或生产订单，在未来某个时段物料将要入库或将要完成的数量。

（3）已分配量。已分配量是指尚保存在仓库中但已被分配掉的物料数量。

（4）提前期。提前期是指执行某项任务由开始到完成所消耗的时间。

（5）订购（生产）批量。订购（生产）批量是指在某个时段内向供应商订购或要求生产部门生产某种物料的数量。

（6）安全库存量。安全库存量是指为了预防需求或供应方面的不可预测的波动，在仓库中经常应保持的最低库存数量。

根据以上各个数值，可以计算出某项物料的净需求量。

3.4 ERP 系统功能及应用

ERP 将企业所有资源进行系统化的整合和集成管理，企业通过 ERP 将物流、资金流、信息流进行全面的系统化和集成化管理。根据企业的组织结构和业务流程，企业管理主要包括以下几个方面的内容：生产计划管理、物资管理、生产过程管理、销售管理、财务管理和人力资源管理等。各软件公司开发的 ERP 软件系统在子系统设立上可能有所差异，但基本处理模块都必须具备。

ERP 系统的基本业务流程如图 3-6 所示。

3.4.1 生产计划管理子系统

生产计划管理是 ERP 系统的核心部分，它将企业的整个生产过程有机结合在一起，使企业能够合理地、有效地利用企业的各种资源，提高企业的经营效率和经济效益。生产计划管理使企业各个相对独立部门的生产流程系统化地衔接起来，形成一个有机的整体，系统且协调地运作。

生产计划管理以主生产计划为导向，企业的物料需求计划、车间作业计划、物料采购计划等均以主生产计划为依据。

1. 市场预测管理

市场预测管理的主要目的是通过一定的数学模型，对市场的销售数据进行数据挖掘和分析，参照现有的订单信息，为企业主生产计划的制定提供坚实的依据。

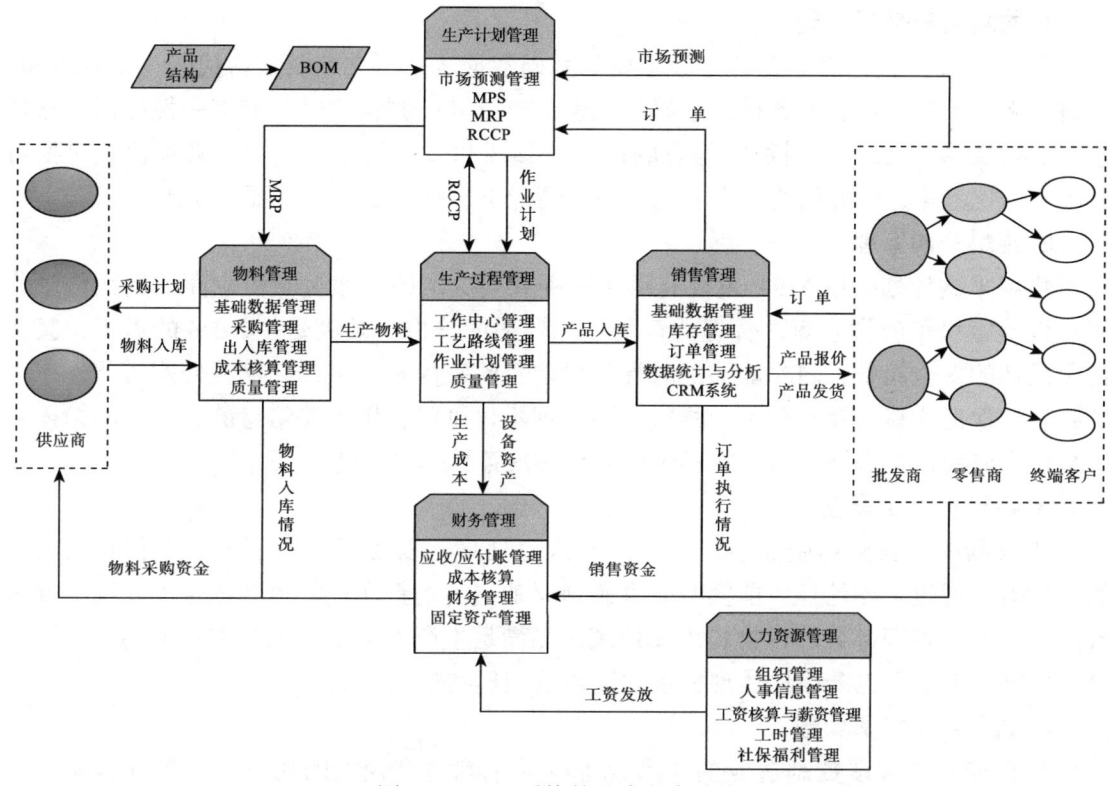

图 3-6 ERP 系统的基本业务流程

2. 主生产计划（MPS）

主生产计划是企业在一段时期内总生产活动的安排。企业通过市场预测、客户订单以及对历史销售数据的分析，预测各周期中生产的产品种类和数量，在平衡了物料与能力的需求后，制订出精确、详细的时间进度计划。

3. 粗能力计划（RCCP）

粗能力计划是对关键工作中心的能力进行运算而产生的一种能力需求计划。制订出主生产计划后，可通过粗能力计划对瓶颈资源进行计算，做好生产能力与生产负荷的平衡工作，保证 MPS 的可执行性。

4. 物料需求计划（MRP）

在确定了可行的主生产计划之后，就要依据产品结构数据描述模型，转化为 BOM，并由此计算出每种计划产品的物料需求，然后合并同类物料项，对照现有的可用库存量，将整个企业要生产的产品计划转变为所需物料的实际需求量，从而得出各个时段物料的采购计划。

建立产品结构数据描述模型和将其转化为 BOM，是 ERP 软件设计中的技术难点之一。

3.4.2 物料管理子系统

物料管理部分是整个 ERP 系统最基础的部分，物料管理工作的好坏，直接影响整个 ERP 系统实施的成功与否。

1. 物料基础数据管理

物料基础数据是 ERP 系统中最重要的基础数据之一，它涉及物料代码、物料名称、物料规格、计量单位、财务科目编码等属性信息，其中物料代码具有唯一性特征，它是整个 ERP 系统中所有用到物料信息的模块所参照和引用的基础数据。必须建立对物料基础数据规范化、标准化的处理方法，一般情况下，一旦建立就不要轻易改动。

2. 物料采购管理

物料采购计划是由 MRP 及现有可用库存共同决定的。通过对供应商的档案信息分析可以确定可信的供应商、合理的订货量和合适的价格，既满足了 MPS 的需要，又保持了最佳的安全储备，同时能够随时提供采购、验收信息，跟踪和催促外购或委外加工的物料，保证物料的及时到位。物料采购管理不仅可以提供有关信息的查询功能，还可以提供供应商信誉等级分析、物料价格分析等决策性信息支持。

3. 物料出入库管理

当采购的物料到达企业后，必须进行入库处理，以便仓库管理人员进行有效的监管。同时，通过入库处理，能实时、准确地反映当前物料库存数量和成本的状况。连续性生产的企业每天都要进行物料出库处理，以满足生产的需要。同样每一笔物料的出库信息的处理完成，也准确地体现在现库存数量和现物料成本上。

4. 物料成本核算管理

物料成本在大多数制造业的产品成本构成中都占有较大的比重。准确地核算与控制产品成本，对企业降低产品成本、提高产品的市场竞争力具有重要的意义。一般情况下，物料成本的计算方式为计算机擅长的实时滚动成本核算方法，即物料成本随入库、出库的变化而变化。

5. 物料质量管理

物料质量管理模块对采购的物料进行全面的质量管理，在物料采购过程中要对供应商的物料进行质量检验，对到货的物料要进行全检或抽检，并对检验结果进行详细的记录，以备日后分析之用。物料的质量是企业产品质量的关键，只有把住物料质量关，才能从基础上保证企业产品的质量。

3.4.3 生产过程管理子系统

生产过程管理子系统主要是对各工作中心的工作进行全面的管理，它主要涉及工作中心管理、工艺路线管理、作业计划管理和质量管理等。

1. 工作中心管理

工作中心是 ERP 系统基本的生产加工单元，它是由特定的设备和特定的劳动力组成的特定加工过程（加工、装配、检验等），它也是导致产品成本发生变化和投入产出核算的基本单元。一般来说，一个连续的加工过程组成的工序可以设定为一个工作中心。工作中心的管理主要包括工作中心加工能力数据、成本数据等基础数据的管理。

2. 工艺路线管理

工艺路线（Routing）是描述加工步骤、制造和装配产品的操作顺序的文件，它包含加工工序顺序和工艺要求，指明了各道工序的加工设备及所需的额定工时和各种相关费用等。

3. 作业计划管理

作业计划是主生产计划在各个工作中心的具体实现，它是随时间变化的、动态的生产过程的计划安排。它将生产作业分配到各个工作中心，并进行作业排序、作业管理和作业控制。

4. 质量管理

质量管理模块对整个生产过程中的质量进行全面的管理。在生产过程中，质量管理模型块要对每一道工序进行全面质量管理和控制，产品下线后，要对产品进行相应标准的质量检验和控制，保证产品的质量达到规定的质量标准，只有保证了产品的质量，企业才能得以发展。

通过质量管理中的批次管理对批次产品进行管理和跟踪，可以比较精确地分析和控制产品的质量，批次跟踪功能还可以使企业有能力依据客户的特殊技术要求分配最合适的产品批次。

3.4.4 销售管理子系统

销售管理子系统对生产线的产品从下线后入库到成品库起，一直到将产品送到终端客户手中的整个过程进行管理，它主要涉及以下几个方面。

1. 产品基础数据管理

产品基础数据是 ERP 系统中最重要的基础数据之一，它涉及产品代码、产品名称、规格、计量单位、财务科目编码、批发价、零售价等基础信息，是整个 ERP 系统中用到产品数据时所参照和引用的基础数据，产品编码必须具有唯一性特征，对产品基础数据必须建立规范化、标准化的处理方法，一般情况下，一旦建立最好不要轻易改动。

2. 产品库存管理

（1）入库处理。产品下线后须进行入库处理，以便成品库管理人员进行有效的监管，同时通过入库处理能实时、准确地反映当前的库存数量状况。

（2）产品的库存控制。一般情况下，生产计划的制订随市场预测和订单而定，产品不会造成积压，但当市场预测发生偏差或订单执行出现异常时，往往会造成产品的积压，营销部门需及时采取措施进行处置，并将情况及时上报企业高层和计划部门，对下一步的产品结构和生产计划进行及时调整。

3. 订单管理

销售订单是 ERP 的入口，它是主生产计划安排和制订的主要依据。销售订单的管理贯穿产品销售管理的整个流程。订单管理主要包括客户信息管理、产品库存查询、产品报价、订单输入、变更及跟踪、订单执行处理及退货管理等。

4. 销售数据统计与分析

销售数据统计与分析模块的主要任务是对销售产品、销售地区、销售客户各种信息进行管理和统计，对销售数量、金额、利润、绩效、客户服务做出全面的分析等。可依据各种指标对销售数据做出统计，如客户分类统计、产品利润分析、市场分布分析、销售代理各种指标分析等。

企业通过对市场信息、产品信息、客户信息、服务信息和历史数据的统计、分析与数据挖掘，及时发现新的市场机会，实时调整企业的产品结构，对市场做出积极的响应。

5. CRM 系统

CRM 是一种以客户为中心的管理思想和经营理念，是一种旨在改善企业与客户关系的新型管理机制，目标是通过提供快速、周到和优质的服务来保持更多的客户，并通过对营销业务流程的全面管理来降低产品销售成本；同时，它是以现代信息技术为支撑的一套先进的管理软件和技术。它将最佳的商业实践与数据仓库、数据挖掘、销售自动化及其他信息技术紧密结合在一起，为企业的销售、客户服务和决策支持等领域提供了一个自动化的业务解决方案。

ERP 系统也吸收了 CRM 等先进的管理理念，将 CRM 的思想和功能移植到 ERP 的销售管理系统之中，完善和发展了销售管理子系统的功能。

3.4.5 财务管理子系统

财务管理子系统包括会计核算和财务管理两大部分，其主要模块及功能如下：

1. 应收/应付账管理

应收账款主要指企业应收的由于商品赊欠而产生的正常客户欠款账。应收账管理模块的功能包括发票管理、客户管理、付款管理、账龄分析等功能。它和客户订单、发票处理业务相联系，同时将各项活动生成记账凭证，导入总账。

应付账管理主要是针对企业应付物料购货款。应付账管理模块的功能包括发票管理、供货商管理、支票管理、账龄分析等。它能够和采购模块、库存模块完全集成以替代过去烦琐的手工操作。

2. 成本核算

产品的成本是生产和销售一种产品所需的全部费用。企业的成本是企业经营过程中为了达到经营目的而发生或未发生的价值牺牲，它可用货币单位加以衡量。根据不同的核算对象和核算目的，成本可以分为实际成本、标准成本、计划成本、定额成本和滚动成本。在现有的市场经济机制下，计划成本已基本被弃用，物料成本的计算一般采用计算机系统擅长的滚动成本的计算方法。成本核算模块的功能主要包括标准成本制订、成本费用归依和成本计算等。

3. 财务管理

财务管理的功能主要是基于会计核算的数据，再加以分析，从而进行相应的预测、管理和控制活动，它侧重于财务计划、控制、分析和预测。

4. 固定资产管理

固定资产管理模块的主要功能有基础数据维护、资产折旧管理、资产增减管理、资产维护管理和资产租赁管理。企业的固定资产类型繁多，规格不一，为了加强管理和核算，需要利用固定资产管理功能来计算和处理资产的购置、废弃、转移和折旧等业务。

除对资产价值的法定折旧费方法外，企业还可以通过多种折旧和评估的方法，对企业固定资产的质量、使用、报废、增置等方面提出合理化的建议，以充分发挥固定资产的作用。

3.4.6 人力资源管理子系统

近年来，企业人力资源被视为企业最重要的资源，企业的人力资源管理越来越受到企业的高度关注。人力资源管理，作为一个相对独立的模块，集成到 ERP 系统中，它和财务管理、生产控制管理、物流管理等系统形成了一个相对融合的企业资源系统。

人力资源管理主要有以下功能：

1. 组织管理

组织模块包括组织结构管理、员工计划与工作描述、人事成本计划等。组织结构管理是战略性的人力资源管理模块，它具备帮助企业重组、管理转型和再造的功能，并能提供准确的组织结构图，使人事主管利用组织管理系统创建全新的组织结构；员工计划与工作描述模块可为每个员工制订职务模型，包括职位要求、升迁路径和培训计划，给出一系列的培训建议，一旦机构改组或职位变动，系统又会提出一系列的职位变动或升迁建议；人事成本计划是有关人事活动的系统性、前瞻性计划，它为企业的发展提供有力的数据支持。

2. 人事信息管理

人事信息管理模块包括职员基本信息管理、关系信息管理、招聘管理、出差管理。人事信息管理要求对职员的各种基本信息进行详细的登记，可涉及婚姻、子女、喜好、习惯等隐秘性信息。关系信息包括父母和其他社会关系信息。有效地研究和利用这些信息，将对稳定职员队伍、发挥职员的工作积极性将带来巨大的益处。招聘管理是企业招聘具有合适技能员工的过程，招聘系统支持招聘过程的优化，减少了业务工作量，降低了成本。出差管理是指对出差的申请、批准及报销工作进行工作流控制。

3. 工资核算与薪资管理

工资核算与薪资管理包括工资核算、工资处理和薪资管理。其中，工资核算模块能根据企业跨地区、跨部门、跨工种的不同工资结构及处理流程，制订与之相适应的工资核算方法；工资处理模块提供一个在线处理系统，提醒处理人员何时该处理何种工资，并启动系统内嵌的审核功能进行自动记录，作为未来查阅的依据；薪资管理模块包括薪资管理的设计和审批决策、资金的发放和薪金的计算程序。

4. 工时管理

工时管理包括班次计划、工时记录管理和考勤管理。其中，班次计划是指根据企业的要求和员工的出勤情况来计划班次情况；工时记录管理可以追踪总工时数，以满足工作分析、休假管理和工作分担等业务的需要；考勤管理可以根据企业当地的日历，灵活安排运行时间和休息时间表。

5. 社保福利管理

社保福利管理是人力资源管理工作的重要组成部分，通过此功能，可以对参保单位、参保职员的社会福利的数据进行管理。

除上述人力资源管理的基本内容外，人力资源管理也不断扩展着许多新的内容，包括业务工作流管理、internet/intranet方案和员工自助服务。其中，业务工作流管理为人力资源管理提供了新的工作方式，在合适的时间自动把任务分配给合适的员工；internet/intranet方案给人力资源管理带来了新的挑战和机遇；员工自助服务使员工能够查看和更新个人数据，帮助企业提高信息的质量。

3.5 ERP的实施与开发

3.5.1 ERP的实施现状

ERP进入中国企业已有30多年的历史，它为中国企业带来了一个全新的企业管理理念和管理工具，开阔了企业家管理的视野，它先进的管理思想、方法和信息技术的应用在企业管理中发挥着越来越大的作用。近几年来，国内企业实施ERP的需求持续高涨，不少企业已经将ERP成功地运用到企业管理的各个领域，并创造了不少成功的案例。然而失败的案例也不少，实施ERP的成功率不高是一个不容回避的事实，对实施ERP所遇到的困难，怎么强调都不过分。

目前，国内ERP应用存在的主要问题表现在以下几个方面：①软件系统对企业管理需求的满足度不高，交付结果和预想目标差距大；②产品交付能力差，项目久拖不决，成本失控；③管理基础薄弱，造成项目返工、夭折；④初期没有进行管理咨询，缺乏整体项目规划。

另外，由于ERP系统是以信息化技术支撑的企业管理系统，涉及管理、计算机软硬件技术、通信、网络、数据库技术等多个领域的交叉与配合，因此ERP项目从规划开始，在项目准备、业务流程优化、项目实施、项目评估、系统运行和维护等整个项目的生命周期中都存在巨大的困难和风险。

3.5.2 ERP的实施原则

ERP系统是一个复杂度极高的信息系统，实施过程中必然存在巨大的困难和风险，我们必须遵循信息系统与软件工程的设计和实施理念，采取科学的方法和积极的应对措施，有效规避和化解实施风险，保证企业ERP项目的顺利实施和成功运行。ERP的实施原则有以下几个方面：

（1）一把手工程原则。ERP的实施是企业管理模式的革命性变革，如果没有企业各级一把手始终如一的支持，项目就不可能成功。项目本身也有许多重大问题需要企业高层的拍板定夺，项目方案的确定、新业务流程的确定、需求方案的确认等都需要企业高层的决策。这些环节稍有不慎，都会造成企业的重大损失，甚至导致项目的失败。

（2）深刻理解ERP思想的内涵，与企业管理的实际需求相结合。企业的行业特点、产品特征、企业文化、发展背景、企业领导人喜好，甚至管理人员素质等众多因素的不同，造成了企业管理需求的差异。任何一个ERP系统内含有的管理模式也未必完全符合特定企业的管理诉求，只有能够结合企业的特点，帮助企业解决实际问题的 ERP 系统才是真正具有生命力的系统。

（3）明确应用的主体。ERP 的核心是管理而不是技术，系统的应用主体是企业的各级管理人员，如果没有他们的积极参与和认可，系统的实施就不可能成功。

（4）先合理化，再自动化。传统管理模式的弊端在于管理的层次多，信息的采集点多，传递的渠道混乱、效率低下。如果把旧的流程照搬到信息化系统中去，软硬件设施的性能再好，也不可能提高管理的效率。业务流程优化和再造阶段的工作是不能被忽视的，特别是对于我国大多数长期处于管理粗放、管理基础薄弱状况下的企业而言，就显得更有必要。

（5）统一规划，分步实施。ERP 是一个高投入、高风险的系统工程，企业需要投入大量的财力、人力和物力，动用大量的资源。项目涉及的部门多、范围广，企业要进行全面的规划，量力而行，制订总体和分阶段计划和目标，稳妥地推进项目实施。

系统的分步实施主要有两种方法：一种是模块的分步，如先上物料管理，再上生产管理等；另一种是先试点，后推广的分步。后一种分步实施的方法更有利于信息集成的实现。如果综合考虑采用模块分步的方法，要充分考虑模块之间信息的接口。分步实施必须是在统一规划的前提下，只有预先对管理的重点、管理的细度、各功能模块的衔接等问题都规划得非常清晰，才能进行分步实施。

3.5.3 ERP 的实施步骤

经过 30 多年 ERP 项目实施的实践，国内 ERP 软件商创造了不少的项目实施方法。虽然相互之间有一些差异，但基本步骤主要有以下内容。

1. 项目立项和全面规划

企业要根据长期发展战略，确定企业信息化的总体目标；结合企业的管理重点、管理基础和可投入的资源（财力和人力资源）确定信息化实现的功能、实施范围和实施步骤。ERP 是企业信息化建设的主体，在总体规划中要根据企业特性和经营模式，明确管理体系和管理重点，然后确定系统的分步实施计划，明确每个阶段的实施目标和可量化的指标。在项目规划中还要充分考虑企业已拥有的信息管理系统资源的利用、信息共享，考虑 ERP 系统与其他信息系统（如 CAD、CAPP、CRM 和 SCM 等）的系统整合。

企业信息化规划在获得企业决策层的批准后成为信息化建设的纲领性文件。

2. 建立项目组织

建立高效权威的项目管理团队。项目管理团队的权威来自高层领导的充分授权，又来自项目管理团队及组成人员的优秀项目管理实践经验和 ERP 实施的专业化经验。高效的项目管理团队能有效地进行项目管理和风险控制管理，确保 ERP 项目成功实施并达到企业的既定目标。权威使它在项目实施过程中各个部门之间出现利益发生冲突时，能在全局观念下公平协调、达成共识、解决冲突。

3. 诊断和需求分析

组织企业各管理部门的专家，或者聘请管理咨询顾问对企业的管理需求进行调查研究和需求分析，对企业核心业务流程进行全面的诊断和分析。运用 BPR（Business Process Reengineer，业务流程重组）的方法，结合企业管理诉求与信息化实施的特点，对企业流程进行根本的再思考和彻底的再设计，以求得企业的成本、质量、服务和速度等关键经济绩效指标有巨大的提升。在流程诊断、分析的基础上提出企业管理需求的整体解决方案。在整体解决方案中提出 ERP 实施前要做好哪些准备工作；哪些管理需求依赖 ERP 系统实现；哪些管理需求通过 ERP 以外的其他方法实现。企业需求整体解决方案经企业决策层批准后，作为 ERP 实施的指导性文件。

4. 业务蓝图设计与实现

软件商根据项目需求方案进行 ERP 项目的总体设计，即业务蓝图，设计 ERP 软件系统的主要功能。并根据企业的业务流程，结合 ERP 软件的标准模块做出差异化分析，优化系统和流程以使二者达到最佳契合。确定企业客户化开发的内容，进行客户化开发。

软件开发完成后，到企业现场进行软件系统安装，进行原型测试，验证系统对目标问题的解决程度。原型测试的数据可以是模拟的，也可采用企业真实的业务数据。

5. 数据准备和模拟运行

数据是 ERP 运行的基础，企业要下大力气进行数据的采集、整理和规范。ERP 基础数据量大，涉及面广，如产品结构、工艺、工装、定额、各种物料、设备、质量、财务、工作中心、人员、供应商、客户等数据。数据整理要满足软件的格式要求，并确保其准确性、完整性和规范性。只有重视基础数据的规范、整理、修改和完善工作，确保基础数据的准确性、完整性和规范化，才能有效地实施 ERP。

在完成了用户化和二次开发后，就可以用企业实际的业务数据进行模拟运行。这时可以选择一部分比较熟悉的业务进行试运行，以实现以点带面、全面推广，保证新系统平稳过渡。

6. 系统切换

经过一段时间的试运行后，如果没有发生什么异常现象，就可以从原来的业务系统切换到新的系统。只有这样，才能使整个 ERP 系统尽快走出磨合期，完整并独立地运作下去。

系统运行稳定后，应对一些关键参数与 ERP 未实施之前进行对照。如：外购件库存、外协套件库存、生产占用资源、原材料库存、交货周期、资金周转次数、库存盘点误差率、短缺率、劳动生产率、加班率、按时交货率、流动资产周转率、存货周转率等。

7. 系统评估

系统的评估分为阶段评估和系统验收。系统执行到某个阶段后要组织评估，按照项目计划确定的里程碑、实施目标和可量化指标，检查项目实施的进度、效果和存在的问题，总结实施经验教训。整个 ERP 项目实施完成后，企业召集各项目参与方对项目进行总体验收。

系统评估时，要将项目实施的绩效与企业参与人员的考核、对软件商的付款挂起钩来，以激励项目实施的积极性。

8. 系统运行和维护

系统验收后正式投入运行。企业要建立完整的信息系统管理制度，对系统运行进行监管。要高度重视软件系统及数据库的备份工作，条件允许的话，应增设硬件盈余系统，保证系统出现故障时能够迅速进行恢复或切换，特别是对一些全天候运行、实时性要求比较强的企业更应如此，确保企业正常生产经营活动的进行；要做好信息安全方面的工作，建立 Intranet 和 Internet 之间的防火墙，防止计算机病毒对系统的侵入和危害，确保企业信息资源的安全。

企业的管理进步是必然的过程，因此 ERP 应用需求也是不断完善的过程。在 ERP 运行过程中，企业要不断总结新的管理需求，完善 ERP 的功能，支持企业可持续发展的管理要求。

3.5.4　ERP 系统的开发指南

ERP 系统涉及企业的所有资源和各个业务环节，软件模块多且复杂程度高，是高度集成的信息系统，与单一模块的软件开发有着巨大的区别，这就给 ERP 软件的设计、开发和维护工作带来了一系列的困难。不同行业、即便是同一行业的不同企业，在业务、管理上都存在非常大的差异，加之企业各个业务部门之间错综复杂的联系更使 ERP 系统的软件设计和开发工作困难重重。ERP 软件开发是个耗资巨大、开发周期长的大型软件开发工程，管理者应对此有深刻的认识，绝不能掉以轻心。

根据 ERP 在我国的实施经验，在开发前应注意以下几个问题：

（1）管理思想的先进性与我国及特定行业的实际情况相结合，并对未来的业务发展做出一定程度上的预测。

（2）支持多单位、集团化的财务核算。

（3）流程有一定的灵活性和适应性。

（4）强大的报表系统，我国的多数企业汉字报表格式变化相当多，要提供丰富的查询、分析功能，为管理决策所利用，最好的方式是可以由企业自己定义报表格式。

（5）软件产品的商品化程度相对较高，并要求在设计和开发过程中要形成齐全的技术文档和用户文档。

（6）设计和开发工作严格按照软件工程的方法和步骤进行，要注意代码公用性，提高开发效益。

（7）不断跟踪国际新管理思想，使系统的管理思想跟上管理的发展。

（8）选择良好的开发语言、开发平台和数据库管理系统，并注意新的软件开发工具、软件环境，系统要有较好的跨平台可移植性。

（9）要有较强的灵活性。信息系统最重要的特点是动态系统，由于企业内部和外部的环境的变化和约束，再加上各企业业务的差异，ERP 系统的改进是无法避免的，二次开发也是必然要面对的事情，所以软件系统的灵活性可延长软件系统的生命周期。软件的灵活性要考虑未来的实施成本，一味增加软件的灵活度将增加软件的开发成本。总的来说，绝对的灵活性是不存在的，不可能开发出"一劳永逸"的管理软件，随着管理思想、管理水平的不断发展，软件需要不断地被修改和维护。因此，在评估设计方案时，应对业务流程处理的"灵活性"进行全面衡量。

本章小结

ERP 是一种管理思想,它体现了信息社会状态下最先进的企业管理理念。同时,ERP 系统又是当今社会最具有代表性的信息系统,也是最具复杂性的信息系统之一。

本章首先介绍了 ERP 的基本概念和基本思想并简要回顾了 ERP 的发展历程。ERP 的核心思想是将企业的人、财、物、信息、时间和空间等作为资源来对待,进行全面的、系统的、集成的管理,从而最大限度地发挥企业资源的整合优势,使企业获得最大的经济效益。ERP 系统将企业的物流、资金流、信息流及企业的所有资源进行全面、系统的整合,其功能模块涉及企业的各个环节和业务处理。ERP 理论和实践的发展大致经历了订货点法、MRP 和闭环 MRP、MRP Ⅱ、ERP 等四个阶段。

本章接着重点介绍了 ERP 中几个重要的概念及原理:MPS、RCCP、MRP、BOM,以其展示 ERP 的基本原理。随后对 ERP 系统的主要功能模块进行了介绍,并通过 ERP 系统基本业务流程图展示了各子系统之间的联系。本章最后对 ERP 的实施原则、实施步骤进行了总结,提出了 ERP 系统的开发指南。

复习思考题

1. 简述 ERP 的基本含义和特点。
2. ERP 的发展经历了哪几个阶段?各个阶段的主要特点是什么?
3. 选择一个自己熟悉的产品,绘制它的产品结构树,并编制它的 BOM。
4. 较详细地叙述 MRP 的展开过程。
5. 选择一个自己了解的企业并绘制出企业的基本业务流程图。
6. 举例说明 ERP 如何实现物流、资金流和信息流的统一。
7. ERP 的实施过程中需要遵循哪些原则?
8. ERP 的实施过程中会遇到哪些风险?应如何规避这些风险?

实训:主生产计划调整

上午 11:50,C 电器设备公司的主生产计划员朱女士正准备去吃午饭,突然,电话铃响了,是公司主管销售的副总裁。

"朱女士,你好!我刚刚接到我们浙江的销售代表的电话,他说如果我们能够比 D 公司交货快,就可以和一家大公司做成 A3 系统的一笔大生意"。

"这是一个好消息,"朱女士回答,"一套 A3 系统可以卖一百万元!"

"是的,"副总裁说道,"这将是一个重要的新客户,之前一直由 D 公司控制着。如果我们将第一步走出去了,以后的生意会接踵而来的"。

朱女士知道,副总裁打电话给她绝不仅仅是告诉她这个好消息。"如果我们能够比 D 公司交货快"才是打电话的根本目的。作为主生产计划员,她意识到副总裁下面还有话说,她全神贯注地听着。

"你知道，朱女士，交货是销售中的大问题。D公司已经把交货期从原来的五周缩短到四周。"副总裁停顿了一下，也许是让朱女士做好思想准备。然后他接着说："如果我们要做成这笔生意，我们就必须做得比D公司更好。我们可以在三周之内向这家公司提供一套A3系统吗？"

朱女士在今天上午刚刚检查过A3系统的主生产计划，她知道，最近几周生产线都已经排满了，而且A3系统的累计提前期是六周，看来必须修改计划。"是三周以后发货吗"？朱女士问道。

"恐怕不行，三周就要到达客户的码头。"副总裁回答。朱女士和副总裁都清楚，A3系统太大，不能空运。

"那我来处理这件事吧，"朱女士说，"两小时之后我给您回电话。我需要检查主生产计划，还需要和有关人员讨论"。

副总裁去吃午饭了，而朱女士继续工作，解决问题，她要重新检查A3系统的主生产计划，有几套A3系统正处于不同的生产阶段，它们是为其他客户做的。她需要考虑当前可用的能力和物料；她要尽最大的努力，使销售代表能够赢得这个重要的新客户；她还必须让其他老客户保持满意。尽可能把这些事情做好，是她的工作。

提示问题：

1. 请代为朱女士调整主生产计划，要求既要实现本公司的目标，又要让客户满意。
2. 为什么说主生产计划员的工作是非常重要的？主生产计划员应当具备哪些能力？

第 4 章

决策支持与商务智能

学习目的和要求

1. 了解决策问题的性质和层次
2. 理解和掌握决策制定的过程
3. 了解决策支持系统的基本结构和功能
4. 了解决策支持系统的建模技术
5. 解释为什么神经网络是有效的决策支持工具

导入案例：决策支持有益于你的健康

纽约市健康与医院公司（New York City Health and Hospitals Corporation, HHC）是该国最大的市政医院集团，负责治疗纽约市大约 1/5 的普通住院患者，拥有纽约市 1/3 的急诊室，接诊量超过全市的 1/3。HHC 为大约 130 万人服务，其中约 60% 的人加入了医疗补助计划，约 45 万人没有保险。HHC 已证实有可能利用信息技术为那些大多没有保险的低收入患者提供高品质的医疗服务。

HHC 拥有很高的水准，常常因优秀的医院护理模式而被表彰。HHC 成功的重要因素之一是其在信息技术基础设施方面投资了 1 亿美元。其主要特色是称为 Isabel 的诊断决策支持系统。

Isabel 拥有一个包含成千上万种疾病和药物的数据库，而且不需要键盘就可以直接使用自然语言访问这个数据库。该数据库中也包含来自医学教科书、期刊及其他来源的信息。

Isabel 的工作过程为：医疗保健专业人士输入患者的症状，系统立即列出可能的疾病清单，对于每种可能的诊断都有一个化验列表和治疗方案的选择。Isabel 还可以提供以往的病例信息和疾病治疗的最新进展。Isabel 具有医嘱录入功能、药物管理功能和患者数字图像功能。

HHC 的家庭健康护理部使用远程监护技术让专业人员能够跟踪慢性病患者的治疗情况。不仅如此，在应对自身疾病方面，患者如果需要帮助和支持，远程监护也能够提供帮助。

HHC 系统改善了一个令人担忧的医疗问题——误诊。一项有关价值分析的研究显示，65% 的系统相关因素会导致诊断错误，这些系统因素包括协议、策略和程序、低效的过程以及沟通问题。

医生的头脑中有非常大的数据集，医疗行业是一个真正的知识密集型行业。对于如此庞大规模的疾病数量，一个人不可能掌握所有疾病的症状、治疗方法、相关研究以及病例。因此，决策支持系统非常有用。

资料来源：哈格，卡明斯. 信息时代的管理信息系统（原书第 9 版）[M]. 颜志军，等译. 北京：机械工业出版社，2017.

4.1 决策问题与决策过程

决策制定对组织来说是非常重要的，决策支持系统是为决策服务的。在说明决策支持系统前，有必要对决策的一些基本问题进行简略的讨论。

4.1.1 决策的概念

决策作为管理学中的一个概念，是指在一定环境下，为确定某一确定的目标，从多种可供选择的方案中选取一个方案，并付诸实施。从决策定义可以看出，进行决策是一个复杂的行动过程，它包括问题的识别，获取资料、理解信息内容，重复选择，分析评估，做出决策和执行。

管理就是决策。"决策是管理的同义语，用决策代替管理会更加方便"。这是诺贝尔奖获得者、著名的管理学家赫伯特·亚历山大·西蒙（Herbert Alexander Simon）的观点。一个企业中的各级管理者，上至经理，下至班长或组长，都有需要决策的问题。

决策受决策者智慧、学识、经验和偏好的影响。传统的凭直觉、经验的"拍脑袋"决策方式往往是主观的、片面的，风险大。任何管理者在面临决策时，特别是某些非常重要的决策时，都应寻求一种更好的科学决策方法。

4.1.2 决策问题的性质

管理者在管理活动中要进行各种各样的决策，解决不同的决策问题。对于决策问题，一般用"结构"这个概念来描述。目前公认的且被普遍接受的提法是，决策问题按其结构化程度划分可分为结构化、半结构化和非结构化三种。所谓结构化程度，是指对某一过程的环境和规律，能否用明确的语言给予清晰的说明或描述，可以是数学的或逻辑学的，形式的或非形式的，定量的或推理的，如果能描述清楚的，则称为结构化问题；不能描述清楚而只能凭直觉或经验做出判断的，则称为非结构化问题；介于这两者之间的，则称为半结构化问题。每一类决策问题又可以分为三个层次，即战略上的决策问题、战术上的决策问题和作业中的决策问题。表4-1列出了不同类型的决策与信息系统的关系。

表 4-1 决策类型与信息系统的关系

管理层次	决策层次	决策类型	信息系统
高层管理	战略级	半结构化、非结构化	DSS
中层管理	战术级	半结构化、结构化	DSS、MIS
底层管理	作业级	结构化	MIS、TPS

4.1.3 决策过程

决策过程是人们为实现一定目标而制订行动方案并准备组织实施的活动过程，这个过程也是一个提出问题、分析问题和解决问题的过程。赫伯特·西蒙提出，组织中的决策制定包括以下四个不同的阶段（见图4-1）：

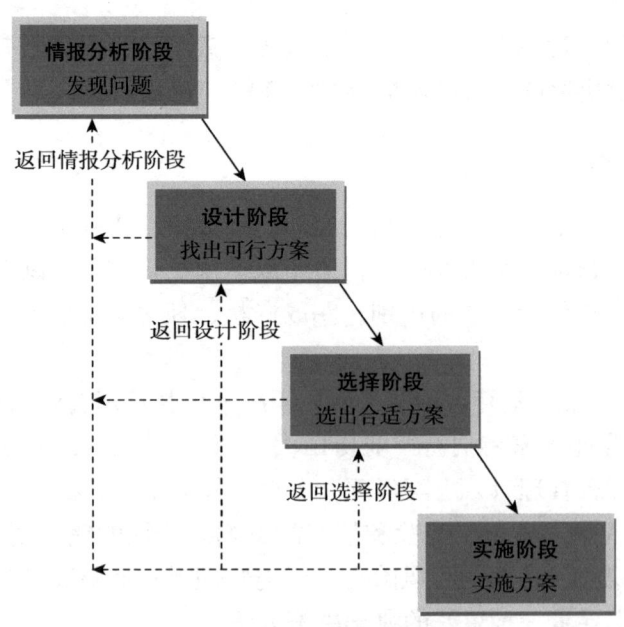

图 4-1 组织中决策制定的四个阶段

（1）情报分析（intelligence）阶段（发现问题）：发现或识别问题、需求或机会（该阶段也称为决策的诊断阶段）。情报分析阶段包括发现和解释各种征兆，这些征兆往往代表了一些需要决策者关注的情况。这些征兆可能以各种形态出现，如顾客不断提出的新产品特性需求、新竞争对手带来的威胁、销售滑坡、成本猛涨、其他组织对自己分销商需求的满足等。"发现和解释征兆"主要通过各种分析工具来完成，分析工具能够收集各类信息并通过整合多种信息或基于数据仓库进行数据切片以实现商务智能。

（2）设计（design）阶段（找出可行方案）：考虑各种能够解决问题、满足需求或抓住机遇的方案。在该阶段，要找出所有可能的解决方案并利用分析工具建立各种解决方案的模型，如盈亏平衡模型、回归分析模型等。通过这种方式，你可以在具体执行这些方案前分析它们能产生的结果。

（3）选择（choice）阶段（选出适合方案）：评估每个方案的利弊，预测每个方案的实施结果并从中选择出一个最优方案（也可能不做任何事情）。"最优"方案取决于多种因素，比如成本、实施的难易程度、对员工的要求以及方案实施的时间安排等。这是决策的指令阶段，一系列行动策略都将在该阶段做出。

（4）实施（implementation）阶段（实施方案）：执行选中的方案，监测实施的结果并根据需要做出调整。简单地实施选中的方案显然是不够的，选中的方案永远需要进一步细化，特别是面对一些复杂问题和变化的环境时更是如此。

这四个阶段并不一定完全是按顺序执行的，在决策进行到某一阶段时，常常需要返回到前面的阶段。例如，在"选择阶段"选定了一个方案后，可能发现在"设计阶段"遗漏了另一个可选方案，于是需要返回到"设计阶段"，将这个新发现的方案加入其中，然后再回到"选择阶段"，比较这个新方案与其他方案的优劣。

4.2 决策支持系统

从20世纪70年代初提出决策支持系统的概念至今，人们对决策支持系统进行了不断的探索和研究，决策支持系统在理论和技术上都得到了迅速发展，取得了不少应用成果。但目前决策支持系统这一门学科仍处于成长发展时期，尚未形成一个完善的理论体系，有待进一步完善。

4.2.1 决策支持系统的概念

20世纪70年代中期，Keen和Scott Morton首次提出了决策支持系统（Decision Support System，DSS）的概念，它标志着利用计算机与信息支持决策的研究与应用进入了一个新的阶段。70年代末，DSS一般被认为是结合与利用计算机强大的信息处理能力和人的灵活判断能力，以交互方式支持决策者解决半结构化和非结构化决策问题的系统。当时的DSS大多由模型库、数据库及人机交互系统等三个部件组成，被称为初级决策支持系统。80年代初，随着DSS理论和技术的发展，DSS系统结构增加了知识库、方法库、图形库、文本库和案例库等，构成了三库、四库、五库、六库甚至七库结构。知识库系统是有关规则、因果关系及经验等知识的获取、解释、表示、推理及管理与维护的系统；方法库系统是以程序方式管理和维护各种决策常用的方法与算法的系统。80年代后期，人工神经元网络及机器学习等技术的研究与应用为知识的学习与获取开辟了新的途径。专家系统与DSS相结合，充分利用专家系统定性分析与DSS定量分析的优点，形成了智能决策支持系统（Intelligence Decision Support System，IDSS），提高了 DSS 支持非结构化决策问题的能力。近年来，DSS 与计算机网络技术结合构成了新型的能供异地决策者共同参与进行决策的群体决策支持系统（Group Decision Support System，GDSS）。GDSS 利用便捷的网络通信技术在多位决策者之间沟通信息，提供良好的协商与综合决策环境，以支持需要集体做出决定的重要决策。

DSS 是一种以计算机作为工具，应用决策科学及有关学科的理论与方法，以人机交互方式辅助决策者解决半结构化和非结构化决策问题的信息系统。

DSS 的基本特征可以概括为以下几个方面：
（1）对准上层管理人员经常面临的结构化程度不高、说明不够充分的问题。
（2）把模型或分析技术与传统的数据存取技术及检索技术结合起来。
（3）易于为非计算机专业人员以交互会话的方式使用。
（4）强调对环境及用户决策方法改变的灵活性及适应性。
（5）支持但不是代替高层决策者制定决策。

4.2.2 决策支持系统结构与功能

DSS 部件之间的关系构成了 DSS 的系统结构，系统的功能主要由系统结构决定，具有不同功能特色的 DSS，其系统结构也不同。DSS 的四库框架结构包含人机对话子系统、数据库子系统、方法库子系统、模型库子系统和知识库子系统五个部分，是 DSS 最基本的结构之一，如图 4-2 所示。除此之外，还有以人机对话子系统牵头，将模型库与数据库以直线方式联结的串联结构；将数据库子系统与模型库子系统融为一体的融合式系统结构；以数据库为中心的结构等。本节以介绍四库框架结构为主。

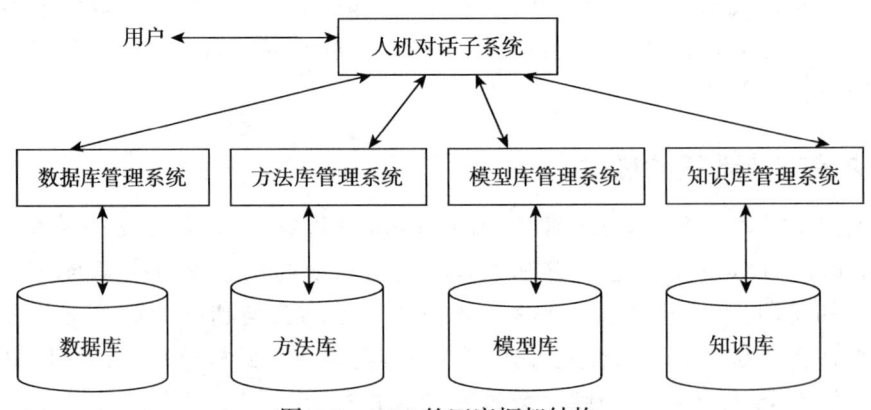

图 4-2　DSS 的四库框架结构

四库框架结构中数据库子系统一般包含数据库和数据库管理系统。方法库子系统由方法库和方法库管理系统组成。模型库子系统一般包含模型库和模型库管理系统。知识库子系统由知识库和知识库管理系统组成。人机对话子系统负责与决策者联系，为决策者提供交互方式操纵和使用 DSS 的环境。当决策者需要查询或检索数据时，人机对话子系统通过数据库管理系统从数据库中提取数据。当决策者需要利用某种模型解决决策问题时，则可以通过人机对话子系统传送和解释有关问题的描述和命令，使模型库管理系统提取模型或直接生成新的模型，并通过数据库管理系统调用数据库中有关数据，以满足决策者的需要。

1. 人机对话子系统

人机对话子系统是决策支持系统中用户和计算机的接口，又称用户界面、人机接口等，它负责接收和检验用户的请求，协调数据库系统、模型库系统和方法库系统之间的通信，为决策者提供信息收集、问题识别以及模型构造、适用、改进、分析和计算等功能，它在操作者、模型库、数据库和方法库之间起着传送（包括转换）命令和数据的重要作用。

人机对话子系统通过人机对话使决策者能够依据个人经验，主动地利用 DSS 的各种支持功能，反复学习、分析、再学习，以便选择一个最优决策方案。显然，对话决策方式充分重视和发挥了认识主体人的思维能动性，必然使管理决策质量大幅度提高。它的交互方式为决策者提供了进一步理解决策问题的过程。由于高层次管理决策错综复杂，决策者往往一开始不能全面深入地了解决策问题的每个侧面，决策支持的出发点只能是利用交互的人机合作过程，通过试探性和启发性的问题求解方法来帮助决策者逐步加深和调整对问题结构的认识。从本质上说，非结构化问题的求解和结构化过程实际上是一种人机交互的启发式过程。DSS 通过交互向决策者展示问题的各个侧面并通过交互使问题逐步深化，使决策者对问题的结构认识逐步深入、细化和清晰，使决策问题得以求解，交互是一个启发用户思维的过程。

2. 数据库子系统

数据或信息是减少决策问题不确定性的要素，是分析与判断的依据。决策支持系统面向半结构化和非结构化的决策问题，其特点是数据面广且具有概括性，除组织内部的数据外，更多的是组织外部数据。DSS 和 MIS 的数据库及其管理系统在概念上有许多共同点，如数据库的某些功能及其实现方法，数据库管理系统的某些作用等，这主要是因为 DSS 对数据库系统的某些概念来自 MIS 系统。但是，由于 DSS 和 MIS 存在根本的区别，因此它们对数据库的要求有本质上的不同：①从工作目标来看，DSS 使用的数据库是支持决策，因此它对综合性数据和数据的预处理比较重视；MIS 支持日常事务的处理，所以它特别重视对原始数据的收集、整理和组织。②与 MIS 的数据库相比，DSS 的数据库要庞大、复杂得多。从资源共享的角度来看，MIS 与 DSS 在组织机构内部使用的也许是同一数据库。

数据库系统的存储、管理、提供与维护用于决策支持数据的 DSS 基本部件，是支撑模型库子系统及方法库子系统的基础。数据库子系统由数据库、数据析取模块、数据字典、数据库管理系统及数据查询模块等部件组成，如图 4-3 所示。

DSS 数据库中存放的数据大部分来源于 MIS 等信息系统的数据库，这些数据库被称为源数据库。数据析取模块负责从源数据库提取能用于决策支持的数据，析取过程也是对源数据进行加工的过程，是选择、浓缩与转换数据的过程。数据字典用于描述与维护各数据项的属性、来龙去脉及相互关系，也可被看作数据库的一部分。数据库管理系统用于管理、提供与维护数据库中的数据，也是与其他子系统的接口。数据查询模块用来解释来自人机对话及模型库等子系统的数据请求，通过查阅数据字典确定如何满足这些请求并详细阐述向数据库管理系统的数据请求，最后将结果返回人机对话子系统或直接用于模型的构建与计算。

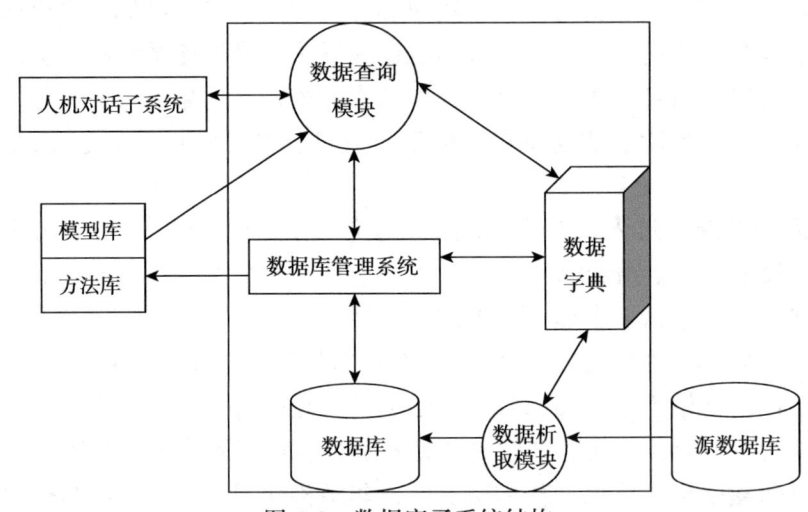

图 4-3　数据库子系统结构

3. 模型库子系统

模型库子系统是构建和管理模型的计算机软件系统，它是 DSS 中最复杂与最难实现的部分。DSS 用户是依靠模型库中的模型进行决策的，因此我们认为 DSS 是由"模型驱动的"。应用模型获得的输出结果有三种作用：①直接用于制定决策；②对决策的制定提出建议；③用来估计决策实施后可能产生的后果。

模型库子系统的主要功能：一是定义、建立、存储、查询、修改、删除、插入、重构模型库与模型字典；二是根据用户的要求，将简单的子模型通过串联或并联构造成一个更为复杂的模型；三是控制模型运行时的数据输入和输出，一个模型可能被另一个模型调用；四是提供模型运行时对数据库访问的标准接口，减少模型对数据库管理系统的依赖。

模型库子系统主要由模型库、模型库管理系统和模型字典等部分组成。模型库用于存储决策模型，是模型库子系统的核心部件。实际上模型库中主要存储的是能让各种决策问题共享或专门用于某特定决策问题的模型、基本模块或单元模型以及它们之间的关系。使用 DSS 支持决策时，根据具体问题构造或生成决策支持模型，这些决策支持模型如果有再用的可能，则也可存储于模型库。将模型库与成品库比较，则存放的是"成品的零部件和框架"。模型字典即对这些"零部件和框架"的描述，用于说明它们的功能、用途和使用事项等。理论上，模型库中的"元件"可以构造出任意形式的模型，解决任何所能表述的问题，如图 4-4 所示。

决策支持模型可分为模拟方法类、规划

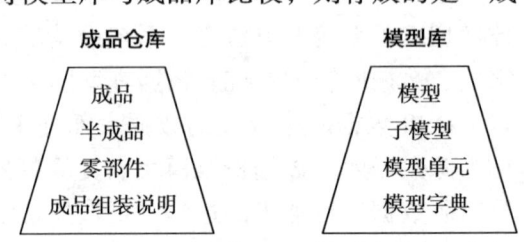

图 4-4　成品仓库与模型库对比

方法类、计量经济方法类、投入产出方法类等，其中每一类又可分为若干子类，如规划方法类又可分为线性规划、单目标规划或多目标规划。模型按照经济内容可分类为：预测类模型，如产量预测模型、消费预测模型等；综合平衡模型，如生产计划模型、投入产出模型等；结构优化模型，如能源结构优化模型、工业结构优化模型等；经济控制类模型，如财政税收、信贷、物价、工资、汇率等对国家经济的综合控制模型等。

模型库管理系统的主要功能是模型的利用与维护。模型的利用包括决策问题的定义和概念模型化，从模型库中选择恰当的模型或单元模型构造具体问题的决策支持模型以及运行模型。模型的维护包括模型的链接、修改与增删等。模型库子系统是在与 DSS 其他部件的交互过程中发挥作用的。与数据库子系统的交互可获得各种模型所需的数据，实现模型输入、输出和中间结果存取自动化。与方法库子系统的交互可实行目标搜索、灵敏度分析和仿真运行自动化等。与人机对话子系统之间的交互，可实现对模型的使用与维护的控制与操作。

4. **方法库子系统**

方法库子系统主要是一个软件系统，它综合了数据库和程序库。它为求解模型提供算法，是模型应用的后援系统，是存储、管理、调用及维护 DSS 各部件要用到的通用算法、标准函数等方法的部件，方法库中的方法一般采用程序方式存储。DSS 从数据库选择数据，从方法库选择算法，然后将数据和算法结合起来进行计算，并以直观、清晰的呈现方式输出结果，供决策者使用，如图 4-5 所示。方法库子系统由方法库与方法库管理系统组成，主要功能与数据库系统相似，作用是对库内方法进行有效管理，借助于方法库管理系统，可方便地对库内方法进行增加、更新和维护等。

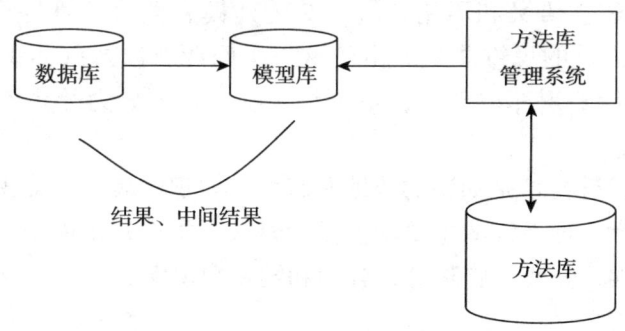

图 4-5　方法库子系统

方法库内存储的方法程序一般有基本数学方法、统计方法、优化方法、预测方法、计划方法、评价方法等，如图 4-6 所示。

5. **知识库子系统**

当 DSS 向智能方向发展时，知识和推理的研究就显得越来越重要。事实上，也只有当知识和推理技术被娴熟地用于 DSS 时，才可能真正达到决策支持所提出的目标。DSS 能够较有效地支持半结构化和非结构化问题的解决，单纯用定量方法是无法解决这类问题的，至少不能完全解决。为此，必须在 DSS 中建立知识库以存放各种规则、因果关系、决策人员的经验等。此外，还应有综合利用知识库、数据库和定量计算结果进行推理和问题求解的推理机。

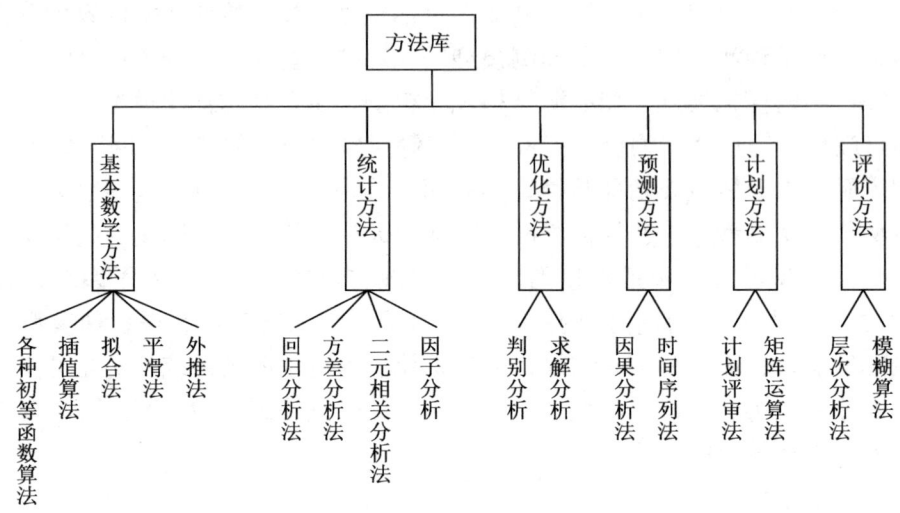

图 4-6 方法库方法程序分类图

知识库是数据库概念在知识处理领域的扩展和延伸。在知识库中可存放各种数据，组织、管理和维护数据库的方法对知识库来说是可以继续使用的，至少可供参考借鉴。但是，知识库的主要任务还是存储大量的知识，因此，可将知识库定义为一个经过分类组织的"知识的集合"。知识库包含事实库和规则库两部分。例如，事实库中存放 A、B 事实，规则库中存放"IF A 则 B"的规则。DSS 设立知识库，其总的目的是扩大与决策者共有的论域，以便更好地沟通。具体地讲，开发知识库时应该考虑如下问题：①为自然语言理解创立语义和语用环境；②为建模和数值计算提供必要的分析基础；③补充和延拓决策人员的思维能力。由于这三个问题所涉及的知识领域是一致的，因此在表达知识和设计知识库框架时，不再将这些问题划分为子系统，而是把它们纳入统一的框架。

开发知识库的关键技术是知识的获取和解释、知识的表示、知识推理以及知识库的管理和维护。知识库管理系统的主要功能是为修改和扩充知识库中的经验提供手段，包括根据需要进行添加、修改、删除等，管理和维护知识库。

4.3 决策支持建模技术

模型是指人们在认识与改造客观世界的过程中，为了整理资料、形成思路、交流认识、组织行动而形成的关于客观存在的领域、问题、范围的认识框架，一般具有以下特点：

（1）模型比现实世界更容易操作，尤其是一些参数值的改变，在模型中操作比在实际问题中操作更容易。

（2）有些实际问题很难甚至根本不可能做实验，通过建立模型可以克服这种困难，而且模型比现实容易理解一些。

（3）有些变量在现实中需要很长时间才能观察出变化情况，但用模型研究则可以很快看出变化规律，从而能最迅速地抓住本质特征。

（4）用模型研究变量之间的关系可以节约时间，降低费用。

（5）可以通过模型进行灵敏度分析，以便看出哪些因素对系统影响最大。

模型的种类非常多，包括物理模型、数学模型、模拟模型等。人们可以用各种手段来表达自己对系统的理解，整理自己收集到的信息。从目前实际使用的情况来看，常用的模型有三类：一是以数学、运筹学方法描述的模型，二是用计算机模拟法描述的模型，三是用逻辑方法描述的推理与决策模型。这里只介绍前两类近年来实际使用较多的模型。

最常见的数学方法建模以公式的形式表达，例如在物理、化学、生物等自然科学与技术科学以及经济管理中，人们的理论认识或经验多是以公式的形式表达出来。在经济管理中，常见的经济管理模型有盈亏平衡分析模型、成本分析、投入产出模型等。这类模型中包括两方面的内容：一方面是相关因素的个数以及它们之间的关系类型（正比、反比或其他），可以称之为模型的"型"；另一方面，各种系数反映出各种定量的比例关系。这些数值可以是理论计算结果，也可以是由历史数据用统计回归方法得出的经验值。另一类数学方法的模型是优化模型，包括线性规划、非线性规划、动态规划、目标规划、多目标规划等。还有一类数学方法的模型是统筹方法和网络模型。这类模型基于图论和数理统计方法，把生产管理中的各种错综复杂的相互关系用计划网络图的方式表达出来，并提供了各种有关分析与计算方法，使人们可以准确地抓住关键路线与关键环节，为合理调度资源，追求最优效益提供帮助。这些数学方法的应用常常要和统计方法结合在一起，通过对历史数据或经验数据的统计加工而起作用，单纯的数学方法是不能直接为决策提供服务的。

除数学方法的模型外，常用的模型还有计算机模拟模型，包括连续模拟和离散事件模拟。其中，连续模拟中变量是随时间连续变化的，通过这种方法可以做趋势分析；而离散事件模拟是将系统的运动变化看作一连串离散发生的事件，在事件之间，系统的状态是保持不变的，这种思路有利于车间的生产调度、交通的指挥和各种管理决策问题的分析与研究。在处理某些大型和综合性问题时，可以将两种方法结合起来，构成既包含连续模拟又包含离散事件的复合型模拟模型。

目前常用的决策模型类型、模型目标与代表性技术如表 4-2 所示。

表 4-2　目前常用的决策模型类型、模型目标与代表性技术表

模型类型	模型目标	代表性技术
具有较少方案的最优化	从少量的方案中求最优的解	决策表、决策树
用算法最优化	用逐步改进过程从大量的或无限的方案中求最好的解	线性规划、网络模型
用分析公式的最优化	用公式直接求最优的解	某些库存模型
仿真	用实验求足够好的解或在检验的方案中找最好的解	仿真模型
启发式搜索	用规则求足够好的解	发式搜索、专家系统
预测模型	由给定情况，预测未来的情况	回归、马尔可夫链
其他模型	用公式进行 what-if 分析	财务模型

4.4 智能决策与专家系统

4.4.1 智能决策支持系统

智能决策支持系统（Intelligence Decision Supporting System，IDSS）是人工智能（Artificial Intelligence，AI）和决策支持系统相结合，应用专家系统技术，使决策支持系统能够更充分地应用人类的知识，如关于决策问题的描述性知识，决策过程中的过程性知识，求解问题的推理性知识，通过逻辑推理来帮助解决复杂的决策问题的辅助决策系统。

智能决策支持系统的概念最早由 Bonczek 等人于 20 世纪 80 年代提出。智能决策支持系统既能处理定量问题，又能处理定性问题。智能决策支持系统的核心思想是将人工智能（AI）与其他相关科学成果相结合，使决策支持系统具有人工智能。

智能决策支持系统与一般决策支持系统的主要区别在于学习和推理。智能决策支持系统增加了知识库和相应推理系统的初级的智能决策支持系统，如图 4-7 所示，它是一个四库三功能的系统结构。

该结构称为初级的智能决策支持系统，因为它缺乏自然语言处理功能这一友好的界面。具有自然语言处理功能的 IDSS 往往被称为高级的智能决策支持系统。典型的智能决策支持系统由三个子系统构成，它们是语言系统（Language System，LS）、问题处理系统（Problem Process System，PPS）和知识系统（Knowledge System，KS），如图 4-8 所示。这种系统又称为 3S 系统，它的关键是自然语言处理，由 LS 和 PPS 共同完成。

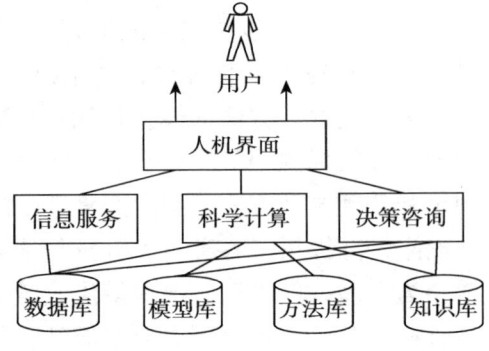

图 4-7 具有四库三功能的 IDSS

语言系统（LS）的功能主要是把自然语言转化为机器能够理解的形式，并把机器对问题的解答或系统内部的其他信息转化为自然语言相应的形式向用户输出。PPS 的功能主要是识别、分析和求解问题，能把问题陈述转化为相应可执行的操作方案，能对问题做比较透彻的分析，确定问题陈述变成详细过程说明的时间，执行具体模块或程序的时间，得到问题解答的时间。除了语言理解和问题识别，问题分析能力也是 PPS 应该具有的主要功能。这是一个在模型、知识、数据和用户之间反复交互的过程，最简单的情况是只在模型和数据之间进行交互，在 MS/OR 领域里有大量的计算机程序和软件包可以完成这样的工作，而较复杂的情况是需要把定性分析加入定量计算中。用户的干预是必要的，也是比较容易取得成功的方法。机器推理则更困难一些，最困难的分析过程是在模型、知识、数据和用户四者之间的交互，只有引入比较多的人工智能技术才能把用户和系统紧密地结合在一起。

智能决策支持系统随着人工智能技术的发展而不断发展，人工智能是计算机科学发展的前沿领域，是研究机器智能的学科，即利用人工的方法和技术研制智能系统来模仿、延伸和扩展人的智能，实现类似人类的智能行为。人工智能涉及若干不同的研究领域，包括语言处理、自动定理证明、智能数据检索、机器视觉、问题求解、人工智能方法和机器人等。这些领域的研究和应用尽管有些还处于起步阶段，但在智能决策系统领域已经产生了重要的影响。

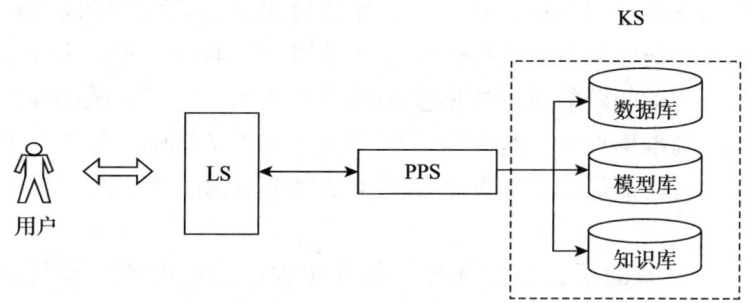

图 4-8 具有自然语言处理功能的 IDSS 基本结构

4.4.2 专家系统

专家系统（Expert System，ES）是以知识为基础的决策系统，是一种运用推理能力得出结论的人工智能系统，就像某个领域的专家一样，可以通过对问题进行推理得出相应的结论或者推荐合适的建议。目前人们已开发出专家系统来诊断问题、预测未来的事件和解决经济问题。例如，应用比较多的医学专家系统是在计算机中输入众多病案，形成数据库并归纳和总结诊疗方案，从而形成完整的知识库系统，然后通过特定的推理程序和数学模型形成一套辅助医生诊断的医疗系统。

专家系统由许多子系统构成，其中主要包括知识库、推理机、知识获取和解释子系统、用户界面等。图 4-9 显示了一个基本的专家系统的构成。系统中用户通过用户界面与推理机进行交互作用，而推理机又与专家系统的其他部分发生交互作用，只有这些组成部分协同作用才能为用户提供专家经验和决策导向。

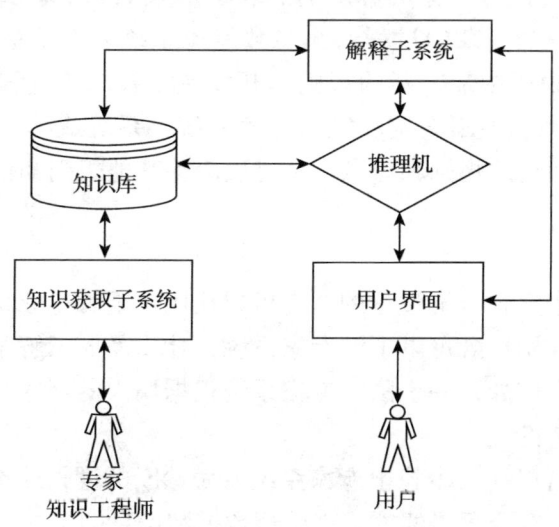

图 4-9 专家系统的构成

1. 知识库

知识库中存储了专家系统所用的所有相关信息、数据、规则、案例和关系。在实践中，必须为每一个具体的应用开发一个知识库，这个知识库就类似于该领域或学科中人类专家多年工作后获得的知识和经验的总和。例如，一个医疗专家系统中就包含了某类有关疾病和病症的各种事实数据，建立知识库的目的是为某特定专家系统保存相关的事实和信息，即特殊领域的知识。这些知识是从领域专家的设计实例中收集来的，包括领域专家在解决领域相关问题的过程中所使用的典型知识。专家系统的成功与否依赖于它的知识库的完善度和准确性。一般来说，知识库中容纳了规则、框架、语义网、案例和模式匹配等信息，这些都是在专家系统知识领域解决问题的必要信息。

2. 推理机

推理机是专家系统的重要组成部分，负责接收用户提供的对问题的描述，然后在知识库中搜索适合的规则，组织和应用规则对问题进行推理并得出结论。推理机是基于规则和事实来执行演绎和推理的，它同样也具有执行基于概率推理或模式匹配的模糊推理的能力。在咨询过程中，推理机每次都检验知识库中的一条规则，当规则的条件为真时，发生一次规定的行为，被称为这条规则被击"中"了。

推理机进行检验时所使用的两种主要方法是向前推理和向后推理。向前推理是从事实出发，向前推进直到找到结论的推理过程。向后推理是一种从结论出发，向后追溯至支持结论的事实的推理过程。

向后推理比向前推理快，因为它不需要考虑所有的规则，也不会有贯穿整个规则集的多个过程。向后推理尤其适用于以下几种情况：①当有多个目标变量时；②有很多规则时；③在得出解决方案的过程中，不需要检验所有的或者大多数的规则。一些推理机被设计成既可以向前推理也可以向后推理的模式，用户可以选择一种推理。

3. 知识获取子系统

知识库中的知识是从专门的领域专家那里获得的，并且可以通过收集、组织、形式化，以满足将知识转化为计算机可识别的表达形式的目标。知识获取（Knowledge Acquisition）过程是一个复杂的过程。大多数专家系统在不断被改进，通过使用知识获取子系统可以在知识库中加入新的规则。开发专家系统的过程可能是先建立简单原型，然后改进这个原型，不断充实和完善专家系统。系统成熟后，用户可以方便地通过知识获取工具来添加新的规则和信息，也可以删除其他规则和信息，维护知识库的正确性。

4. 解释子系统

解释子系统是用来解释求解过程的，它可以让用户理解专家系统是如何得到某个结论的。通过这种方式，用户既可以了解专家系统为什么需要了解某些信息，还可以跟踪用来解决问题的方法。例如，一个医疗专家系统根据病人的某些症状及测试结果，可以得出某一特定病例的结论。

通过解释子系统可以让医生找出专家系统所做诊断的逻辑或推理过程，从而判断专家系统是不是以正确且符合逻辑的方式来处理数据和信息的。

5. 用户界面

用户界面使用户向专家系统输入命令和信息，并从中获得信息。一个专家系统的优劣通常与它界面的品质和功能密切相关。用户界面设计的焦点主要在于人所关注的方面，如使用便捷、可靠性高、出错率低等。同时，在设计用户界面时应尽可能地考虑交互方法的适应性。这些方法包括输入、控制和询问机制，用户可以根据自己的个人偏好选择不同的交互方法等。过去，需要有熟练的计算机人员来运行大多数专家系统；而现在，用户界面可以让用户或决策者开发和使用他们自己的专家系统。

专家系统是一个需要不断发展和完善的系统，需要在应用过程中不断充实知识库和数据库，完善推理过程。为了优化专家系统，使系统能不断地改正错误，提出的方案更加科学，一般专家系统都预留知识获取接口，从而使专家系统能够在应用过程中不断地完善其知识库，智能化程度不断提高。

专家系统可以解决的问题一般包括解释、预测、诊断、设计、规划、监视、修理、指导和控制等方面。因此，专家系统在医药、工程、工商及其他领域都得到了广泛的应用。但是，专家系统的应用有一定的局限性，专家系统仅擅长在有限的知识领域内解决特定类型的问题，不能解决需要广泛知识基础和具有主观能动性的问题。对特定类型的运营或分析任务，专家系统可以做得很好，但不能很好地解决主观性管理决策问题。

本章小结

决策支持系统为决策者提供了有价值的信息及创造性思维方法，是帮助决策者解决半结构化和非结构化决策问题的交互式计算机系统。其功能主要表现在它支持决策的全过程，特别是对决策过程各阶段的支持能力。

本章首先介绍了决策问题与决策过程的相关概念和流程，然后重点介绍了决策支持系统的四库框架结构，该结构包括人机对话子系统、数据库子系统、方法库子系统、模型库子系统和知识库子系统五个部分。人工智能和决策系统相结合形成智能决策支持系统。智能决策支持系统与一般决策支持系统的主要区别在于学习和推理。具有自然语言处理的智能决策支持系统是高级的智能决策支持系统。

专家系统是以知识为基础的决策系统，是一种运用推理能力得出结论的人工智能系统。专家系统在功能方面注重解决问题、解释结果、进行判断与决策。专家系统的基本结构是由知识库、推理机、知识获取和解释子系统以及用户界面构成的。知识库用于存储解决问题所需要的知识，推理机是实施问题求解的核心执行机构，知识获取和解释子系统可以扩充和修改知识库中的内容，也可以实现自动学习功能。专家知识的获取与存储、推理方法的更新以及推理过程的干预都离不开用户界面，系统应用的好坏很大程度上取决于用户界面的好坏。

复习思考题

1. 决策包括哪几个阶段？

2. 简述 DSS 的概念和特征。
3. 模型的概念是什么？常见的建模方法有哪几种？
4. 简述智能决策支持系统的基本结构特征。
5. 专家系统的结构特征是什么？
6. 专家系统与一般的管理信息系统的区别是什么？

实训：分析完善决策支持系统

中国农业银行（以下简称"农行"）作为我国的四大国有银行之一，正在继续深化体制改革，加强基础管理，健全内控机制，依法从严治行，加快业务发展，增强防范和化解金融危机的能力，显著提高管理水平和经营效益，为办成真正的国有商业银行而努力。

目前许多商业银行都已经建立起了完备的业务系统，有了比较丰富的信息技术应用基础，同时积累了相对丰富的历史数据，另外农行的新一代会计系统也正式运行了一段时间，这就为商业智能系统的实施奠定了基础。我们可以利用这些宝贵的历史数据为银行服务，包括从历史数据中发现金融市场的发展规律、预测业务未来的变化趋势、熟悉业务经营的状况、预测和监控风险、辅助决策者发现新的利润增长点、优化银行的资金配置，帮助银行更加稳健地实现其管理和经营目标。

农行资金财务分析决策支持系统的目标是：基于数据仓库、联机分析、数据挖掘等技术，集成统计、汇总报表、数据挖掘功能，为中国农业银行总行（以下简称"农总行"）营业部资金财务部的分析和决策提供一个易用、灵活、快速的新一代商业智能系统。

具体来说，农行资金财务分析决策支持系统需要达到以下目标：

（1）为农总行营业部建立数据仓库，以整合来自新一代会计系统的数据，保证数据的一致性和准确性，为决策支持系统奠定良好的基础。

（2）为农总行营业部资金财务部的管理人员提供一个能够对业务运营状况做深入分析、统计以及数据挖掘的工具。

（3）为农总行营业部的资金财务部业务人员提供强大的报表工具，以完成以下任务：①能够完成资产负债类的所有统计报表；②能够完成损益类的所有统计报表；③无须修改系统，即可快速、容易地生成新的报表。

OLAP 技术显著地提高了农总行营业部的资金财务部 IT 系统在分析、统计、报表方面的效率和速度。

农总行资金财务分析决策支持系统包括前端软件系统与项目实施两大部分，整个项目涉及广泛的技术与产品。

农行资金财务分析决策支持系统的商业智能软件平台使用的是微软公司的产品，包括通用的关系数据库平台 MSSQL Server、联机分析引擎 Analysis Service 和集成的 ETL 工具平台 Data Transform Service。前端软件系统是由广州研发中心开发的独立产品软件

BI.Office。它是一个强大的 BI 工具集合，在 OLTP 与 OLAP 引擎基础上为用户提供了包括以表格和图形方式展示和管理联机分析结果、定制不规则报表、告警、数据挖掘与展示及其自身的元数据管理等先进的 BI 增值服务。

农行资金财务分析决策支持系统的数据源来自新一代会计系统、历史数据备份和人工录入平台。通过 Data Transform Service 控制的清洗转换和加载过程：①转入以 MS SQL Server 为引擎的数据仓库；②通过 Data Transform Service 和 Analysis Service 控制的加载和计算；③保存在以 Analysis Service 为引擎的多维数据库中。其中第①部分和第③部分通过 Data Transform Service 定制实现，称为 ETL，ETL 为增量加载计算的形式，保证了准备分析数据过程的省时和高效。BI.Office 通过中间层 BI.Office Application Server 访问数据，向用户提供商业智能服务。

资料来源：https://www.docin.com/p-1694520803.html，有删改。

提示问题：

1. 试根据上述描述画出资金财务分析决策支持系统结构图。
2. 如果你是财务分析决策支持系统的参与者，在此基础上还应添加哪些决策目标？

第 5 章

电子商务

学习目的和要求

1. 认识电子商务的重要性,了解电子商务产生的背景
2. 了解电子商务的发展现状与趋势
3. 掌握电子商务的常见模式及特点
4. 了解电子商务的框架体系结构

导入案例:云集电商

云集作为社交电商,区别于传统电商的一点在于社交信任。它是通过社交媒体的形式(微博、微信等)获取用户并对产品进行展示和分享,从而引导用户完成购买的一种模式。一方面,云集从服务业中的会员制度汲取灵感,思考着实物商品的销售是否有机会融入会员制度,从而改变原有的销售形态,大力发展收费会员,鼓励会员自购商品并获得优厚返现,在社交平台上分享推荐商品以拉动销量的基础上赚取提成;另一方面,云集在战略上希望搭建一个一端服务亿万家庭、一端服务上万个优秀消费品品牌的协作网络。现在平台上活跃着大约1000多个品牌,这些品牌与云集之间形成了紧密、高效的协作。截至2019年3月,全球各地已经遍布云集900多万名会员及近10万名客户经理,初步形成了一个高效的商业协作网络。

云集开创了一套S2B2C的标准化作业模式,即平台(云集)/供应商(S)作为核心整合供应链并赋能店主(B),构建品牌方(产品)和买家(C)的新链路。这套模式在云集内部被称为去中心化的前端和中心化的后台。它将以前电商创业者需要考虑的供应

链、物流、培训、IT、内容等要素全部标准化打包，从而让一个个在前端自由分享的普通个体源源不断地获得后台一站式支持，他们不再需要像以前那样操心美工、进货、囤货和发货。云集目前在全国 17 个省份、22 个城市建立了自营仓，在全国拥有 891 个仓库。同时，云集自主研发的供应链支撑系统"神舟系统"保证在最快时效和最低成本基础上进行订单分配，订单分派速度实测可达 1 万单/分钟，预计每天可将 1200 万单推送到指定仓库。此外，云集平台减少了商品从厂商到顾客手中的供应链环节，降低了其中层层盘剥导致的价格攀升，为消费者提供价格相对偏低的产品。

资料来源：中国管理案例共享中心，http://www.cmcc-dut.cn/Cases/Detail/3938，有删改。

5.1 电子商务的起源与发展

5.1.1 电子商务的产生背景

早在 1839 年，电报通信业务就开始应用于商务活动中。此后，随着电话、传真、电视等电子工具的诞生，商务活动中可应用的电子工具得以进一步扩充。从 1946 年第一台电子数字计算机诞生至今，信息革命经历了 70 余年的发展历程。计算机不断更新换代，处理速度加快，处理能力提升，价格降低，应用越来越广泛，这些均为电子商务的应用和发展提供了基础。20 世纪 90 年代以来，网络、通信技术取得了突破性进展，因特网逐渐成为全球通信与交易的重要媒体。电子化和网络化环境彻底改变了传统的商务活动，一种基于因特网，以交易双方为主体，以银行电子支付和结算为手段，以客户数据为依托的全新商务模式——电子商务得以快速形成和发展。当前，电子商务推动着生产与消费模式的加速变革，整体市场也趋于成熟和完善。

1. 电子商务的定义

经济合作与发展组织（Organization for Economic Co-operation and Development，OECD）是较早对电子商务进行系统性研究的机构，他们认为电子商务是基于电子处理和信息技术，遵循 TCP/IP 协议和通信传输标准，遵循 Web 信息交换标准，利用电子化手段从事的商业活动。事实上，对电子商务的理解需要从"现代信息技术"和"商务"两个视角考虑：其一，它是以电子信息工具为基础的通信活动；其二，它的基本对象为商业活动。

电子商务分为广义的电子商务和狭义的电子商务。广义的电子商务（Electronic Business，EB）是指利用计算机技术和网络技术等现代信息技术所进行的各类商务活动，包括货物贸易、服务贸易和知识产权贸易等；也可以理解为利用各种信息技术使整个商务活动实现电子化。狭义的电子商务（Electronic Commerce，EC）也称电子交易，仅仅包括通过互联网所进行的交易活动，包括买卖产品和提供服务。

2. 电子商务的产生和发展条件

电子商务的产生和发展依赖于一定的技术环境和经营环境。

（1）技术环境。计算机的普及和大规模应用为电子商务的应用提供了内在的信息化发展与数据处理基础；网络平台日趋完善，上网用户呈几何级数增长趋势，快捷、安全、低成本与多媒体的发展为电子商务提供了应用条件。电子安全交易协议（如 SET、SSL）的出台，为开发网上电子商务运作提供了一个安全环境，可以保证信息的安全传输，解决了多方认证问题，提供了网上实时交易。此外，信用卡以其方便、快捷、安全等优点，逐渐成为人们消费支付的重要手段，并由此形成了完善的全球性信用卡计算机网络支付与结算系统。

电子商务逐渐受到世界各国政府的支持与重视，1997 年欧盟发布欧洲电子商务协议，随后美国发布全球电子商务纲要，从 20 世纪 90 年代开始我国实施一系列金字化工程，这些都为电子商务的发展提供了有力的支持。同时，电子商务法规条例不断得以完善，联合国国际贸易法委员会通过了《电子商务示范法》，我国全国人民代表大会通过了《中华人民共和国电子签名法》，这些法规条例的出台对电子商务的健康发展起到了极大的规范和促进作用。

（2）经营环境。经济全球化使得企业面临越来越激烈的市场竞争，同时面临资源短缺、技术发展不平衡的问题。因此，企业一方面要在全球范围内调整产业布局，优化资源配置，降低经营成本；另一方面还要通过改变经营手段获得竞争优势。快速响应市场环境的变化已成为企业实施电子商务的内在动力。

在全球经济一体化的背景下，企业迫切地需要改变原有的信息交换方式。传统的纸质文档传输方式由于周期长、成本高，已经无法适应全球化贸易的要求；为提高商业文件、单证等各类文档的传递和处理速度及准确度，"无纸化"已成为所有贸易伙伴的共同需求。企业传统的生产和组织方式也必须得以调整和变革。传统的大批量生产方式已不能满足来自不同区域市场的客户需求，取而代之的是柔性的小批量、多品种的产品生产。传统的大型、纵向、集中式的组织形式也无法应对全球产业布局的调整，需要向横向、分散式、网络化方向发展。跨国企业的内部机构之间、企业与供应商之间、分销商与消费者之间的广泛协同已成为新型经济环境的共同要求。企业想要保持竞争优势的关键在于降低信息搜索与收集、谈判、中介、产品或服务的供应等环节所产生的交易成本。电子商务能够通过改善信息流和增加行动的协调性，从而降低交易成本。

5.1.2 电子商务的发展历程

世界上对电子商务的研究与应用始于 20 世纪 70 年代末，目前一般将电子商务的发展历程划分为三个阶段：基于 EDI 的电子商务阶段、基于互联网的电子商务阶段以及基于移动互联网的电子商务阶段。

1. 基于 EDI 的电子商务阶段

20 世纪 70 年代，金融市场中出现了电子资金转账的业务行为，其目标是通过安全的专用网，以电子的方式实现金融机构之间以及少数大公司之间的资金转移。这种创新的业务方式产生了高昂的使用费用，因此应用范围非常有限。

随后，20 世纪 70 年代后期至 80 年代初期，又出现了作为企业间电子商务应用系统雏形的电子数据交换（Electronic Data Interchange，EDI）和电子资金传送（Electronic

Funds Transfer，EFT）。EDI 电子商务主要是通过增值网络（Value-Added Networks，VAN）实现的，即将交易过程中产生的询价单、报价单、订购单、收货通知单和货物托运单、保险单和转账发票等报文数据，以公认的标准格式从一台计算机系统传递到另一台计算机系统上。

20 世纪 90 年代，EDI 技术已经十分成熟。由于 EDI 的使用大大减少了纸张票据的数量，人们形象地称之为"无纸贸易"。借助于 EDI，工作效率大幅提升，交易成本不断下降，贸易伙伴之间的合作关系得以增强，其应用逐渐扩展到国际贸易、海关业务和金融领域。众多的银行、航空公司、大型企业等纷纷建立了自己的 EDI 系统。但 EDI 需要建立在大量功能单一的专用软硬件设施的基础上，同时对技术、设备、人员要求较高，并且费用高昂。受上述因素制约，EDI 电子商务的应用仅局限在先进国家和地区以及大型的企业范围内，并没有在全世界范围内得到广泛的普及和发展。

2. 基于互联网的电子商务阶段

20 世纪 90 年代中期以后，随着互联网技术的蓬勃发展，网络化和全球化已成为不可阻挡的世界潮流，价格低廉且全面连通的电子信息通道逐渐形成，应用互联网开展电子商务业务开始具备实用的条件，电子商务获得长足发展的时机不断趋于成熟。借助于互联网平台，以交易双方为主体，以银行支付和结算为手段，以客户数据库为依托的全新商业模式应运而生。在高速发展的网络环境下，企业可以进行快速有效的商业活动，通过网络发布信息、传递信息，进而建立商务信息中心；能够在网络上完成覆盖供、产、销全部业务流程的电子商务虚拟市场。电子商务活动为企业增加了产值，降低了成本，创造了新的商业机会。

此外，网络的安全性能不断提升，系统和应用软件趋于完善，一系列信息技术的全面发展为基于互联网的电子商务的发展和应用奠定了基础。相较于基于 EDI 的电子商务阶段，这一阶段的电子商务费用低廉，覆盖面广。依托于互联网，用户可以以更低的成本进入国际市场参与竞争，方便地与贸易伙伴传递商业信息和文件。基于互联网的电子商务不仅为企业提供了新的发展商机，也为广大消费者增加了更多的消费选择权，使消费者获得了更多的利益。

电子商务的发展打破了时空局限，改变了贸易形态，互联网作为一种重要的业务传送载体，汇聚信息，生成新的业务，带来新的机会。

3. 基于移动互联网的电子商务阶段

移动互联网具有附加值高、运营成本低、对相关产业有带动作用等优势，其一出现就极大地促进了企业快速便捷的发展，也加快了传统行业向全新经营模式的转变。

网络环境的逐步完善和手机上网的迅速普及，使得移动互联网应用的需求不断被激发，基础应用、商务交易、网络金融、网络娱乐、公共服务等个人应用发展日益丰富，移动互联网已逐渐融入人们生活的方方面面，其中手机网上支付增长尤为迅速。截至 2019 年 6 月，手机网络支付用户规模达 6.22 亿人，占手机网民总数的 73.4%。此外，网民数量的激增和旺盛的市场需求推动了移动互联网领域更广泛的应用发展热潮。2.32 亿人通过互联网实现在线教育，4.21 亿人使用网上外卖业务，1.70 亿人使用互联网理财，

3.39 亿人使用网约车服务。

移动互联网的普惠、便捷和共享特性，已经渗透到公共服务领域，也为加快提升公共服务水平、有效促进民生改善与社会和谐提供了有力保障。移动互联网的发展已经进入一个比较成熟且发展前景良好的阶段。此外，市场上出现了越来越多的具备智能语音和穿戴功能的人性化移动互联网设备，这也逐渐成为移动互联网产业的重要盈利模块。伴随着网络流量资费的下调和移动设备的不断更新，用户对移动广告和付费软件的接受度越来越高，从而加快了移动互联网不断创新并发展新型商业模式的进程。

5.1.3 电子商务的发展现状

根据中国互联网络信息中心（China Internet Network Information Center，CNNIC）发布的第 44 次《中国互联网络发展状况报告》显示：截至 2019 年 6 月，我国网民规模达 8.54 亿人，较 2018 年年底增长了 2 598 万人；互联网普及率为 61.2%，较 2018 年年底提升了 1.6 个百分点。其中，手机网民规模达 8.47 亿人，较 2018 年年底增长了 2 984 万人，网民手机上网比例达 99.1%。我国互联网的迅速发展推动了电子商务及计算机应用的网络化，电子政务工程也全面启动并初见成效。

根据中华人民共和国商务部电子商务和信息化司发布的《中国电子商务报告（2018）》显示：2018 年我国电子商务交易规模持续扩大，稳居全球网络零售市场首位。2018 年我国电子商务交易额达 31.63 万亿元，同比增长 8.5%（见图 5-1）。其中，商品、服务类电子商务交易额达 30.61 万亿元，增长 14.5%。

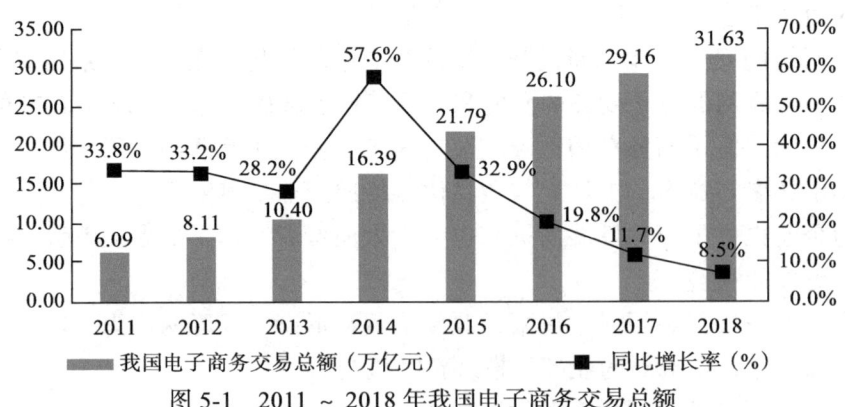

图 5-1　2011～2018 年我国电子商务交易总额

资料来源：《中国电子商务报告（2018）》

2018 年我国网上零售额为 9.01 万亿元，同比增长 23.9%。其中，实物商品网上零售额为 7.02 万亿元，同比增长 25.4%。网络零售 B2C 市场份额继续扩大，增速保持领先。随着消费升级不断深化，消费者对网购的品牌、品质、服务的关注度逐渐提高，B2C 市场优势更加明显。

电子商务与实体经济融合发展加速，带动了更多人从事电子商务相关工作。据电子商务交易技术国家工程实验室、中央财经大学中国互联网经济研究院测算，2018 年，我国电子商务从业人员达 4 700 万人，同比增长 10.6%（见图 5-2）。

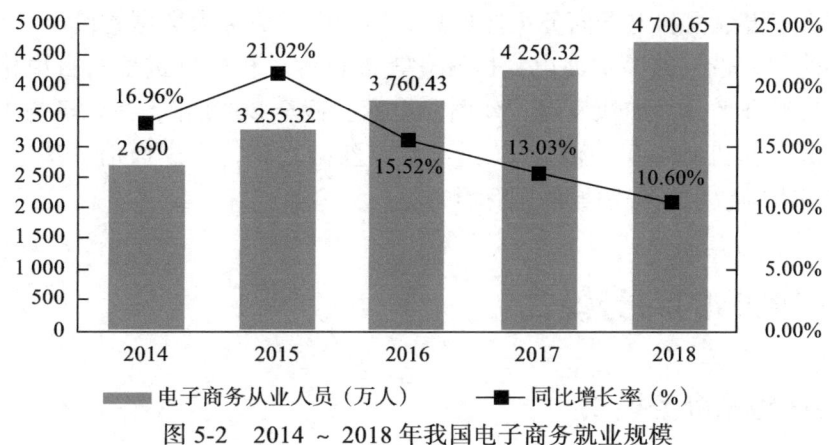

图 5-2　2014～2018 年我国电子商务就业规模

资料来源：《中国电子商务报告（2018）》

随着全球电子商务日趋活跃，业务模式不断更新，我国电子商务进入了快速发展阶段。目前我国电子商务的发展具有以下特点。

（1）法治建设取得重大突破。2019 年 1 月 1 日，《中华人民共和国电子商务法》正式实施，作为我国首部电子商务领域综合性法律，该法案的出台标志着我国电子商务发展进入有法可依的新阶段。国家鼓励发展电子商务新业态，创新商务模式，促进技术研发和应用推广，同时对平台经营者等新型主体提出了系列要求，明确管理职责，有助于保障各方主体的合法利益。

（2）创新驱动保障市场快速增长。基于人工智能、大数据、物联网的全数字化消费场景提升了用户体验，形成了推动电子商务规模持续增长的数字技术引擎，还通过模式创新激活了网购消费潜力。基于社交网络平台以及短视频或直播平台的社交电商和以城市社区拼团为主要服务模式的社群电商发展迅速，有效满足了消费者多层次、多样性的需求。

（3）跨境电子商务迈向升级发展阶段。跨境电子商务加速作用于传统产业，推动了营销、交易、交付等多个外贸环节的在线化和数字化发展，为中小企业及各国品牌企业提供了新的全球化发展机遇。2018 年，国务院在 22 个城市设立第三批综合试验区，大力支持综合试验区创新发展。

（4）农村电子商务扶贫助农成效显现。2018 年，商务部成立了中国电商扶贫联盟，仅国家级贫困县在阿里巴巴平台的网络销售额就超过 600 亿元。同时，通过组织挖掘优质农特产品，助力打造农产品电商品牌，探索农村电子商务新模式。

（5）电子商务促进产业数字化进程。B2B 电子商务不断整合产品、金融、物流、仓储、加工等供应链资源，向上下游方向演进。网络零售的持续大规模快速发展也不断推动着制造业产业模式和企业组织形态的变革。

（6）协同发展成为试点示范工作的重要方向。目前各地区正在积极完善电子商务快递物流的基础设施，优化电子商务配送通行管理。此外，各地区充分发挥电子商务示范基地的辐射带动作用，将其打造成为引领新经济聚集发展的重要载体，全面推进信息共享，共享网络零售数据和电子商务主体信息，推动电子商务大数据建设。

（7）共建"一带一路"加速电商国际化发展进程。积极推进贸易自由化、便利化，搭建更多贸易促进平台，加快发展"丝路"电商。截至2018年，我国已与17个国家建立了电子商务合作机制。积极倡导21世纪数字丝绸之路，促进通信、基础设施、电子商务、智慧城市等数字经济领域的国际合作。

5.2 电子商务的商务模式

5.2.1 B2B 电子商务模式

1. B2B 电子商务模式的概念

B2B（Business to Business）电子商务模式是指企业与企业之间通过因特网或私有网络，以电子化形式进行产品、服务及信息交换的活动。这种交易可能是在企业及其供应链成员之间进行，也可能是在企业和任何企业间进行。这里的企业包括私人或公共、营利性或非营利性的任何组织。

传统企业间的交易往往需要耗费大量的资源和时间，销售、分销、采购等各个环节都需要占用产品成本。通过B2B的交易方式，买卖双方通过网络完成整个业务流程，从建立最初印象，到货比三家，再到讨价还价、签单和交货，最后到客户服务，减少了事务性的工作流程和管理费用，降低了企业经营成本。网络的便利及延伸性也使企业扩大了经营范围，跨地域发展更为便利。

2. B2B 电子商务交易的优势

B2B电子商务通过互联网贸易，贸易双方从贸易磋商、签订合同到支付等整个过程完全虚拟化，其优势在于大大降低了交易成本，具体表现在以下几方面。

（1）网络上进行信息传递的成本远远低于信件、电话、传真的成本；此外，通过提高信息传递的时效性，减少数据的重复录入也降低了信息成本。

（2）买卖双方通过网络进行商务活动，无须中介参与，减少了交易的有关环节。

（3）卖方可以通过互联网进行产品介绍、宣传，避免了在传统方式下进行广告宣传、印刷所产生的大量费用。

（4）电子商务实行"无纸"贸易，可减少文件处理费用。

（5）借助于互联网，买卖双方能够即时沟通供需信息，从而明显降低了库存成本。B2B交易减少了交易环节，减少了大量的订单处理，缩短了从发出订单到货物装运的时间，提高了交易效率，促使企业取得竞争优势。

3. B2B 电子商务的类型

典型的B2B电子商务类型包括卖方市场B2B、买方市场B2B、电子集市以及供应链优化与协同商务四类，如图5-3所示。

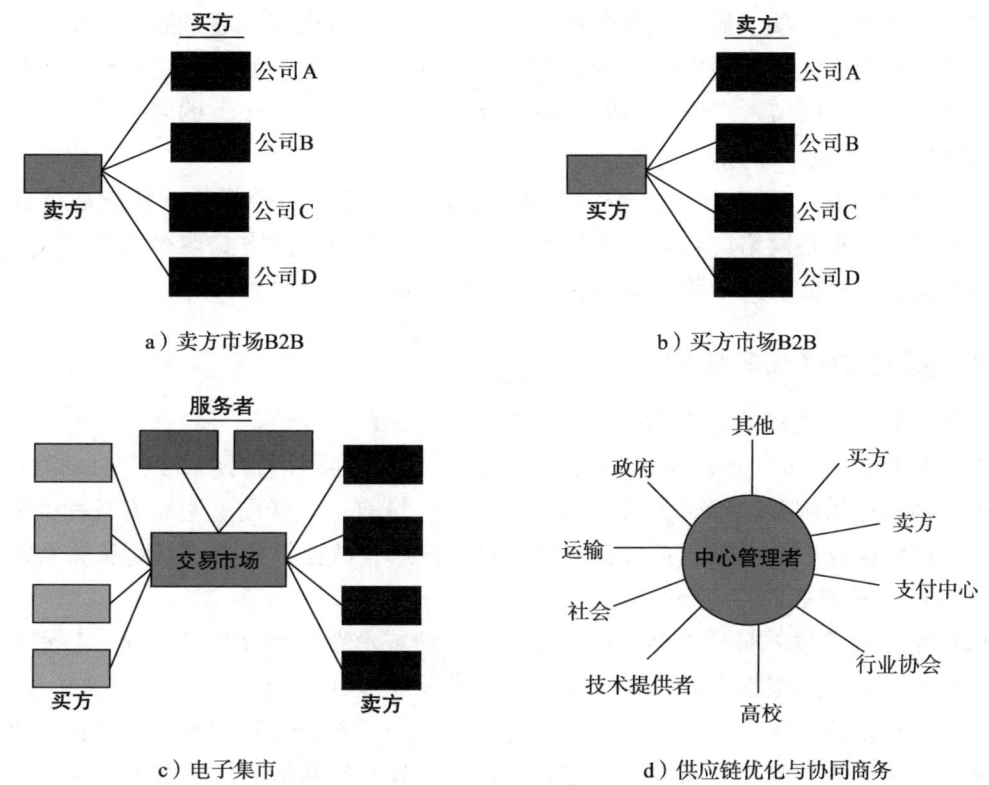

图 5-3 B2B 电子商务的类型

4. B2B 电子商务的盈利模式

根据中国电子商务研究中心监测数据显示,我国电子商务交易总额从 2008 年的 3.14 万亿元增长至 2018 年的 31.63 万亿元,交易规模持续扩大并保持高速增长态势。目前电子商务网站的主要盈利来自以下几个方面:

(1)会员费。企业通过第三方电子商务平台参与电子商务交易,必须注册成为 B2B 网站的会员,每年需要交纳一定的会员费,才能享受网站提供的各种服务。目前会员费已成为我国 B2B 网站最主要的收入来源,例如阿里巴巴网站收取中国供应商、诚信通两种会员费。

(2)广告费。网络广告是门户网站的主要盈利来源,也是 B2B 电子商务网站的主要收入来源,例如,阿里巴巴网站根据广告在首页的位置及广告类型来收费,中国化工网提供弹出广告、漂浮广告、文字广告等多种表现形式供用户选择。

(3)竞价排名。企业为促进产品销售,都希望在 B2B 网站的信息搜索中使自己的排名靠前,而网站在确保信息准确的基础上,会根据会员付费的不同对排名顺序做相应的调整。例如,阿里巴巴的竞价排名是诚信通会员专享的搜索排名服务,当买家在阿里巴巴搜索供应信息时,竞价企业的信息将排在搜索结果的前三位。

(4)增值服务。B2B 网站除为企业提供贸易供求信息外,通常还会提供一些独特的增值服务,包括企业认证、独立域名、提供行业数据分析报告、搜索引擎优化等。比如,现货认证就是针对电子行业的一项特殊的增值服务。

（5）线下服务。线下服务主要包括展会、期刊、研讨会等。通过展会，供应商和采购商可以面对面交流，一般中小企业比较青睐这种方式。期刊的内容主要是关于行业资讯的，期刊中也可以植入广告。例如，环球资源（Global Sources）的展会已成为其重要的盈利模式，占其收入的1/3左右。

（6）商务合作。商务合作包括广告联盟、政府、行业协会合作、传统媒体的合作等。广告联盟通常是网络广告联盟，例如，亚马逊已经通过此方式取得不错的成效。但我国的联盟营销目前还处于萌芽阶段，大部分网站很少采用联盟营销。

5.2.2　B2C 电子商务模式

1. B2C 电子商务模式的概念

B2C（Business to Customer）电子商务模式是企业通过因特网向个人网络消费者直接销售产品和提供服务的经营方式，即网上零售。目前，互联网上遍布着各种类型的商业中心，这些商业中心提供包括鲜花、计算机、汽车、数据等各类消费商品和服务。

2. B2C 电子商务的特点

B2C 电子商务模式最适合传统的商品零售企业或消费性产品生产企业，特别是在电子商务环境下，网上零售企业的经营模式呈现出以下特点。

（1）企业从商品中介变成商品信息中介。B2C 电子商务除可以利用传统的品牌、营销渠道、支付环节和配送体系外，更重要的是要充分发挥网络的信息媒体优势。

（2）由商品交易场所变为商品配送中心。传统的零售企业以商品交易为核心，是一个商品集中交易的场所，其储运系统处于从属地位。对于采用 B2C 电子商务模式的企业而言，销售环节会相对弱化，而仓储运输环节则需要强化。随着网上直销 B2C 模式的应用越来越普及，对现代化的大型商品配送中心的需求也成为发展的必然。

（3）由提供大众化服务变为满足个性化需求。传统零售企业提供的是面向广大消费者的大众化服务，任何顾客的特殊需求都必须服从企业所能提供的有限商品与服务，零售企业收集市场信息并反馈给生产厂商的过程较长，信息容易失真，难以满足顾客的个性化需求。B2C 电子商务则利用 Web 提供的在线表单或电子邮件自动回复、转发系统，能够对每位顾客的需求及时响应，同时将订单传输至生产厂商，厂商按订单生产，不仅大大缩短了供货时间，还满足了顾客的各种特殊需求，实现了个性化服务。

（4）变商品管理为用户管理。传统零售企业以商品的组织、服务和销售为核心，围绕商品管理，提供大众化的服务。网上零售企业的个性化服务则与用户管理紧密相关，企业以用户为核心，针对每个用户的需求，提供相应的产品和服务。此外，B2C 电子商务实现了供需双方直接对接，信息量大、费用低，方便快捷，吸引了公众和媒体的注意力，逐渐成为最富创造力、也是竞争最为激烈的领域之一。

3. B2C 电子商务的模式

根据交易客体的区别，可以将 B2C 分为无形商品和服务的电子商务模式及有形商品的电子商务模式。前者可以完全通过网络实现，而后者则不能完全在网上实现，要与传统手段相配合才能完成。

（1）无形商品和服务的电子商务模式。网络具有信息传递和信息处理的功能。无形商品和服务，包括电子信息、计算机软件、数字化视听娱乐产品等，一般可以通过网络直接提供给消费者。无形商品和服务的电子商务模式主要包括以下几种：

1）网上订阅模式。网上订阅模式是指消费者可以通过网络订阅企业提供的无形产品和服务并在网上直接浏览或消费。这种模式主要被一些商业在线企业用来销售报纸杂志、有线电视节目等。

2）付费浏览模式。付费浏览模式是企业通过网页安排，向消费者提供计次、计时等收费的网上信息浏览和信息下载的电子商务模式。付费浏览模式允许消费者根据自己的需求，在网上有选择性地浏览一篇文章、一本书或看一部电影。

3）广告支持模式。广告支持模式是指在线服务商免费向消费者或用户提供信息在线服务，而营业活动全部由广告收入支持，此模式是目前最成功的电子商务模式之一。

4）网上赠予模式。网上赠予模式是一种非传统的商业运作模式，企业借助于互联网全球性的优势，向互联网上的用户赠送软件产品，以达到扩大产品知名度和市场份额的目的。例如，软件公司免费将测试版软件向用户发送，用户自行下载试用，同时可以将意见或建议反馈给软件公司。用户试用一段时间后，如果满意则可能购买正式版本的软件。这样，软件公司不仅可以降低成本，还可以扩大测试群体，改善测试效果，提高市场占有率。

（2）有形商品的电子商务模式。有形商品是指传统的实物商品。采用这种模式时，有形商品的查询、订购、付款等活动在网上进行，但最终的交付不能通过网络实现，还需要用传统的方法完成。有形商品的在线销售为企业扩大了销售渠道，增加了市场机会。与传统的店铺销售相比，网上销售可以将业务扩展到世界的各个角落，并且无须保有大量库存；如果是纯粹的虚拟商店，则可以直接向厂家或批发商订货，省去商品存储环节，从而大大节省了库存成本。有形商品的电子商务模式又可以细分为以下两种模式：

1）网上商城模式。网上商城模式是指通过网上商城的形式销售有形商品，商家将商品批发给电子商城，由电子商城在网上零售商品。随着各类新兴网上商城的相继出现，国内 B2C 网上商城已初步形成综合平台商城、综合独立商城、网络品牌商城和连锁+网销商城四大模式。

2）企业网站模式。企业网站模式是指企业在自己的网站上进行商品的零售。目前网上交易比较活跃并热销的商品包括计算机产品、服饰、书籍、礼品、鲜花等。美国戴尔公司就是以网络直销模式而闻名的典型企业。

5.2.3 C2C 电子商务模式

1. C2C 电子商务模式的概念

C2C（Customer to Customer）电子商务模式是消费者对消费者个人的电子商务模式。其思想来源于传统的跳蚤市场，双方可以进行一对一的讨价还价，只要双方愿意，立即可以完成交易。电子商务中 C2C 模式的本质是网上拍卖，它是一种平民之间的自由贸易，促进了个人之间商品（特别是二手商品）的流通。以卖方为主的 C2C 电子商务模式首先由出售商品的个人在网上发布消息，然后通过多个买方竞价或与卖方讨价还价，最终完成交易。

2. C2C 电子商务的特点

（1）参与者多，覆盖面广。C2C 电子商务最能够体现互联网优势，数量巨大、地域不同、时间不一的买方和同样规模的卖方可以通过一个平台找到合适的对家进行交易。同传统的二手市场相比，它不再受到时间和空间的限制，节约了大量的市场沟通成本。

（2）产品种类、数量极其丰富。C2C 电子商务能够实现家庭或个人的消费物资的再调配。

（3）交易方式十分灵活。拍卖网站的出现使得消费者具有决定产品价格的权利，并且消费者之间的竞价使得价格更有弹性。通过网上竞拍这种灵活的交易方式，消费者可以获得更多的优惠。

3. C2C 电子商务的运作模式

C2C 电子商务的运作模式主要包括网上拍卖模式和店铺平台运作模式。

（1）网上拍卖（Auction Online）模式。网上拍卖是指通过因特网实施的价格谈判交易活动，即利用互联网在网站上公开发布将要招标的物品或服务的信息，通过竞争投标的方式将物品或服务出售给出价最高或最低的投标者。网上拍卖已经成为一种日渐流行的电子交易方式。网上拍卖方式主要包括：

1）竞价拍卖。竞价拍卖属于最大量的 C2C 交易，包括以拍卖方式出售二手产品、收藏品或普通商品。例如，惠普公司会将一些库存积压产品放到网上拍卖。

2）竞价拍买。竞价拍买是竞价拍卖的反向过程。消费者提出一个价格范围来求购某一商品，由商家出价，出价可以是公开的或隐藏的，最终消费者将与出价最低或最接近的商家成交。

3）集体议价。互联网出现前，集体议价在国外主要是多个零售商结合起来，向批发商（或生产商）以数量换价格的方式进行；互联网出现后，普通消费者使用这种方式集合竞价来购买商品。

（2）店铺平台运作模式。店铺平台运作模式是指电子商务企业提供平台支持个人开设店铺，以会员制的方式收费或通过广告及其他服务收取费用，这种平台也可称作网上商城。入驻网上商城开设网上商店不仅依托网上商城的基本功能和服务，而且顾客主要来自该商城的访问者。

5.2.4 其他电子商务模式

除上述三种基本模式外，电子商务还包括一些新型衍生模式。

1. B2E 电子商务模式

为整合企业内部资源、挖掘员工工作潜能、提高企业竞争力，一些企业提出了 B2E（Business to Employee）模式，是指企业对员工的电子商务模式，即企业内部的电子商务。

企业内部网是一种有效的商务工具，它可以用来自动处理商务操作与工作流，增加对重要系统和关键数据的存取，在保持组织内部联系的同时，关注信息的共享，共同解决客户问题。B2E 模式的具体功能如下：

（1）信息通信。采用电子邮件、电子公告板、视频会议为企业提供全方位的信息交流手段，加强了员工之间的通信，实现了信息的快速传递，提高了企业竞争能力。

（2）电子信息发布。采用电子化工具起草、管理、发布和传递人力资源手册、产品详细说明和内部新闻等文档，降低了文档印刷和传递成本，加快了信息传递速度，为企业战略决策提供了支持。

（3）以销促产。以销促产是指提供生产与销售之间、企业与客户之间的信息交流，以便更好地掌握市场动态和竞争对手的信息，为决策提供帮助。

（4）企业内部管理活动。内部网主要用于发布人力资源信息、员工交流信息、产品开发和项目管理数据、内部产品目录、销售支持数据、设备跟踪管理、运输跟踪等重要信息。

2. B2B2C 复合型电子商务新模式

B2B2C（Business to Business to Customer）复合型电子商务新模式是一种新型网络购销方式。第一个 B 指广义的卖方（即成品、半成品、材料提供商等）；第二个 B 指交易平台，即提供卖方与买方的联系平台，同时提供优质的附加服务；C 指买方。卖方可以是公司，也可以是个人，即一种逻辑上的买卖关系中的卖方。平台也非简单的中介，而是提供高附加值服务的渠道机构，是拥有客户管理、信息反馈、数据库管理、决策支持等功能的服务平台。买方同样是逻辑上的关系，可以是内部，也可以是外部的。B2B2C 包括了现存的 B2C 和 C2C 平台的商业模式，更加综合化，可以提供更优质的服务。

B2B2C 是一类新型的电子商务模式，其创新性在于为所有的消费者提供了新的电子交易规则。该平台颠覆了传统的电子商务模式，将企业与单个客户的不同需求完全地整合在一起。B2B2C 将"供应商→生产商→经销商→消费者"各产业链紧密连接在一起。整个供应链是一个从创造增值到价值变现的过程，将从生产、分销到终端零售的资源进行全面整合，不仅大大增强了网商的服务能力，而且有利于客户获得增加价值的机会。该平台将帮助商家直接充当卖方角色，把商家直接推到与消费者面对面的前台，使生产商获得更多的利润，使更多的资金被投入到技术和产品创新上，最终让广大消费者获益。

B2B2C 模式以 B2B 为重点，以 B2C 为基础，以 C2C 为支撑，该模式并非 B2B 模式与 C2C 模式或 B2B 模式与 B2C 模式的简单相加，而是三种模式有机整合而形成的新型电子商务模式。

3. B4C 电子商务模式

随着互联网不断深入到各行各业，企业的电子商务应用水平也不断提高，与此同时，企业对电子商务平台提出了更高的要求。B4C（Business for Consumer）模式，即企业直接对接客户的模式。

与传统的电子商务（B2B 和 B2C）的"to"模式相比，"for"模式强调真正为客户服务，用词的不同体现了两个模式理念的不同。B2B 和 B2C 只是提供一个信息平台，没有对客户提供更深入和全面的服务，是以经济为导向的模式；而 B4C 才是真正以客户为导向，向客户提供全程服务的模式。这种理念的不同也导致了二者操作方式的不同，B2B 和 B2C 为厂商提供展示平台，为客户提供信息源；而 B4C 则彻底贯彻以客户为导向的服务理念，除要拥有强大的信息平台外，还要有强大的技术和人才支撑便民服务。

5.3 电子商务系统应用框架

5.3.1 电子商务系统概述

电子商务系统一般是指企业电子商务应用系统，它是企业为开展电子商务而构建的、基于网络环境下运行的硬件系统和软件系统的总称。对于不同的应用要求，电子商务应用系统这一概念是比较灵活的，可以分为资讯级、功能级和企业级三个层次。

1. 资讯级电子商务应用系统

在因特网上建立企业网站来宣传企业产品，树立企业形象，可以视为企业将因特网作为一种新的信息传播媒体所开展的营销活动。这是企业实施电子商务应用的基本要求，也是企业电子商务应用系统的起步和基础，目前是大多数国内企业涉足电子商务应用的首选方式。

借助于因特网，企业可以根据自身需求规划网站内容，在时间、版面等方面无须受到传统媒体的限制。同时，企业还可以实时更新网站内容，宣传产品和企业形象，可以设置留言簿、E-mail 和客户服务园地等方式及时获取市场资讯信息，掌握消费需求动向，引领产品和服务方向，为企业适时调整市场提供决策依据。

资讯级的电子商务应用系统属于功能单一的电子商务应用系统。由于投资成本低，易于实现和维护，不涉及交易过程，因此受到小企业的欢迎。由于实际交易环节依然通过传统方式完成，并没有改变企业的商业模式，因此该层次的电子商务应用系统不是严格意义上的电子商务应用系统，可以视为电子商务应用系统的初级阶段。

2. 功能级电子商务应用系统

在功能级电子商务应用系统中，企业已经将网络作为企业商务信息传输和处理的手段，运用电子商务应用系统实现了部分传统贸易过程中的交易过程。例如，企业实现了网上在线产品销售，提供有偿服务和增值服务，在贸易伙伴之间进行商务文件或单据的传递等。目前基于此类的应用较多，大量的网上商店都属于这一层次的电子商务应用系统，一般需要建立一个可用于网上交易的电子商店和一个可支持该电子商店运营的网上销售数据库系统。根据系统实现功能的程度，应用系统一般还提供网上支付、EDI 单证处理、商品库存管理与物流配送跟踪管理等功能。随着功能应用的逐步增加，应用系统还可以与企业的内部网互联互通，实现信息集成资源共享。由于涉及应用系统与企业其他部门的衔接和一些复杂的技术问题、法律问题，系统还缺乏整体的规划与协调，在一定程度上无法做到信息的自动获取、加工、处理结果的一致，在一些环节还需要大量的人工干预，因此，这一层次的电子商务应用系统只有功能的强弱之分，还无法与企业级电子商务应用系统相比。

3. 企业级电子商务应用系统

企业级电子商务应用系统是指实现企业电子商务应用的全方位的数字自动化，也就是企业将商务活动全部过程用计算机网络的信息化管理代替，最大限度地消除人工干预，使企业商务活动过程和商务活动内容电子化、信息化和自动化。这一层次的电子商务应用是电子商务发展的理想阶段，企业内部生产运作系统、办公自动化系统、管理信息系统等与外部的商业交易电子化有机融合成为企业电子商务系统的整体。企业级电子商务应用系统的一般框架如图 5-4 所示。

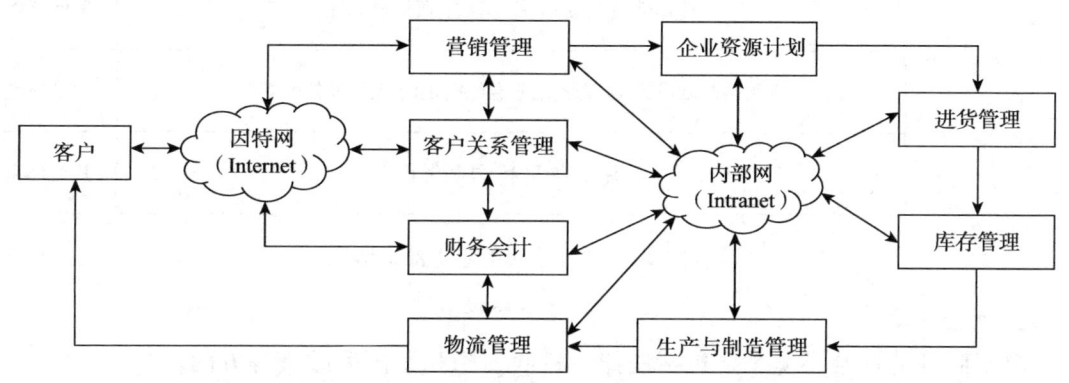

图 5-4　企业级电子商务应用系统的一般框架

内部网和因特网的有效集成构成了完整的企业级电子商务应用系统。由于企业实际情况不同，其电子商务应用系统也不尽相同。由功能级电子商务应用系统可以看到，在因特网上可以实现网络商店、网络银行、EDI 系统等功能，然而目前企业内部网下的信息化内容是制约企业实现电子商务的一大障碍，因此要实现电子商务的全部功能还存在一定困难。但从长远目标来看，企业最终都要建立符合自身要求、适应市场变化且满足消费者需求的完整的电子商务应用系统。

5.3.2　电子商务系统框架的含义

电子商务系统框架结构是实现电子商务从技术到一般服务层所应具备的完整的运作基础，它在一定程度上改变了市场构成的基本结构。传统的市场交易链是在商品、服务和货币交换过程中形成的，而电子商务的应用则强化"信息"这一重要因素，于是就产生了信息服务、信息商品和电子货币等。事实上，商品交易的实质并没有改变，只是在贸易过程中一些环节所依附的载体发生了变化。

电子商务系统不是一个孤立的系统，它需要与外界进行信息交流。同时，系统内部还包括网络、计算机系统、应用软件等。支持企业电子商务系统的外部技术环境包括电子化银行支付系统和认证中心的证书发行及认证管理部分。企业电子商务系统的核心是电子商务应用系统，这一部分用于满足企业的商务活动要求；而电子商务应用系统的基础则是不同的服务平台，它们构成了应用系统的运行环境。我们可以将电子商务系统的基本框架结构归纳为如图 5-5 所示的形式。

电子商务系统	企业宣传 供应链管理 网上银行 有偿信息服务 网上购物 虚拟电子市场				电子商务应用
	电子商务服务平台				商务服务环境
	安全 Firewall 等	电子支付 SET/SSL 等	认证 CA 等	负载均衡 Load Balance	
	电子商务应用开发支持平台				软件及开发环境
	操作系统 Windows, Unix 等	网络通信协议 TCP/ IP, HTTP, WAP 等	开发语言 Java, XML, C/C++ 等	对象组件 JavaBeans, CORBA 等	
	计算机硬件 主机 外部设备 通信设备等				硬件环境
	网络基础设施 远程通信网 有线电视网 无线通信网等				网络环境
	法律 税收 隐私 国家政策等				社会环境

图 5-5 电子商务系统的基本框架结构

1. 社会环境

电子商务的社会环境主要包括法律、税收、隐私、国家政策等方面。

电子商务的显著特点是全球性，它将改变全球经济，让更多资源为更多人所使用，从而改善人们的生活，改变人们的思维方式。电子商务在发展过程中面临一系列不可避免的问题，如安全性问题、知识产权问题、电子文件的有效性问题等，这些问题都对建立新的法律环境提出了迫切要求。

在税收方面，电子商务必然更多地触动各国关税机构，同时也给各个国家内部的税收制度带来新的挑战。一个商家对商家的电子商务交易从贸易伙伴的联络、询价议价、签订电子合同开始，一直到发货运输、货款支付都可以通过网络实现，整个交易过程是无形的。这势必为海关统计、税务征收等工作带来一系列问题。

电子商务作为一种交易模式，它的跨地域性非常明显，这与各个国家的不同体制和不同国情是有一定冲突的。因此，既要加强国际合作，也要制定符合国情的相应政策，主要是关于投资、税收和收费的政策。

2. 网络环境

网络环境中有实现电子商务最底层的硬件基础设施，包括远程通信网、有线电视网、无线通信网和网络基础设施等信息传输系统。这些网络都在不同层次上提供电子商务所需的传输线路。

3. 硬件环境

计算机硬件、主机、外部设备和通信设备等构成了电子商务系统的硬件环境，这些是电子商务系统赖以运行的硬件平台。

4. 软件及开发环境

软件及开发环境为电子商务系统的开发和维护提供了软件平台支持，包括操作系统、网络通信协议、开发语言和对象组件等。

5. 商务服务环境

商务服务环境主要包括安全、电子支付、认证 CA 等。对于电子商务而言，为了保证商业信息的安全性，使传递的信息完整、可靠、不可篡改、不可抵赖，应该能在有争议时提供适当的证据，只有在卖方收到货款和买方收到货物时，交易才算真正完成。因此，网上支付的安全是保障交易顺利进行的关键。目前，我们通常采用 CA 认证提供端到端的安全保障。

6. 电子商务应用

电子商务的具体应用范围十分广泛，包括供应链管理、网上购物、电子广告、有偿信息服务和网上银行等。这是企业利用电子手段开展商务活动的核心，也是电子商务系统的核心组成部分。企业商务服务的业务逻辑规划得是否合理，将直接影响到其电子商务服务的功能。

5.3.3 电子商务系统的框架组成

以逻辑结构视角，一般可将电子商务系统划分为以下几个部分，每个部分可实现不同的功能。

1. 企业内部信息管理系统

企业内部信息管理系统是指收集和处理企业生产和管理过程中的有关信息，为管理决策过程提供帮助的一种信息处理系统，强调将电子信息技术应用于经营管理全过程中。其主要实现的是企业内部生产管理的电子化，面对的是企业内部的用户管理信息，是企业经营管理活动的具体表现。使用电子信息技术作为经营活动的辅助手段，能够迅速处理企业大量的信息资料，为企业管理层及时提供决策依据，提高企业的管理水平。

2. 电子商务基础平台

电子商务基础平台为企业的电子商务应用提供运行环境和管理工具以及内部系统的连接，一般主要包括以下几个组成部分：

（1）负载均衡（Load Balance）。负载均衡是指使电子商务系统服务器的处理能力和它承受的压力保持均衡，它还可以对服务器集群结构中的各个服务器性能进行动态调整和负载分配，使电子商务系统中硬件性能得以达到有效的均衡，避免特定的设备或系统软件由于压力而出现拒绝服务的现象，从而提高系统的可靠性。

（2）连接/传输管理（Connectivity/Communication Management）。连接/传输管理的主要作用是满足系统可扩充性的需要，用以实现电子商务系统和其他系统之间的互联以及应用之间的相互操作，一般包括异构系统的连接及通信、应用之间的通信接口和应用、数据库连接之间的接口三方面。

（3）事务管理（Transaction Management）。电子商务系统支持的商务活动涉及大量的联机事务处理和联机分析处理，这就要求系统具备很强的事务处理性能。事务管理的作用包括两个方面：一是保证分布式环境下事务的完整性、一致性和原子性；二是缩短系统的响应时间，提高交易过程的实时性。

（4）网站管理（Portal Management）。网站是电子商务系统的客户服务接口，用于表达系统商务逻辑的处理结果。在电子商务系统中，网站具有重要的地位。网站管理的基本作用是为站点维护、管理和性能分析提供技术支持手段，它主要实现系统状态的监控、系统性能的调整、用户访问授权和客户访问历史记录等功能。通过网站管理功能，企业可以记录客户的访问数据，了解用户的需求。利用这些数据，企业能够了解客户的潜在需求。

（5）数据管理。数据管理为电子商务应用相关数据的存储、加工、备份和传递提供支持，同时为应用程序提供应用开发接口。通常，这些工作通过支持 Web 的数据库管理系统实现。

（6）安全管理。安全管理为电子商务系统提供安全可靠的运行环境，减少系统被攻击的可能，提高系统抗拒非法入侵或攻击的能力，保障联机交易过程的安全。

3. 电子商务服务平台

电子商务服务平台的基本作用是为电子商务系统提供公共服务，为企业的商务活动提供支持，增强系统的服务功能，简化应用软件的开发。一般通过集成一些成熟的软件产品向企业提供公共的商务服务。电子商务服务平台主要包括以下内容：

（1）支付网关接口（Payment Gateway Interface）。支付网关接口是电子商务系统和银行之间的接口，它负责通过网络与客户和银行进行交互，完成与商品交换相关的电子支付。在线支付一般是在银行、客户和企业之间进行的。要完成在线支付，银行一般需要建立相应的支付网关；企业则需要与支付网关之间建立安全的交易通道和接口，通过支付网关结构和安全交易通道，企业电子商务系统与银行的支付网关进行数据通信，完成电子资金的转移。

（2）认证中心（CA）接口。要保证在线交易的真实性和不可抵赖性，就需要特定的中介机构担保和确认交易双方的身份。CA 就是完成该职能的商务中介，CA 一般可以发放表示交易参与方身份的电子证书，并负责对交易过程中买卖双方身份进行审核验证，对交易的真实性进行担保。

（3）客户关系管理（Customer Relationship Management，CRM）。客户关系管理是企业与客户之间建立的管理双方接触活动的信息系统。企业建立 CRM 的主要目的是对客户及其需求进行深入的了解，并能够主动发现其潜在的客户群落。CRM 的主要内容一般包括营销自动化、销售过程自动化和客户服务三个方面。

（4）内容管理。企业商务活动一般需要大量的信息资源，并且伴随着商务活动的开展，产品种类越来越多，服务内容逐步增多，导致信息量不断增长，进而引发如何对这些内容进行管理，如何使企业的用户及合作伙伴在这些海量信息中迅速地发现对自身有价值的信息等问题。此外，电子商务系统中的信息大部分是被组织成 HTML 格式的，如何对这些非结构化或者半结构化的内容进行管理，从技术角度而言也是一个难点。在这种背景下，专门的内容管理软件及相关的标准应运而生。

（5）搜索引擎。搜索引擎负责向用户提供对电子商务系统中的数据进行快速、综合的检索功能。

4. 电子商务应用系统

电子商务应用系统是电子商务系统的核心，它为企业电子商务活动提供具体的支持。前面所阐述的电子商务服务平台的各项内容都是为电子商务应用系统提供不同的环境和技术支持的。电子商务应用系统一般是在 Web 服务器上，由应用开发人员根据企业特定的应用背景和需要来建立的，它可以实现企业应用逻辑所需要的各种功能。

5. 电子商务应用表达平台

电子商务应用表达平台位于整个系统的顶层，面向电子商务系统的最终用户，主要包括两大基本功能：一是作为与用户的接口，接收用户的各种请求并传递给应用系统；二是将应用系统的处理结果以不同的形式表达出来并将其提供给不同的用户信息终端。目前，大多数表达平台是以 Web 服务器为核心的。因此，我们通常认为电子商务应用表达平台由 Web 服务器和向其他非 PC 信息终端提供支持的软件两大部分组成。

6. 电子商务的物流系统

交易各方通过电子方式进行商业交易，必然涉及产品和（或）服务的交付问题。事实上，除极少数的产品和服务，如各种电子出版物（数字化的音乐电影、游戏）、信息咨询服务、有价信息软件等，可以直接通过网络传输的方式进行配送之外，绝大多数物化的产品和服务是需要通过物流（Physical Distribution）系统来实现的。这些物质实体的流动过程具体包括运输、储存、配送、装卸、保管及物流信息管理等各种活动。

7. 安全保障环境

安全保障包括安全策略、安全体系和安全措施等内容。

5.4 电子商务系统的发展趋势

电子商务系统的发展趋势如下：

（1）向行业专业化方向发展。由于电子商务的基础设施日趋完善，传统企业在大力推进电子商务应用的同时，需要将电子商务应用的范围和内容拓展得更广、更深，进入电子商务的行业会越来越多。但是真正有发展优势的企业电子商务应用，应该是将自身所处的行业优势业务与电子商务应用相结合，走专业化、行业化电子商务应用发展之路。建立专业性较强，信息服务便利的行业电子商务交易网作为应用起步，将商务网站与行业优势特色业务紧密结合，发挥自己的优势，是未来现代企业发展电子商务的主要方向。

（2）创新将成为电子商务企业获取竞争优势的利器。随着市场竞争的日趋激烈，企业面临的竞争环境也日趋复杂。现代电子商务市场发展一日千里，要想在市场中保持竞争优势，必须与时俱进，不断创新。而新兴技术的渗透和消费结构的升级也有力推动了电子商务的技术创新和商业模式创新。

（3）数据将成为影响电子商务发展的重要因素。数据作为驱动电子商务企业发展的核心资源，包含的种类多样，如价格数据、用户行为数据、竞争数据、用户调研数据等。实际上，未来电子商务企业的真正竞争并不在于利用数据来打公关战，而在于挖掘企业内部和外部数据以形成决策框架，以及用数据形成的智能化管理来指导企业的运营。一些电子商务企业会有专人专门负责数据分析等商业智能工作，这是一种战略上的投资。例如，沃尔玛通过数据分析掌握客户的消费习惯，优化现金流和库存并扩大销量。可见，数据已成为各行各业商业决策的重要基础。然而，从目前我国整体电子商务行业来看，真正关注数据分析和商业智能的企业并不多，企业缺乏资金投入是主要原因。

（4）向规模集约化方向发展。发展电子商务离不开商务网站，目前发展中国家的电子商务应用尚处于起步阶段，但随着应用向纵深方向的发展，已逐步转向同类兼并、互补性兼并、强强联手等战略协作联盟下的重组融合。电子商务网站也不断朝着规模网站经营方向发展。

（5）移动电子商务将成为发展的热点。移动电子商务将加速向实际应用的方向发展。在巨大的潜在市场空间面前，传统互联网服务商纷纷开始布局移动互联网，谋求在该领域发展的一席之地。

（6）引入多元化服务。随着媒体互动合作形式的诞生，电子商务已向多元化服务的方向发展。同时，电子商务的发展引入了一条传统产业与网络产业结合的新型发展模式。网络与产业的深度融合必然是未来电子商务发展的一个全新模式。

（7）电子商务将融合物流供应链。在电子商务蓬勃发展的热潮中，产业链短板其实已经浮现，即同样是未来发展热点的物流供应链。随着电子商务被越来越多的消费者接受并成为习惯，他们对物流也提出了更高的要求。未来消费者将更加重视互联网商家的物流服务及其他增值服务能力。相较而言，产品种类的丰富程度及对某项产品的深入程度略显次要。

因此，只有那些把物流作为其核心价值组成部分的企业，才能在电子商务市场竞争中彰显优势。这些企业会将物流供应链网络作为整体电子商务解决方案的一部分，将物流渠道、商流渠道及信息流渠道进行捆绑，真正融合、渗透到企业电子商务的各个环节，而绝非简单地外包给第三方。

本章小结

当前，传统商务运行方式正发生巨大的变化，作为现代商业运行方式的电子商务打破了时空局限，为企业带来众多优势，也处于不断变化和完善发展中。了解并掌握电子商务的基本概念及运行模式十分必要，对于电子商务的实际推广应用以及企业电子商务解决方案的实践也具有重要的指导意义。

本章从电子商务产生的背景和发展历程入手，讨论了电子商务的概念，阐述了电子商务发展对社会经济体系的影响，介绍了电子商务在我国的应用现状；随后重点介绍了B2B、B2C及C2C等电子商务常见模式及新兴模式。典型的B2B电子商务类型包括卖方市场B2B、买方市场B2B、电子集市和供应链优化与协同商务四类；B2C电子商务类型分为无形商品和服务的电子商务模式及有形商品的电子商务模式；C2C电子商务的运作模式主要包括网上拍卖模式和店铺平台运作模式。本章还通过分析电子商务系统的构成和一般框架，加强读者对电子商务系统应用的理解；最后展望了电子商务的未来发展趋势。

复习思考题

1. 简述电子商务的发展历程。
2. 说明电子商务给现代社会带来了哪些变革。
3. B2B 电子商务的优势是什么？
4. 结合生活实例列举不同的电子商务模式。
5. 简述电子商务系统的体系结构和一般框架。
6. 你认为当前制约我国电子商务发展的因素有哪些？你如何理解我国电子商务未来的发展？

实训：美式橄榄球联盟赛事中的电子商务

美式橄榄球是美国较为普及的一项活动，美国职业橄榄球大联盟（NFL）是美国知名的运动联盟。NFL 拥有 32 支球队，它广泛利用电子商务和其他各种信息技术，高效地开展商务活动。

在线销售

除 NFL 官网上的商店、球队自营门店外，全美有几十家商店在线销售 NFL 品牌的球衣、球帽、衬衫等物品。大多数商品是在线销售，借助于搜索引擎、网购工具、比价网站，粉丝们坐在家中就可以买到心仪球队的物品。有些网站还销售赛事门票，包括转让门票。2013 年 10 月，NFL 正式启动中国官方网站，其在中国有两个合作伙伴：一个是上海依珀商贸，一个是天猫。

信息、新闻及社交网络

NFL 在 Facebook 网站上拥有公司主页，包含公司简介，球迷们也可以在上面发布帖子。NFL 也会在 Twitter 上发布有关赛事消息和报道，球迷们在手机上就能够收到实时赛场比分。

体育场里的无线应用

有些体育场安装了新颖的无线传输系统。橄榄球爱好者可以利用手机观看高清比赛，使用触摸屏获取最新赛事比分。球迷们可以在线订购食物，让送餐员将食物送到观众席边；还可以在比赛休息期间用手机玩游戏。球迷们在体育场附设的餐厅购买食品时依然可以在线观看比赛。

其他应用

NFL 还利用电子商务工具管理球迷与球场之间的往返交通，保障赛场安全，完成 B2B 的各种采购，提供在线客户管理和服务等。

提示问题：

1. 网络商店 B2C 经营中有哪些电子商务应用？
2. 球场上包含哪些 B2C、B2E 的电子商务应用？

第三篇

开发信息系统

第 6 章

信息系统开发方法

📖 学习目的和要求

1. 了解系统开发的概念及主要原则
2. 掌握原型法、生命周期法的基本思想和优缺点
3. 了解信息系统开发的项目管理过程

📖 导入案例：信息化建设助力旅游行业

随着互联网技术的发展与智能支付的普及，80 后和 90 后成为消费的主力军，居民出游的互联网倾向越发明显。而且随着居民可支配收入提升和在线度假游崛起，游客对旅游个性化和品质化的要求也日渐提高。面对升级换代的旅游消费需求和严峻的旅游业竞争形势，越来越多的景区将智慧化建设提上议事日程。

2011 年扬州市就启动了智慧城市建设，2012 年被授予全国"智慧城市领军城市"，2013 年被评为"智慧城市试点示范城市"并荣获 2013 年"中国智慧城市推进杰出成就奖"。扬州市旅游局 2013 年 6 月推出"寻美扬州"App，为来扬州的游客提供"吃住行游购娱"全方位向导，该款 App 中的"瘦西湖风景区"板块，专门提供瘦西湖景区的语音讲解、景区交通和门票信息。

瘦西湖景区与携程、同程、途牛等电商平台合作多年，散客可以通过"互联网＋"购买电子票。为了给游客提供更便捷的一站式直销服务，营销中心于 2012 年全国首创推出区域性"O2O"旅游电商平台——扬州旅游电子商务平台，打通携程、同程、驴妈妈等多家 OTA 管道，将各个电子票务平台统一到扬州旅游营销中心的终端上，在全国

范围内首次实现了地区性旅游资源线上营销与线下服务的"无缝对接",解决了游客分散多渠道购票问题。

智慧旅游建设的宗旨就是要在研究消费者需求的基础上,通过信息化手段在旅游各环节的创新性运用,提高旅游产品质量,提升游客旅行体验,进而获取最大顾客价值。基于这一指导思想,瘦西湖智慧旅游建设包括三大板块,分别是智慧营销、智慧服务和智慧管理。2018年5月,瘦西湖与HiApp牵手,在试点区域设置VR智慧旅游"热点",游客可以通过HiApp或其他载体及简易硬件设备,在景区中"穿越",进入与身边美景相关的历史中,直接感受特定景点所蕴含的历史文化底蕴。借助不同媒体,瘦西湖景区以不同形式声名远播,受到越来越多外地游客的青睐。

资料来源:中国管理案例共享中心,http://www.cmcc-dut.cn/Cases/Detail/3970,有删改。

6.1 系统开发概述

6.1.1 系统开发的任务与特点

系统开发是指从用户提出项目开发需求,成立开发小组,经过全面的调查研究、系统规划、分析、设计、实施到正式运行、后期维护和系统评价的整个过程。信息系统的开发非常复杂,因为其开发过程受到社会和技术两方面的影响。一方面,信息系统以企业的管理环境为背景,与企业的组织结构、业务流程、规章制度关系密切,易受环境的影响;另一方面,信息技术日新月异,为信息系统开发创造了条件,但同时加大了信息系统开发的难度。此外,信息系统的开发过程中涉及人员较多、周期较长,多人合作又常常造成协调上的困难,这也是造成系统开发复杂的原因之一。在这个过程中,需要明确开发的目标,从系统论的观点出发,运用系统工程的方法,为组织建立起计算机化的信息系统,同时兼顾信息系统的开发效率、质量和成本的满意程度,涉及计算机技术、网络通信、信息安全、管理学、工程方法等各个方面。

信息系统开发者所面临的最大问题在于如何准确、完整地获得用户的需求,而大多数开发者可能都不是业务专家,对相关问题没有充分的认识,因此信息系统的开发需要一个认知过程,就是根据需要解决的问题,建立一个有信息技术支撑的、与解决问题相关的、可用于数据处理的可运行的计算机模型。

从20世纪50年代末开始,计算机越来越普及并广泛应用。可到了20世纪70年代初,"软件危机"出现了。"软件危机"主要表现为软件成本超出预算,开发进度一再拖延,软件质量难以保证。其原因在于系统规模越来越大,复杂度也越来越高,用户需求不明确,缺乏正确的理论指导。有人将"软件危机"视为"生产率悖论",甚至认为企业信息化投资陷入了"IT黑洞"。人们这才意识到需要一套科学的、工程化的方法来指导信息系统的开发,也就是常说的"系统分析与设计方法"。

6.1.2 系统工程思想及应用

系统工程适用于大规模复杂系统，是组织管理系统的规划、设计、制造、试验和使用的科学方法。它的思想以系统概念为基础，表现为由粗到细、由表及里、由上到下、由整体到局部、逐步求精的分析。系统工程方法的一般步骤为：调研确定目标，确定功能，考虑方案（多个），选择一个方案，实施，维护和评价。

系统工程的思想对所有系统具有普适性，信息系统的开发也要以系统工程的思想为指导，任何系统都会经历一个由发生、发展、成熟、消亡到更新换代的过程，在结构化的系统开发方法中，信息系统的开发与应用也符合系统生命周期的规律。系统开发生命周期（System Development Life Cycle，SDLC）包括五个阶段：系统规划、系统分析、系统设计、系统实施、系统运行与评价，如图6-1所示。

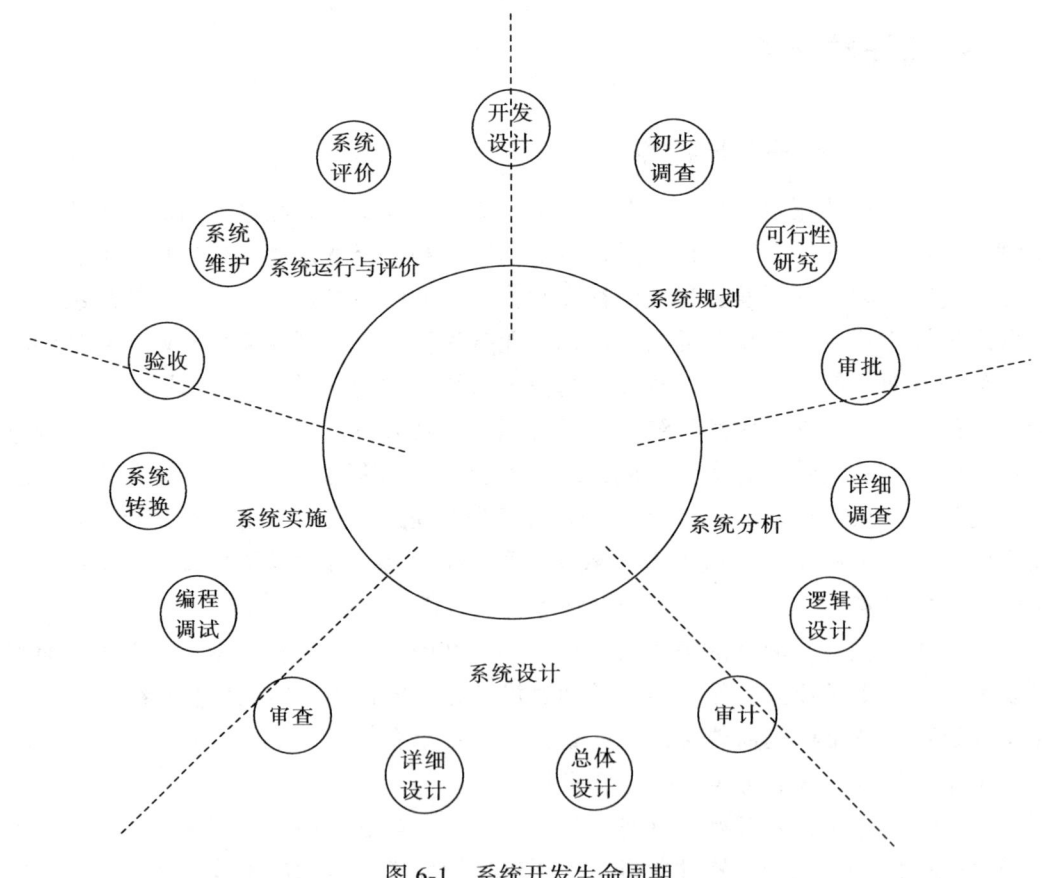

图6-1 系统开发生命周期

（1）系统规划阶段。系统开发的目的是什么？系统规划首先提出系统开发要求，系统开发人员进行初步调查，明确问题，确定系统目标和总体结构并给定资源条件和约束条件，确定分阶段实施进度，然后进行可行性分析，最后制订系统开发计划。

（2）系统分析阶段。系统开发的目标对象是什么？系统分析是一个有目的、有步骤的探索、研究和判断的过程，系统分析员使用科学的分析工具和方法对系统的目标、功能、环境、费用、效益等进行充分的调查和分析，最后获得最佳的系统方案。

（3）系统设计阶段。系统设计是指根据需求调查和系统分析的结果，进行概略设计，提出不同的新系统方案，同时对新系统方案进行比较，并由此确定新系统的最佳方案，最后进行详细的设计。

（4）系统实施阶段。系统实施阶段的主要任务是以新系统的物理模型，即系统设计说明书为依据，编制可在计算机上执行的程序代码，建立文件和数据库等，测试整个信息系统，使系统设计的物理模型付诸实现。这一阶段的成果是一个可实际运行的程序系统、各种数据库及一系列文档资料。

（5）系统运行与评价阶段。信息系统开发成功后就可以正式投入运行并逐步取代旧系统。在信息系统运行期间，由于业务的发展和体制调整，会存在各种错误和不足，需要对其进行扩充、修改与优化。信息系统评价的主要任务是看新系统是否达到了预期的目的，信息系统评价主要由目标与功能评价、性能评价和经济效果评价等方面组成。

生命周期法的每个阶段都需要生成规范的工作档案（见图6-2），一方面记录该阶段的主要工作内容、采用的方法等相关信息，另一方面为下一阶段的工作提供基础资料和依据。

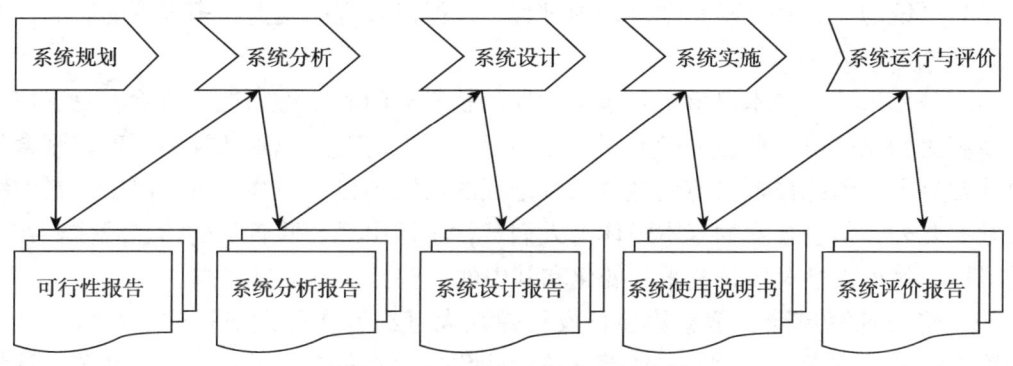

图 6-2 生命周期法的阶段性成果

根据国外的统计数据，信息系统开发各个阶段工作量的对比如表6-1所示。从表6-1中可以看出，系统调查、系统分析占总开发工作量的70%，设计和实现所占工作量相对小得多，这也充分说明了调查、分析在系统开发中的重要性。

表 6-1 开发过程中各环节工作量对比表

阶段	工作量
系统调查	≈30%
系统分析	≈40%
系统设计	≈20%
系统实现	≈10%

6.1.3 信息系统开发的基本原则

系统开发应遵循以下几项基本原则：

（1）领导参加的原则。信息系统的开发是一项庞大的系统工程，它涉及组织日常管理工作的各个方面，所以领导出面组织力量，协调各方面的关系是开发成功的首要条件。

（2）优化与创新的原则。信息系统的开发不能简单模拟旧的管理模式和业务流程，它必须根据实际情况和科学管理的要求，加以优化和创新。

（3）适应性原则。信息系统要满足用户需求，适应管理需要，充分考虑到组织结构、管理模式、业务流程等可能发生的变化，使系统具有一定的柔性，能够在一定范围内适应环境的变化。管理基础要适应现代信息技术要求，采用计算机系统及其网络支持的现代管理原理方法再造业务流程。系统的结构要清晰，易于理解、改正错误、改进性能、扩充功能。

（4）充分利用信息资源的原则。数据尽可能共享，减少系统的输入输出，对已有的数据做进一步的分析处理，以便充分发挥深层次加工信息的作用。

（5）实用和实效的原则。实用和实效的原则要求从系统规划开始直到系统实施，所有的方案都必须是实用的、及时的、有效的。

（6）规范化原则。规范化原则要求按照标准化、工程化的方法和技术进行系统开发，同时要求用户单位基础管理科学化，即满足管理工作程序化、管理业务标准化、报表文件标准化、数据资料完整化。

6.1.4　信息系统开发中的主要风险

信息系统的项目开发是一个复杂的过程，在开发过程中受到诸多因素的影响，主要存在以下风险。

（1）技术风险。技术风险主要包括软件的技术风险和软件的选择风险。由于信息技术发展和更新速度快，存在大量的不确定因素，而人们对于识别和控制不确定因素的能力又非常有限，因此很多在前期经过认真论证的研究项目，最终却出现出乎意料的结果或失败。此外，信息技术的基本载体与人们日常生活中凭经验直觉的信息载体存在明显的差异性，使得人们对信息技术的变化和其中的一些错误不容易感知。

（2）经费预算风险。信息化项目投资弹性大且经费在开发前很难准确量化，资金的风险也需要特殊考虑。此外，外部环境的变化也会对资金的需求产生一些预定计划之外的风险。信息化实施过程中需要投入较大的成本，实际资金支出往往远超过当初的预算。咨询、维护、调整、升级等许多意想不到的支出往往使成本急剧增加，因此应该提前制订好成本控制计划。

（3）信息与系统安全的风险。信息系统的安全措施包括：操作系统授权、网络设备权限、应用系统功能权限、数据访问权限、病毒的预防、非法入侵的监督、数据更改的跟踪、数据的安全备份与存档、机房的安全管理规章、系统管理员的监督等。

6.2　生命周期法

1. 生命周期法的基本观点

生命周期法的基本观点是：用系统工程的思想和工程化的方法，按用户至上的原则，结构化、模块化、自顶向下地对系统进行分析和设计。在系统调查或理顺管理业务时，应从最顶层的管理业务入手，逐步深入到最底层。在系统分析和系统设计阶段，应从宏观整体分析入手，先考虑系统整体的优化，然后再考虑局部的优化问题。在系统实施过程中，采用自底向上的实施策略，组织开发人员从最基层模块的编程入手并对模块逐个测试，然后按照系统设计的结构，将模块集成起来，进行系统总体调试，最后，自底向上、逐渐地构成整体系统，在整个过程中生成标准化、规范化的工作文档。开发系统时，整个开发过程按照生命周期被划分为若干个首尾相连的阶段。

2. 生命周期法的优缺点

生命周期法比较成熟，被广泛使用，其主要的优点包括以下几个方面：

（1）自顶向下整体性分析与设计和自底向上逐步实施的开发过程。在系统分析与设计时，要从整体、全局的角度考虑自顶向下进行工作，制订总体方案，根据企业目标确定信息系统目标，围绕系统目标大体划分子系统，确定各子系统间要共享和传递的信息及其类型；而在系统实现时，则应根据设计的要求，从一个个具体的功能模块的编制入手，采用自底向上的原则逐步实现整个系统。

（2）以用户为中心的开发原则。在系统开发过程中，以"用户至上"为原则，加强与用户的沟通，充分洞察用户的心理，全面了解用户的需求和愿望。开发过程中要始终与用户保持接触，加强联系，并不断让用户了解系统开发的进展情况，核准工作方向。

（3）注重深入调查研究。在设计系统之前，必须深入用户单位，详细调查、细心体会，努力弄清实际业务处理过程的每一个细节，然后分析研究，制订出科学合理的新系统方案。

（4）严格划分工作阶段。有计划地处理各方面的工作，如遇到较小或较简单的问题，可以跳过某些步骤，但不可打乱或颠倒顺序。

（5）逻辑设计和物理设计相对独立。在系统分析阶段，构造新系统的逻辑模型；在系统设计阶段，进行具体的物理设计，新系统的逻辑模型是物理设计的依据。

（6）工作文档标准化、规范化。每个阶段都要生成阶段性成果报告，以便衔接不同阶段的开发工作。工作文档的标准化、规范化为今后系统维护带来方便。

（7）主要适用于规模较大、结构化程度较高的系统的开发。

然而，生命周期法也存在以下不足：①用户需求在项目初期就需要被完整、准确地描述；②在各个阶段均需要同时考虑用户的所有需求，并且信息系统开发要在一个周期内完成；③过于强调完整的文档分析与设计，故一旦需求变更，就需要对文档进行大量修改；④开发周期长且用户参与不足，用户只在需求分析阶段以及运行和维护阶段参与。

6.3 原型法

系统开发初期，用户通常无法清楚地表达自己的需求，即使用户能够表达自己的需求，系统开发人员也常常因为缺乏足够的知识而不能完全了解或实现用户需求。为此，Bally 等人于 1977 年提出原型法（Prototyping）。原型法是用户与开发人员合作，以满足用户当前信息需求为目标，首先开发简易、不完善、实验性的系统框架（即原型）。用户在使用原型系统过程中，随环境变化与用户需求调整，改进原型，完善设计，运行新系统；反复上述过程，使系统逐步完善。

6.3.1 原型法的工作流程

原型法强调用户与开发人员合作，其工作流程如图 6-3 所示。

（1）快速分析，弄清用户的基本信息需求。用户首先提出基本需求，开发者识别和归纳用户要求，快速确定信息系统的基本要求，并根据原型所要体现的特性（如界面形式、处理功能、总体结构等）描述基本规格说明。

（2）构造初步原型系统。根据基本需求，快速构造并实现一个可运行的原型系统。初始原型不求完善，但必须满足用户的基本需求。这一阶段，原型的建立速度比运行效率重要，为此需要强有力的工具来支持原型的建立，如采用第四代高级语言实现原型，引入以数据库为核心的开发工具等。

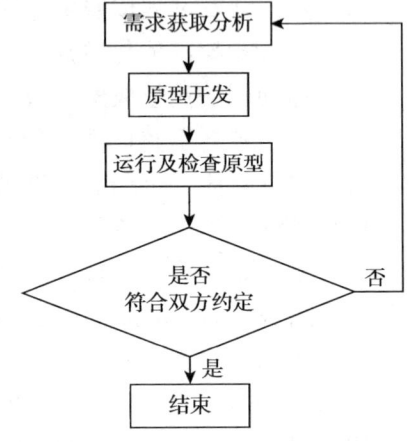

图 6-3 原型法的工作流程

（3）评价原型。这一阶段是开发者和用户频繁沟通、发现问题、消除误解的重要阶段，其目的是验证原型的正确性，进而开发新的和修改原有的需求，并通过所有相关人员的审查和测试。由于原型并不成熟，需要纠正过去交互中的误解和分析中的错误，增补新的要求并为满足环境变化或用户的新设想而提出全面地修改意见。为了促进原型的改进，要充分全面地解释原型的合理性，广泛征求用户的意见，在交互中使原型更完善。

（4）修改和完善原型系统。找出原型中的错误，并合理判断错误的严重程度，如果是严重错误，应当立即放弃，而不再凑合。大多数原型不合适的部分可以修改，以成为新模型的基础。

6.3.2 原型法的优缺点

原型法比较简单，易于理解，其优点在于以下几个方面：

（1）遵循了人们认识事物的规律，因而更易被接受。人们认识任何事物都不可能一次就完全了解并把工作做得尽善尽美，认识和学习的过程都是循序渐进的。人们对于事物的描述往往都是受环境的启发而不断完善的，批评和指责一个已有的事物要比空洞地描述自己的设想容易得多，改进一些事物要比创造一些事物容易得多。

（2）将模拟的手段引入系统分析的初期阶段，沟通了人们的思想，缩短了用户和系统分析人员之间的距离，解决了结构化方法中最难以解决的一环。所有问题的讨论都是围绕某一个确定原型而进行的，彼此之间不存在误解和答非所问的可能性，为准确认识问题创造了条件。能够及早地暴露出系统实现后存在的一些问题，促使人们在系统实现之前就加以解决。

（3）使用最新的软件工具，摆脱传统工作方法，使系统开发的时间和费用大大减少，效率得以提升。

（4）可以提供很好的项目说明和示范，简化了项目管理。

（5）可以接受需求的不确定性和风险。

作为一种具体的开发方法，它也存在一定的适用范围和局限性，主要表现在以下几个方面：

第一，对于一个大型的系统，如果我们不经过系统分析来进行整体性划分，想要直接用屏幕来一个一个地模拟是很困难的。

第二，对于大量运算的、逻辑性较强的问题，原型法很难构造出模型来供人评价。

第三，对于基础管理不善、信息处理过程混乱的问题，存在一定使用上的困难。

第四，对于一个批处理系统，其大部分是内容处理过程，这时使用原型模式存在一定困难。

原型法是信息系统开发过程中的一种简单的模拟方法，与人们不经分析直接编程时代以及结构化系统开发时代相比，它是人类认识信息系统开发规律道路上的"否定之否定"。它站在前者的基础之上，借助于新一代的软件工具，螺旋式地上升到了一个新的更高的起点；它"扬弃"了结构化系统开发方法的某些烦琐细节，继承了其合理的内核，是对结构化开发方法的发展和补充。这种相互补充、相互促进的系统开发方式将会是今后信息系统或软件工程中所使用的主要方法。

6.3.3 原型法的类型

原型法有以下几种类型：

（1）丢弃式原型法。丢弃式原型法以快速而粗糙的方式建立原型，使用户能够尽快通过与原型的互动来确定需求项目或允许开发人员以此来寻求问题的解决方案。这种原型因为用过即丢，所以不需要考虑原型系统的运作效率和可维护性，也不需要容错的能力。建立这种原型系统的目的是评价目标系统的某个（或某些）特性，以便更准确地确定需求或者更严格地验证设计方案。这种途径本质上仍属于传统的瀑布模型（Waterfall Model），建立原型只不过是一种辅助性的步骤。

（2）演进式原型法。演进式原型法是为实现方案而设计的原型，按照基本需求开发出一个系统，作为沟通各方的基础和用户实践的场所，让用户先试用，开发人员根据用户试用后的意见，对原型进行修改和扩充，然后再次交给用户试用并根据试用后提出的意见，再次对原型进行修改和扩充，这样经过多次迭代直到用户满意为止。演进式原型法从初始描述后，就开始适用于任何开发阶段。这类原型的构造应该被看作最终系统描述的一种强化。演进式原型法的过程一般由设计、实施、演化三个阶段组成。演进式原型法的特点是开发完成的系统可立即投入使用并能够较好地满足客户需求，但修改和增加原系统的功能极为频繁。采用此原型时应注意在实际实施中加强管理和控制，围绕系统的基本需求进行开发，否则，会引起无休止的反复，使时间和费用都无法控制。

（3）增长型原型法。增长型原型法先把系统开发划分为若干期工程，每期工程从首轮开始，用演进式原型法开发这个子系统；再选择另一个与之相关的子系统作为二期工程，在首期过程开发的子系统的基础上，用演进式原型法增加二期工程的子系统需要的信息与功能并把它们集成为一个整体。Mills 等人于 1986 年提出了螺旋模式，该模式后来又被巴利·玻姆（Barry W. Boehm）于 1988 年进一步改善。螺旋模式不是用一系列活动及活动间的回溯来表示信息系统开发过程的，螺旋线的每个回路表示信息系统开发过程的一个阶段。

每期内采用的是螺旋模型，如图 6-4 所示，一期期向前推进则形成渐增模型。最里面的回路可能与信息系统的可行性有关，下一个回路与信息系统的需求定义有关，再下一个回路与系统设计有关。螺旋线的每个回路被分为四个象限，代表了以下活动：① 制订计划：确定系统的目标、备选方案以及约束条件；② 风险分析：根据系统目标与约束条件，评估备选方案，考虑如何识别和消除风险；③ 实施工程：开发、验证下一层产品；④ 客户评估：客户评价开发成果，提出修正建议。

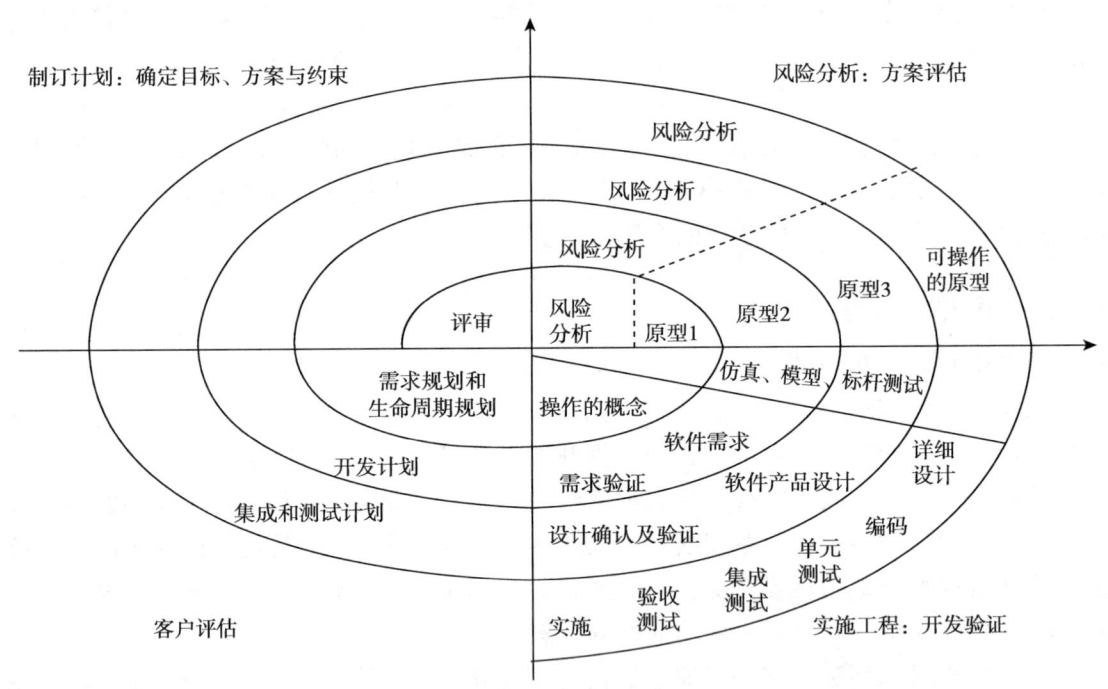

图 6-4　螺旋模型构成图

与其他系统开发模式不同的是，螺旋模式强调严格的全过程风险管理并提供机会来检查项目是否有价值继续进行下去。螺旋模式在每一个开发阶段之前，都引入非常严格的风险识别、风险分析和风险控制，只有采取措施消除相应风险之后，才能开始规划下一阶段的开发工作。

按照螺旋模型，整个系统（软件）开发项目始于螺旋中心，然后绕着中心做 360°的旋转，每旋转一周便得到一个原型版本，对整个系统而言则是开发过程中的一个步骤。这种不断的旋转可以节省大量的开发和维护的时间和费用，因为下一个版本总是在上一个版本的基础上改进和维护的。这种通过不断的螺旋式旋转、反馈、修改与完善来完成最终版本的途径，正是 4GL 与螺旋式应用开发系统的目标。

6.4 面向对象的开发方法

6.4.1 面向对象方法的基本观点

面向对象方法（Object-Oriented Method，OOM）也称为 OO 方法，是从 20 世纪 80 年代基于各种面向对象的程序设计方法（如 Smalltalk、C++ 等）而逐步发展起来的。面向对象法最初用于程序设计，后来扩展到系统开发的全过程，出现了面向对象的分析与设计。

在信息系统工程中，结构化生命周期法将软件工程中重在处理过程的结构化开发方法与数据库设计中重在数据结构的实体联系方法结合起来，以实现动态过程与静态结构的集成融合和开发阶段间的过渡，进而产生了面向对象的基本思想。OO 方法是从现实世界的客观事物（即对象）出发来构造信息系统，在构造系统时尽可能运用人们的自然思维方式，强调直接以要解决问题中的事物为中心来思考问题、认识问题，并根据这些事物的本质特征，把它们抽象地表示为系统中的对象作为系统的基本构成单位。OO 方法运用人类在日常的逻辑思维中经常采用的思想、方法和原则，如抽象、分类、继承、聚合、封装等，使得软件开发者能更有效地思考问题并以人们能看得懂的方式把自己的认识表达出来，用对象的属性及其方法来完整反映客观事物的静态属性和动态属性，用类、类的继承等概念表述客观事物及其联系，通过对象的组合来创建具体的信息系统。面向对象的方法按照人们习惯的思维方式建立问题模型和构造系统，力图用更自然的方法反映客观世界事物的运动和相互作用，使信息系统更易于理解和维护，因此采用面向对象方法开发的系统具有较强的应变能力和较好的重用性。

对象是现实世界事物的抽象，是组成世界的基本模块，对象内部有自己的静态结构（属性）和动态行为（操作）；对象之间的静态联系（关联）是相对稳定的，而其动态连接（事件驱动）则不断地改变着对象的状态，使世界千姿百态丰富多彩；对有共性的对象的抽象概括与封装把对象划分为类，而通过派生继承又得到子类，构成类层次；在整个信息系统生命周期中保持这些概念与模型不变，从而真正实现了动态过程与静态结构的完全集成融合和开发阶段间的无缝连接。

（1）对象。客观世界中的事物都是由对象组成的，对象是在各种事物基础上抽象的结果，任何复杂的事物都可以通过对象的某种组合构成。对象由属性和方法组成，属性反映了对象的信息特征或者静态特征，方法则是用来定义或改变属性状态的各种操作。为了实现从客观世界中对象到目标系统中对象的转换，我们将对象表示为一个封装了数据和操作的整体。数据用于表述对象的状态或特征、属性；操作完成对自身封装数据的处理和对象内部数据同外界的交互，从而改变对象的状态。例如，企业中的员工是一个对象，这个对象的属性包括员工号、姓名、性别、年龄、所属部门、职务等。这个对象可以执行两个操作：日常工作、领取工资。

（2）类。把众多的事物归纳成一些类是我们在认识客观世界时经常采用的思维方法，就像我们常说的"物以类聚，人以群分"。分类依据的原则是抽象，即忽略事物的非本质特征，依据事物的本质找出其共性，把具有共同性质的事物划分为一类，得出一个抽象的概念。类是在对象之上的，对象就是类的具体化或局部化。类可以有子类，也可以有父类。例如，企业员工包括管理人员、技术人员、普通员工等，管理人员又包括行政管理人员、技术管理人员，技术管理人员又包括某项技术的管理人员，管理人员可看成是行政管理人员的父类，行政管理人员是管理人员的子类，某项技术的管理人员则是对象。

（3）消息。我们仍以人为对象来进行分析，人不是生活在真空中的，总是要和其他人交往，请求他人帮助解决一些问题。这里的"请求"便是一个人与其他人进行交往的手段。在面向对象技术的专业术语中，这些请求被称为"消息"。日常生活中不仅有请求，还会有命令，命令也是一种消息。在面向对象技术中，消息是对象之间交互的手段，是外界能够引用对象操作及获取对象状态的唯一方式。这个特征保证了对象的实现只依赖于它本身的状态所能接受的消息，而不依赖于其他对象。

（4）封装。封装是将一个对象的属性和操作集成一个对象整体，对外隐蔽对象的内部细节，只留下接口以便于与外界联系，接收外界的消息。封装机制保证了对象的相对独立性，使对象的设计者和使用者分开，使用者不必知道对象行为实现的细节，只需要按照设计者提供的外部接口来对对象进行操作。

（5）继承。继承性是父类和子类之间共享数据和方法的机制，子类可以继承父类的属性和操作，一个子类既有自己定义的属性和操作，又有继承下来的属性和操作。当这个子类又被更下层的子类继承时，它通过继承获得的和自己定义的属性和操作又被下一层的子类继承下去。因此继承是可以传递的。在继承机制下，要修改或增加某一属性和操作，只需要在相应的类中进行修改，而它派生的所有子类都将自动地完成相应的改动。因此，继承性有助于实现软件模块的可重用性、独立性、可扩充性，缩短了开发周期，提高了软件开发的效率，同时使软件易于维护和修改。

（6）多态。对象之间的相互操作、调用和应答都是通过发送消息到对象的外部接口来实施的，在收到消息时，对象要予以响应，不同的对象收到同一消息可能产生完全不同的结果，这一现象叫作多态。

6.4.2 面向对象方法的开发过程

运用 OO 方法进行系统开发的工作过程分为以下五个阶段：

（1）系统调查和需求分析。系统调查和需求分析是指对系统将要面临的具体管理问题以及用户对系统开发的需求进行调查研究，即先弄清要干什么。

（2）面向对象的分析。在繁杂的问题域中抽象地识别出对象以及其行为、结构、属性和方法等，这一阶段称为面向对象分析（Object-Oriented Analysis，OOA）。OOA 强调直接针对问题域中客观存在的各种事物来设立 OOA 模型中的对象，用对象的属性和服务分别描述事物的静态特征和行为。问题域有哪些值得考虑的事物，OOA 模型中就有哪些对象，而且对象及其服务的命名都强调与客观事物的一致。

另外，OOA 模型也保留了问题域中事物之间关系的原貌，包括：①把具有相同属性和相同服务的对象归结为类；②用一般－特殊结构描述一般类和特殊类之间的关系（即继承关系）；③用整体－部分结构描述事物间的组成关系；④用实例连接和消息连接表示事物之间的静态联系（一个对象的属性与另一个对象有关）和动态联系（一个对象的行为与另一个对象的行为有关）。可以看到，无论是对问题域中的单个事物还是对各个事物之间的关系，OOA 模型都保留着它们的原貌，没有加以转换和扭曲，也没有打破原有的界限而重新组合。OOA 模型能够很好地映射问题域。

（3）面向对象的设计。对分析的结果做进一步的抽象、归类、整理，最终以范式的形式将它们确定下来，这一阶段称为面向对象设计（Object-Oriented Design，OOD）。OOA 与 OOD 的职责划分是：OOA 针对问题域运用 OOM，建立一个反映问题域的 OOA 模型，不考虑与系统的具体实现有关的因素（如采用什么编程语言、图形用户界面、数据库等），从而使 OOA 模型独立于具体实现；OOD 则是针对系统的一个具体的实现运用 OOM。其中，一方面是将 OOA 模型直接搬到 OOD，作为 OOD 的一个部分，另一方面是针对具体实现中的人机界面、数据存储、任务管理等因素补充一些与实现有关的部分，这些部分与 OOA 采用相同的表示法和模型结构。

OOA 与 OOD 采用一致的表示法是 OOM 优于传统开发方法的主要原因之一，这使得从 OOA 到 OOD 不存在转换，只有局部的修改或调整并增加了几个与实现有关的独立部分。因此 OOA 与 OOD 之间不存在传统开发方法中分析与设计之间的鸿沟，二者能够紧密衔接，大大降低了从 OOA 过渡到 OOD 的难度、工作量和出错率。

（4）面向对象的编程。用面向对象的程序设计语言将上一步整理的范式直接映射（即直接用程序语言来取代）为应用程序软件，这一阶段一般称为面向对象的编程（Object-Oriented Programming，OOP）。OOP 的任务就是采用一种面向对象的编程语言（OOPL）将 OOD 模型中的每个成分书写出来。理想的 OO 开发规范，应要求在 OOA 和 OOD 阶段就对系统需要设立的每个对象类及其内部构成（属性和服务）与外部关系（静态和动态联系）都达到透彻的认识和清晰的描述，而不是把许多问题遗留给程序员去重新思考。程序员所做的事情就是：用具体的数据结构来定义对象的属性，用具体的语句来实现服务流程图所表示的算法。OOP 阶段产生的程序能够紧密地对应 OOD 模型；OOD 模型中一部分对象类对应 OOA 模型，其余部分的对象类对应与实现有关的因素；OOA 模型中全部类及对象都对应问题域中的事物。这样的映射关系不但提高了开发的效率和质量，也对以后的维护十分有帮助。

（5）面向对象的运行与维护。用 OO 技术开发的系统，在测试过程中应继续运用 OO 技术，进行以对象为中心的系统测试（Object-Oriented Test，OOT）。对于用 OOA 和 OOD 建立模型并由 OOPL 编程的软件，OOT 能够更准确地发现程序错误并提高测试效率，因为在用 OOPL 实现的程序中，对象的封装性使对象成为一个独立的程序单位，只通过有限的接口与外部发生关系，从而大大减少了错误的影响范围。OOT 以对象的类作为基本测试单位，差错范围主要是类定义之内的属性和服务以及有限的对外接口（消息）所涉及的部分。此外，由于继承性的存在，OOT 完成对父类的测试后，子类的测试重点只是那些新定义的属性和服务。

OO 方法为系统维护提供了有效的途径。程序与问题域是一致的，各个阶段的表示是一致的，大大减少了理解的难度。无论是发现了程序中的错误而逆向追溯到问题域还是需求发生了变化而从问题域正向跟踪到程序，道路都是比较平坦的。

6.4.3 面向对象方法的优缺点

面向对象方法以对象为基础，利用特定软件工具直接完成从对象客体的描述到软件结构间的转换，其主要优点有：

（1）易维护。采用面向对象思想设计的结构可读性高，由于继承的存在，即使改变需求，维护也只是在局部模块，因此维护起来非常方便并且成本较低。

（2）质量高。在设计时可重用现有的或在以前的项目领域中已被测试过的类，它们能使系统满足业务需求并具有较高的质量。

（3）效率高。在软件开发时，根据设计的需要对现实世界的事物进行抽象，产生类。使用这样的方法解决问题，接近于日常生活和自然的思考方式，势必提高软件开发的效率和质量。

（4）易扩展。由于继承、封装、多态的特性，自然设计出高内聚、低耦合的系统结构，因此系统更灵活、更容易扩展，而且成本较低。

面向对象方法的缺点在于：①需要一定的软件支持环境；②不太适用于大型的 MIS 开发，若缺乏整体系统设计划分，易造成系统结构不合理、各部分关系失调等问题；③只能在现有业务的基础上进行分类整理，不能从科学管理的角度进行理顺和优化；④初学者不易接受，较难掌握。

6.5 系统开发的项目管理

1. 系统开发的形式

信息系统常见的开发形式主要包括自行开发、合作开发、委托开发和购买软件包，企业可以根据开发需求的不同采用相应的形式。

（1）自行开发。自行开发方式完全依靠用户单位自身力量，由用户单位自身组成项目组，根据用户单位的特点来开发信息系统。自行开发可以得到适合本单位需要的、本单位满意的系统，在系统开发过程中还可以培养自己的技术力量。自行开发的缺点是开发周期往往较长。自行开发需要强有力的领导，有足够的技术力量，需进行一定的调研和咨询。该方法适合有较强的信息系统分析与设计队伍和程序设计人员、系统维护使用队伍的组织和单位，如高等院校、研究所、计算机公司等单位。自行开发的优点是能够满足用户单位的个性化需求，开发费用少，实现开发后的系统能够适应本单位的需求且满意度较高，系统维护方便。但由于自行开发的队伍不是专业的开发队伍，容易受计算机业务工作的限制，系统优化不够，开发水平较低。

（2）合作开发。合作开发方式适合有一定的信息系统分析、设计及软件开发人员，但开发队伍力量较弱，希望通过信息系统的开发建立完善和提高自己的技术队伍以便于后期系统维护工作的单位。使用单位和其他开发单位共同组成系统开发小组，由开发单位负责，针对企业具体情况和要求，合作完成系统开发任务。双方共同开发成果，实际上是一种半委托性质的开发工作。在开发过程中要注意任务分工明确，责任明确，注意双方工作人员之间的协调与配合，尤其是各种文档的交流。合作开发优点是，相对于委托开发方式比较节约资金，可以培养、增强使用单位的技术力量，便于系统维护，系统的技术水平较高，系统维护也比较方便。其缺点是双方在合作中沟通易出现问题，需要双方及时达成共识，进行协调和检查。合作开发对于培养自己的技术力量最有利。

（3）委托开发。委托开发方式对用户而言是最省事的，但必须配备精通业务的管理人员参加，经常检查和督促。这种开发方式一般费用较高，系统维护比较困难。委托开发方式适合使用单位无信息系统分析、设计及软件开发人员或开发队伍力量较弱但资金较为充足的组织和单位。委托开发方式的优点是省时、省事，系统的技术水平较高。其缺点是费用高、系统维护需要开发单位的长期支持。此种方式需要使用单位的业务骨干参与系统的论证工作，在开发过程中，需要开发单位和使用单位双方及时沟通，以便于协调和检查。

（4）购买软件包。目前，软件的开发正在向专业化方向发展，一些专门从事信息系统开发的公司已经开发出一批使用方便、功能强大的专项业务信息系统软件。为了避免重复劳动，提高系统开发的经济效益，用户单位也可以购买现成的适合本单位业务的信息系统软件，例如企业管理信息系统、教育管理信息系统、财务管理系统、进销存管理系统等。购买软件包的优点是节省时间和费用、系统技术水平高。其缺点是通用软件专用性较差，与本单位的实际工作需要可能存在一定的差距，需要进行二次开发工作。因此，在选择通用软件时，不能只看开发商的宣传，要经过多方详尽的考查后再做决定。购买现成软件的方式最为省事，但用户难以购买到完全适合本单位的软件，因此需要有较强的鉴别能力。这种方式基本不需要系统维护。

上述四种系统开发形式的特点如表 6-2 所示。

2. 系统开发项目管理的目的

项目管理是在一定资源条件，如时间、资金、人力、设备、材料、能源、动力等的约束下，为有效达到既定目标，按照项目的内在规律和程序，对项目的全过程进行有效的计划、组织、协调、领导和控制的系统管理方法。它面向所有工程项目的管理，包括软件工程和信息系统工程。

信息系统开发项目，尤其是大型信息系统开发项目通常是一项涉及面广、投入资源多、技术难度大的系统工程，它的实施会对整个企业产生巨大的影响。只有按照系统的观点使用现代项目管理的科学理念和方法对它进行控制，才能以较小的代价获得较大的收益。信息系统开发的项目管理具有独有的特性，主要表现在以下几个方面：

（1）信息系统产品是无形的。与其他工程项目相比，信息系统产品具有无形性，项目管理者只能按照信息系统开发者提交的文档来掌握其开发进度。

（2）缺乏标准的信息系统开发过程的项目管理理论指导。工程学科具有较长的发展历史，许多工程过程已得到验证。然而人们对信息系开发过程和信息系统产品类型之间的关系尚缺少完整、清晰的认知。

（3）大型信息系统的开发项目常常是"一次性的"。大型信息系统开发项目比较复杂，一般不同于其他信息系统开发项目，因此管理者过去的经验不一定能够在新的开发

表 6-2 系统开发形式对比表

开发形式	系统分析与设计能力要求	编程能力要求	系统的可维护性	程序的可维护性	开发费用	开发风险	说明
自行开发	非常需要	非常需要	容易	容易	少	大	开发时间长,但用户单位可以得到本单位要求的系统并培养自己的系统开发人员,该形式需要较强有力的领导,需要进行一定的咨询
合作开发	非常需要	不太需要	容易	相当困难	较少	比较大	单位必须具备自己的系统设计能力,最好也有自己的编程能力,在委托之后,由用户编写并提出系统说明和程序说明是不可少的
委托开发	不太需要	不太需要	比较困难	相当困难	多	比较大	由专业公司全盘负责系统的分析、设计和实施。由于双方对IT知识的不对称,因此需要第三方咨询机构或监理机构参与
购买软件包	不需要	不需要	困难	困难	较少	小	明确该软件包是否切合本单位的需要。此外,当单位应具有检验软件包性能、条件的能力

项目中发挥作用。

合理地实施信息系统开发项目管理将有助于信息系统开发者进行系统性的思考并切实按照全局性的进度安排进行信息系统开发，为人力资源要求提供依据，可以对开发项目实施最优化控制并得到准确、一致、标准的文档，有助于信息系统的成功开发。

3. 系统开发项目管理的任务

项目管理者的任务是确保信息系统开发项目符合对它的预算、进度和质量的要求，并确保交付的信息系统能够达到预定的目标。在信息系统开发生命周期中，各阶段项目管理的主要目标是实现现实系统向计算机化系统的转换。信息系统开发的项目管理的主要内容包括以下几个方面：

（1）开发管理的任务。开发管理的任务包括制作文档、预计所需资源、估算费用、安排工作任务和日程、定期进行评审、进行质量保证管理、编写开发总结报告以及处理意外情况等。

（2）测试管理的任务。测试管理的任务包括制订测试计划、测试分析并编写测试报告以及编写用户手册。

（3）运行管理的任务。运行管理的任务包括人员组织与管理、设备与资料管理、财政预算与支出管理以及作业时间管理。

（4）项目后评价管理的任务。项目后评价管理的任务包括社会水平与先进性评价、经济与社会效益评价、信息系统的内在质量评价、推广使用价值评价、不足与改进意见等。

4. 系统开发项目的组织与分工

任何信息系统的开发都不是一个人能完成的，需要各种角色的人员群策群力。因此，合理安排团队成员，充分发挥团队作用，是新系统顺利开发与运行的重要保证。系统开发的相关人员包括首席信息官、项目经理、系统分析员、系统设计员、程序员以及辅助人员等。开发各阶段的项目参与人员如表6-3所示。

表6-3 开发各阶段的项目参与人员

开发阶段	主要人员
系统规划	CIO、项目经理、系统分析员
系统分析	系统分析员、终端用户
系统设计	系统设计员、数据库管理员
系统实施	程序员、数据库管理员、终端用户
系统运行与评价	系统维护人员、数据库管理员

（1）首席信息官（Chief Information Officer，CIO）。信息主管是负责企业信息资源管理的决策者，其负责企业的信息管理工作。首席信息官根据企业的战略目标，考虑和提出企业的信息战略，保证信息战略与企业战略相配合，并对企业信息化的发展做出长远规划。信息主管是一个管理者，但不是技术管理者，而是业务管理者。

（2）项目经理。作为项目领导，项目经理主要负责确定系统目标、范围与功能；负责制订整体规划、审核可行性报告、分析报告、设计报告等，监督项目进度和质量；负责企业组织整改；协调科室与部门配合开发；组织系统验收评价等。

（3）系统分析员。系统分析员负责设计系统整体方案，包括目标、范围、接口等，编写可行性分析报告，建立系统逻辑模型与编写分析报告，建立系统物理模型与编写设计报告，编制开发计划与质量标准，确定系统配置，协调开发、参与实施和验收工作。

（4）系统设计员。系统设计员应该具有扎实的信息技术方面的知识。对信息系统而言，系统设计员要掌握的知识主要包括计算机网络、系统安全、数据管理技术、软件结构、系统集成等。同时，系统设计员也应该具备一定的管理知识，具有在经济与技术之间平衡的能力。

（5）程序员。程序员依据系统设计报告完成建库建表、编程、调试、系统验收准备与实施、系统投运、用户培训、编写使用说明书及整理有关技术资料等工作。

（6）数据库管理员。数据库管理员负责数据库的设计，应能够准确地理解系统设计者的意图，熟练掌握各种关系数据库的使用，特别是对当前主流数据库的掌握应达到能够综合应用的水平。

（7）其他人员。其他人员包括系统维护人员、终端用户等。系统维护人员负责系统的优化、升级等工作，保证系统能随环境的变化而变化，及时更新系统软硬件。终端用户是系统的使用者，是系统功能需求的主要来源，按照管理的层次又可划分不同权限的用户，包括业务操作人员、查询用户、管理用户和主管用户等。

本章小结

信息系统的开发是一项艰巨而复杂的系统工程，涉及很多领域的知识。本章介绍了系统开发的概念及开发时应遵循的基本原则，重点介绍了三种典型的信息系统的开发方法，即生命周期法、原型法和面向对象的开发方法，分析了这几种开发方法的基本观点及各自的特点、优缺点和适用范围。对于开发信息系统这样大型而复杂的系统，严格按照某一种开发方法是不可取的，因为无论哪一种方法都具有自己的优点与不足。

本章简述了信息系统开发的项目管理内涵，介绍了信息系统的组织与分工。实践证明，由于组织的具体情况不同，选用具体的开发方法时不能生搬硬套，必须根据具体情况来选择和设计。因此，应该在充分分析应用领域的本质特征和开发规律的基础上，综合各种开发方法的特点，在长期的工程实践中灵活应用，逐步加以完善和改进。

复习思考题

1. 系统开发的生命周期包括哪些阶段？每个阶段的主要任务是什么？
2. 生命周期法有哪些优点和缺点？
3. 简述原型法的基本原理以及该方法的优缺点。
4. 简述对象、类、消息、继承、封装、多态的基本概念。
5. 简述面向对象方法的基本观点和优缺点。
6. 试述面向对象方法论与结构化方法论的本质区别。

7. 比较常见的系统开发形式有哪些?

实训：同方股份有限公司开发方式的选择

同方股份有限公司（以下简称"清华同方"）面临的最大问题是如何在科技孵化创新的基础上，把自主技术优势在产品的规模化生产和行业应用的市场占有率中充分体现出来，创造新的市场价值，实现相当的规模，从而实现清华同方的理想——打造一个世界一流的企业，一个百年延续的世界品牌。

为实现这一目标，清华同方启动了"加大自主技术开发，加大产品产业化"的"双加工程"，突出强调信息产业领域关键核心技术的突破与攻关，突出强调在行业的市场占有率和自主品牌的高科技产品，从而全面推进"e战略"。

清华同方应用系统本部作为其公司"双加工程"第一个大型组织，整合了原公司十几个业务单位，着力解决过去小而全模式导致的资源重复建设和难以综合利用的问题。通过整合使企业的生产和管理成本降低，将清华同方公司自身业务做精、做细，因此，应用系统本部在成立之初，就从进行物流统一开始。但是，这种"统一"也给其物流管理带来了重大的挑战。

清华同方原公司十几个业务单位均设有自己独立的库房和配送体系，这种小而全的体系结构从根本上难以实现对系统本部整个业务单位库存和发货情况的统一管理。资源的整合，给予了系统本部物流中心更大的职权，同时也赋予了系统本部更为繁重的责任。经过整合，系统本部形成了以路由器和有线/无线接入设备为核心的网络产品，以光/磁存储器为核心的重担设备产品，以数字图书馆、校园管理软件及语音复读机为核心的教育电子产品（EHP）等多达数万种的软硬件信息产品。系统本部物流中心的物流管理工作呈现出处理内容急剧增加、数据量急剧增大的特点。

对于应用系统本部物流中心原有的物流管理平台，原来合作的软件公司缺乏项目管理和实施经验导致该开发项目中途流产，由此形成的物流管理信息平台在诞生之初就存在先天的缺陷。新组建的应用系统物流中心作为清华同方公司经营信息化的重量级单位，将成为集成下属十几个业务单位数据的公用物流管理平台，是集商务、仓储、配送及财务于一体的重要部门。

经历了首次系统开发项目的失败，应用系统本部物流中心在选择合作伙伴时非常慎重，对自己的信息化需求也有了较为明确的目标，即通过应用现代物流管理信息系统，切实提高企业的物流管理效率，并在此基础上逐步发展成面向社会的第三方专业物流服务企业。

经过与多家软件企业的洽谈，反复衡量实力，比较成功案例，清华同方最后决定签约北京金蝶公司，以其K/3物流管理系统为主体，进行二次开发，使购销存、运输、网络、条形码集成一体，成为完整的物流管理系统。

提示问题：

1. 清华同方第一次系统开发失败的原因有哪些？
2. 清华同方第二次选择的系统开发形式是什么？

第 7 章

信息系统总体规划

学习目的和要求

1. 明确信息系统规划的概念及内容
2. 掌握常见规划方法的基本思想、步骤和优缺点
3. 理解初步调查的方法及可行性研究方法
4. 了解系统方案所包含的内容
5. 掌握网络规划技术及其在系统开发中的应用

导入案例：信息化建设规划先行

医药行业产品技术含量高、品种多、更新快，新药开发工作的难度大、代价高、周期长。利用信息技术加大内控力度，最大限度地降低运营成本、扩大市场，加快传统产业的技术改造，逐步实现生产自动化成为亟待解决的问题。

广州白云山制药总厂通过购置计算机设备，邀请专业的电子科技公司，根据企业业务需求量身定做各类型信息系统，对财务、人力资源、行政事务等进行信息化管理，大大提高了工作效率。信息技术逐步广泛应用到工业生产的各个环节，信息化成为企业经营管理的常规手段。

然而，信息化实施几年后，虽然管理层的工作效率提高了，但是成本无法下降，需要辅助决策的报表也总是迟迟才送到。此外，各部门信息化步伐并不一致，无法实施数据共享。这时，信息化项目团队定下了总厂信息化战略的新目标：建立统一、全面、集成、实时共享的管理信息平台；实现资金流、信息流和业务流的高效整合，实现总厂业

务流程系统化、规范化和科学化。

为此，高层决定找一家信息化战略合作伙伴，在战略层面上为企业提供 2～3 年甚至更长期的整体规划、产品支持和方案实施。作为拥有多年历史的本土国企，广州白云山制药总厂的信息化基础比较薄弱，考虑到国产 ERP 软件的财务管理制度更适合国企，并且国产软件的价格和服务费用相对比较合理，经过专家对国内 ERP 软件的深入考察，在综合衡量企业现状和管理基础的前提下，选择了国内实力强、灵活性好、集成度高、性价比优和本土化程度高的用友 U8 作为软件供应商。企业紧抓信息化和工业化融合这一主线，大力推进面向集成的信息系统规划，通过 OA 系统、ERP 系统、BQ 系统以及移动等项目的全面规划实施，将先进的管理理念和信息技术逐渐渗透到科研、生产、管理、办公和决策等各个环节，企业的管理水平和信息化水平得到了质的飞跃。

资料来源：中国管理案例共享中心，http://www.cmcc-dut.cn/Cases/Detail/1162，有删改。

7.1 信息系统总体规划概述

7.1.1 信息系统规划的概念

信息系统的开发是一个复杂的社会过程，涉及组织的目标、战略、资源、环境等多种错综复杂的因素；同时，信息系统的建设又是一项复杂的系统工程，涉及人员、技术、资金、设备、管理等要素。信息系统能否成功实施，会直接影响到企业战略的实现。因此，在系统开发之前，必须对这些因素进行全面、宏观的分析和规划。自 20 世纪 60 年代以来，信息系统的规划就受到企业界和学术界的高度重视，许多学者在实践的基础上提出了不同的规划方法。

信息系统的战略规划是关于信息系统长远发展的计划，是组织战略规划的重要组成部分。组织的战略规划是对组织长远发展的全局性谋划。组织的战略由愿景使命、政策环境、预期目标和确保目标实现的策略组成。信息系统的战略则是企业信息化建设要实现的目标以及实现目标的方法、策略、措施的总称。信息系统规划就是根据组织的总体发展战略制订的，面向组织信息化发展愿景的，关于企业信息系统的整个建设计划，包括信息系统的发展方向和目标、IT 方案、实施策略和计划、预算等。信息系统规划能够帮助组织充分利用信息技术来规范组织的内部管理，提高组织工作效率和顾客满意度，使组织获取竞争优势，实现组织的宗旨、目标和战略。信息系统规划是过程，而信息系统战略是信息系统规划的结果。

信息系统规划是企业系统规划的一个重要组成部分。例如，企业为提升产品质量，将战略规划确定为建立产品的全面质量管理体系，由此确定信息系统的规划目标为建立产品的质量管理数据库系统。又如，企业拟采取扩展性战略，而销售部门难以通过常规的人工方式管理扩大的市场，此时信息系统规划的目标则是建设客户关系管理系统。在信息系统规划过程中，企业需要解决的问题主要包括：①保证信息系统规划同组织的总体战略相一致；②为组织设计出一个信息系统总体结构，并在此基础上设置和开发应用系统；③对于相互竞争的应用系统，应拟定优先开发计划和运营资源的分配计划；④面对前三个阶段的工作，应选择并应用行之有效的设计方法论。这些将是本章论述的重点内容。

7.1.2 信息系统规划的内容

1. 主要内容

信息系统的总体规划关注组织如何利用信息技术来创造价值，是资源分配及控制的基础。信息系统规划的主要内容包括：

（1）信息系统的目标、约束及总体结构。信息系统的目标确定了信息系统应实现的功能；信息系统的约束包括信息系统实现的环境、条件（如规章制度、人力、物力等）；信息系统的总体结构指明了信息的主要类型和主要的子系统。

（2）单位（企业、部门）的现状。单位（企业、部门）的现状包括计算机软件及硬件情况、产业人员的配备情况以及开发费用的投入情况等。

（3）业务流程的现状、存在的问题以及在新技术条件下的流程重组。业务流程重组实际上是根据信息技术的特点，对手工方式下形成的业务流程进行根本性的再思考和再设计。

（4）对影响规划的信息技术发展的预测。信息技术主要包括计算机硬件技术、网络技术及数据处理技术等。这些技术的推陈出新将给信息系统的开发带来影响（如处理效率、响应时间等），并决定将来信息系统性能的优劣。因此，只有在规划时及时地吸取相关新技术，才能使开发出的信息系统更具生命力。

2. 信息系统的规划步骤

信息系统的规划可以按照以下步骤进行，如图 7-1 所示。

（1）确定规划的基本问题。确定规划的基本问题包括确定规划的年限，规划方法的选择、规划方式（集中或分散）的选择以及是采取进取型还是保守型的规划等。

（2）收集初始信息。在收集初始信息前应进行初步调查，调查包括：企业现状、组织机构和管理状况、企业现行信息系统建设水平、管理水平和信息技术现状。

（3）评价现状，识别计划约束。评价现状、识别计划约束包括分析系统的目标，对现行系统存在的设备、软件及其质量进行分析和评价，对系统的人员、资金、运行控制等进行计划和安排。

（4）设置目标。设置目标是指由组织的领导和系统开发负责人依据组织整体目标来确定信息系统的目标，包括系统的服务质量和范围，人员、组织以及需要采取的措施等。

（5）选择开发方案。由于受到资源的限制，各项活动和项目不可能同时进行，因此应选择企业最为需要的项目先行开发。在确定优先开发的项目后，还要确定总体开发次序、开发策略和开发方法。

（6）信息系统总体架构设计。信息系统总体架构设计是指给出信息系统总体框架、技术路线以及各子系统的划分等。

（7）编制项目的实施进度计划。编制项目的实施进度计划是指预估项目成本和人员需求,依次编制项目的实施进度计划。

(8)写出信息系统开发的总体规划。写出信息系统开发的总体规划是指将信息系统开发的总体规划整理成规范的文档,在成文过程,与用户、系统信息的开发人员及各级领导要不断协商,交换意见。

(9)报送总经理批准。整理成文的信息系统的总体规划必须经过总经理批准才能生效,否则只能返回到前面某一个步骤,重新再来。

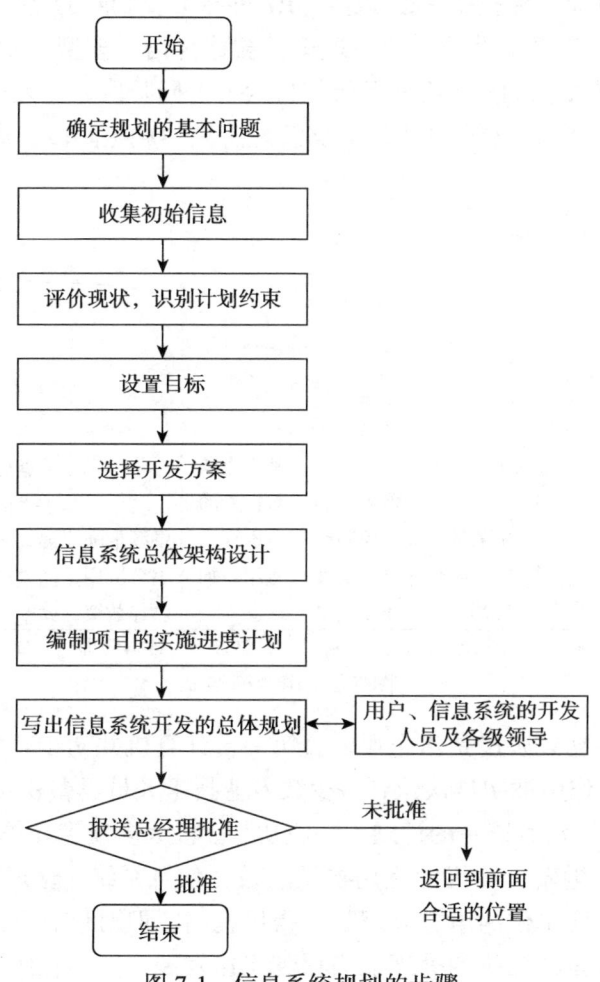

图 7-1 信息系统规划的步骤

3. 信息系统规划的组织

信息系统规划需成立一个领导小组进行相关人员的培训并明确规划工作的进度。

(1)规划领导小组。规划领导小组应由单位(企业、部门)的主要决策者负责。领导小组成员最好是本单位各部门的业务骨干,他们的任务是完成有关数据及业务的调研和分析工作。

(2)人员培训。制定系统规划需要掌握一套科学的方法,为此应组织对高层管理人员、分析员和规划领导小组成员进行培训,使他们掌握制订信息系统战略规划的方法。

（3）规定进度。明确了规划方法之后，应该限定规划工作的各个阶段的大致时间，以便对规划过程进行严格管理，避免因过分拖延而导致项目延期或被迫放弃。

7.1.3 诺兰模型

诺兰模型是西方国家进行信息系统规划的指导性理论之一。西方发达国家的信息系统发展经验表明：一个企业或地区信息系统的发展具有一定的规律性，一般要经历从初级到成熟的成长过程。理查德·L.诺兰（Richard L. Noland）总结了这一规律，他于1973年首次提出了信息系统发展的阶段理论，被称为诺兰模型。到1980年，诺兰进一步完善该模型，把信息系统的成长过程划分为六个不同阶段，这六个阶段分别是初装阶段、普及阶段、控制阶段、整合阶段、数据管理阶段和成熟阶段，如图7-2所示。

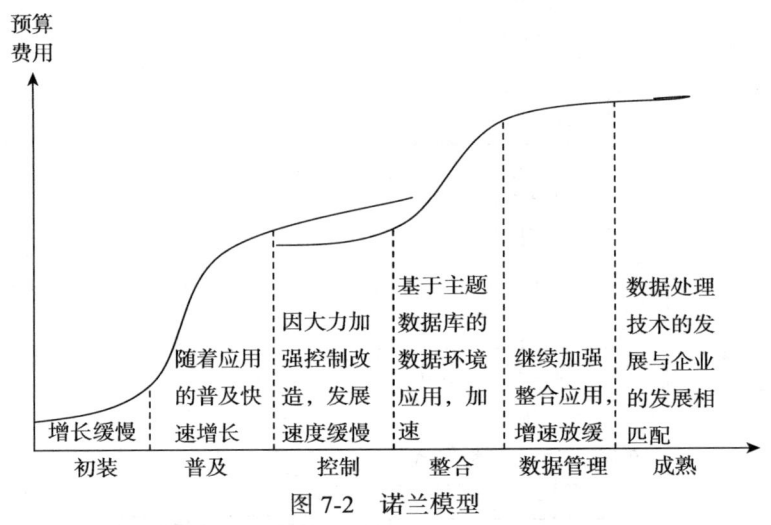

图 7-2　诺兰模型

（1）初装阶段。初装阶段是指企业购置第一台计算机并初步开发管理应用程序的阶段。该阶段计算机的作用被初步认识到，少数专业技术人员具备初步使用计算机的能力，计算机是分散控制的，没有统一的计划。一般初装阶段大多发生在单位的财务部门。

（2）普及阶段。随着计算机的应用初见成效，信息系统（管理应用程序）从少数部门扩散到多数部门，使单位的事务处理效率得以提高，但对信息系统的管理和费用方面都造成了影响。此阶段计算机的处理能力得到飞速发展，然而在组织内部又会出现许多有待解决的问题，如数据冗余、数据不一致以及难以共享等。

（3）控制阶段。当管理部门了解到计算机数量超出控制，计算机预算每年增长比例过高，而投资的回收却不理想时，组织开始制定管理方法，对整个企业的系统建设进行统筹规划，特别是利用数据库技术解决数据共享问题。这时，严格的控制阶段便代替了普及阶段。诺兰认为，第三阶段将是实现从以计算机管理为主到以数据管理为主转换的关键，一般发展较慢。

（4）整合阶段。整合阶段就是在控制的基础上，对子系统中的硬件进行重新连接，建立集中式的数据库及能够充分利用和管理各种信息的系统。由于需要重新安装大量设备，此阶段的预算费用又一次迅速增长。

（5）数据管理阶段。诺兰认为，在整合阶段之后才会真正进入数据管理阶段，这时数据真正成为企业的重要资源。由于美国在 20 世纪 80 年代时多数企业还处在整合阶段，因此诺兰对于第五阶段没有给出详细的描述。

（6）成熟阶段。信息系统的成熟表现在它与组织的目标完全一致，可以满足组织中各管理层的要求，能适应任何管理和技术的新的变化，从而真正实现信息资源的管理。

这是一种波浪式的发展历程，其中前三个阶段具有计算机数据处理时代的特征，后三个阶段则显示出信息技术时代的特点，前后之间的"转折区间"是在整合阶段。办公自动化设备的普及、终端用户计算环境的进展导致了发展的非连续性，这种非连续性又被称为"技术性断点"。

诺兰模型总结了发达国家信息系统发展的经验和规律。一般认为，模型中的各阶段都是不能跨越的。因此，无论在确定开发信息系统的策略还是在制定信息系统规划时，首先应明确本单位当前处于哪一发展阶段，进而根据该阶段的特征指导信息系统的建设。该模型既可以用于诊断当前所处的阶段、前进的方向、最有效的开发管理办法，也可以用于对各种变动的安排，进而以一种可行的方式转至下一生长阶段。虽然系统成长现象是连续的，但各阶段则是离散的。用户单位可以根据各阶段之间的转换和各种特性的逐渐出现，运用诺兰模型辅助制订规划，因此将它作为信息系统规划的指南是十分有益的。

7.2 总体规划主要方法

在早期研究中，信息系统规划并没有作为一个阶段单独被划分出来，更多的是被视为系统开发前的需求调查。然而，随着研究的深入，人们越来越清晰地意识到信息系统规划工作在整个系统开发过程中的重要作用。因此，学者提出了很多用于系统总体规划的方法，例如关键成功因素法（Critical Success Factors，CSF）、价值链方法（Value Chain，VC）、企业系统规划法（Business System Planning，BSP）、战略目标集转化法（Strategy Set Transformation，SST）、投资回收法（Return On Investment，ROI）、征费法（Charge Out）和零线预算法等。下面重点介绍在实践中使用最多的三种方法。

7.2.1 关键成功因素法

关键成功因素法是一种重点问题突破法，即首先抓住影响系统成功的关键因素并进行分析，确定企业组织的信息需求。这种方法于 1970 年由哈佛大学教授威廉·泽尼（Willian Zani）提出，是一种较早应用于信息系统开发规划的方法。

1. 关键成功因素法的基本步骤

任何一个企业组织，都存在对其成功起关键作用的影响因素，我们称之为关键成功因素。决策信息往往就来源于这些关键成功因素。关键成功因素总是与那些能够确保企业生存和发展的方面和部门密切相关；但是，在不同的业务活动中，在不同的时期，关键成功因素也会存在差异。随着时间的改变，某个时期的关键成功因素可能会转变成一般的影响因素，而某些一般的影响因素则可能转变成关键成功因素。

关键成功因素具有如下特点：①是少量的、易于识别的、可操作的目标；②可以确保企业的成功；③能够决定企业的信息需求。在制定信息系统规划时，识别核心影响因素是规划设计期内最重要的问题。为把控关键成功因素，一般选取关键性能指标（Key Performance Indicators, KPI）对关键成功因素状况进行量化评价。一个关键成功因素可能对应若干个关键性能指标。某超市的关键成功因素和关键性能指标的实例如表 7-1 所示。

表 7-1 某超市的关键成功因素和关键性能指标

关键成功因素	关键性能指标
定价	各种产品系列的库存更新率
季节性商品促销	本年与上一年同期产品的库存分析
广告效力	各种产品系列所占有的市场份额

企业的信息需求是由关键成功因素决定的。关键成功因素法通过对关键成功因素的识别，找出实现目标所需的关键信息集合，从而确定系统开发的优先次序。以数据库的分析与建立为例，关键成功因素法的具体步骤如下（见图 7-3）：

（1）了解企业组织的目标。
（2）识别关键成功因素（CSF）。
（3）识别性能指标和标准。
（4）识别测量性能的数据。

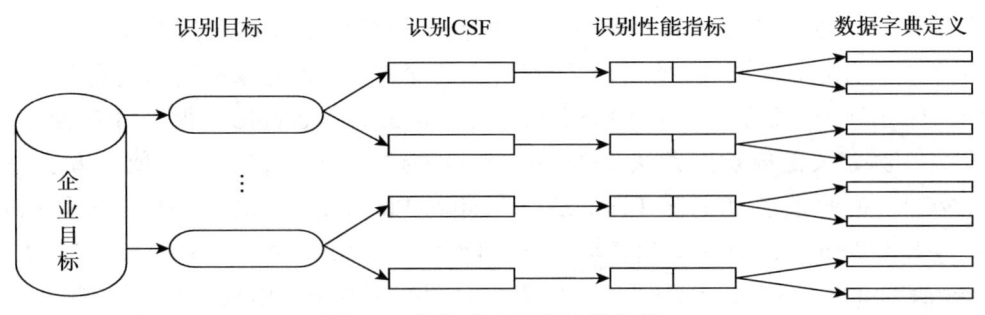

图 7-3 关键成功因素法的步骤

2. 关键成功因素法的工具

关键成功因素法的起点是企业目标，然后通过对目标的分解和识别、关键成功因素识别、性能指标识别等阶段的工作，终点是产生数据字典。关键成功因素法从建立数据库开始，逐步推进，直至细化到数据字典。对关键成功因素的识别指的是识别联系系统目标的主要数据类及其关系，常用工具为鱼骨图（又称因果分析图）。例如，某企业的目标之一是提高市场竞争力，通过识别各种影响因素以及子因素，用鱼骨图描述，如图 7-4 所示。

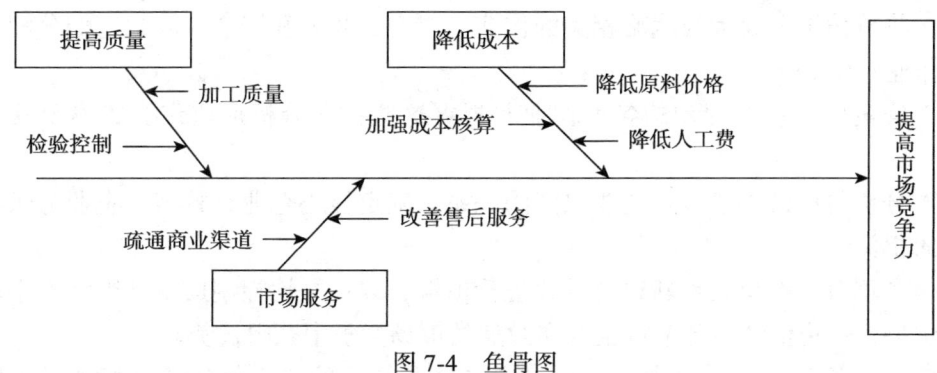

图 7-4 鱼骨图

对于影响企业组织目标的多种因素，如何对其进行分析、评价，找出关键成功因素，不同企业可以采取不同的方法。习惯由高层领导进行决策的企业，可以由高层决策者个人进行选择；习惯由群体进行决策的企业，可以采用德尔菲法，对不同人的观点进行综合考虑。关键成功因素法常适用于高层领导的决策和规划，因为企业组织的高层领导往往面临的是半结构化或非结构化的问题，自由程度高，经常需要考虑关键的影响因素。

7.2.2 价值链方法

1. 价值链相关概念

价值链方法是指企业关注一系列输入、转换与输出的活动序列集合，这些序列集合中的每个活动都有可能相对最终产品产生增值行为，从而增强企业的竞争地位。因此，企业通过在价值链过程中灵活应用信息技术和关键业务流程优化达到实现企业战略的目标。

美国战略管理学家迈克尔·波特（Michael E. Porter）在 1985 年第一次提出价值链分析方法。价值链是一种高层次的物流模式，由原材料作为投入资产开始，直至原材料通过不同过程销售给顾客为止，其中的所有价值增值活动都可作为价值链的组成部分。价值链的范畴从核心企业内部向前延伸到了供应商，向后延伸到了分销商、服务商和客户。这也形成了价值链中的作业之间、公司内部各部门之间、公司和客户以及公司和供应商之间的相互依赖关系，进而影响价值链的绩效。因此，有效协调、管理和控制价值链中节点企业之间的相互依赖关系可以提高价值链中各节点企业的作业效率和绩效。价值链中作业之间的依赖程度越高（即它们的联系越强），就越需要协调和管理价值链中节点企业之间的关系。协调价值链中各节点企业之间的关系，就是要在各方相互信任的基础上利用共享的有关信息对整个价值链中相互依赖的作业进行定位、协调和优化，把生产资源的分工协作和物流过程组织成为总成本最低、效率最高的供应链，使处在价值链上的各节点企业具有共同的价值取向，取得最大的价值增值，从而实现"多赢"的目的。

2. 价值链方法的基本步骤

企业的完整价值链是一个跨越企业边界的、供应链中各节点企业所有相关作业的一系列组合。价值链分析要求核心企业将其自身的作业成本和成本动因信息与供应链中节点企业的作业成本和成本动因信息联系起来。具体而言，价值链的分析步骤如下：

（1）将价值链分解为与战略相关的作业、成本、收入和资产，并把它们分配到"有价值的作业"中。

（2）确定引起价值变动的各项作业并根据这些作业分析形成作业成本及其差异的原因。

（3）分析价值链中各节点企业之间的关系，确定核心企业与顾客、企业与供应商之间作业的相关性。

（4）利用分析结果，重新组合或改进价值链，以更好地控制成本动因，产生可持续的竞争优势，使价值链中各节点企业在激烈的市场竞争中获得优势。

事实上，价值链中的节点企业一旦参与核心企业的完整价值链分析项目，便与核心企业及其伙伴公司一起形成战略联盟，共享与价值链有关的作业成本和业绩信息。与单个公司从外部角度对这些企业的作业和成本进行假设，进而进行分析相比，合作的精确性更高，范围更广。此外，参与价值链分析的节点企业具有共同的价值取向，在实现信息共享以后，核心企业不仅可以增加伙伴企业之间的相互信任，提高购货方的收货效率，减少存货滞留，降低供应链成本，还可以提高价值链各节点企业中相同类型的作业的效率，从而有效地协调和管理价值链上节点企业之间的关系，最终提高整个价值链的运营效率。

7.2.3 企业系统规划法

企业系统规划法是一类全面调查法，主要基于用信息支持企业运行的思想，是由IBM公司于20世纪70年代初提出来的，是一种企业组织内部系统开发的方法。它的基本思路与前面的方法相似，首先自上而下识别系统目标，识别企业过程，识别数据，然后再自下而上设计系统。企业系统规划法的步骤如图7-5所示。

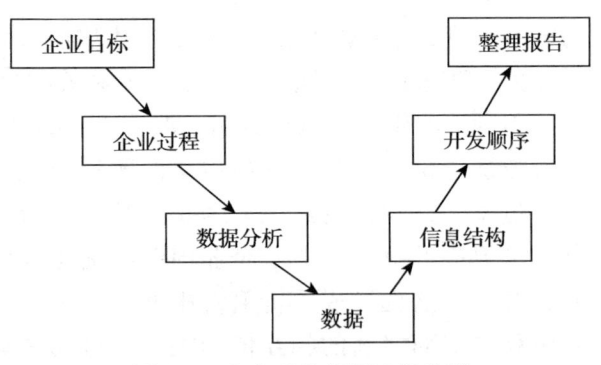

图7-5　企业系统规划法的步骤

企业系统规划法是将企业目标转化为信息系统战略的全过程，该方法所支持的目标是企业的各层次目标，这种支持是在多个子系统的支持下以实现的。企业系统规划法的工作过程，可以归纳为以下四个阶段，如图7-6所示。

1. 准备工作阶段

在准备工作阶段，主要进行的是系统规划的前期工作，包括以下三个方面：

（1）在信息系统项目得到上级领导或主管部门批准后下达任务，明确系统开发的目标，着手成立系统开发的组织。

（2）制订系统调查计划、调查对象、调查大纲等。

（3）开动员会，由信息系统项目的开发负责人介绍企业组织的现状、组织机构、决策过程、用户对现行系统的看法和对新系统的期望，统一并明确对系统开发的问题和要求。

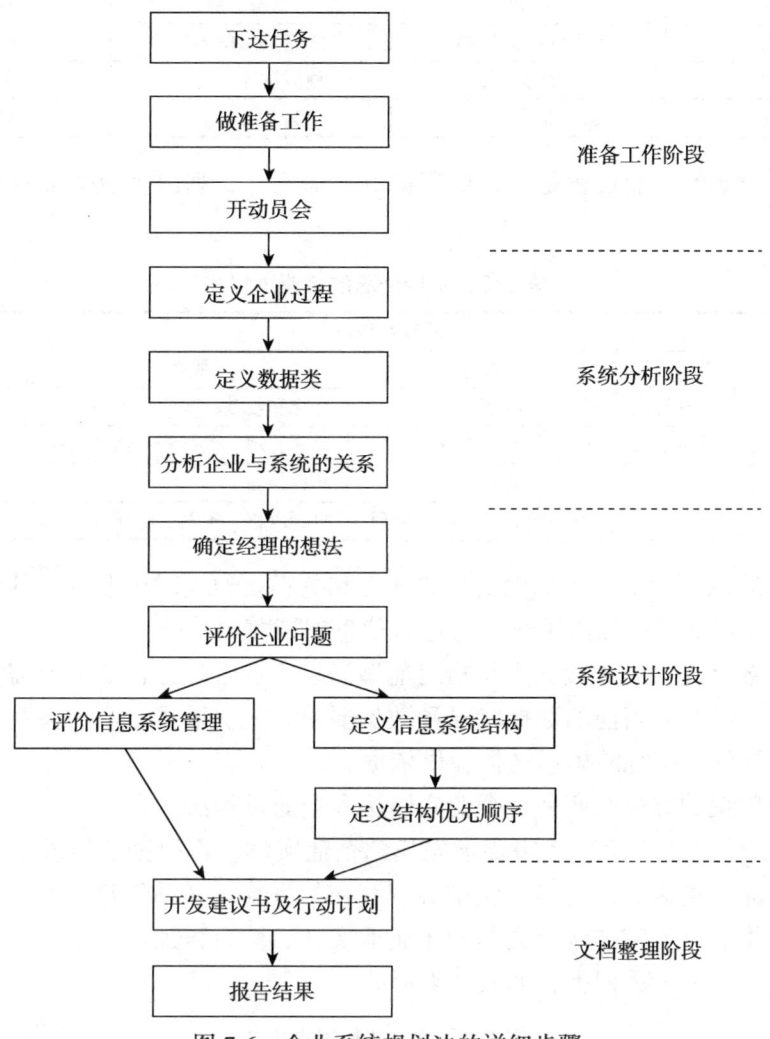

图 7-6 企业系统规划法的详细步骤

2. 系统分析阶段

系统分析阶段是系统规划的基础，也是系统设计的前提。这一阶段的工作主要包括以下几个方面：

（1）定义企业过程。定义企业过程是指识别企业逻辑上相关的一组决策和活动的集合。企业管理活动是由许多企业过程组成的，可以归纳为计划与控制、产品与服务、支持资源三方面。识别企业过程，实际上就是识别这三个方面的过程。

识别计划与控制的企业过程是指从第一个源计划与控制的过程出发，经过分析、讨论、研究和磋商，将企业的战略规划和管理控制方面的过程列成一个表的过程，如表 7-2 所示。

识别产品与服务的企业过程是指按照产品生命周期的每个阶段，列出产品与服务过程，经过合并、调整，使之趋于合理。

表 7-2 计划与控制的企业过程

战略规划	管理控制	战略规划	管理控制
经济预测	市场/产品控制	放弃/追求分析	运行计划
组织计划	工作资金计划	预测管理	预算
政策开发	职工素质计划	目标开发	测量与评价

识别支持资源的企业过程是指按照资源的生命周期，列出企业全部资源的过程，如表 7-3 所示。

表 7-3 支持资源的企业过程

资源	周期与过程			
	要求	获得	服务	退出
人才	人事计划、工资管理	招聘、转业	补充和收益、职业发展	终止合同、退休
资金	财务控制、成本控制	资金获得、接收	公文管理、银行账、会计总账	会计支付
材料	生产需求	采购、接收	库存控制	订货控制、运输
设备	主设备计划	设备购买、建设、管理	机器维修、家具、附属物	设备报废

企业过程的识别是企业系统规划法的核心和关键。通过对企业过程的识别，可以对企业组织如何完成其目标加深了解，为进行信息识别奠定基础。

（2）定义数据类。定义数据类是指对能够激发企业管理工作活动所需要的数据的识别。其目的是了解企业当前的数据状况和数据要求，查明数据共享的关系并建立数据过程矩阵，为设计信息系统的体系结构提供依据。

识别企业数据的方法有两种：企业实体法和企业过程法。

1）企业实体法。企业实体法要求先找到企业实体，再根据实体发现数据。企业实体有顾客、产品、材料及人员等企业中客观存在的事物，联系于每个实体的生命周期阶段就有各种数据。企业实体法首先是列出企业实体，然后再列出一个矩阵，水平方向列出实体，垂直方向列出数据类，如表 7-4 所示。

表 7-4 实体/数据类矩阵

数据类	实体						
	产品	顾客	设备	材料	卖主	现金	人员
计划	产品计划	销售领域 市场计划	能力计划 设备计划	材料需求 生产调度		预算	人员计划
统计	产品需求	销售历史	运行 设备利用	采购需求	卖主行为	财务统计	生产率 盈利历史
库存	产品 成品 零件	顾客数	设备 机器负荷	原材料 成本 材料单	卖主数	财务 会计	雇用工资 技术
业务	订货	运输		采购 订货	材料接收	接收付款	

2）企业过程法。它利用以前识别的企业过程，分析每一个过程利用什么数据，产生什么数据，或者说每一过程的输入和输出数据是什么。它可以用输入–处理–输出图

形象地表达，如图 7-7 所示。

（3）分析企业与系统的关系。采用"组织 / 过程矩阵"，它在水平方向列出各种过程，垂直方向列出各种组织。如果该组织是该过程的主要负责者或决策者，则在对应的矩阵元素中画 *；若为主要参加者就画 ×；若为部分参加者就画 /，这样就一目了然。如果企业已有现行系统，我们可以画出"组织 / 系统矩阵"，在矩阵元素中填 C，表示该组织用该系统。如果该组织以后想用某系统可以在矩阵元素中填入 P，表示该组织计划用该系统。同理可以画出"系统 / 过程矩阵"，用以表示某系统支持某过程。同样可以用 C 和 P 表示现行和计划，还可以用同样方法画出系统和数据类的关系。

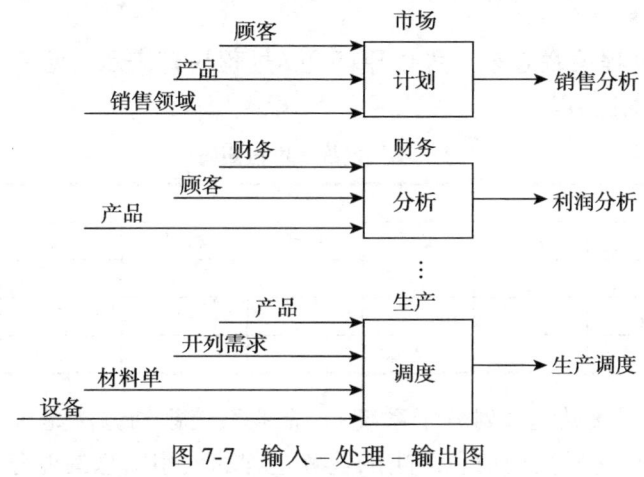

图 7-7　输入 – 处理 – 输出图

3. 系统设计阶段

（1）确定经理的想法。确定经理的想法就是确定企业领导对企业长期发展战略的看法。在采访前，规划小组应事先拟定采访提纲；在采访结束后，还应认真分析总结。

（2）评价企业问题。在 BSP 采访后应当根据这些资料来评价企业的问题，评价过程的流程图如图 7-8 所示。

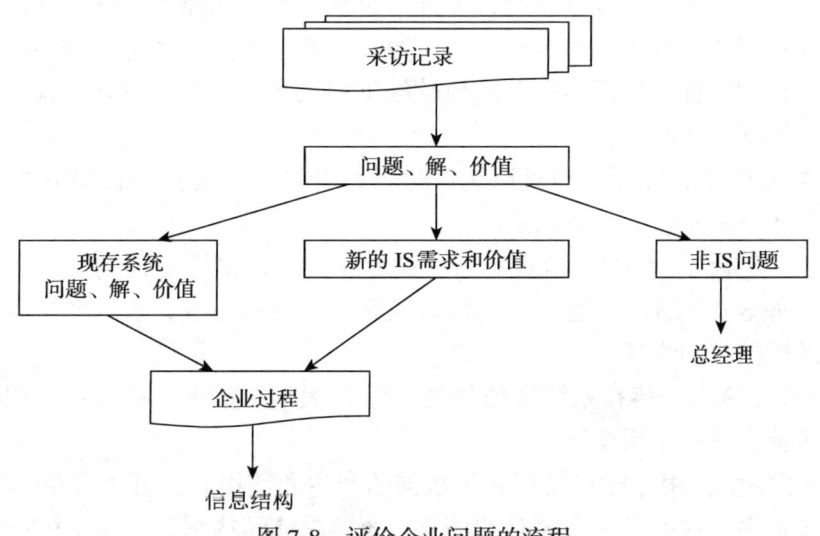

图 7-8　评价企业问题的流程

1）总结采访数据。将结果汇集到一张表上，如表 7-5 所示。

表 7-5　采访数据总结表

主要问题	问题解	价值说明	信息系统要求	过程/组影响	过程/组起因
生产计划影响利润	计划机械化	改善利润 改善客户关系 改善服务和供应	生产计划	生产	生产

2）分类采访数据。任何采访的数据均要分三类，即现存系统的问题和解、新系统需求和解以及非信息系统问题。第三类问题虽不是信息系统所能解决的，但也应充分重视并整理递交总经理。

3）把数据和过程关联起来。可以用问题/过程矩阵表示（见表 7-6），表中的数字表示这种问题出现的次数。

表 7-6　问题/过程矩阵

问题	过程组						
	市场	销售	工程	生产	材料	财务	人事	经营
市场/客户选择	2	2						2
预测质量	4						4	
产品开发			4		2			1

（3）定义信息系统结构（划分子系统）。企业系统规划方法是根据信息的产生和使用来划分子系统的，它尽量把信息产生的业务过程和使用信息的业务过程划分在一个子系统中，从而减少了子系统之间的信息交换。具体的做法是根据信息的产生和使用建立 U/C 矩阵。U/C 矩阵划分子系统的步骤如下：

1）利用 U/C 矩阵定义系统的总体结构。在了解了数据类和企业流程后，下一步就要对它们的关系进行综述。为此，将数据类对照企业流程安排在一个矩阵中，用字母 C（Create）表示该流程的产生数据，用字母 U（Use）表示该流程的使用数据。在矩阵中，按关键资源的生命周期顺序放置过程，即计划过程、度量和控制流程、直接涉及产品的流程、管理支持资源的流程。根据流程产生数据的顺序将数据类排在另一轴上，先排列由计划过程产生的数据，然后把所有其他数据类列入矩阵中并在适当的行列交叉处填上字母 C 和 U，如表 7-7 所示。

适当调整数据类的排列，即对该矩阵进行行变换和列变换，使矩阵中字母 C 和 U 尽可能集中分布在对角线上及其附近。

2）确定主要系统。将业务流程和数据类依据其管理的资源而划分成若干组，并用方框框起来，如表 7-8 所示。这些方框代表逻辑子系统的组合，表明产生和维护某些特定的、相关的数据类的责任。

3）表示数据流向。落在系统方框外的字母 U 表示对数据流的应用，用箭头表示数据从一个系统流向另一个系统。

4）识别子系统。用方框和箭头表示数据的产生和使用后，可以去掉字母 C 和 U 并给每个子系统命名，这就是一个完整的信息系统的总体结构图，如表 7-9 所示。

表 7-7 数据类/过程关系矩阵图（U/C 矩阵）

过程 \ 数据类	顾客	财务	预算	供应厂家	材料计划	材料库存	产品库存	顾客合同	费用	销售	价格	收支	计划	人员	工资	在制品库存	生产进度	机床负荷	采购合同	工艺	产品	设备	零件	材料定额	工时定额
市场分析	U							U		U	U		U								U				
产品调查	U							U		U	U										U				
销售预测	U		C							U	U		C								U				
财务计划		U	U						U				C												
借贷资金		C	U																						
基金管理		U	U										U												
产品设计																				C	C				
产品工艺																				U	U	U	C		
制订定额																				U			U	C	C
材料计划				U	C	U							U										U	U	
采购				C	U	U													U						
进货				U	U	C													C						
库存控制						C	U		U										U						
作业计划													U			U	U	U		U	U	U	U		
在制品控制																C	C	U		C	U				
作业安排														U		U	U	U		U	U				U
设备管理										U	U							U				C	U	C	U
设备维修										U	U							U		U		U	C	U	
机床安排																		U		U	U	U			U
顾客服务	C																				U				
产品库存管理							U	C	U	U											C				
顾客合同管理	U							U	C	U															

（续）

过程\数据类	顾客	预算	财务	供应厂家	材料计划	材料库存	产品库存	顾客合同	费用	销售	价格	收支	计划	人员	工资	在制品库存	生产进度	机床负荷	采购合同	工艺	产品	设备	零件	材料定额	工时定额
包装								U																	
运输	U							U																	
总会计		U	U						U		U														
出纳		U	U						U		U				U				U						
现金收支									C	U	C				U										
费用计算						U	U		U			C			U										
预算计划		U	U					U		C		U	U			U									
成本计算			U						U		C					U									
利润分析			U						U	U		U													
人员管理													U	C	U										
招工													U	U	C										
人员分配														U	U							U			
考勤														U	U										U
支付工资			U											U	U										U

表 7-8 U/C 矩阵调整图

过程 \ 数据类	预算	计划	财务	产品	零件	工艺	材料定额	工时定额	材料计划	供应厂商	采购合同	材料库存	生产进度	机床负荷	在制品库存	设备	顾客	产品库存	顾客合同	销售	收支	费用	价格	人员	工资
市场分析		U		U													U		U	U			U		
产品调查	C			U	C												U	U		U			U		
销售预测	U	U		U													U			U			U		
财务计划	U	U	C																			U			
借贷资金	U		U																						
基金管理	U		U																						
产品设计				C	C	U	U																		
产品工艺				U	U	C	U	C																	
制订定额					U	U	C	C																	
材料计划		U		U	U		U		C	U															
采购									U	C	C	U													
进货										U	U	U													
库存控制									U	U	U	C													
作业计划		U				U		U					C	C											
在制品控制													U	U	C										
作业安排						U		U				U	U	U	U										
设备管理																C									
设备维修														U		U						U			
机床安排														U		U									
顾客服务																	C	C	U	U				U	
产品库存管理																	U	C	U	U		U	U		
顾客合同管理																		U	C	C			U		

(续)

过程	数据类																								
	预算	计划	财务	产品	零件	工艺	材料定额	工时定额	材料计划	供应厂商	采购合同	材料库存	生产进度	机床负荷	在制品库存	设备	顾客	产品库存	顾客合同	销售	收支	费用	价格	人员	工资
包装				U																					
运输																									
总会计	U		U																U		U		U		
出纳	U		U														U		U		U	U	U		
现金收支																					C	U			
费用计算	U		U									U						U				C			
预算计划	U	U																			U	U			
成本计算			U													U			U		U	U	C		
利润分析			U																		U	U	U		
人员管理		U																						C	C
招工		U																						U	
人员分配							U	U																U	C
考勤								U																U	U
支付工资			U																					U	U

表 7-9 U/C 矩阵图转换为信息系统的总体结构图

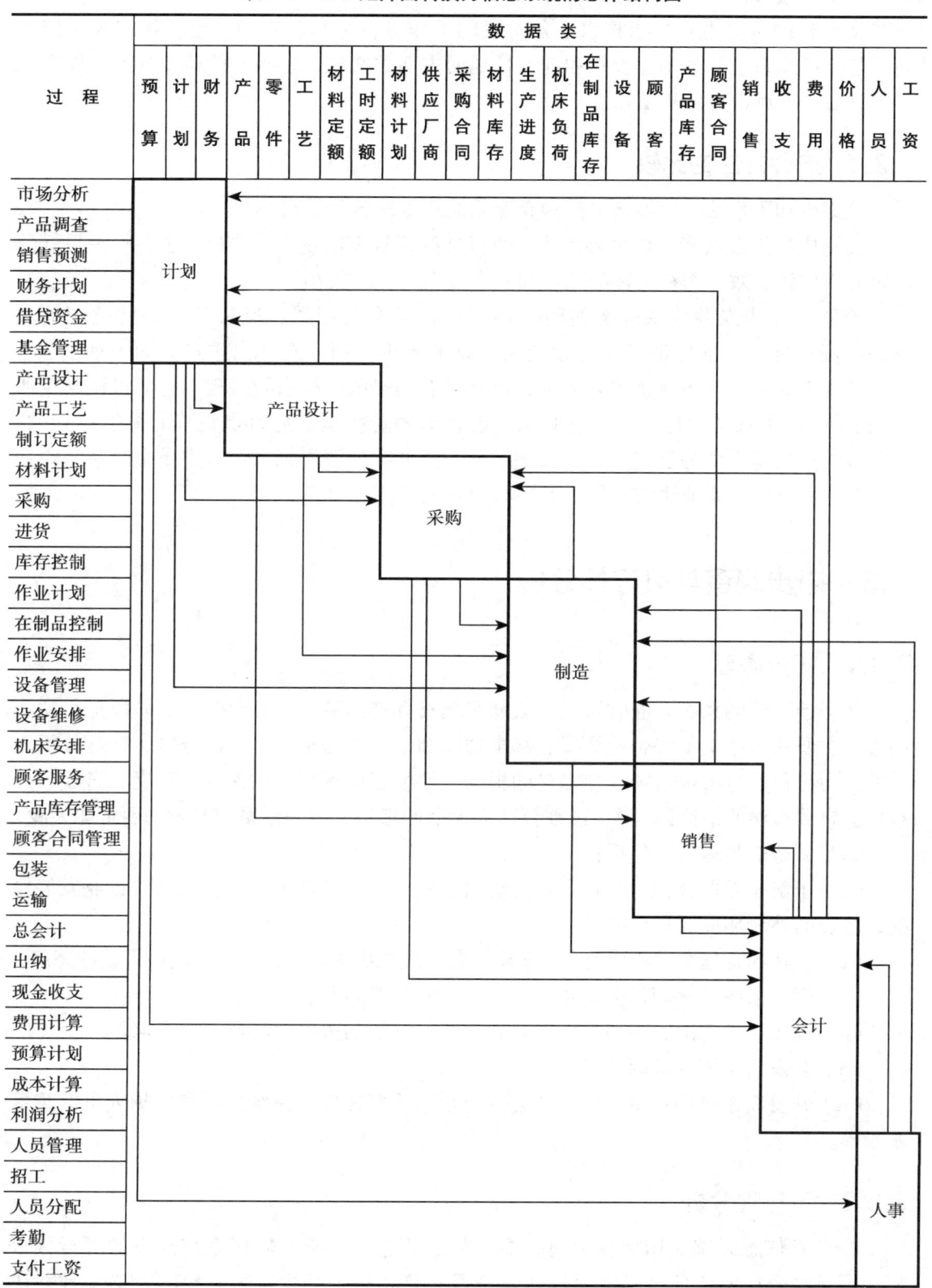

4. 文档整理阶段

文档整理阶段主要是指将以上各阶段的工作进行总结和归纳，形成相应的文档资料，包括信息系统开发的建议书和开发计划两方面的文档，这些文档经过有关领导和部门审批后，就可以应用于工作。

7.2.4 三种方法的比较

关键成功因素法、价值链方法和企业系统规划法各具特点。

关键成功因素法能抓住主要矛盾，使目标的识别突出重点。这种方法在管理目标的确定方面比较有效，而在目标的细化和实现方面则作用较小。

价值链方法强调从供应链的整个环节进行综合的变革，反映了多个利益相关主体的共同目标。它能保证目标比较全面，疏漏较少，但它在突出重点方面不如前者。

企业系统规划法虽然也强调目标，但它没有明显的目标引导过程。它通过识别企业"过程"引出了系统目标，企业目标到系统目标的转换是通过 U/C 矩阵的分析得到的。由于数据类也是在业务过程基础上归纳出的，因此我们说识别企业过程是企业系统规划的中心，而不能把企业系统规划法的中心内容当成 U/C 矩阵。

7.3 初步调查与可行性分析

7.3.1 初步调查

对当前系统的调查，通常可以分成初步调查和详细调查。在总体规划阶段进行初步调查，主要从总体上了解企业概况、基本功能和信息的需求。初步调查以可行性分析为目的，为可行性分析提供定性和定量的根据。要恰当掌握调查的深度与广度，过浅、过窄可能导致错误的结论；过深、过细会造成无谓的浪费，因为新系统开发与否尚未定论。

初步调查的具体内容包括：

（1）了解企业的概况，包括企业的规模、特点、发展规划、经营策略、行业发展概况、企业的外部环境等基本情况。

（2）企业的管理水平和管理人员素质，各管理层次人员对开发和使用新系统的态度。

（3）现行系统的管理目标、功能以及存在的主要问题。

（4）新系统的范围、不同管理层对新系统目标的期望、功能与信息需求。

（5）开发新系统的资源状况。

（6）开发新系统的约束条件，如开发时限、投资额度、系统使用和维护人员的技术水平等。

7.3.2 可行性分析

在开发信息系统应用项目之前，要在初步调查的基础上做好系统开发的可行性分析。可行性分析的任务是确定项目开发是否必要和是否可行。建设 MIS 的必要性取决于需求的迫切性和实现的可行性。可行性并不等于可能性，它还包括必要性，如果领导或管理人员对信息的需求并不迫切或尚不具备各方面的条件，就是不具备可行性。

1. 可行性分析的内容

系统通常都受到资源（人力、财力、设备等）和时间上的限制，可行性分析主要从经济、技术、管理等方面分析所给出的解决方案是否可行，能否在一定的资源和时间的约束下完成。

（1）经济上的可行性。经济可行性主要是对项目进行成本效益分析，从经济角度确定系统是否值得开发。一方面是系统的成本，主要包括：购置硬件、软件（如数据库管理系统、第三方开发的软件等）和设备的费用，系统的开发费用，系统安装、运行和维护费用，人员培训费用等。另一方面是系统的效益，包括经济效益和社会效益。经济效益包括使用基于计算机的系统后可增加的收入和可节省的运行费用，在进行成本效益分析时通常只统计五年内的经济效益。经济效益通常可以用货币的时间价值、投资回收期和纯收入来度量。社会效益指的是使用基于计算机的系统后对社会产生的影响（如提高了办事效率、提供了更多的信息、提升了用户满意度等），通常社会效益只能定性地估计。

（2）技术可行性。技术可行性分析是指主要根据系统的功能、性能、约束条件等，分析在现有资源和技术条件下系统能否实现。技术可行性分析通常包括风险分析、资源分析和技术分析。风险分析用于分析在给定的约束条件下设计和实现系统的风险，如采用不成熟的技术可能造成技术风险，人员流动可能给项目带来风险，成本和人员估算不合理可能造成预算风险等。风险分析的目的是找出风险，评价风险的大小并有效地控制和缓解风险。资源分析用于论证是否具备系统开发所需的各类人员、软件、硬件等资源和相应的工作环境。如果有一支开发过类似项目的团队，或者开发人员比较熟悉系统所处的领域并有足够的人员保证，能通过合法的手段获取所需的硬件和支撑软件，那么从技术角度看，可以视为具备设计和实现系统的条件。技术分析用于分析当前的科学技术是否支持系统开发的各项活动。在技术分析过程中，分析员收集系统的性能、可靠性、可维护性和生产率方面的信息，分析实现系统功能、性能所需的技术、方法、算法或过程，从技术角度分析可能存在的风险以及这些技术问题对成本的影响。

（3）社会可行性。信息系统是一个社会－技术系统，多种社会因素对系统的开发起着制约作用。社会可行性需要从政策、法律、道德、制度、管理、人员等社会因素角度来考虑。从企业内部看，主要是管理人员对开发信息系统的态度和管理方面的基础工作。新系统运行必然会引起管理系统组织机构、职能分工、管理机制、管理方法等一系列的变革，还面临大量人事方面的改革，因此需要考察管理人员对变革和调整具有足够的心理承受能力，更重要的是要有对新系统运行的适应能力，管理人员的素质要能适应新系统的要求。管理基础工作的好坏主要表现在管理制度和方法是否科学，规章制度是否齐全以及原始数据是否正确等方面。如果企业流程尚未定型，再先进的信息系统也难以发挥作用。从企业外部看，要分析信息系统是否与道德、法律、制度相抵触，还要考虑业务伙伴的信息化现状。有些企业的信息化战略需要按照供应链上强势企业的标准来调整。

2. 可行性分析的结论

可行性分析是指从经济、技术、系统环境三方面，分析在现有资源及其他条件下，系统目标是否可以实现，是否有必要实现等。根据以上分析，对提出的信息系统开发工作做出是否可行的结论。结论可以是以下五种情况之一：

（1）条件具备，可立即进行系统开发。

（2）时机不成熟，需要调整目标系统中的某些指标后才能进行开发，如增加投资、增加人力、延长开发时间等。

（3）需要推迟，直到某些条件具备之后才能进行开发，如需要进行管理工作的改进、组织机构的调整等。

（4）目标太低或太高，需要对目标进行某些修改后才能进行开发。

（5）没必要进行开发，如经济上不合算，技术条件不成熟等。

3. 可行性分析报告

可行性分析报告是对可行性分析工作的总结，其内容包括如下方面：

（1）现行系统的目标、功能、范围和关键信息需求及存在的主要问题。

（2）拟建新系统的总体方案以及其他可选方案，并对方案进行对比和分析。

（3）系统开发的分阶段投资计划与投资总额，系统正常运行后的日常维护、材料消耗等方面的年费用投入以及系统投运后所产生的经济与社会效益分析。

（4）开发系统所具有的技术条件和对技术能力的评估。

（5）管理方面的计划，包括人员培训计划等。

（6）能否开发系统的结论意见。

可行性分析报告是在初步调查的基础上对可行性分析的总结报告，是深入进行系统开发工作的依据。在可行性分析报告得到企业领导、同行专家的论证批准后，才能继续开展系统分析工作。

7.4 拟订信息系统总体方案

拟订信息系统总体方案是指在系统初步调查和可行性分析的基础上，根据企业的规模、长远规划和当前的实际情况等因素，合理安排信息系统的建设进程，从发展的、全局的、长远的角度规划系统方案。系统的方案应包含以下主要内容：

1. 系统目标与主要功能

系统目标是在对系统进行总体规划和可行性分析的基础上建立的系统运行指标。由于不同层次的管理人员对信息的需求是不同的，因此拟订系统目标时应首先确定满足决策层需求的目标系列，特别是那些关键性的目标，然后将总目标分解为控制层的子目标。子目标是在服务于总目标对信息需求的前提下确定的。作业层子目标系统的工作主要是收集、处理、汇总基层的日常数据及编排短期作业计划等，为控制层的相应子目标服务，作业层子系统的目标以满足控制层相应子系统目标对信息的需求为前提。系统目标有层次性，越向下越具体，越向上越概括和抽象。只有子目标实现了，总目标才能实现；只有在总目标的指导下确定子目标，整个系统才能被优化。系统目标通常不是单一目标，而是一个目标体系。例如，某企业建立生产、经营、资金、成本与物资的动态数据收集及处理与控制的信息系统，其目标体系为：

（1）系统能为各级管理人员提供日、旬、月、季、年的各种单项和综合数据报表及计划并实现对当前生产、经营、物资、资金及项目进度现状的多功能查询。

（2）系统限定一次性数据采集。系统下游数据由上游数据传递，禁止二次输入，保证数据的一致性。

（3）生产成本以批号为单位进行核算，对产品质量与数量以批号进行跟踪，随时提供查询系统。

（4）系统具备管理优化功能，包括计划优化、市场预测和财务预测等。

（5）系统设置与生产线上实时控制系统的接口，实现管理与控制系统资源共享。

确定系统目标要体现下列原则：①应该充分体现最高战略目标；②应该充分体现发展方向；③应该为主要任务服务；④应该反映系统的发展规律；⑤应该具备较强的环境适应性。

系统功能是为实现系统目标服务的，功能通常是目标的细化。

2. 系统运行环境的构想

信息系统的应用不仅将众多的管理人员从繁杂的事务中解脱出来，对管理领域也是一场深刻的变革。传统的管理思想、方法、体制、组织结构设置及职能分工等往往无法适应新系统的要求。为了适应新系统的运行，必须拟订一套管理系统的整改方案与计划，优化管理系统。

3. 计算机系统及网络系统的初步配置方案

计算机系统及网络系统的初步配置方案包括计算机系统的软、硬件系统配置，网络系统的软、硬件配置以及软、硬件系统必须具备的主要性能指标等。

4. 系统开发计划与分阶段的投资预算

系统开发计划与分阶段的投资预算主要是指制订开发进度和工作计划，制订初步的资源计划，进而估算出新系统开发的经费预算。

7.5 系统开发实施计划

信息系统的开发周期长，难度大，技术含量高，需要多人合作共同完成。为了有效地管理、控制项目的开发进程，必须制订一个严密的工作计划，有条不紊地按计划开展工作，经常检查工作进度与质量，及时协调各方关系和调整计划，使工作有序有节。我们通常采用网络规划技术对系统开发的全过程进行管理与控制。

7.5.1 网络规划技术

网络规划技术即应用网络模型描述系统开发工程并通过网络模型对系统开发工程进行分析和优化的技术。网络规划技术的基本原理是，首先用网络图表达一项工程计划各工序之间相互联系和相互制约的关系，然后通过计算找出关键工序和关键路线，再通过不断改变网络规划选择最优方案；此外，在规划的执行过程中需要进行有效的控制、监督和协调，以保证用最少的消耗取得最大的效益。

网络规划技术的特点主要包括以下两个方面：

（1）系统性。网络规划技术是把信息系统开发的全过程作为一个系统来处理，它将系统开发的各项任务、资源及约束条件经组合、分解和统筹安排，有机地构成一个整体，用网络图描述出来，在特定资源条件和约束条件下，力求达到缩短开发周期、节约费用和提高质量的目的。

（2）可控性。网络规划技术既是一种规划管理方法，又是一种控制工程进度的有效手段。它将系统开发的实施过程看作一个动态过程，可及时根据开发进程中情况变化反馈的信息调整规划。它主要通过计算关键路线控制整个规划的执行。

7.5.2 网络规划图的绘制

1. 网络图的构成

网络图的构成情况如下：

（1）事项。事项是指某个工序开始或结束的瞬时状态点，在网络图中用圆表示。

（2）工序（作业）。工序是指需要消耗资源和时间的、完成某项具体任务的过程，在网络图中用箭头表示。箭尾表示作业的开始，箭头表示作业的结束。

（3）线路。线路是指从始点事项开始，沿箭头所指方向到达终点事项的一条道路。路线上各工序所需时间之和为该线路所需的时间，其中所需时间最长的线路称为关键线路。

2. 网络图的绘制规则

绘制网络图的一般规则如下：

（1）图中不能出现循环回路，图中每个作业按先后顺序用唯一的编号从小到大标出。

（2）网络图一般仅有一个起点事项和一个终点事项，不允许使用多分支的箭头。

（3）网络图的类型：作业类型分为虚作业、平行作业和交叉作业。虚箭头表示虚作业，虚作业仅表示作业间执行时的次序，不消耗资源和工时（见图7-9）。图7-9表示A完成后B、C同时开始，B、C均结束后D才能开始，C结束后E即可开始。

平行作业示意图如图7-10所示，表示B1、B2、B3这三项作业在A作业完成后并行进行。

交叉作业示意图如图7-11所示。X为工序A、Y的紧前工序，X一旦结束，A与Y立即开始；Z为Y的紧后工序，Y一旦结束Z即可开始。图7-11的作业路线是：X作业完成后，A、Y 作业开始；Y 结束后 Z 开始；A、Y 都结束后 B 开始；B、Z 都结束后 C 开始。

图 7-9　虚作业示意图　　　　图 7-10　平行作业 B1、B2、B3 示意图

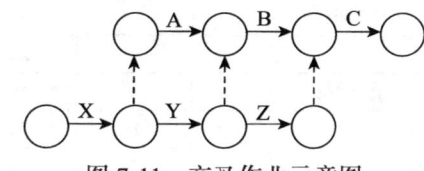

图 7-11　交叉作业示意图

（4）网络图的简化。网络图的简化是指将网络图中的一组作业简化成一个组合作业。组合作业的作业时间为组合作业关键路线的作业时间。

（5）网络图的合并。将多级网络合并在一起形成总网络图称为合并，通常是先画总体的粗结构的网络图，然后再分解细化。

3. 网络图的绘制步骤

绘制网络规划图一般按下列步骤进行：

（1）分析、分解任务，即按任务划分为若干个工序。对于大型任务，应先将其分解为若干个子任务，再将各项子任务逐个分解为工序，如图 7-12 所示。

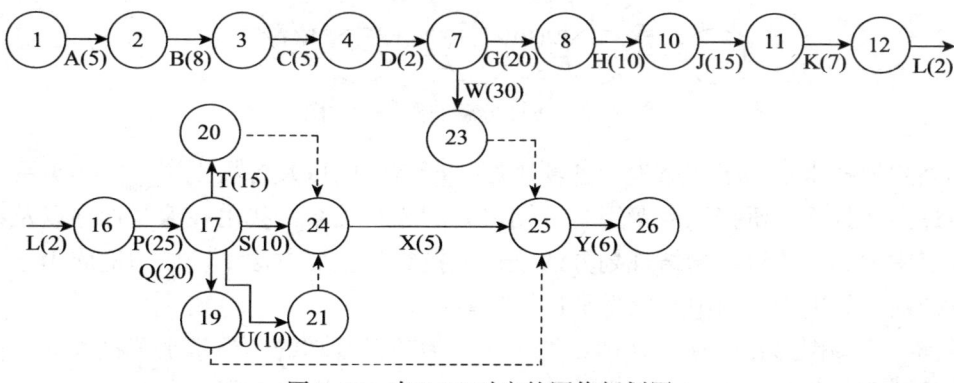

图 7-12　表 7-10 对应的网络规划图

（2）确定各工序间的关系，包括紧前、紧后、交叉、平行等关系，然后列出全部工序的明细表。表内的序号、代码留有间隔的目的是便于补充遗漏的工序，如表 7-10 所示。

表 7-10 系统开发工序明细表

序号	代码	作业名称	紧前作业	工期（天）	投资计划（元）	责任人
1	A	系统调研		5	10 000	管分析
2	B	总体规划方案	A	8		管分析
3	C	可行性分析报告	B	5		管分析
4	D	论证、审批可行性分析报告	C	2		任企首
7	G	详细调查	D	20		管分析
8	H	需求分析、数据流程图	G	10		管分析
10	J	功能分析、逻辑设计	H	15		管分析
11	K	系统分析报告、整理资料	J	7		管分析
12	L	论证、审批系统分析报告	K	2	20 000	任企首
16	P	系统设计	L	25		管分析
17	S	程序设计调试、系统调试	P	10		边程
19	Q	用户人员培训	P	20		边程
20	T	购置安装调试软硬件系统	P	15	80 000	管分析
21	U	收集、整理数据	P	10		季数
23	W	企业机构整改、制订规章	D	30		任企首
24	X	系统测试、评价	S	5		管分析
25	Y	系统投运	X	6	40 000	边程

（3）绘制网络图。首先根据工序明细表，从始点事项开始，逐项绘图直至终点事项，将完成每个作业所需的时间标在工序代码右侧的括号内，圆内标明序号。

图 7-12 描述的网络规划图，其作业时间为 125 天。假定某工序系统 P 可分解为：子系统划分 P1（15）、数据库设计 P2（10）、代码设计 P3（4）、I/O 设计 P4（6）等 4 个子工序，P 工序可以分解为如图 7-13 所示的网络示意图，工期不变。

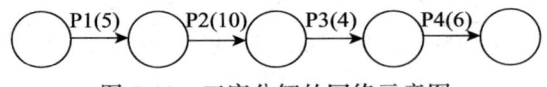

图 7-13 工序分解的网络示意图

网络规划技术借助于网络表示各项工序、所需时间以及各项工序之间的关系。我们可以通过网络分析，研究工程费用与工期之间的相互关系，找出在编制计划以及在计划执行过程中的关键路线。网络规划方法是进度控制的主要方法，已成功地应用于无数重大而复杂项目的进度控制中并取得了良好的效益。

目前有很多图形化的项目管理软件工具，为项目管理的实施带来了极大的方便。其中，微软公司的 Microsoft Project 就是一个功能强大、操作方便的项目管理网络计划软件。它提供了一套完整的项目描述和计算的方法和模型，通过软件生成的图表或文件，使参加项目工作的人员对项目的理解达成共识。Project 管理的具体功能包括快速建立项目计划、管理项目中的工作任务、资源管理等，能完成很多过去依靠手工进行的计算、绘图和报告整理工作。

（1）快速建立项目计划。Project 只需要基本的数据，如项目任务的名称、持续时间、工作人员和设备的工作量以及项目任务之间的关系,它会自动计算出关键路径,每个任务和整个项目的开工与完工日期,项目能否如期竣工,资源分配是否合理,等等。

(2)管理项目中的工作任务。项目由一个一个的活动、工作和任务组成,Project 将一个项目计划分为四个阶段进行管理,即比较基准计划(原始计划)、当前计划、实际计划和待执行计划(未完成计划)。它为每个阶段的计划都设置了数据域,用户可以随时查看。图 7-14 为 Project 的任务管理界面和相应的甘特图。

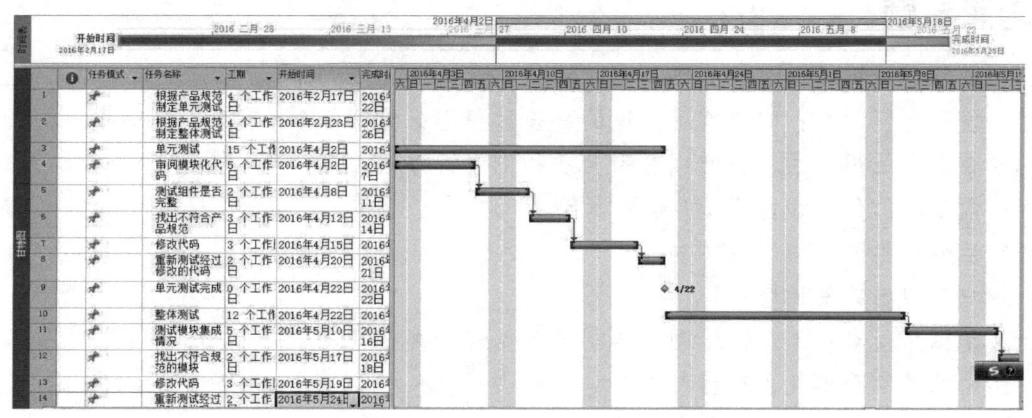

图 7-14 Project 的任务管理界面

(3)资源管理。Project 把在完成项目任务活动中投入的人员、设备、材料、资金等抽象为"资源",它能帮助用户建立资源库,排出日程表,提供"资源使用状态"视图并从项目评价的角度查看项目运作的情况。

(4)使用多种图表从多角度描述项目。Project 提供了能反映项目全部状态的丰富的图形和文字报告,包括网络图、横道图、资源图等。

(5)信息的筛选。Project 可以把需要的信息过滤出来,建立各种文字报告,也可以根据需要建立新的任务和资源的各种报告,如项目摘要报告、任务报告、资源报告等。

借助于项目管理工具,我们可以方便地完成项目管理的过程控制,跟踪进度和费用,很好地指导日常的项目管理工作。

本章小结

信息系统的开发是一项复杂的社会过程,涉及组织的目标、战略、资源、环境等多种错综复杂的因素。因此,在系统开发之前,必须对这些因素进行全面、宏观的分析和规划。诺兰模型是指导信息系统规划的理论之一,它将信息系统的成长阶段划分为初始、普及、控制、整合、数据管理和成熟阶段。

本章重点介绍了总体规划常见的三种方法,其中关键成功因素法强调识别企业关键成功因素,进而确定系统开发的次序,常用工具为树枝因果图;价值链方法强调从供应链的整个环节进行综合考虑;企业系统规划法通过识别企业过程引出系统目标,通过转换 U/C 矩阵进行分析。实际应用时常将三种方法相结合。

开发系统前要对当前系统进行初步调查，从经济、技术、社会方面进行可行性分析，在此基础上拟定系统方案。系统方案包括系统目标与功能、运行环境、系统配置、开发计划等内容，未来信息系统的开发应依据此方案展开。系统开发的全过程通常采用网络规划技术进行控制，通过计算找出关键工序和关键路线，在规划执行中进行有效的控制。

复习思考题

1. 什么是信息系统规划？其主要步骤有哪些？
2. 诺兰模型有何意义？它把信息系统的成长过程划分为哪几个阶段？
3. 比较企业系统规划法、关键成功因素法和价值链方法。
4. 可行性分析的任务和内容是什么？
5. 可行性分析报告的内容有哪些？
6. 系统方案包括哪些内容？
7. 什么是网络规划技术？网络图的绘制应遵循哪些规则？
8. 网络图的绘制分哪几步进行？

实训：A 公司的信息系统规划

A 公司属于制造型企业，不仅生产自有产品，而且承接其他企业的外协件生产。几年前，A 公司与合作企业已相继建立起 MPRII 系统，产品设计部使用 CAD、CAPP 与 PDM 系统，极大地提高了工作效率，提升了产品质量。

A 公司的最高决策者是张总裁。张总裁从市场情报资料上了解到，其竞争对手 B 公司正试图逐步在销售上超过他们，竞争使他充满紧迫感和焦虑情绪。这种紧迫感和焦虑情绪不仅来自外部，也来自公司内部。上个月，他们最重要的一个客户对产品规格的需求发生了变动，但是最后满足变动需求的产品没有及时发送给发货部门，导致货物的集中、装箱、上船等一系列行动无法按时进行。于是他们把另一个不太重要的客户预订的产品用飞机送到该重要客户处，尽管这样，还是比预订的到货日期晚。尽管他们做了种种努力（甚至改船运为航运），但这个重要的客户并没有感谢他们，只是对 A 公司的销售人员说他们不能再容忍这种错误。

销售人员完成了他们的销售计划，但公司的利润还在持续下滑。面对市场竞争环境，下游客户从自身业务出发，对供应链上游成员提出了新的要求，他们需要建立更紧密的联系，以节约投产准备阶段时间和费用。例如，下游客户希望供应伙伴——A 公司的工程师，能在参与他们的设计过程中利用电子手段，实现双方采购信息系统和销售信息系统的信息对接、实时交换和查询产品设计的相关技术文件。他们希望接到自己的订单时，只需"按一下鼠标按键"就可把订单实施计划直接变成原材料计划，通过跨组织的网络系统传递和纳入 A 公司的生产制造系统和托运计划。但是 A 公司无法满足上述要求，导致下游客户的原材料短缺，A 公司也经常因为运载体积不够而大伤脑筋。就在两周前，由于船运时遇到了运载空间问题而未按期交货，A 公司刚刚航空托运了一批货给一个客户。

A 公司现在使用的是 MRPII 系统，假设前提是供应商都能够按照约定无条件供货，而且不得更改。但在实际操作时，供应商往往有条件也有可能改动。即使供应商做到无条件供货，A 公司的管理者也没有足够的时间和能力来应付大量的改动过的约定，他们也没有合适的信息处理系统来支持他们调整生产计划。张总裁及高级职员均不能肯定管理人员做出的哪些决策是最佳的，他们感觉不能获得较全面的市场与营销方面的细节层次数据的支持。例如，他们的销售人员每隔一段时间就会发现有一个减价销售大量商品的机会，A 公司应该接受这个价格吗？原材料采购部经理正试图说服 A 公司实施他们制订的"减少计划"，即减少投产准备时间，减少存货。这听起来似乎是有前途的，但积压的存货并不能如他们所愿而减少，况且，经理还需要对操作工作中的决策过程与规则做必要的改变。

A 公司在承接其他制造企业的定制产品订单任务时，销售人员必须不停地向 A 公司办公室汇报很多各种各样的产品报价单，因为那些专业的规格资料数不胜数。客户反映 B 公司（A 公司的竞争对手）的销售员就可以把报价单放在客户的办公室中，并且邀请客户上网连接到他们的主机，实现在线实时的报价和订单合同洽谈。

A 公司的售后服务是相对独立的一套业务系统，通过公司计算机网络系统，售后服务人员可以使用常用的自行研制的软件工具，从数据库中直接调用资料，获取关于产品数据及技术资料，服务于维修咨询和指导。当他们更换了一个由 A 公司的供应商处得到的配件时，他们也试图从供应商那里得到支持。但是，不论是售后服务系统还是 MRPII 系统，都没有记录和保存这些信息，而且，当外出服务工程师在外面修理一台机器时，售后服务系统并不能给出该客户的一张完整清晰的合同订单，无法清楚地提供客户质量保证书或服务协议涵盖的更换部分。

对于 A 公司工程设计部门负责的产品开发设计，产品数据管理系统（PDM）和 MRPII 系统用的都是同样的信息系统，但由于它们不是集成的，因此工程师必须把 PDM 系统的产品数据的变化人工输到 MRPII 系统中，以保证它们的同步性和数据的一致性。产品从产品概念构思到产品上市，需要大约 9～12 个月的时间。

市场部本来应该能够提供关于新产品开发的创意思想，尽管他们基本没有能力也不必按工程设计规范要求进行描述，但当设计工程师开始设计新产品时，市场部门却不能直接十分清楚地表述市场、客户真正需要的具体细节数据和信息。工程师只能在那些已掌握的数据信息基础上尽量发挥。

A 公司相当大一部分不断增长的商业机会，需要更多资深工程师的努力，而不是简单的体力劳动力。公司的优良业绩必须体现在公司的利润表上，但 A 公司已经连续三年利润滑坡了，因此它不得不解雇一大批工程师，其余的工程师也纷纷跳槽，使得 A 公司失去了更多能创造丰厚利润的商业机会。

总而言之，A 公司和许多其他制造公司一样，高层决策者必须在低效率、缺少活力的公司和高效率、充满活力的公司之间做出果断的战略决策和信息系统的规划。

资料来源：道客巴巴，http://www.doc88.com/p-1813461621805.html，有删改。

提示问题：

1. 整理并分析A公司的管理业务流程中存在的问题及其对信息系统的需求。

2. A公司的信息系统建设正处于哪个阶段？你认为A公司应如何进行信息系统的选择？

第 8 章

结构化系统分析

📝 学习目的和要求

1. 掌握系统分析阶段的主要任务和主要内容
2. 熟悉结构化系统分析方法和逻辑模型设计过程
3. 掌握信息系统功能分析和数据逻辑建模方法
4. 掌握信息系统流程建模的数据流程图方法
5. 实现一个学生考试系统的逻辑模型设计

📖 导入案例：UPS 的业务流程优化

企业信息系统的建设过程也是企业流程变革、优化和固化的过程，特别是在信息系统规划、分析和设计中，大量的工作都是针对企业流程展开的。其中一个案例也许令人难以置信——仅仅通过对行驶路线进行优化，就可以让物流公司节省数百万美元的燃油费。美国佛罗里达州奥兰多当地电视台曾在 2008 年报道，美国联合包裹运送服务公司（UPS）的运输路线设计者称，他们正在想方设法避免运输途中的车辆左转，因为在等待左转过程中会造成燃油消耗。一位名叫曼西尼的司机告诉记者，重新设计运输路线后，他们在途中不用频繁更换车道，而只需沿着右车道行驶即可。通过重新设计运输路线，该公司一年节省了 300 万美元燃油开支。

资料来源：慧聪网，news.service.hc360.com/2008/08/15142643083.shtml，有删改。

8.1 系统分析概述

8.1.1 系统分析的主要任务

在总体规划阶段，我们拟定了系统开发的总体目标与系统方案的设想，提出了开发实施计划，但是不够细致，需要在此基础上进行系统分析，提出新系统的逻辑方案。系统分析是系统开发的关键阶段，它的任务是通过对企业组织的详细调查，充分分析用户要求，设计出将要建立的信息系统（简称新系统）的逻辑模型。逻辑模型描述了新系统应该具有的功能，而不涉及具体的物理细节。换句话说，系统分析只解决新系统"干什么"，"怎么干"的问题则在系统设计阶段解决。

要解决系统"干什么"的问题，系统分析人员必须与用户密切协商，从现行系统入手，调查系统的组织结构和各机构间的内在联系，分析组织的职能，详细了解每个业务过程和业务活动的工作流程及信息处理流程，理解用户对信息系统的需求，包括对系统功能、性能方面的需求，对硬件配置、开发周期、开发方式等方面的意向及打算。在详细调查的基础上，系统分析员运用系统开发理论、开发方法和开发技术确定系统应具有的逻辑功能，经过与用户反复讨论、分析和修改后产生一个用户比较满意的总体设计，再用一系列图表和文字表示出来，形成符合用户需求的系统逻辑模型，为下一阶段的系统设计提供依据。

8.1.2 系统分析的主要内容

系统分析员在系统分析阶段进行的主要工作是从详细调查开始到设计出新系统逻辑模型为止。这个阶段工作的主要内容包括如下几个方面。

1. 现行系统的详细调查

现行系统的详细调查是通过各种方式和方法对现行系统做详细、充分和全面的调查，弄清现行系统的边界、组织结构、人员分工、业务流程、各种计划、单据和报表的格式、处理过程、企业资源及约束情况等，使系统开发人员对现行系统有一个比较深刻的认识，为新系统开发做好原始资料的准备工作。

2. 组织结构与业务流程分析

组织结构与业务流程分析是指在详细调查的基础上，用图表和文字对现行系统进行描述，详细了解各级组织的职能和有关人员的工作职责、决策内容对系统的要求，业务流程各环节的处理业务及信息的来龙去脉。其目的是把系统的内在关系分析清楚，以便确定形成新系统的逻辑模型。

3. 系统数据流程分析

系统数据流程分析是在对业务流程分析的基础上，分析数据的流动、传递、处理与存储过程，用数据流程图进行描述，建立数据字典。

4. 建立新系统的逻辑模型

建立新系统的逻辑模型是在详细调查和系统化分析的基础上，采用一组图表工具来表达和描述新系统的逻辑模型,使新系统的概貌清晰地呈现在用户面前。用户可以通过逻辑模型了解未来的目标系统并进行讨论和改进,使新系统的逻辑模型得到完善。

5. 编制系统分析报告

编制系统分析报告是对前面的分析结果进行总结,编制系统分析阶段的成果文档,完成系统分析报告。系统分析报告是系统分析阶段的成果和总结,是向开发单位有关领导提交的正式书面报告,也是下一工作阶段系统设计的工作依据。

8.1.3 系统分析方法和工具

系统逻辑方案设计主要采用结构化系统分析的方法进行。结构化系统分析方法是结构化方法的基本思想和主要原则在系统分析中所形成的一系列具体方法和有关工具的总称。它是在结构化程序设计思想和方法的基础上发展而来的,也是目前在系统分析中采用的主要方法。结构化程序设计采用自上而下、由简到繁、由抽象到具体的分析方法,使用顺序、选择、循环等基本结构来描述程序,使得程序流畅、层次清楚、结构严谨、易读易改。管理信息系统是一个复杂的系统,系统中存在大量的结构化、半结构化和非结构化的问题。结构化系统分析方法的基本思想是用系统论的观点和系统工程的方法,按照用户至上的原则,自顶向下、由粗到细、逐层展开地进行系统分析。通过对系统逐级分解,可以把一个复杂系统解剖为一系列尽可能独立的子系统、模块和子模块等,使用户不但对系统的目标、功能、结构有一个总体的概念,而且对系统的内部组成也有较深刻的了解,因而使用户能够参与对系统方案的评审。结构化系统分析方法有以下特点:

(1)用户自始至终参与系统的分析工作。

(2)强调调查工作的重要性。

(3)对管理业务中的各种数据进行分解。

(4)采用了层次分解的系统思想。

(5)用图形工具来分析和构建新方案。

表 8-1 按照结构化方法的基本思路把系统分析这一阶段分解成两项主要活动,每项活动完成若干任务,应用一系列工具,做出符合标准与规范的产品。本章下面所要讨论的结构化系统分析方法主要是描述反映用户信息需求的逻辑模型的建立方法和有关工具。这些工具主要有:①功能建模工具——功能图;②流程建模工具——数据流图;③处理逻辑的表达工具——结构化语言、决策树和决策表。

采用结构化系统分析工具所建立的系统逻辑模型一般具有以下特征:

(1)表达方式规范,表达的内容确切,无二义。

(2)形式简洁,易理解,便于和非专业用户交流。

(3)便于查询、检索,易维护。

(4)便于计算机辅助建模。

结构化系统分析方法种类较多,每种方法所用的工具可能会有所不同。上述工具只是本书采用方法中常用的几种,读者可以从其他文献中找到另外一些工具及其用法。

表 8-1 系统分析阶段的主要活动

活动名称	主要活动内容	工作目标	阶段成果	管理决策
现行系统详细调查	调查原系统现状：组织结构、业务流程、数据处理方法、标准；收集有关报表、单据、信息量等	明确原系统存在的主要问题；数据流程、处理过程、数据结构分析；进一步完善新系统目标、功能、确定范围等	现行系统的调查报告，整改、重组、优化管理系统方案	审批现行系统的调查报告与管理信息系统的整改方案
设计新系统逻辑模型	根据新系统目标进行数据流程分析；数据分析；功能分析	建立分层次数据流程图、数据字典；对逻辑处理过程建立决策树或决策表等	完成新系统逻辑设计，产生系统分析报告	审批系统分析报告，同意后可进行系统物理结构设计

8.2 组织机构调查与业务流程分析

8.2.1 组织机构与功能调查分析

1. 详细调查目的和范围

由于新系统产生的基础是现有的系统，因此，对现行系统进行详细调查是系统分析环节中的一个环节。现行系统可能是人工的，可能是计算机化的，也可能是部分计算机化的。不管是什么形式，现行系统都是一个在实际运行中经受过考验的、可行的系统。现行系统的工作流程、信息需求都将成为新系统设计的依据；现行系统存在的缺点和不足正是新系统进行改进和提高的依据。因此，对现行系统了解的程度会直接影响新系统方案的制订。

可行性分析报告获得批准后，为了设计出符合用户需求、生命力强、系统优化的逻辑方案，开发班子必须以实现新系统目标为中心对现行系统进行详细调查。调查的方式可以采取问卷、座谈会、访问有关人员、查阅现行系统的有关资料、参加现场业务管理活动等多种方式进行。每次调查均应充分准备，做到目的明确、选准对象、有的放矢。

详细调查与初步调查不同。初步调查的任务是了解企业的概貌，如企业规模、目标、机构、供销、人员、设备、资金、管理水平等；目的是进行系统整体规划、拟订新系统目标的框架体系、完成系统开发的可行性研究。初步调查在系统开发的准备阶段进行，是一种概括的、粗略的调查。详细调查是在初步调查的基础上进行的深入、细致、详尽的调查。它涉及企业内部各部门业务信息处理工作的功能及各功能之间的信息流动的关系。详细调查在系统分析阶段进行，其目的是设计出新系统的功能及逻辑模型。显然，详细调查的工作量要比初步调查大得多。

详细调查的范围应该是围绕组织内部信息流所涉及领域的各个方面。但应该注意的是，信息流是通过物流而产生的，物流和信息流又都是在组织中流动的，因此我们所调查的范围不能仅仅局限于信息和信息流，应该包括企业的生产、经营、管理等各个方面。

详细调查也可以称为系统的功能与数据调查，详细调查的内容应包括以下几个方面：

（1）组织机构。组织是系统初始数据的来源和信息需求的对象，是信息系统的边界，与信息系统存在数据输入、输出的联系。组织机构能概略地从整体上反映出系统业务状况和相关组织间业务的内在联系。调查组织机构时不仅应明确机构设置、各级组织的隶属关系，还应搞清楚哪些组织与信息系统有关，以便确定系统范围和合理划分子系统。

（2）业务状况。在组织机构调查的同时，应对与信息系统有关的所有组织的业务范围、业务内容、处理顺序、处理时间要求以及相关组织间的业务联系等进行细致调查。业务状况调查的深层目的是在熟悉业务流程的基础上去掉业务的物流内含，进一步反映出数据的来龙去脉、处理顺序与方法、信息形态、数据精度、不同业务间数据的内在联系、信息量等与系统密切相关的内容。在进行调查的同时，注意收集各种凭证、单据、报表、账簿和信息量等有关材料。

2. 组织结构图

现行系统中的信息流动是以组织结构为基础的，因为各部门之间存在各种信息和物质的交换关系，只有理顺了各种组织关系，才能使系统分析工作有头绪。有了调查问题的突破口，才能使我们按照系统工程的方法自顶向下地进行分析。

组织结构图是对组织机构进行调查的结果，它对在详细调查中得到的关于企业组织的资料进行整理，用图的形式反映企业内部组织各部门之间的隶属关系。组织结构图用来描述组织的总体结构以及组织内部各部分之间的联系，它把企业组织分成若干部分，按级别、分层次构成，以树型结构显示，是一张反映组织内部之间隶属关系的树状结构图，通常用矩形框表示组织机构，用连线表示隶属关系。例如，图 8-1 是某煤炭交易中心股份有限公司的组织结构图，从图中可见，该公司的组织结构分为三层：领导决策层、业务管理层和业务执行层。领导决策层由董事长、总经理和副总经理组成，

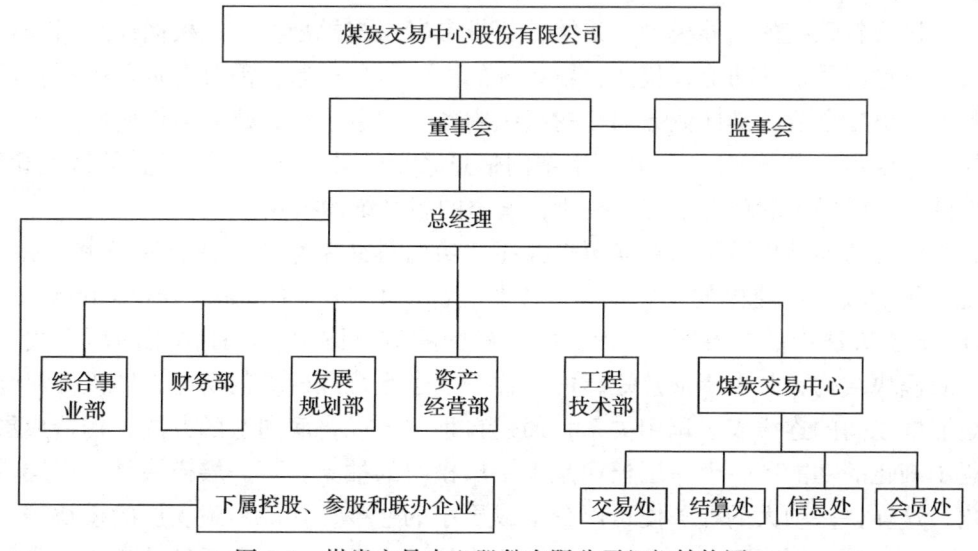

图 8-1　煤炭交易中心股份有限公司组织结构图

主要职能是决定公司目标、确定经营方针、制定经营管理决策。业务管理层包括综合事业部、财务部、发展规划部、资产经营部、工程技术部和煤炭交易中心等机构，其主要职能是按照经营方针，在规定的职权范围内对各项业务进行管理。业务执行层由交易处、结算处、信息处和会员处等市场一线的组织机构组成，完成日常的交割和结算等业务。

在绘制组织结构图时应注意，与企业生产、经营、环境管理直接关联的部门一定要全面、准确地反映出来，有时候会出现有些部门的名称和实际工作性质存在较大差异的情况，这时需要通过详细的调查搞清楚这些部门与其他部门之间的关系，详细、准确地绘制出组织结构图。

3. 功能分析

系统都有一个总的目标，为了达到这个目标，必须要完成各子系统的功能，而各个子系统功能的完成，又依赖于各项更具体功能的执行。系统功能结构调查的任务，就是要了解或确定系统的目标、系统功能的结构以及它们之间的关系。

功能是为实现目标而担当的任务，功能要依靠组织机构来具体实现。在理想情况下，功能和组织应该是一致的。但是由于客观情况的复杂性，在现行系统中，功能结构和组织机构并不能一一对应，这就要求我们在进行调查时认真分析并加以划分。功能分析就是为正式提出新系统的功能而进行的思考和初步设计，新的以信息技术为基础的管理信息系统并不是包罗万象的，应根据目标的要求确定新系统的功能范围。在系统规划阶段，虽然已初步确定了新系统的功能范围，但未曾确定每个子系统的下属模块，功能分析的任务是设想一个完整的新系统功能模型，功能分析考虑的问题主要有两个方面：

（1）归纳和抽象现行系统的功能模型。现行系统的功能模型是建立新的信息系统功能模型的依据，系统分析员要从详细调查的资料中归纳和抽象出现行系统的子系统及下属功能模块。

（2）设想新系统的功能模型。系统分析员参考系统规划方案，根据详细调查和分析的结果，设想新系统的功能，包括：新系统的主要服务对象，需要向企业内各管理层提供的服务，根据企业的具体业务构建的组织内各类信息系统，建立与供应商、客户之间联系的电子订货、电子支付、EDI 等组织间信息系统的必要性，功能设置的特色和重点，系统边界，需要保留的现行系统的模块，增添的新系统的模块。

新系统的功能结构通常用功能图来描述。功能图也称为 H（Hierarchy）图或层次图，是系统分析阶段功能建模的主要工具。H 图是源于 HIPO（Hierarchy plus Input Process Output）分析方法中的一种图。HIPO 图由 H 图和 IPO 图组成。H 图用图形方式表明一个系统的模块结构，其中矩形及矩形的名称表示子系统或模块的功能，即该模块能做什么。矩形框之间的连线表示调用关系，通过自顶向下或自底向上的方法，构造成层层分解、逐步细化的功能图，上一层模块是下一层模块的抽象，下一层模块是上一层模块的具体化，这样，一项大的业务便可以分解成更小的业务，功能图最底层的模块表示一项具体的、独立的、不可再分的业务信息处理模块。在系统规划和系统分析中，常常用功能图表示一个信息系统的功能范围，确定信息系统的功能边界。图 8-2 是一个功能图的例子。在 HIPO 法中，由于 H 图只表示模块间的调用关系，不表示模块间的数据控制及通信关系，必须用 IPO 图对每一个模块的输入处理和输出情况进行描述。本章只借用了 H 图，读者如果想了解 IPO 图，请查阅软件工程方面的书。

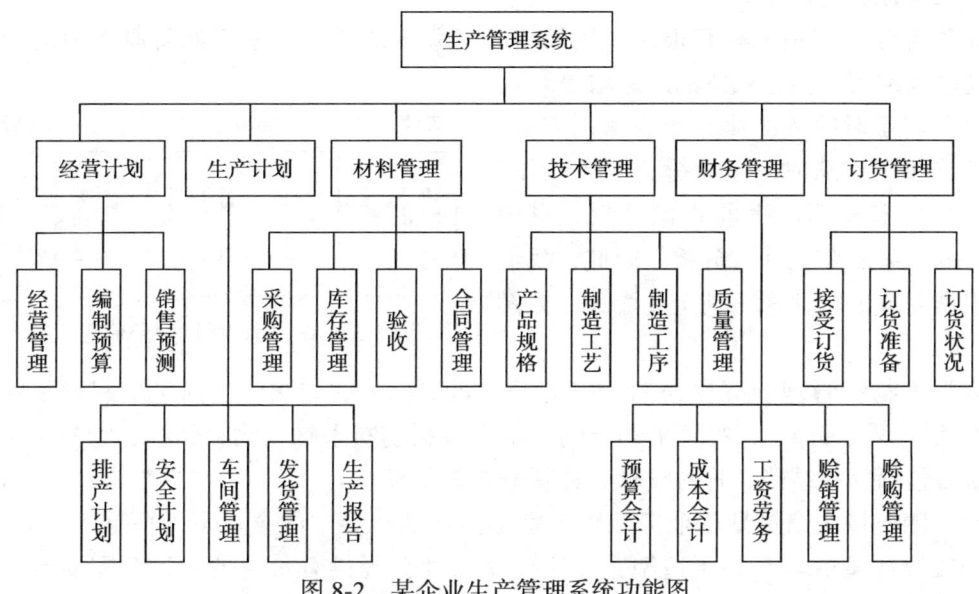

图 8-2　某企业生产管理系统功能图

8.2.2　业务流程分析与建模

在对系统的组织结构和功能进行分析时，必须从一个实际业务流程的角度将系统调查中有关该业务的资料串起来做进一步分析。对业务流程进行分析的目的是发现现行系统中存在的问题和不合理的地方，优化业务处理过程，以便在新系统建设中予以克服或改进。在对业务流程进行分析的时候，不仅要找出原业务流程不合理的地方，还要充分考虑信息系统的建设为业务流程的优化带来的可能性，在对现有业务流程进行认真、细致分析的基础上进行业务流程重组，产生新的更为合理的业务流程。因此，业务流程分析是为掌握现行系统状况，确立新系统逻辑模型所不可缺少的一个重要环节。

1. 业务流程分析的主要工作

业务流程分析是为设计新系统的信息流程模型做准备。业务流程分析的主要工作有以下三个方面：

（1）识别流程。详细调查过程中已收集了业务流程及其流程信息处理方面的资料，但是如何划分流程比较合理呢？系统分析员需要应用流程识别方法进一步合理地识别现行系统的流程。

（2）描述流程。在识别了信息系统的流程以后，系统分析员可以选用流程描述工具描述流程，例如用业务流程图描述业务流程。建立起现行系统的业务流程模型，是构建新的信息系统流程模型的依据。

（3）审视现行系统流程。现行系统的流程模型是企业长期使用的模型。一般来说，企业长期在科层制金字塔形模式下运行，缺乏流程管理的意识，许多流程的运作不够合理。系统分析员运用流程管理的思想与业务主管一起找出现行系统不合理的地方，构思流程规范、优化或再造方案，为建立新系统流程模型做准备。

2. 业务流程的识别方法

业务流程的识别方法有很多，例如基于时间维的方法、基于四阶段生命周期的方法、逆推判别法、信息载体的跟踪法等。

（1）基于时间维的业务流程识别方法。企业的许多工作从时间上可分为三个阶段：事前、事中和事后。事前要做计划，事中实施计划，事后要统计与分析。因此，我们可以根据完成的时间来识别企业流程，如图8-3 所示。

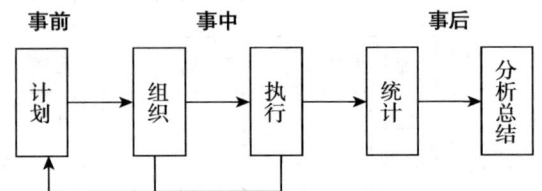

图 8-3　基于时间维的业务流程识别方法

以识别物料管理的流程为例，按基于时间维识别的方法，事前包括制订物料计划（需求计划、采购计划）、签订采购合同；事中包括物料采购、物料储存、物料使用等活动；事后包括物料结账、物料统计、物料分析等活动。

（2）四阶段生命周期的业务流程识别法。现实社会中的企业不外乎是产品制造型、服务型或资源型的。产品制造型企业主要是为社会提供有价值的、社会需要的有形产品，如汽车制造企业／公司、食品生产企业；服务型企业主要是为社会提供服务（即无形产品），如旅游公司、咨询公司、政府各部门等；资源型企业主要是为社会提供资源，如石油、矿产公司等。

产品制造型、服务型或资源型企业的运作周期可以分为计划、获得、保管和处理四个阶段。不同类型的企业在不同阶段有着一定的共性和相似性，因此，通过对其共性和相似性的提炼、总结，抽象出四阶段模型，如图8-4 所示。每一个阶段都有一些典型的流程。例如，在计划阶段，有需求调查、市场研究、设计、生产能力计划、核算等企业流程；在获得阶段，有原材料采购、人员补充、生产调度、加工制造、检测等企业流程；在保管阶段，有成品入库、库存管理、质量管理、包装等；在处理阶段，有订货服务、销售、交货、发运、付款、废品处理等。服务型和资源型企业或组织，也都有类似的四阶段生命周期。

（3）逆推判别法。对于流程的识别，逆推判别法是一个比较常用的方法，即通过时间的逆行来进行识别。具体地说，就是在试图识别一个流程时，先确认关心的流程结果是什么，并找出与该结果直接相关的时间或人，即寻找流程的终点，再根据输入和输出的相应关系，逆向寻找和识别相应的流程。

（4）信息载体的跟踪法。从技术的角度来看，信息系统就是利用信息技术，完成企业流程中物流、资金流和信息流的相关数据处理，而要完成数据处理，必然要以相关信息为基础。无论是企业的管理流程还是运作流程，一个流程中或多或少总有相关的信息载体。

执行该方法的步骤如下：①确定问题；②收集与问题相关的信息载体；③了解各信

息载体产生的时间序列；④按产生的时间序列，对全部信息载体进行排序；⑤按所得的排序依次分析、掌握每个信息载体的各个属性，了解在每个信息载体上发生的数据处理（记录、存储、加工、传输和输出）；⑥将获得的每个数据处理按照次序排列，即得到相关的企业流程。

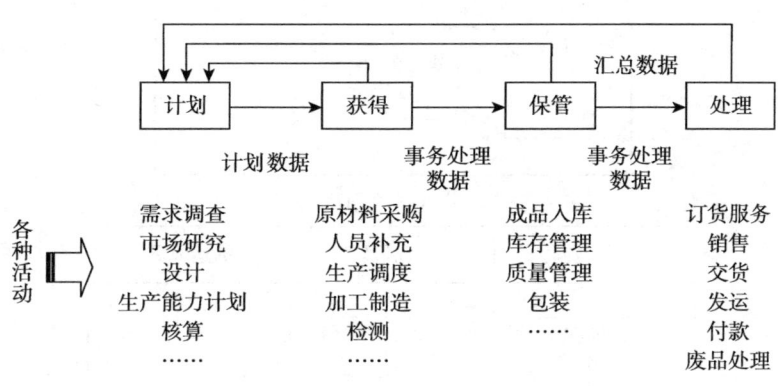

图 8-4 四阶段生命周期的业务流程识别方法

对于复杂的信息载体，所确定的活动流程可能太粗略，可以根据需要细化该活动的流程。该方法要求企业流程相关的信息载体是完备的且其流程是正确的，否则会造成企业流程的错误识别。

3. 业务流程的建模方法

流程模型是一种业务流程的定性描述和定量分析的模型，是认识、理解、分析与评价流程的基础。模型是人们对现实世界原型的一种模拟、抽象和简化，模型就像语言一样，可以把流程的内涵及流程之间的关系完全地展示出来。

业务流程的表示方法可以简单地分为文字表示法和图示法。文字表示法的结构化程度低，直观性不强，不易于系统开发时的直接利用和转化，通常只有在用流程图不能表述清楚时，才用文字对其进行补充。图示法是业务流程最常用的表示方法。它利用工程绘图方法，用标准化的图表对业务流程进行结构化的描述，直观性强，易于推广和接受，能方便地对主体流程进行识别和改进。因此，流程图是分析业务流程的一种通用语言。常用的业务流程图表示方法可以分为三种：工艺视图、信息视图和系统视图。这三者之间是一种相辅相成的关系，在进行流程分析时需要结合起来考虑和绘制。本书重点介绍工艺视图和信息视图。

（1）工艺视图。业务流程的工艺视图是按时间的先后顺序或依次安排的活动步骤，用标准化的图形形式表达的流程模型。

图 8-5a 为国家标准 GB 1526-79（ISO1028-73E 标准）规定的符号；图 8-5b 是某配送中心送货作业流程的工艺视图描述。工艺视图的特点是比较形象、直观，易于理解。业务流程的工艺视图绘制的标准可以是国家、行业、企业甚至是部门制定的，在一定范围内使用，应遵循相同的标准。

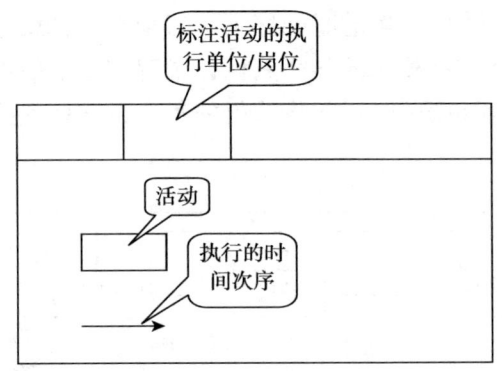

a）工艺视图法

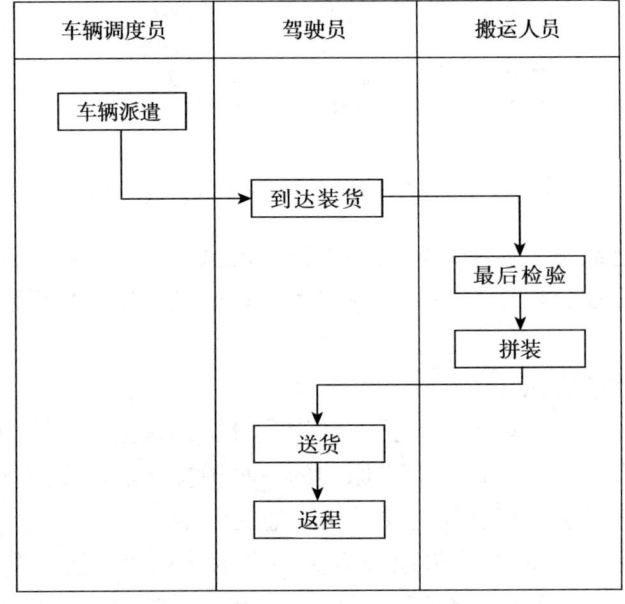

b）配送中心的送货流程

图 8-5 常用的业务流程图

（2）信息视图。信息视图从信息的角度来表示业务流程。信息是业务流程处理的一个主要对象，业务流程的信息视图着重刻画了企业业务流程中信息流的变化过程。图 8-6 是业务流程信息视图绘制标准中常用的图形符号。

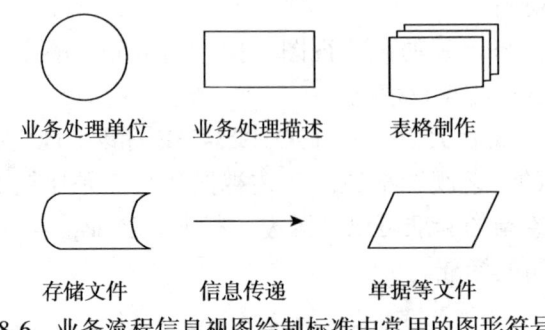

图 8-6 业务流程信息视图绘制标准中常用的图形符号

图 8-7 就是遵循这一标准描述的产品入库业务处理流程，从图中可以看出产品入库业务的工作流程以及相关的数据处理，如检验待入库的产品、制作入库单、登记入库明细台账和修改库存台账等。

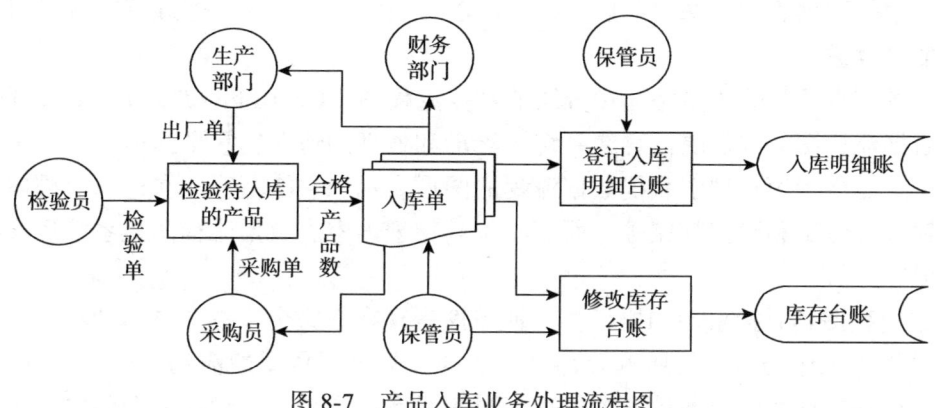

图 8-7　产品入库业务处理流程图

一般来说，信息流程图可体现以下内容：①明确的活动；②各个活动所涉及的主体、部门或岗位；③明确的工作步骤；④各活动间的主要信息联系；⑤数据的存储。

8.3　数据与数据流程分析

8.3.1　数据的收集与分析

数据是信息的载体，是今后系统要处理的主要对象。详细调查以后会收集到许多表单，多的可以达到成百上千份，实在是令系统分析员感到头痛。数据分析的主要任务是：

（1）把收集到的数据从不同的角度进行分类，如按输入、输出和存储进行分类；按业务主题进行分类，如库存类数据、销售类数据、客户类数据等。

（2）设计新的数据来源。这要求根据新系统功能的要求，考虑还缺少什么数据以及如何收集数据。例如，经理希望了解行业信息，它是一种外部数据，现行系统中无法获取，那么系统分析员要与业务人员商量设计获取数据的途径。又如，要建立配送信息子系统，必须采集配送活动中产生的数据，供配送子系统使用。

（3）充分利用信息资源。我们通过学习第 1 章已经知道，信息是一种资源。在数据分析过程中，系统分析员要帮助业务人员，充分考虑信息的加工和利用，使一些基本信息变得更有利用价值，例如：通过 MIS 进行数据的对比分析；通过 DSS 进行数据的模型加工，如各种预测模型、合理库存模型、财务分析模型等。如果现行系统不能提供建模所需要的数据，那么应将这些数据规划到新数据库中。经过加工的信息可供中高管理层决策使用。

8.3.2 数据流程分析

数据流程是指数据在系统中产生、传输、加工处理、使用和存储的过程。数据流程分析主要包括对信息的流动、传递、处理、存储等的分析，其目的是要发现和解决数据流通过程中的数据流程不畅、前后数据不匹配、数据处理过程不合理等问题，以期在新系统中加以改进。

现有的数据流程分析多是通过分层的数据流程图（Data Flow Diagram，DFD）来实现的。数据流程图能够反映信息在系统中流动和处理的情况，它是描述系统逻辑模型的工具之一，是便于用户理解系统数据流程的图形表示。它能精确地在逻辑上描述系统的功能、输入、输出和数据存储等，而摆脱了其物理内容。数据流程图是系统逻辑模型的重要组成部分。

数据流程图具有抽象性和概括性：抽象性表现在它完全舍去了具体的物质，如具体的组织机构、工作场所、物质流等都已经去掉，只剩下数据的流动、加工处理和存储；概括性表现在它把系统对各种业务的处理过程联系起来考虑，形成一个整体，可以反映出数据流之间的概括情况。

1. 数据流图的基本图素

数据流图的基本图素有四个：外部实体、加工环节、数据文件和数据流。图素的表示形式在不同文献中不尽一致，本书用图 8-8 中的符号分别表示不同的图素。

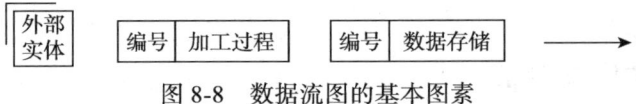

图 8-8　数据流图的基本图素

（1）外部实体。外部实体是不包含在信息系统之内的，但与系统存在数据输入或输出联系的人、部门、单位、组织、其他系统等各类实体。由于外部实体不属于系统内的部分，在数据流图中可以不予考虑。

（2）数据加工。数据加工又称数据处理，其形式通常分为三类：运算、数据存取和逻辑判断等。数据处理是数据流图中的中心环节，其中逻辑处理最为复杂。只有当输入系统的数据经过一系列的加工处理后，系统才能向外部实体输出需求信息。对一个信息系统而言，数据加工过程是一个连续的序列处理的过程。为了便于以后描述，每个加工均应被命名和编号。

（3）数据文件。将输入系统的或经过系统加工后获得的有用数据在存储介质上以一定的格式保存下来，供后续处理过程使用的数据集合即数据文件。一个系统中通常有多个数据文件，因此，每个文件应被命名和编号。

（4）数据流。数据流由固定成分的数据项组成，是信息载体。数据流图中的箭头指向表示该数据流的终点，箭尾连接处表示数据流的来源。在数据流图中数据的流向有五种可能：①从外部实体流向加工；②从文件流向加工；③从加工流向文件；④从加工流向加工；⑤从加工流向外部实体。

数据流图中除表明数据的流向外，数据流也应被命名并编号，其名称最好与业务内容一致，见名知义。账务处理的数据流图如图 8-9 所示，图中的加工框编号均以 P 开头，见到加工名称即知道此项处理的业务内容；存储框编号均以 S 开头，见到存储文件的名称即知道流入和流出该文件的数据流内容，此类数据流不必标注名称；数据流编号以 D 开头，流向加工的数据流必须标注名称和编号。

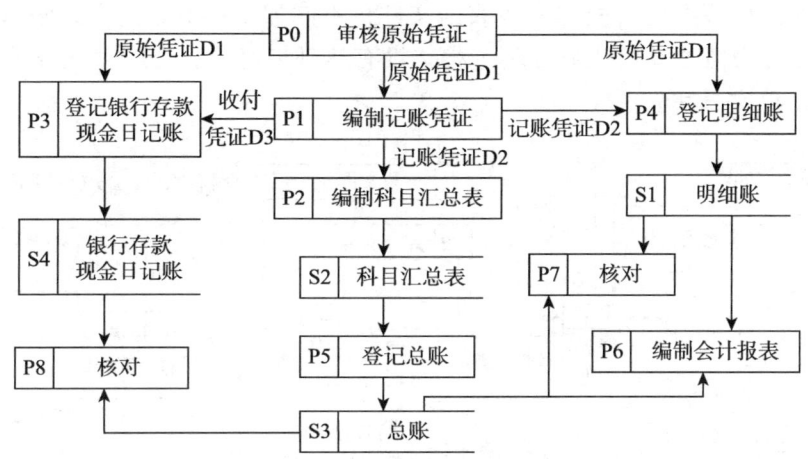

图 8-9 账务处理的数据流图

2. 数据流图的画法

数据流图一般是按照自顶向下、逐层分解的方式进行绘制。下面以材料供应管理的数据流图绘制过程为例，说明数据流图的绘制方法。材料供应管理是一个较为复杂的业务处理过程，可先绘制顶层数据流图，将材料供应管理看作一个加工环节，与该加工环节存在输入、输出联系的所有外部实体和数据流图如图 8-10 所示。

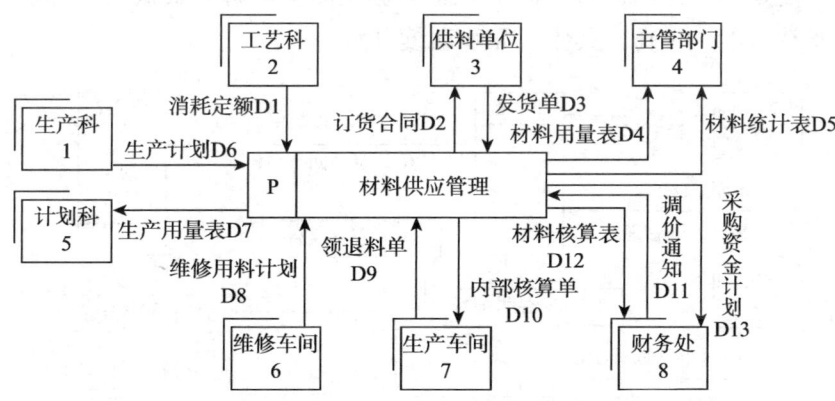

图 8-10 材料供应管理顶层数据流图

图 8-10 清楚地反映出系统的边界和系统输入、输出的数据流，系统的输入即各级组织提供的初始数据，系统的输出即组织对信息的需求，对系统内部的详细加工过程暂不涉及。顶层数据流图描述的是材料供应管理的整体系统轮廓，它界定了系统的范围。信息系统的范围不包括外部实体，顶层数据流图仅体现系统与外界的联系以及数据流流进和流出系统的情况，数据处理的细节等暂不分析。

第二层数据流图（见图 8-11）将图 8-10 中 P 处理过程分解为计划管理 P-1、合同管理 P-2 与库存管理 P-3 三个子加工环节。为了叙述方便，我们将上层加工环节称为父加工环节，将直接在下层的加工环节称为子加工环节。对材料供应管理的内部细节进行分解，进一步体现了业务处理的流程，使外部实体、数据流与具体加工环节的联系更明确，将每个加工环节产生、使用哪些数据文件，不同加工环节之间有无联系，传递哪些数据等描述得更为清楚。但业务处理过程并没有达到最底层，还应对业务处理过程 P-1、P-2、P-3 逐个再次分解。

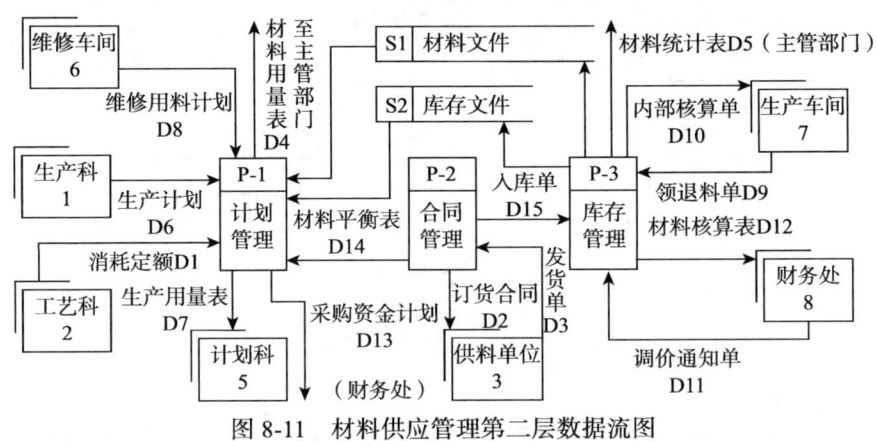

图 8-11　材料供应管理第二层数据流图

图 8-12 是第二层数据流图中库存管理 P-3 再次分解后得到的第三层数据流图。第二层数据流图中的加工环节 P-3 再次分解为图 8-12 中的 4 个处理过程，依次为 P-3-1、P-3-2、P-3-3 和 P-3-4。将库存管理的业务流程进行了进一步细化。不同管理系统业务流程的复杂程度是不一样的，自顶向下分解数据流图应分解到最低层，即加工环节的逻辑功能已经非常简单、明确、具体，无须继续分解。

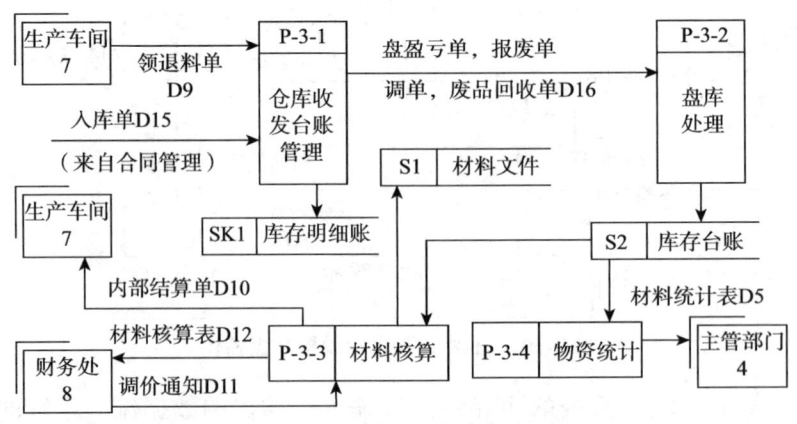

图 8-12　材料供应管理第三层数据流图

从顶层数据流图 8-10 到底层数据流图 8-12，子图比父图的内容更具体、更详细，体现了自顶向下、逐层分解的原则。不难看出，用数据流图描述业务处理过程，不仅适用于系统分析人员阅读，也适用于企业管理人员认识和熟悉系统逻辑设计方案。

自顶向下分解数据流图应掌握如下原则：

（1）必须保持父层与子层图各成分的完整性和一致性。第一，子层图中出现的数据流只能是父层图中的数据流或由父层图数据流分解产生的新的子数据流，即父层图中的数据流在子层图中应有对应的数据流，数据流只能增多，不能减少，否则表示分解出错；若子层图中产生了新的数据流，则新出现的数据流的内容只能是由父层图的数据流分解产生的，或者只是更换了父层图某个数据流的名称。比如，图 8-11 中的数据流入库单 D15 在图 8-10 中不存在，只要认真分析就会知道，D15 是由发货单 D3 派生的，两者的内容除日期不同外，其他数据完全一致。第二，子层图中的加工环节全部是由父层图中的加工环节分解产生的，不能出现另外的子加工环节。第三，子层图中允许出现新的外部实体，但只能是父层图中外部实体的子实体。第四，子层图中允许出现新的数据存储，这是依据子层图数据处理的需要，不受父层图的限制。

（2）数据流图的分解是围绕加工环节进行的，即子层数据流图中的加工环节是由父层图对应加工环节分解产生的。子层图中加工环节的编号应与父层图对应加工环节的编号保持联系。比如，图 8-10 中的加工环节 P 分解后得到图 8-11 中的三个子加工环节，三个子加工环节的编号依次为 P-1、P-2、P-3；图 8-12 中的四个加工环节是由图 8-11 中的 P-3 加工环节分解产生，其编号依次取名为 P-3-1、P-3-2、P-3-3、P-3-4。也就是说，子层数据流图中由分解产生的子加工环节的编号由父编号、连接线和顺序号组合而成，这样便于分清上下层加工环节之间的分解对应关系。

（3）自始至终围绕实现系统的总体目标和总体功能展开，在给定系统的范围内分解数据流图。

数据流图是描述系统逻辑模型的主要工具，是系统设计的重要依据，其正确性与合理性直接影响系统开发的成败。在绘制数据流图的过程中，必须充分与企业管理人员协商，特别是在出现变更业务流程或为了优化系统而需要调整组织机构和职能分工时，务必征得用户同意。绘制结束后务必自顶向下按照分解原则仔细审查分解过程是否有误。一旦存在严重错误且没有排除，则所有的后续工作将一错再错，从而导致系统开发失败，损失将是惨重的。

8.3.3 数据字典

数据流图描述了系统逻辑功能的整体框架，数据流图上每个成分的具体内容与含义不可能在数据流图上被详尽地表示出来。数据字典的作用就是对数据流图上的每个成分给出确切的定义与注释，是对数据流图中所有成分的补充说明。例如，它说明了数据流图上的数据流从什么地方流出，流入何处，每个数据流中包含哪些数据项，每个数据项的名称、类型、值域是什么，对于每一个加工环节输入哪些数据，输出哪些数据，数据来自何处，输出到哪里，是如何对数据进行处理的，等等。所谓数据字典，就是对数据流图上所有成分定义和注释内容的集合。在数据字典内，应当对每一个数据流、数据项、数据文件、数据加工和外部实体中与系统分析有关的所有属性进行具体的描述。下面以图 8-12 中的某些成分为例，说明具体的数据字典编写方式，如表 8-2 ~ 表 8-6 所示。

表 8-2 数据流的定义格式

图号：8-11	数据流号：D15	数据流名称：入库单
组成：日期 + 代码 + 项目名称 + 规格 + 单位 + 单价 + 数量 + 批号 + 货位号 + 合同号 + 经办人		
来源：加工，合同管理 P-2		流向：加工，仓库收发台账管理 P-3-1
信息量：每日约计 100 笔数据		
备注：		

表 8-3 数据项的定义格式

图号：8-11	数据流号：D15	数据流名称：入库单
数据项名：数量	类型代码：N	长度：6 位
值域：1 ~ 999999	精度：0.00001	
备注：		

表 8-4 数据文件的定义格式

图号：8-11	实体编号：8
实体名称：财务处	
输入数据流：材料核算表 D12	
输出数据流：调价通知 D11	
备注：	

表 8-5 外部实体的定义格式

图号：8-11	文件编号：SK1	文件名称：库存明细账
记录结构：日期 + 代码 + 项目名称 + 规格 + 单位 + 单价 + 数量 + 批号 + 货位号 + 合同号 + 经办人		
文件组织：以日期升序索引		存取频率：100 个 / 日
备注：		

表 8-6 加工环节的定义格式

图号：8-11	加工编号：P-3-1	加工名称：仓库收发台账管理
输入数据流：入库单 D15、领退料单 D9		
输出数据流：(盘盈（亏）单、报废单、调单、废品回收单) D16、库存明细账 SK1		
加工逻辑：入库单、领退料单登录库存明细账、平行登记总账；年终盘库，结果为下一年度期初库存		
备注：		

8.3.4 逻辑加工描述

数据流图中的"加工"通常分为运算、输入输出和逻辑处理三种类型。其中对运算的描述主要是算法，对输入输出的描述主要是数据流的组成及输入输出格式，但对逻辑加工的描述通常是较为复杂的，难以用几句话说明白。为了准确、简洁、无二义地描述逻辑加工，我们常用结构化语言、决策树、决策表或流程图等工具来描述逻辑加工过程。

1. 结构化语言

结构化语言有三种基本框架,即顺序结构、分支结构和循环结构,它是介于程序设计语言和自然语言之间的描述性语言。结构化语言有三种类型的基本语句:祈使语句、条件语句和循环语句。也可以将上述三种基本语句任意组合构成以下复合语句。

(1)祈使语句:实发工资 = 基本工资 + 职务工资 + 奖金

(2)条件语句:

如果　应发工资 ≤ 800

则　　调节税 = 0

否则,如果　应发工资 ≤ 3 000

则　　调节税 =(应发工资 –800)× 0.01

否则,如果　应发工资 ≤ 10 000

则　　调节税 = 2 200 × 0.01+(应发工资 –3 000)× 0.03

2. 决策树

决策树是一种图形工具,它适用于描述逻辑处理中具有多种策略,而策略的确定必须依据多种条件的判定才能选出的场合。决策树的优点是直观、形象;缺点是当判定条件较多且互相组合时,难以表达判断过程。图 8-13 是用订货点法进行库存管理的决策树。

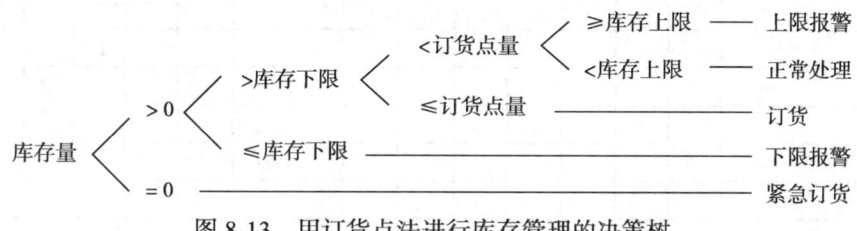

图 8-13　用订货点法进行库存管理的决策树

3. 决策表

决策表适用于描述逻辑处理过程中具有多个判定条件且条件相互组合,每种条件组合都有相应策略对应的场合,它弥补了决策树的不足。下面以某运输公司货运计费为例说明决策表的应用。

假定某运输公司货运计费办法按如下四种情况区别对待:

(1)普通货物还是危险品。

(2)每件物品体积是否超过 $1m^3$。

(3)每件货物重量是否超过 100kg。

(4)运输里程是否超过 1 000km。

每种条件有两种可能,共四个判定条件,则条件的组合种类为:

$$C_4^0 + C_4^1 + C_4^2 + C_4^3 + C_4^4 = 1 + 4 + 6 + 4 + 1 = 16 = 2^4$$

如表 8-7 所示,每种条件组合分别对应计算运费的公式 A ~ Q 中的一个,表中垂直黑粗线与水平粗线将决策表分为四部分：判定条件区、判定条件组合形式区、不同组合条件对应采取的行动区和行动内容说明区。表中字母 N 代表条件不成立，Y 代表条件成立。

表 8-7　决策表

条件和运费计算公式		组合种类号与条件组合															
		1	2	3	4	5	6	7	8	9	10	11	12	13	14	15	16
判断条件	普通货物	N	Y	N	N	N	Y	N	N	Y	N	N	Y	Y	Y	N	Y
	每件物品体积 >1m³	N	N	Y	N	N	Y	Y	N	N	N	Y	N	Y	N	Y	Y
	每件货物重量 >100kg	N	N	N	Y	N	N	Y	Y	N	Y	N	Y	N	Y	Y	Y
	里程 <1 000km	N	N	N	N	Y	N	N	Y	N	Y	Y	Y	Y	Y	Y	Y
运费公式	A（公式内容，下略）	A															
	B		B														
	C			C													
	D				D												
	E					E											
	F						F										
	G							G									
	H								H								
	I									I							
	J										J						
	K											K					
	L												L				
	M													M			
	N														N		
	P															P	
	Q																Q

一般地，若有 n 个判定条件，每个条件存在两种可能，则判定条件的组合种类数为：

$$x = 2^n$$

在实际应用中，一般仅将其中的关键性判定条件组合分别对应单独的行动，剩余的非关键性条件组合共同对应一种行动。

编写数据字典的过程是进行数据分析和简要功能分析的过程。

8.4　系统功能模型设计

在对实际系统的业务流程、管理功能、数据流程以及数据分析都做了详细的了解和形式化的描述之后，就可以在此基础上进行系统化的分析，以便整体地考虑新系统的功能子系统和数据资源的合理分布。进行这种分析的有力工具之一就是功能/数据分析，我们可以通过 U/C 矩阵的建立和分析来实现系统功能模型设计。

8.4.1 U/C 矩阵及其建立

业务过程也被称为管理过程、管理流程或业务流程，它用来描述逻辑功能，定义一组逻辑上相关的、为支持组织的目标所必需的管理和决策活动。功能分解与业务过程的联系为：①功能是静态的，流程是动态的，功能通过流程的执行而完成；②功能回答了做什么、有什么效果，而流程回答了怎么做。

数据分析主要是定义数据类，数据类是组织实现其目标管理中需要处理的一组逻辑上相关的信息，如客户、物质、合同、人员等。归纳数据类的方法是根据现行系统的数据流程图，把每个处理的输入和输出的数据按主题归类，然后不断地调整和修正。

功能／数据分析法是通过 U/C 矩阵的建立和分析来实现的。首先确定过程与数据类之间的关系：①使用关系，该过程使用相应的数据类，用 U 表示；②生成关系，该过程生成相应的数据类，用 C 表示；③没有关系，过程与数据类之间无关，用空格表示。在建立 U/C 矩阵时，首先要将管理功能进行系统化、自上而下地划分，其次逐个确定某具体的功能（功能类）和数据（数据类），最后填上功能与数据之间的关系，即完成了 U/C 矩阵的建立过程，如表 8-8 所示。

表 8-8 U/C 矩阵举例

功能		数据							
		产品	计划	联系记录	报价单	客户	市场活动	合同	订单
销售	销售管理	U	U	C	C	U			
	合同管理				U	U		C	
	订单管理				U	U		U	C
	客户管理			U		C		U	U
市场	市场计划	U	C						
	活动管理	U					C		
⋮	⋮	⋮	⋮	⋮	⋮	⋮	⋮	⋮	⋮

8.4.2 U/C 矩阵的正确性检验

建立 U/C 矩阵后，一定要根据"数据守恒"原则进行正确性检验，以确保系统功能数据项划分和所建 U/C 矩阵的正确性。它可以指出我们前段工作的不足和疏漏或是划分不合理的地方，及时地督促我们加以改正。具体来说，U/C 矩阵的正确性校验可以从以下三个方面进行。

1. 完备性检验

完备性检验是指具体的数据项（或类）必须有一个产生者（即"C"）和至少一个使用者（即"U"），功能则必须有产生（C）或使用（U）的发生（U 或 C 元素的出现）。

该检验能够使我们及时发现 U/C 矩阵中的功能或数据项的划分是否合理，U、C 元素有无填错和漏填等情况。若出现上述情况，则 U/C 矩阵的建立是不完备的。

2. 一致性检验

一致性检验是指对具体的数据项／类必须有且仅有一个产生者。如果有多个产生者

（C 元素），则会产生不一致的现象。其原因可能是：

（1）没有产生者——漏填了 C 元素或是功能、数据的划分不当。

（2）多个产生者——错填了 C 元素或是功能、数据的划分不独立、不一致。

3. 无冗余性检验

无冗余性检验即表中不允许有空行或空列出现。如果出现空行或空列，可能是因为：

（1）漏填了 C 元素或 U 元素。

（2）功能项或数据项划分是冗余的，即没有必要。

8.4.3 U/C 矩阵的求解

U/C 矩阵的求解过程就是对系统结构划分的优化过程。它是基于子系统划分应相互独立，而且内部凝聚性高的原则之上的一种聚类操作。

具体求解过程是使表中的 C 元素尽可能地靠近 U/C 矩阵的对角线，然后再以 C 元素为标准划分子系统。

U/C 矩阵的求解过程是通过表上作业来完成的。其具体做法是：先调整表中的行变量，使之从上到下反映处理功能的先后顺序，再调整表中的列变量，使得 C 元素尽量朝对角线靠近。

8.4.4 系统功能的划分

U/C 矩阵的求解目的是对系统进行逻辑功能划分以便于今后数据资源的合理分布。

1. 系统逻辑功能的划分

系统逻辑功能划分的方法是在求解后的 U/C 矩阵中划分出一个个的小方块，如表 8-9 所示。划分时应注意：

（1）沿对角线一个接一个地划分，既不能重叠，又不能漏掉任何一个数据和功能。

（2）小方块的划分是任意的，但必须将所有的 C 元素都包含在小方块之内。划分后的小方块即为今后新系统划分的基础，每一个小方块即一个子系统。特别值得一提的是，对同一个调整出来的结果，小方块的划分不是唯一的，具体如何划分为好，要根据实际情况以及分析者个人的工作经验和习惯来定。

表 8-9 子系统划分

功能		数据							
		产品	计划	市场活动	联系记录	报价单	合同	订单	客户
销售	销售管理	U	U		C				U
	合同管理						C	C	U
	订单管理					U	U	C	U
	客户管理				U	U	U	U	C
市场	市场计划	U	C						
	活动管理			C					

2. 数据资源分布

从表 8-9 可以看出，在对系统进行划分并确定了子系统以后，所有数据的使用关系都被小方块分割成了两类：一类在小方块以内，一类在小方块以外。对于在小方块以内所产生和使用的数据，今后应主要考虑放在本子系统的计算机设备上处理；而在小方块以外的数据联系（即图中小方块以外的 U）表示各子系统之间的数据联系，这些数据资源今后应考虑放在网络服务器上供各子系统共享或通过网络来相互传递数据。

8.5 建立新系统逻辑方案

在前面分析的基础上，我们需要进一步确定新系统逻辑方案。新系统逻辑方案指的是经过分析和优化后，新系统拟采用的信息处理方法。因它不同于计算机配置方案和软件结果模型方案等实体结构方案，故被称为逻辑方案。其工作内容是在满足环境要求的前提下明确新系统的范围和边界，对系统业务流程与数据流程进行详细的审查，去掉非计算机操作部分的内容，尽可能优化与改进信息流程，确定新系统的逻辑功能，给出准备采用的信息处理方案。

8.5.1 确定新系统目标

在系统开发的准备阶段，我们曾提出了一个初步的新系统总体目标。随着系统分析和设计工作的进展和深入，新系统目标也将逐步具体化和定量化。尤其是经过目标分析，系统分析员根据企业目标、用户意见和环境要求，提出一个比较完善的信息系统目标。系统目标主要包括系统功能目标、系统技术目标和系统经济目标。

1. 系统功能目标

系统功能目标是指系统所能处理的特定业务和处理这些业务的质量。衡量系统功能目标的依据有：①信息系统为管理者提供信息的数量和质量；②管理者对信息系统所提供信息的满意程度；③有了信息系统后能为管理者提供哪些原来无法提供的便利等。

2. 系统技术目标

系统技术目标是指系统应具有的技术性能和应达到的技术水平。常用的衡量技术的指标有运行效率、响应速度、吞吐量、可靠性、灵活性、安全性、可维护性、审核能力、操作使用方便性等。

3. 系统经济目标

系统经济目标是指系统开发的预期投资费用和预期经济效益。预期投资费用可分别从研发阶段投资和运行维护投资两方面进行估算。预期经济效益则应从直接经济效益和间接经济效益两方面进行预测。直接经济效益可以用货币额来度量，间接经济效益不容易量化，主要应从提高管理水平、优化管理方法、提高客户的满意度等方面考虑。

下面是某金属材料公司准备在五年内实现的信息系统目标：

（1）通过金属材料公司信息系统的建设，规范公司内部管理，提高工作效率和工作质量。

（2）通过经营信息、市场信息、价格信息、客户信息的动态分析与预测，辅助高层决策，提高客户服务水平，建立和扩大营销网络，提高金属材料销售的市场份额，争取在五年内成为全国金属材料销售百强企业。

8.5.2　确定新系统的业务流程

新系统的业务流程不仅是对企业业务过程的描述，还是企业业务过程的重组与优化的过程。在业务流程分析的过程中，已经对原系统的业务流程进行了分析与优化，在确定新系统的逻辑模型时，还应再次分析与讨论。

确定新系统业务流程的具体内容包括：

（1）对企业的业务流程进行分析与讨论，找出业务流程中仍不合理的地方。

（2）对业务流程中不合理的过程进行优化，分析优化后将带来的益处。

（3）给出最后确定的业务流程图。

（4）指出业务流程图中由新系统（主要指计算机软件系统）完成的部分和需要用户完成的部分（或是需要用户配合新系统来完成的部分）。

8.5.3　确定新系统的数据流程

新系统的数据流程图是系统"做什么"的逻辑基础，在数据流程分析的过程中，已经对原系统的数据流程进行了分析与优化，在确定新系统的逻辑模型时，还应再次分析与讨论。

确定新系统数据流程的具体内容包括：

（1）请用户确认最终的数据指标和数据字典。确认的内容主要是指标体系是否全面合理，数据精度是否满足要求并可以统计到这个精度，等等。

（2）确认删除或合并了哪些多余的或重复的数据处理过程。

（3）确认对哪些数据处理过程进行了优化和改动，改动的原因是什么以及改动（包括增补）后将带来哪些好处。

（4）给出最后确定的数据流程图。

（5）指出在数据流程图中由新系统（主要指计算机软件系统）完成的部分和需要用户完成的部分（或是需要用户配合新系统来完成的部分）。

8.5.4　确定新系统的功能模型和资源分布

确定新系统的功能模型就是对新系统进行子系统的划分。在进行组织结构与功能分析时，我们对系统必须具有的功能做了详细的调查和分析，通过对子系统的划分，建立了系统的功能模型。在确定新系统逻辑模型时，我们必须再次进行分析与讨论，最后确定新系统总的功能模型。对于大系统来说，划分子系统的工作通常在系统规划阶段进行，常用的工具是 U/C 矩阵。

在系统功能分析和子系统划分之后，应该确定数据资源在新系统中的存放位置，即确定哪些数据资源应存储在本系统设备上，哪些应存储在网络服务器或主机上。

8.6 系统分析报告

系统分析报告是系统分析阶段的主要成果，它是系统分析工作的概括总结。新系统逻辑模型是系统设计工作的依据。系统分析报告产生后必须组织有关人员仔细推敲、认真论证，务必在系统设计工作之前发现逻辑方案中可能存在的问题。否则，一旦将失误隐患传递到后续工作中，其后果是严重的，甚至可能前功尽弃，使开发工作从零重新开始。

系统分析报告应包括的主要内容：

（1）原系统概述。原系统概述的主要内容包括现行系统的目标、范围、主要功能、业务处理流程、用户信息需求（特别是关键需求）、现行系统存在的主要问题及其系统环境等。对原系统概述的目的是形成对项目背景的基本认识，以便开展对新系统逻辑模型的分析和论证。

（2）新系统的目标与开发可行性。经历了详细调查之后，在创建新系统逻辑模型的过程中经过反复推敲、讨论、协商、调整所确定的系统目标才是最终目标。系统分析报告中应对实现最终目标重新从技术、经济、系统环境等诸方面进行可行性分析，并在此基础上拟订出开发战略和开发方法等。

（3）新系统的逻辑模型。新系统的逻辑模型是系统分析报告的核心部分，其主要内容包括新系统的目标、功能（数据流图及数据字典、决策树、决策表等）、逻辑结构（子系统划分与子系统的目标等）、数据存储要求（数据库、数据表的概念结构及逻辑结构、信息需求及存储容量估计等）、输入输出要求（输入、输出界面及报表格式等）等。

（4）系统实施规划。系统实施规划的主要内容包括各项任务的实施顺序、进度（网络规划图、作业表）及质量检查标准等。

（5）软硬件系统配置初步方案、投资预算、分阶段投资计划及投资效益初步评估等。

（6）为适应新系统的运行，系统环境的整改方案与措施。

系统分析报告一旦经主管部门或开发单位领导论证、审核并批准，系统设计工作则以此为据开展后续工作。

8.7 信息系统分析实例：考试管理信息系统分析

本节以大家比较熟悉的考试管理信息系统为例进行介绍。本系统的开发过程较好地体现了结构化方法的思想和原则，有关文档比较规范、翔实。为了突出开发方法的应用，我们对系统背景做了一些合理的简化。本节讨论系统分析部分，第9章介绍系统设计的有关知识。

8.7.1 系统开发的可行性分析

随着教育体制改革的深入和发展，某高校的教学改革也在扎实地进行，招生规模不断扩大，使学校的考试管理工作越来越复杂。要想使工作人员从繁重、低效的工作中解脱出来，建立考试管理信息系统是非常必要的。

经过初步调查，我们了解到该学校的考试管理情况如下：学校共有 10 个二级学院，现设 40 个专业，学生人数约 20 000 人。学校每学期都要组织学生进行各种考试来检验一个学期以来学校的教学质量和学生的学习情况，这也是教学工作的重要组成部分。但该学校的考试管理一直依靠手工方式，投入了较多的人力、物力。而且，手工管理容易造成失误和出错的情况，不能及时向老师和学生提供各类有关考试的情况，从一定程度上影响了教学管理改革的进程。因此，学校领导很重视考试管理工作，决定拨出专款建立一套能动态反映考试管理的信息系统。开发考试管理信息系统可以给出学生在校期间的各种信息和变化以及对这些信息的各种统计分析，使管理者能从不同角度对学生个体和群体的成绩情况做出快速准确的分析与判断。同时通过对学生学习质量的分析，还可以为综合评价教师的教学质量提供依据并以此带动学校信息化管理的步伐，提高教师素质。

考试管理系统是一个比较简单的系统，对开发技术的要求不高。由于人机界面友好，操作方便，一般人员都可以使用。学校一般采用集中、统一的管理方式，数据处理量不大，可以考虑开发基于局域网的数据处理信息系统。基于局域网的数据处理信息系统需要的投资不多，学校完全可以承担。系统投入运行后，能够减少因手工劳动产生的管理费用，同时带来一些潜在的收益，如克服信息不畅、提高信息服务质量等。学校领导和工作人员对新系统的开发都给予了一定的支持。因此，该信息系统的开发是必要的和可行的，可以立即进行开发。

8.7.2 现行系统的调查与分析

1. 组织机构和管理功能

该学校考试管理工作的组织结构如图 8-14 所示。图 8-14 只介绍了与考试管理相关的部门，其他业务部门并没有被列出。

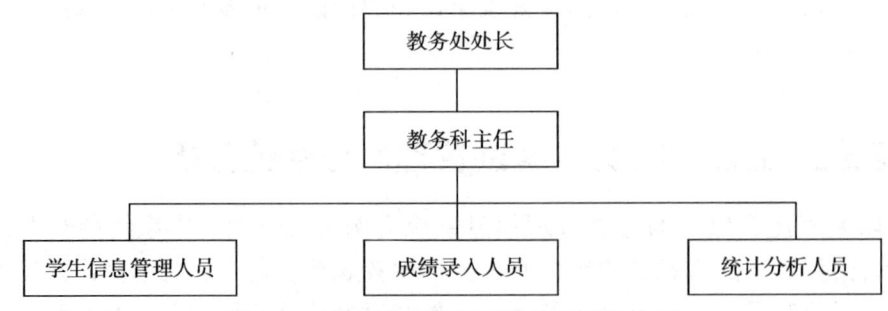

图 8-14 学校考试管理工作的组织机构图

为了实现系统目标，现行系统的管理功能设置如图 8-15 所示。

在实际管理活动中，各种各样的查询请求随时都可能发生。例如：

（1）根据学号可以查询成绩。

（2）根据学生人员变动名单的学号可以查询最新的人员变动情况。

（3）根据成绩统计报表的班级代码可以了解各班的成绩在整个学校的水平。

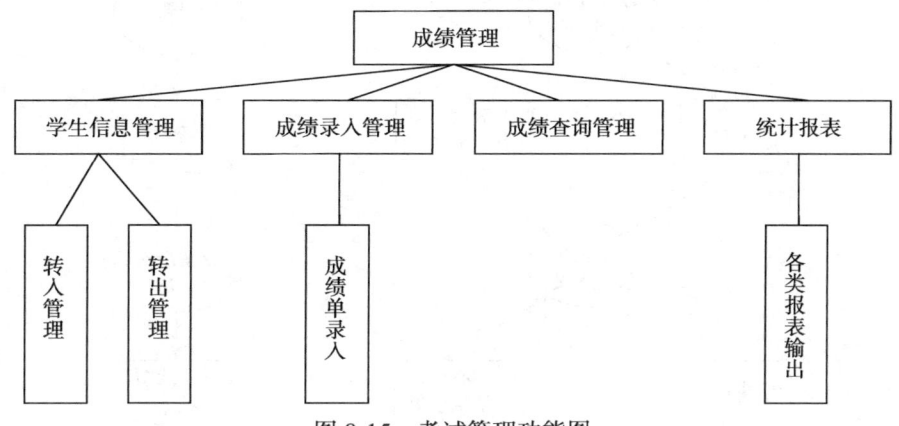

图 8-15　考试管理功能图

2. 业务流程分析

（1）系统的业务流程调查。学校考试管理包括学生信息管理和成绩管理两部分工作。

学生信息管理的过程是：当学生人员发生变动时，学生信息管理人员应对变动人员进行添加或修改。每年新生入学时，由学生工作办公室提供新生信息并由教务科存档以备用。学生毕业前，学生信息管理人员应将毕业生信息删除。其他学生的变动信息应及时更新，经过检查的变动名单由学生信息管理人员进行整理并存入学生库中。

学生成绩管理的过程是：每当考试完毕后，任课教师把成绩单（一式三份）分别送至教务科、各系部和学生工作办公室，成绩录入人员将整理后的成绩输入学生成绩库中。录入成绩完毕后，统计分析人员应根据学生库文件和学生成绩库文件汇总出各班总成绩、各科总成绩和学生总成绩等资料，并把这些累计汇总后的资料报送有关人员。考试管理业务流程图如图 8-16 所示。

（2）业务流程分析。根据计算机信息处理的特点，还应对业务流程进行分析，找出不合理的环节和冗余的业务信息，然后在新系统中加以改进。本系统对业务流程的改进如下：

第一，去掉不增值的活动。学生信息管理人员根据学生人员名单和变动名单产生一份整理后的学生人员名单，这份名单没有实际的用途，可将整理名单这个步骤去掉。

第二，消除冗余信息。在原系统中教师要抄送三份成绩单，加大了教师的工作量，在建立新系统逻辑模型时应去掉不必要的数据冗余，改由学校教务科建档统一管理。

3. 数据流程调查和分析

这项工作的任务是收集和分析原系统全部单据、报表、账册等信息需求，并把数据的流动情况抽象独立出来，绘制现行系统的数据流程图。

结合业务流程分析，可以对收集的数据进行分析及汇总处理，本系统的输入数据有学生名单、学生变动名单、各科成绩单，输出报表为单科成绩汇总表、班级成绩汇总表和成绩条。表 8-10 为现行系统数据查询表。

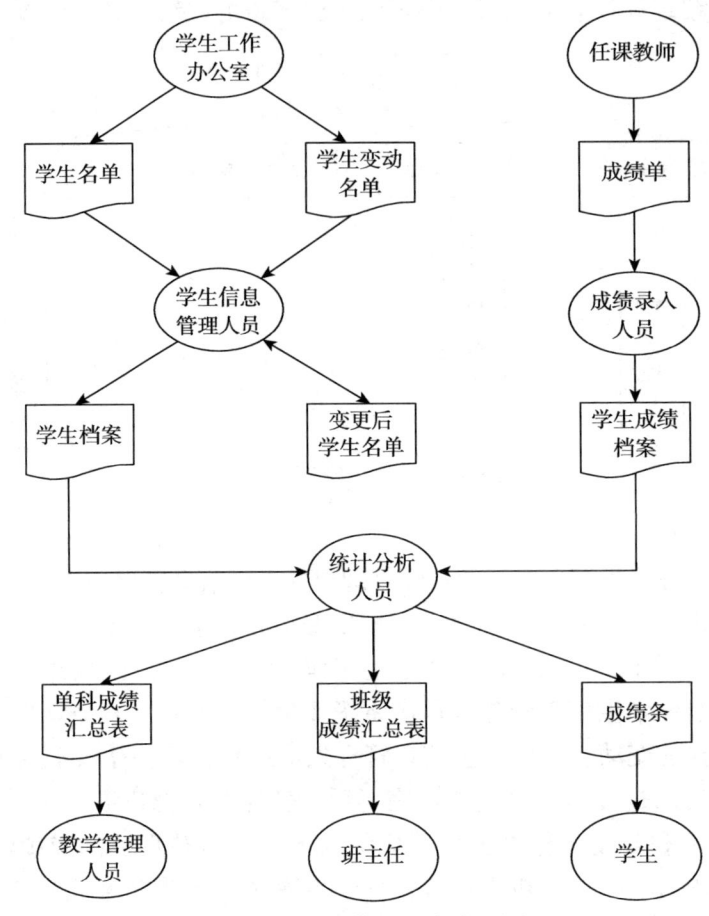

图 8-16 考试管理业务流程图

表 8-10 现行系统数据查询表

单位名称：

序号	名称	类型	来源/去处	发生频率	保密要求	保存时间
1	学生名单	输入	学生工作办公室	20 份/学期	无	5 年
2	学生变动名单	输入	学生工作办公室	2 份/月	无	3 年
3	成绩单	输入	任课教师	500 份/学期	有	2 年
4	单科成绩汇总表	输出	教学管理人员	200 份/学期	有	2 年
5	班级成绩汇总表	输出	班主任	180 份/学期	无	2 年
6	成绩条	输出	学生	20 000 份/学期	无	2 年

制表人：　　审核人：　　日期：　　第　页

8.7.3 新系统的逻辑模型

1. 系统目标

考试管理系统的目标是实现考试管理的自动化处理，增强资源共享，减少人员和管理费用，加快信息的查询速度和准确性，提供更方便、更全面的服务。

2. 系统数据流程图

通过对现行系统的全面调查与分析，本系统数据流向基本合理，系统功能可以满足实际管理工作的需要。新系统的处理分为学生基本信息维护、成绩录入处理、统计报表三部分。系统的主要外部实体有学生、任课教师、学生工作办公室、班主任、教学管理人员等。

考试管理系统的顶层数据流程图反映了系统边界，如图 8-17 所示。

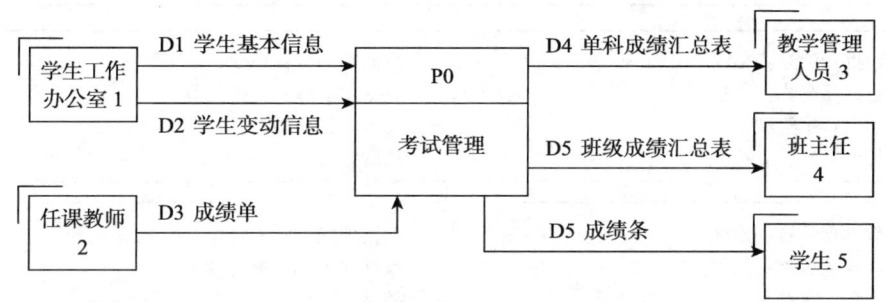

图 8-17 考试管理系统的顶层数据流程图

第一层数据流程图中明确了新系统的功能划分及各功能之间的数据联系，如图 8-18 所示。

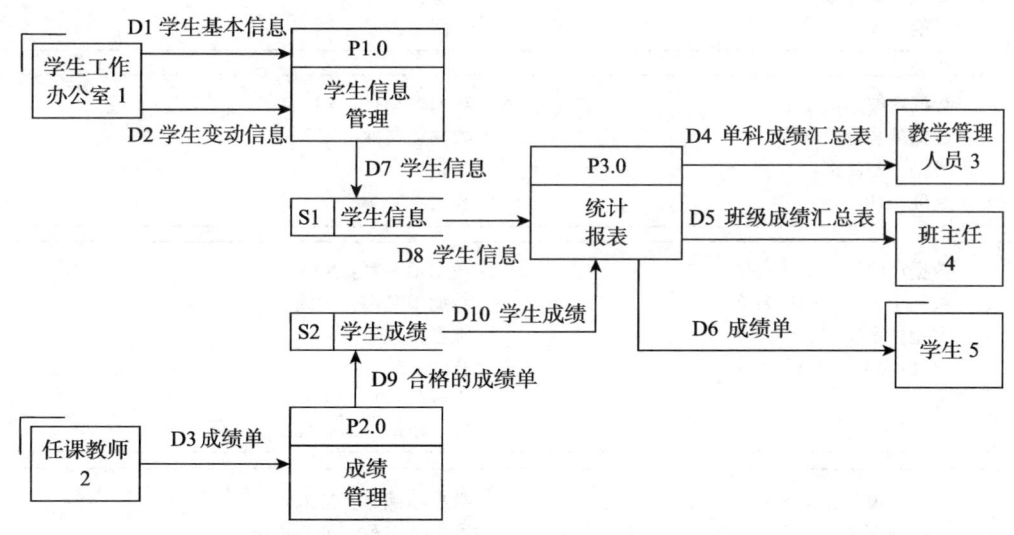

图 8-18 考试管理系统的第一层数据流程图

3. 数据字典

数据字典对数据流程图中的所有元素做出了严格定义，是数据库设计的基础。以下是考试管理系统的数据字典。

（1）数据项的定义

数据项编号：X01
数据项名称：学号
类型：字符型
长度：7

数据项编号：X02
数据项名称：班级代码
类型：字符型
长度：7

数据项编号：X03
数据项名称：班级名称
类型：字符型
长度：8

数据项编号：X04
数据项名称：姓名
类型：字符型
长度：8

数据项编号：X05
数据项名称：性别
类型：字符型
长度：2

数据项编号：X06
数据项名称：出生年月
类型：日期型
长度：8

数据项编号：X07
数据项名称：籍贯
类型：字符型
长度：20

数据项编号：X08
数据项名称：家庭情况
类型：字符型
长度：40

数据项编号：X09
数据项名称：家庭住址
类型：字符型
长度：20

数据项编号：X10
数据项名称：家庭电话
类型：字符型
长度：12

数据项编号：X11
数据项名称：备注
类型：备注型
长度：10

数据项编号：X12
数据项名称：课程号
类型：字符型
长度：3

数据项编号：X13
数据项名称：课程名称
类型：字符型
长度：10

数据项编号：X14
数据项名称：成绩
类型：数值型
长度：5
小数位：1
取值范围：0～100

数据项编号：X15
数据项名称：学期
类型：字符型
长度：1
取值范围：1～8

数据项编号：X16
数据项名称：变动班级
类型：字符型
长度：4
取值/含义：0- 毕业；1- 退学

数据项编号：X17
数据项名称：变动时间
类型：日期型
长度：8

（2）数据流的定义

```
数据流编号：D1
数据流名称：学生人员基本情况名单
简述：学生的基本情况
数据流来源：学生工作办公室
数据流去向：学生基本信息维护功能（P1.0）
数据流组成：学号＋班级代码＋班级名称＋姓名＋性别＋出生年月＋籍贯＋家庭情况＋家庭住址
          ＋家庭电话＋备注
流通量：20 份 / 学期
```

```
数据流编号：D2
数据流名称：学生人员变动名单
简述：学生的变动情况
数据流来源：学生工作办公室
数据流去向：学生基本信息维护功能（P1.0）
数据流组成：学号＋班级代码＋班级名称＋姓名＋变动班级＋变动时间＋备注
流通量：2 份 / 月
```

```
数据流编号：D3
数据流名称：成绩单
简述：学生各科考试成绩
数据流来源：任课教师
数据流去向：成绩录入处理功能（P2.0）
数据流组成：课程名＋班级代码＋班级名称＋{姓名＋成绩}
流通量：500 张 / 学期
```

```
数据流编号：D4
数据流名称：单科成绩汇总表
简述：按班级汇总的单科成绩
数据流来源：统计报表功能（P3.0）
数据流去向：教学管理人员
数据流组成：课程名＋学期＋{班级代码＋班级名称＋平均成绩＋排名}
流通量：200 份 / 学期
```

```
数据流编号：D5
数据流名称：班级成绩汇总表
简述：给班主任的成绩
数据流来源：统计报表功能（P3.0）
数据流去向：班主任
数据流组成：班级代码＋班级名称＋学期＋{学号＋姓名＋{课程名＋成绩}＋平均成绩}
流通量：180 份 / 学期
```

```
数据流编号：D6
数据流名称：成绩条
简述：给学生的各科成绩
数据流来源：统计报表功能（P3.0）
数据流去向：学生
数据流组成：学号＋班级代码＋班级名称＋姓名＋学期＋家庭地址＋{课程＋成绩}＋平均成绩
流通量：20 000 份 / 学期
```

```
数据流编号：D7
数据流名称：学生基本信息
简述：变动后的学生基本情况
数据流来源：学生基本信息维护功能（P1.0）
数据流去向：学生库
数据流组成：学号 + 班级代码 + 班级名称 + 姓名 + 性别 + 出生年月 + 籍贯 + 家庭情况 + 家庭住址 +
            家庭电话 + 变动班级 + 变动时间 + 备注
流通量：5 000 条 / 学期
```

```
数据流编号：D8
数据流名称：统计表中的学生信息
简述：提供学生情况进行成绩汇总分析
数据流来源：学生库
数据流去向：统计报表功能（P3.0）
数据流组成：学号 + 班级代码 + 班级名称 + 姓名 + 家庭住址
流通量：20 000 条 / 学期
```

```
数据流编号：D9
数据流名称：合格的成绩单
简述：学生各科考试成绩
数据流来源：成绩录入处理功能（P2.0）
数据流去向：学生成绩库
数据流组成：同 D3
```

```
数据流编号：D10
数据流名称：学生成绩
简述：学生各科考试成绩
数据流来源：学生成绩库
数据流去向：统计报表功能（P3.0）
数据流组成：同 D3
```

（3）数据存储的定义

```
数据存储编号：S1
数据存储名称：学生库
简述：学生的学号、姓名等信息
数据存储结构：学号 + 班级代码 + 班级名称 + 姓名 + 性别 + 出生年月 + 籍贯 + 家庭情况 + 家庭住
              址 + 家庭电话 + 变动班级 + 变动时间 + 备注
关键词：学号
相关的处理：P1.0、P3.0
```

```
数据存储编号：S2
数据存储名称：学生成绩库
简述：记录学生各科成绩信息
数据存储结构：学号 + 班级代码 + 班级名称 + 姓名 + 学期 + { 课程名 + 成绩 }
关键词：学号
相关的处理：P2.0、P3.0
```

（4）处理逻辑的定义

```
处理逻辑编号：P1.0
处理逻辑名称：学生信息管理
输入：数据流 D1、D2，来自学生工作办公室
输出：数据流 D7，去向学生库
描述：将学生情况和变动情况录入和更新，以备后用
激发条件：新生入学、毕业或学籍变动的情况发生
```

```
处理逻辑编号：P2.0
处理逻辑名称：成绩管理
输入：数据流 D3，来自任课教师
输出：数据流 D9，去向学生成绩库
描述：考试后将学生成绩整理输入到学生成绩库中
激发条件：考试后阅完卷发生
```

```
处理逻辑编号：P3.0
处理逻辑名称：统计报表
输入：数据流 D8、D10，分别来自学生库、学生成绩库
输出：数据流 D4、D5、D6，分别去向教学管理人员、班主任、学生
描述：把问卷后的成绩进行分析，整理后制作成报表分发给各科老师、各班班主任和学生
激发条件：考试成绩输入完毕后发生
```

（5）外部实体的定义

```
外部实体编号：1                    外部实体编号：2
外部实体名称：学生人员管理办公室    外部实体名称：任课教师
输出的数据流：D1、D2               输出的数据流：D3
```

```
外部实体编号：3                    外部实体编号：4
外部实体名称：教学管理人员          外部实体名称：班主任
输入的数据流：D4                   输入的数据流：D5
```

```
外部实体编号：5
外部实体名称：学生
输入的数据流：D6
```

本章小结

　　系统分析是系统开发的关键阶段，它解决新系统"干什么"的问题。本章介绍了系统分析的目的、任务和工作内容，并简要介绍了结构化系统分析方法的基本思想和主要技术工具。系统分析的主要任务是通过对企业组织的详细调查，充分分析用户要求，设计出将要建立的信息系统的逻辑模型。本章以结构化系统分析方法为主要分析手段，向读者展示了系统分析过程和每一个阶段以及每一个步骤的具体工作。此外，本章还详细阐述了信息系统逻辑模型的构成，及其功能建模、数据建模和流程建模的方法。数据流程图是描述系统逻辑模型的工具之一，能够反映信息在系统中流动和处理的情况，便于

用户理解系统数据流程。U/C矩阵是系统功能模型设计的有力工具之一，通过U/C矩阵的建立和分析来实现系统功能模型设计，有助于整体地考虑新系统的功能子系统和数据资源的合理分布。为了让读者更好地掌握和运用系统分析工具，本章以考试管理信息系统为例做了设计示范。

复习思考题

1. 简述系统分析阶段的主要任务。
2. 系统分析阶段的主要内容有哪些？
3. 结构化系统分析方法具有哪些特点？
4. 详细调查的内容是什么？系统分析报告主要由哪几部分组成？
5. 数据流程图与业务流程图的联系和差别是什么？
6. 业务流程识别有哪些方法？
7. 如何进行业务流程建模？
8. 试述用U/C矩阵聚合法划分子系统的原理和步骤。
9. 为什么说在建立技术架构之前，开发一个拟建系统的逻辑模型是很重要的？如果不开发逻辑模型，而是直接开始技术设计，可能会出现什么问题？
10. 某工厂成品库管理的业务流程如下：

    成本库保管员按车间送来的入库单登记库存台账。发货时，发货员根据销售科送来的发货通知单将成品出库并发货，同时填写三份出库单，其中一份交给成品库保管员，由成品库保管员按此出库单登记库存台账，出库单的另外两联分别送至销售科和会计科。

    试按以上业务过程画出业务流程图和数据流程图。

实训：补充订货系统的逻辑模型设计

1. 课题设计依据

某厂的补充订货系统稍微有些复杂，该厂采购部门为了保证一定库存水平，设置了一个补充订货系统。库房工作人员通过库房终端设备将库房的收发数据生成现行系统报告，如果某项零件的库存量低于临界水平，系统就必须提出补充订货要求，以使库存量达到额定水平。补充订货系统的顶层数据流程图如图8-19所示，该图表示订货业务信息处理系统与外部实体之间信息的输入与输出关系，即标定了系统与外界的界面。

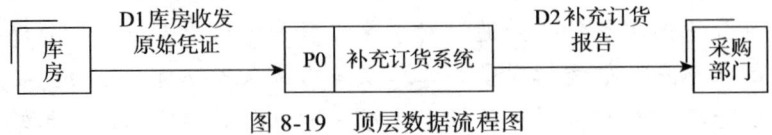

图 8-19　顶层数据流程图

请依据该基本资料，设计一个补充订货系统的逻辑模型。

（1）写出系统目标。

（2）描述业务流程。
（3）设计系统功能模型。
（4）设计分层的数据流程图。
（5）编制系统的数据字典。

2. 课程设计的组织

由 3～5 名同学组成一个设计组并推荐一名组长。组长负责本系统设计的总体协调工作。每个组员（包括组长）承担一个子系统的设计。

第 9 章

结构化系统设计

📖 学习目的和要求

1. 了解系统设计的主要任务和设计步骤
2. 了解结构化设计方法的主要内容
3. 掌握数据库、代码、界面与输入输出设计方法
4. 掌握数据模型的详细设计
5. 学会编制系统设计报告

📖 导入案例：平板电脑找到一席之地

美国联邦航空管理局（Federal Aviation Administration，FAA）最近批准了飞行员可以使用平板电脑来代替纸质图表和操作手册。许多航空公司，比如达美航空、美国航空和阿拉斯加航空等，开始使用平板电脑。阿拉斯加航空为其 1 400 名飞行员配备了平板电脑。一名在阿拉斯加航空工作了 15 年的飞行员兰迪·克莱格（Randy Kleiger）说："现在我们所有的信息都在平板电脑中。这更有效率，也更安全。"2009 年 11 月，西北航空公司的飞行员使用笔记本电脑导航，而没有与空中交通控制员沟通，结果偏离了目的地。这就像开车，全球定位导航系统（GPS）非常有用，但像输入文字这样的事情，是很让人分心的。

能否期望这些公司开发出可以满足美国联邦航空局条件和要求的系统？

资料来源：哈格，卡明斯. 信息时代的管理信息系统 [M]. 严建援，等译. 北京：机械工业出版社，2017.

9.1 系统设计概述

9.1.1 系统设计的目标和任务

管理信息系统设计阶段的主要目标是在系统分析阶段所提出的逻辑模型的基础上进行系统物理模型的设计，得到能满足用户信息需求的基于计算机与通信系统的物理实现方案。系统分析阶段解决系统"干什么"的问题，旨在完成系统逻辑方案的设计；系统设计解决"怎么干"的问题，是将逻辑方案转换为可以实施的系统物理方案的过程。这一阶段的主要任务是从信息系统的总体目标出发，根据系统分析阶段对新系统逻辑功能的要求并考虑到经济、技术和运行环境等方面的条件，确定系统的总体结构和系统各组成部分的技术方案，合理选择计算机和通信的软件和硬件设备，提出系统的实施计划。系统设计阶段的工作包括以下主要活动。

1. 总体设计

系统总体设计又称概要设计（Preliminary Design），总体设计是指根据系统分析所得到的系统逻辑模型和需求说明书，导出系统的功能模块结构图并确定合适的计算机处理方式和计算机总体结构及系统配置。总体设计是系统设计中十分重要的一步，总体设计的质量将直接影响系统的质量和整体特性，系统越大，影响就越大。

2. 详细设计

系统的详细设计是系统总体设计的深入，指对总体设计中各个具体的任务选择适当的技术手段和处理方法。系统详细设计的内容主要包括：代码设计、数据库设计、输入/输出设计、处理流程设计、制定设计规范等。

3. 编写系统设计说明书

系统设计说明书是系统设计阶段的成果，它从系统设计的主要方面说明系统设计的指导思想、采用的技术方法和设计成果，是系统实施阶段工作的主要依据。

9.1.2 系统设计的原则

1. 可靠性

系统总是在一个客观的环境中运行，系统在使用中难免发生停电、误操作、硬件故障、输入错误或非法数据、违反流程操作、非法用户企图进入等现象。系统可靠性是指系统的抗干扰能力、检错与纠错能力、排除故障后系统的重新启动和恢复能力、预防非法使用与保证数据安全等能力。系统的平均无故障运行时间是衡量系统可靠性的重要指标。提高系统可靠性应从系统硬件和软件两方面入手，如在硬件方面，可选择可靠性能高的关键设备，采用并机或关键设备双工系统（如双硬盘）；在软件方面，可通过建立用户档案、设置密码和用户权限、输入校验及重要数据备份等措施确保系统安全。

2. 效率性

信息系统处理的数据，其主要特点是信息量大、结构复杂、更改频繁、多路径和多条件检索等，系统效率是衡量系统质量的一个重要指标。系统效率是指系统的处理能力、处理速度、相应时间等与时间有关的指标。其中：联机实时处理系统（如订票系统）的工作效率由用户响应的时间决定；批处理系统的工作效率由处理速度决定。影响系统效率的因素不仅是硬件的性能，还与数据文件的存取方式、软件的设计质量等因素密切相关。

3. 适应性

系统环境是不断变化的，系统对外界环境条件的变化有较强的适应能力。在允许环境条件变化的范围内，系统不仅应能正常运行，而且应能够提供满足用户需求的信息，缺乏环境适应性的系统是没有生命力的。

4. 可维护性

可维护性是指系统具有易于理解、修改、删除和扩充的功能。系统环境在不断变化，为了使系统适应变化的环境，修改、删除、扩充系统功能是很正常的。质量好的系统在进行系统改动时不会发生"波动效应"，各模块的功能单一、结构独立；系统应是开放型的，可以根据用户需求方便地挂接或删除功能模块。提高系统可维护性的途径是采用结构化系统设计。

5. 系统性

系统是作为统一整体而存在的，因此，在系统设计中，要从整个系统的角度进行考虑，系统的代码要统一，设计规范要标准，传递语言要尽可能一致，对系统的数据采集要做到数出一处、全局共享，使一次输入得到多次利用。

6. 经济性

经济性指在满足系统需求的前提下，尽可能减小系统的开销。一方面，在硬件投资上不能盲目追求技术上的先进，而应以满足应用需要为前提；另一方面，在系统设计中应尽量避免不必要的复杂化，各模块应尽量简洁，以便缩短处理流程，减少处理费用。

9.1.3 结构化系统设计方法

结构化设计方法（Structured Design, SD）于 1974 年被提出，是应用最为广泛的一种设计方法，它可以同结构化分析和结构化程序设计方法衔接起来使用。结构化系统设计的思路是：以数据流程图为基础，采用自顶向下、逐层分解的方法，把系统划分为若干子系统，而子系统又划分为若干功能模块，模块又划分为子模块，层层划分，直到每一个模块是相互独立、功能单一的独立程序为止，最后构造出模块结构图。

结构化设计的宗旨是要使设计工作简单化、标准化，结构化设计方法强调系统要有一个良好的结构，在研究了系统分解所产生的模块间的关系的基础上提出了基本的设计策略——数据流分析技术以及评价模块结构的标准——"耦合小、内聚大"的设计原则。

1. 子系统的划分

将系统划分为若干个子系统，对每个子系统单独设计，单独调试，而后将所有子系统组合成一个系统进行综合调试，最终得到完整的系统。这样，由于多个子系统的开发工作可以并行进行，因此可以大大缩短系统的开发周期。又因为子系统之间相对独立，所以每个子系统既可以单独使用，也可作为系统的一部分而存在，大大方便了系统的维护与扩展。子系统的划分可以借鉴以下方法：

（1）参照法。参照法是指参考同类信息系统的子系统划分方法来确定本企业的信息系统。采用这种方法时要注意，被参考的企业与本企业应有较好的相似性，包括组织结构、生产和经营的产品、管理模式等，既要分析企业间的共性，也要分析差异，再取共性为自身所用。该方法简单、直观，既有可借鉴的经验，也可吸收信息系统的先进设计方案。例如，某电子厂想自行开发信息系统，可以借鉴某 ERP 产品的子系统划分方法；某材料公司想建设一个信息系统，经过调研发现该系统的基本模块可以取用，但是流程有些不同，那么做些改进就可以成为本公司的方案了。参照法的进一步发展已成为系统移植或购买商品软件的系统建设方案。

（2）职能结构法。职能结构法是指参考现行管理系统的机构设置和职能分工划分子系统。现行管理系统的机构设置本身就是按系统的理论和概念组织起来的，每个部室由从事相似工作的人员组成，内部各岗位之间的业务（信息）活动联系紧密，部室之间的业务（信息）活动联系相对要弱一些。部室职能的设置基本符合子系统划分的原则，这一方法适用于内部管理子系统的划分，例如用于财务部的财务子系统、用于业务部的业务子系统、用于人事部的人力资源子系统等。系统分析员先参考现行职能结构初步划分子系统，然后找出流程或分工不合理的地方予以改进。职能法不适用于一些管理基础很差的企业，职能法往往会限制流程优化的思考，在划分子系统的时候常常只作为参考。

（3）功能-数据类聚合法。参照法和职能法带有一定的人为主观和经验判断色彩，本书第7章介绍了系统规划的常用方法：关键成功因素法（CSF）、企业系统规划法（BSP）和价值链分析法（VC）等，这些方法的本质是定义功能和划分子系统，与参照法和职能法相比更为严谨，并有一套规范的程序，尤其是关键成功因素法和企业系统规划法在系统分析中常常与参照法和职能法一起互补使用，进一步调整系统规划期间的子系统划分方案，产生正式的新系统功能模型。功能-数据类聚合法是 IBM 公司于20世纪70年代初在企业系统规划法中提出的一种系统化的聚类分析方法，主要用于划分子系统，本书曾在第7章和第8章详细介绍过，在此不再赘述。

按照结构化系统分析与设计的基本思想，我们根据数据流程图和数据字典，借助一套标准的设计准则和图表，自上而下地把整个系统划分为若干个大小适当、功能明确、具有相对独立性并容易实现的子系统，从而把复杂系统的设计转变为多个简单模块的设计。合理地进行系统划分、定义和数据协调，是结构化设计的主要内容。

2. 层次模块结构图

层次模块结构图也称结构图（Structure Chart），是描述系统模块结构的图形化工具。它的基本做法是将系统划分为若干子系统，子系统下再划分为若干模块，大模块内再划分小模块，模块及模块之间的联系采用规定的图形符号来表示。所谓"模块"，即可以组合、分解和更换的系统单元，是结构化系统的基本元素。将系统模块化的目的是把一个复杂的系统分解为若干个规模较小的、功能简单且相对独立的、更易于实现和维护的部分。模块化为系统设计工作的有效组织和控制提供了方便条件。

系统模块化的关键是模块分解，模块分解的合理性直接关系到系统设计的质量。模块分解应遵循两条原则：

（1）自顶向下，逐层细化。

（2）模块内部的联系尽量紧密，最理想的是做到模块功能单一，模块之间的联系尽量减少，使之具有较强的独立性。模块间可以进行数据传递，但尽量避免控制信息传递，禁止一个模块直接与另一模块的内部某个部分发生联系，以防止维护系统时发生"波动效应"。

层次模块结构图主要关心的是模块的外部属性，即上下级模块、同级模块之间的数据传递和调用关系，而并不关心模块的内部。我们以领料单处理功能分解过程为例，具体说明系统功能结构图的画法、分解过程、模块之间调用与信息传递的关系。

在控制结构图中，矩形框表示模块，模块之间用方向线连接，箭尾表示调用模块，箭头指向的是被调用模块。模块调用方式分为直接调用、选择调用和循环调用三种情况，如图9-1所示。

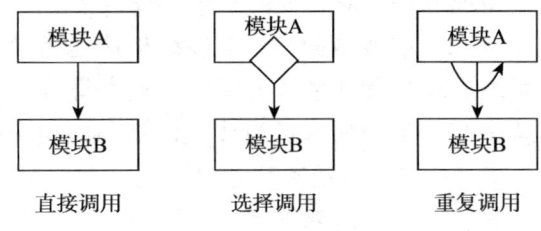

图9-1　模块调用方式

模块间通信的表示方法为：方向线尾带有空心圆圈的代表数据流，带有实心圆点的代表控制流，如图9-2所示。

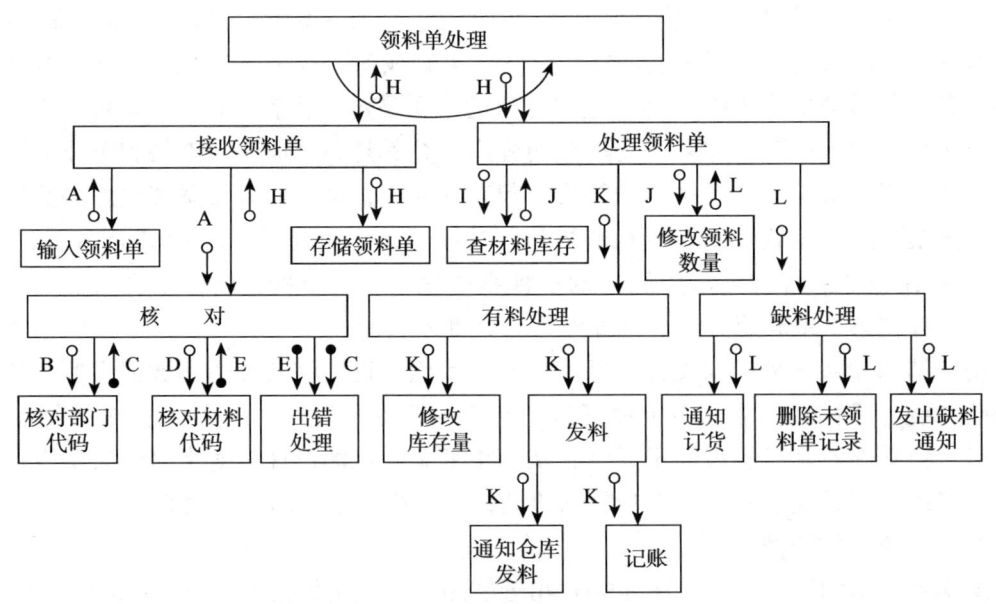

图9-2　领料单处理模块结构图

图9-2中数据流的含义为：

A：原始领料单

B：领料单中部门代码

D：领料单中材料代码

H：合法领料单

I：材料代码与领料数量

J：材料代码与库存数量

K：有料的领料单

L：缺料的领料单

图9-2中控制流的含义为：

C：部门代码错　　　　　　　　　　　　E：材料代码错

3. 从数据流程图到结构图

SD 阶段产生的结构图来源于 SA 阶段所生成的数据流程图。结构图与数据流程图的区别在于：前者表现的是上下级模块之间层次化的调用和控制关系；后者表现的是逻辑处理功能的顺序和数据在系统内的流向，而不表示各级控制关系和调用关系。从数据流程图导出结构图的策略有两种：以变换为中心的策略和以事务为中心的策略。

（1）以变换为中心的策略。以变换为中心的策略是指从 SA 阶段产生的数据流程图入手，利用适当的设计原则和策略，转换成结构图。这样一来，SA 和 SD 所做的工作就能有机地衔接起来。

以变换为中心的策略首先在数据流程图中找出它的主要功能（即中心变换部分），还要找出实现这项功能所需要的主要输入数据流和经变换后产生的主要输出数据，然后以其中心变换部分作为上层模块，以数据传送部分作为下层模块，逐层扩展而产生一个完善的系统结构。

以变换为中心的策略的实施步骤为：①确定数据流程图的中心变换位置；②绘制结构图（包括建立结构图的最高层模块、画出初始的结构图、对初始图进行优化）。

下面给出一个实例，图 9-3 在给定的数据流程图上分别确定出转换中心、输入部分、输出部分三部分的所在区域，转换后得到的结构图如图 9-4 所示。

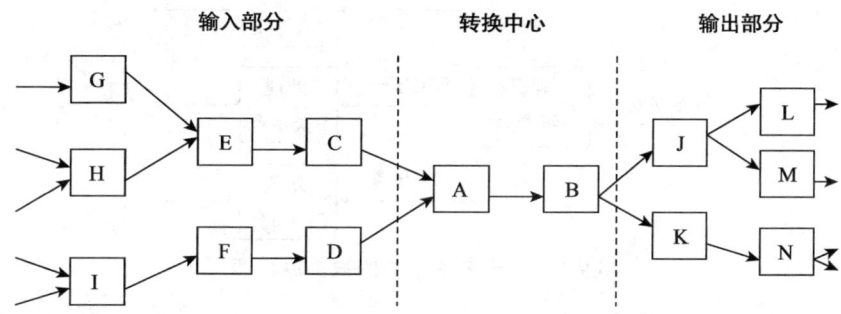

图 9-3　中心变换确定后的数据流程图

（2）以事务为中心的策略。所谓事务，是指一个信号、一起事件或一组数据，它们能在系统中引起一组处理动作。以事务为中心的基本思想是把一个复杂的数据流程图分割成若干个较小的数据流程图，每个小的数据流程图只反映对同一类型事务处理模块的功能。这些小的数据流程图比较简单，可采用以变换为中心的策略生成若干个较小的结构图。此外，以事务为中心的策略可以再把这些小的结构图合并起来，形成一幅大的结构图来描述整个系统。

以事务为中心的策略的实施步骤为：①分析数据流程图，确定它的事务中心；②绘制出事务中心所对应的结构图。

数据流程图的事务中心应具有以下功能：①获得原始的事务记录；②分析每一个事务，从而确定事务类型；③为每个事务选择相应的逻辑处理路径；④确保每个事务得到完全的处理。

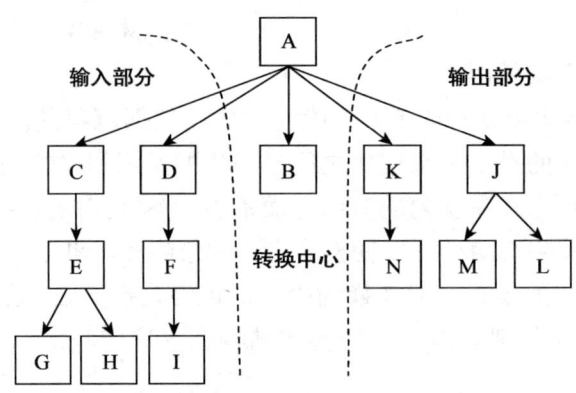

图 9-4　由图 9-3 数据流程图转换得到的结构图

事务中心具有分析事务类型和调度的功能，它对每个事务起着分派和控制的作用。如果在系统中存在多种类型的事务处理，就必须找出系统的事务处理中心和事务。如果某处理逻辑能够根据输入的数据流确定事务类型，而且产生不同的操作路径，这个逻辑就可以被确定为这些事务的事务中心。在结构图中，事务中心表现为结构图的最高模块。

下面给出一个实例，图 9-5 中"确定事务类型"处理逻辑就是系统的事务中心，可以据此产生较高层的结构图。

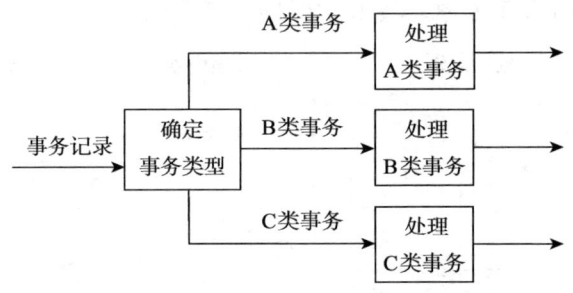

图 9-5　以事务为中心的数据流程图

将以事务为中心的数据流程图进行转换，在给定的数据流程图上分别确定出转换中心、输入部分、输出部分三部分的所在区域，转换后得到的结构图如图 9-6 所示。

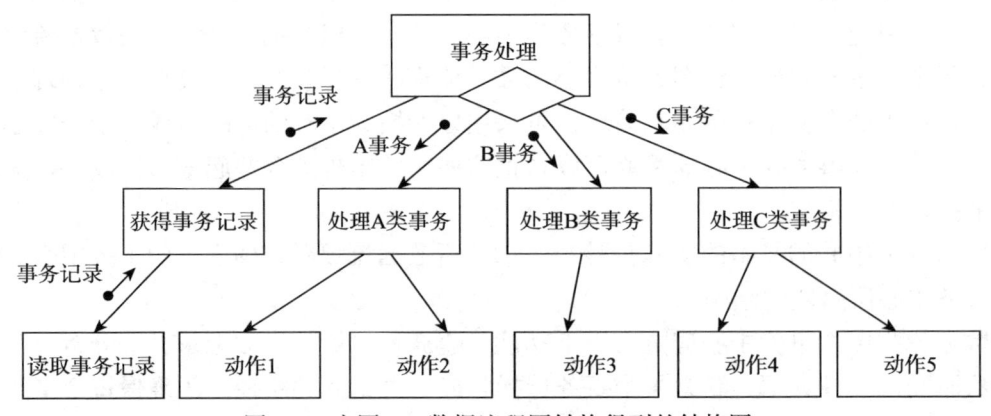

图 9-6　由图 9-5 数据流程图转换得到的结构图

9.2 系统平台设计

信息系统平台包括硬件平台、网络平台和软件平台。系统设计的首要任务是根据新系统功能与性能要求，构建支持新系统运行的软硬件环境，也就是进行系统平台设计。

9.2.1 系统平台设计的依据

信息系统的平台设计主要从以下几个方面进行考虑：

1. 系统的吞吐量

每秒执行的作业数称为系统的吞吐量。吞吐量越大，系统的处理能力就越强，软件和硬件要求就越高。

2. 系统的响应时间

从用户向系统发出一个作业请求开始，经系统处理后，给出应答结果的时间称为系统的响应时间。如果要求较短的响应时间，就应当选择运算速度较快的计算机及传输速率高的通信线路。

3. 系统的可靠性

系统的可靠性可以用连续工作时间表示。例如，对于每天需要 24 小时连续工作的系统，系统的可靠性就应该很高，这时可以采用双机结构方式。

4. 结构模式

如果一个系统的处理方式是集中式的，则信息系统既可以是主机系统，也可以是网络系统；如果一个系统的处理方式是分布式的，则采用微机网络更能有效地发挥系统的性能。

5. 地域范围

对于分布式系统，要根据系统覆盖的范围决定采用广域网或局域网。

6. 数据管理方式

现在大多采用数据库方式管理数据，采用这种方式时要根据应用的特点，决定采用数据模型的类型（层次型、网络型、关系型或面向对象型）并配备相应的数据库管理系统。

9.2.2 系统硬件平台的配置

硬件的选择取决于数据的处理方式和运行的软件。管理业务对计算机的基本要求是速度快、容量大、通道能力强、操作灵活方便。但是，计算机的性能越好，其价格也就越高，因此，在硬件的选择上应全面考虑。一般来说，如果数据处理是集中式的，系统应用的目的是利用计算机的强大计算能力，则可以采用主机–终端系统，以大型机或中小型机作为主机，可以使系统具有较好的性能。若企业管理等应用本身就是分布式的，使用大型主机主要是为了利用其多用户能力，则不如采用微机网络，微机网络更为灵活、经济。

确定了数据的处理方式以后，在计算机机型的选择上则应主要考虑应用软件对计算机处理能力的需求，包括：①计算机内存；②CPU速度和性能；③输入、输出和通信的通道数目；④显示方式；⑤外接存储设备及其类型。

9.2.3 系统网络平台的配置

信息系统可能采用主机/终端或微机网络式结构。对微机网络而言，由于存在多个商家的多种产品，其也面临网络的选型问题。

1. 网络拓扑结构

网络拓扑结构一般有总线型、星型和环形等。在网络选择上应根据应用系统的地域分布、信息流量进行综合考虑。通常，应尽量将信息流量最大的应用放在同一网段上。

2. 网络的逻辑设计

通常，我们首先根据软件将系统从逻辑上分为若干子系统，然后按需要配备设备，如主服务器、主交换机、分系统交换机、子系统集线器（HUB）、通信服务器、路由器和调制解调器等并考虑各设备之间的连接结构。

3. 网络操作系统

目前，流行的网络操作系统有 Unix、Netware、Windows NT 等。Unix 历史最早，是唯一能够适用于所有应用平台的网络操作系统；Netware 网络操作系统适用于文件服务器/工作站工作模式，具有较高的市场占有率；Windows NT 凭借其 Windows 软件平台的集成能力，随着 Windows 操作系统的发展和客户机/服务器模式向浏览器/服务器模式延伸，无疑是有前途的网络操作系统。

9.2.4 系统软件平台的配置

计算机软件总体上被划分成两类：系统软件和应用软件。前者是用于管理与支持计算机系统资源及操作的程序；后者是处理特定应用的程序。

在系统开发过程中，正确的软件工具选择对系统的顺利开发至关重要，软件指标主要包括：

1. 操作系统

目前，操作系统有很多，如 Unix 及其变种、Windows、Windows NT、Linux、Netware 等，其中代表主流发展方向的有 Windows NT 和 Unix。

2. 数据库管理系统

数据库管理系统（DBMS）是 MIS 的基础。选择数据库管理系统时应主要考虑以下几个方面：

（1）应是国际上流行的，要支持关系数据模型。

（2）支持结构化查询语言 SQL。

（3）具有远程数据存取和分布式处理功能。

（4）具有良好的安全保密性能。

（5）原来使用的数据库需要升级换代，所选的新的数据库应与原来数据兼容或有开发工具进行转换。

（6）数据库管理系统的选择要和硬件选型、操作系统选择、网络环境建立同时进行。目前市场上数据库管理系统的种类较多，如 Oracle、Sybase、SQL Server、Informix、FoxPro、Access 等。其中，Access 在小型 MIS 中最为流行，而 Informix 则适用于中型 MIS 的开发。

3. 编程设计语言

常用的编程设计语言有 C、Pascal、BASIC、FORTRAN、COBOL 等。如果系统采用 OO 方法进行分析与设计，最好选用 OOPL 来编程，如 C++ 和 JAVA；如果系统采用 B/S 架构，可以考虑 ASP、JSP、C#；如果开发的是 DSS，则可以选择 PROLOG、LISP 等。

4. 辅助工具

选择合适的辅助工具十分重要。例如，集成开发环境（IDE）提供了多种工具帮助程序员进行编程，如灵巧的编辑器、上下文相关帮助和调试工具。Visual Studio、JBuilder、PowerBuilder 都是良好的集成开发环境。对开发人员来说，CASE 工具能帮助生成重要的系统模型，自动检查模型的完整性，能根据模型生成程序代码，如 Rational Rose 就是支持 UML 建模的工具。

5. 商业化软件

在商品化软件选型过程中，应考虑以下几个因素：①软件是否能够满足用户的需求；②软件的流程与企业业务流程是否相近；③软件是否具有灵活性；④软件是否能够获得长期、稳定的技术支持。

9.3 代码设计

代码是事物、属性或状态的符号表示。计算机是通过代码区分不同事物的。用代码代表实体，便于数据存储与检索，可提高计算机数据处理的效率，节省存储空间。代码设计是否合理直接影响系统的质量和系统的生命周期，务必仔细斟酌。

9.3.1 代码设计原则

1. 唯一性
一个代码必须代表唯一一个实体，禁止出现二义性。

2. 可扩展性
代码的取值范围应留有余地，当增加实体或实体类别时可以在原代码系统中扩充，避免重新设计代码。

3. 直观性
代码设计必须以用户方便使用为前提。代码只有表意直观、逻辑性强、便于记忆，才受用户欢迎。

4. 标准化
凡代码已有国际标准、国家标准或行业标准的，一律应采用标准编码，以加强系统通用性，如会计中的科目代码和固定资产代码等。

5. 简单化

在满足系统需求的前提下力求代码短小精悍，代码越长，输入产生的误码率越高。

9.3.2 编码方法

常用的编码方法有以下几种：

1. 顺序码

顺序码即用连续数字或升序排列的字母代表编码对象的码。顺序码的优点是简短，易于追加新码；缺点是本身无逻辑含义，不代表任何信息特征，删除记录形成空码，不能用于插入记录。

2. 层次码

将代码自左至右分成几段，依次代表编码对象的大类、中类、小类等属性，以图书馆的图书编码为例，如图9-7所示。层次码的优点是分类明确，便于计算机分类处理，追加代码容易；缺点是分类属性较多时代码很长。

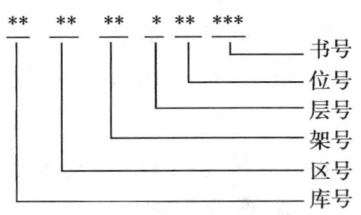

图 9-7　图书编码示意图

3. 多面码

当编码对象有多种特性，在代码结构中为每个特性均规定一个位置时，即可形成多面码。如表9-1所示的螺钉编码，代码2233表示表面镀铬、直径为1.0mm、钉头为六角形的黄铜螺钉。

表 9-1　螺钉编码

材料	直径（mm）	钉头形状	表面处理
1—不锈钢	1—ϕ0.5	1—圆	1—不处理
2—黄铜	2—ϕ1.0	2—正方形	2—镀锌
3—铁	3—ϕ1.5	3—六角形	3—镀铬
4—铝			4—镀铜

4. 区间码

代码对象从规定号码起至规定号码止连续编号，每个代码区间代表一种类型的编码对象。例如，某学校职工编码：000～399为教师；400～499为管理人员；500～700为后勤服务人员。使用区间码时，每个区间应留有余量，便于追加记录。

5. 助记码

助记码是一种易于联想实体的编码，如TV-C-52表示52寸彩电。当编码对象种类繁多时，容易混乱。

在实际代码设计中，经常将不同的编码方法混合使用。

9.3.3 代码校验位

代码是能够代表唯一实体的关键属性,其正确性会直接影响数据处理的结果。人工输入代码时难免会出现偶然性错误,为了确保输入代码的正确性,在设计完代码的基础上,通常会给代码加上校验位,即追加 1 位校验位。校验位也作为代码的一个组成部分。校验位是依据固定的算法及代码数值计算出来的。带有校验位的代码输入计算机后,系统也用同样的算法判断代码的合法性。

1. 求代码校验位的步骤

求代码校验位的一般步骤如下:

(1) 位码乘权求和。

n 位原代码:$D_1 D_2 D_3 \cdots D_n$

n 位权因子:$P_1 P_2 P_3 \cdots P_n$ (权因子通常取算术级数、几何级数或质数级数等。)

位码乘权求和:$S = D_1 * P_1 + D_2 * P_2 + D_3 * P_3 + \cdots + D_n * P_n$

(2) 模数 M 除和求余。模数可取一个方便运算的整数,例如对 10 做运算。

$R = MOD(S, M)$

$D_{n+1} = R$ 校验位的值即 R

例如:代码是 2 3 1 4 5 (x)　　x 代表校验位,暂缺
　　　　　　32 16 8 4 2　　　几何级数,级数的顺序任意
　　　　　 ─────────────────
　　　　　 64+ 48 + 8+ 16+ 10 = 146　　位码乘权相加求和
　　　　　 MOD(146, 10) = 6　　　　　　和 146 以模 10 求余得 6
　　　校验位 x = 6

2. 检查输入代码的正确性

检查输入代码正确性的方法有很多,例如:将输入的代码前 n-1 位(不包括校验位)对应乘以原来的位权相加求和。该和减去校验位值后除以原来的模,若余数为 0,则表示输入代码正确,否则为错。

检验过程:

(1) 输入代码: 2 3 1 4 5 6 (末位是校验位)
　　　位权: 32 16 8 4 2

(2) 位码乘权相加求和:64 + 48 + 8 + 16 + 10 = 146。

(3) 和减去校验位对模求余:R = MOD((146–6),10) = 0。

(4) 判断余数 R 是否为 0。

输入代码是输入实体记录时人工完成的,第(2)(3)(4)步均是通过运行代码检验程序自动处理的。当余数 R ≠ 0 时,可给出屏幕提示重新输入代码。

3. 代码校验位的功能

校验位能判断出输入代码时的单移位、双移位、抄写错误等多种错误,确保输入代码的正确性。例如:正确代码是 1 2 3 4 2,其中 2 是校验码;位的权规定是质数级数 11、7、5、3;模取 10;若实际输入的代码是 1 2 4 3 2、1 4 3 2 2、1 3 2 4 2、2 1 4 3 2、4 3 2 1 2 等,通过校验位判断,均能指出输入代码错误。

9.4 数据库设计

9.4.1 数据库设计概述

1. 数据库设计的含义

数据库是信息系统开发和建设的核心技术。因此，数据库设计在信息系统的开发中占有非常重要的位置，数据库设计的好坏将直接影响整个系统的效率。数据库设计是指对于一个给定的应用环境，提供一个确定最优数据模型与处理模式的逻辑设计以及一个确定数据库存取结构和存取方法的物理设计，建立起既能反映现实世界信息和信息间的联系，满足用户数据要求和加工要求，又能被某个数据库管理系统接受，同时能实现系统目标，并有效存取数据的数据库。

数据库设计，尤其是大型数据库的设计和开发是一项庞大的工程，是涉及多学科的综合性技术，必须把软件工程的原理和方法应用到数据库建设中去。因此，数据库设计者必须具备数据库系统和实际应用对象两方面的知识。他们不但要熟悉以数据库管理系统为基础的计算机系统，还要熟悉涉及所处理的现实世界的内容。由于应用领域的知识随着应用系统所属的领域不同而不同，数据库设计人员必须深入实际，与用户密切结合，对应用环境、专业业务有具体深入的了解，才能设计出符合具体领域要求的数据库应用系统。因此，设计一个性能良好的数据库不是一项简单的工作。

2. 数据库设计的方法

由于信息结构复杂，应用环境多样，因此在相当长的一段时期内，数据库设计主要采用手工试凑法。这种方法的使用效果与设计人员的经验和水平有直接关系，数据库设计是一种技艺而不是工程技术，缺乏科学理论和工程方法的支持，工程的质量难以保证，常常是数据库运行一段时间后又不同程度地发现各种问题，增加了系统维护的难度。十余年来，人们努力探索，提出了各种数据库设计方法，这些方法运用软件工程的思想和方法，提出了各种设计准则和规程，都属于规范设计法。

规范设计法中比较著名的有新奥尔良（New Orleans）方法。该方法将数据库设计分为四个阶段：需求分析（分析用户要求）、概念设计（信息分析和定义）、逻辑设计（设计实现）和物理设计（物理数据库设计）。其后，S. B. Yao等人又将数据库设计分为五个步骤，L. R. Palmer等人主张把数据库设计当成一步接一步的过程并采用一些辅助手段实现每一过程。基于E-R模型的数据库设计方法、基于3NF（第三范式）的设计方法、基于抽象语法规范的设计方法等是在数据库设计的不同阶段上支持实现的具体技术和方法。规范设计法从本质上看仍然是手工设计方法，其基本思想是过程迭代和逐步求精。

数据库工作者和数据库厂商一直在研究和开发数据库设计工具。经过十多年的努力，数据库设计工具已经实用化和产品化。例如，Design 2000和Power Designer分别是甲骨文（Oracle）公司和赛贝斯（Sybase）公司推出的数据库设计工具软件。这些工具软件可以自动完成或辅助设计人员完成数据库设计过程中的很多任务。目前许多计算机辅助软件工程（Computer Aided Software Engineering，CASE）工具都能使得数据库设计和应用设计实现同时进行，并在许多大型数据库设计中投入使用。

9.4.2 数据库设计步骤

按照规范设计的方法，考虑数据库及其应用系统开发全过程，可将数据库设计的完整过程分为以下六个阶段：需求分析、概念结构设计、逻辑结构设计、物理结构设计、数据库实施、数据库运行和维护。这六个阶段分别与信息系统的开发阶段相对应，数据库的需求分析和概念结构设计与信息系统的系统分析同步，逻辑结构设计和物理结构设计与信息系统设计同步，数据库实施与信息系统实施同步，数据库运行和维护与信息系统的运行与维护同步。由此，在信息系统设计阶段的数据库设计的任务是完成逻辑结构设计和物理结构设计。

1. 需求分析

需求分析是数据库设计的第一阶段。需求分析的任务是通过详细调查现实世界要处理的对象（组织、部门、企业等），充分了解原系统（手工系统或计算机系统）的工作概况，明确用户的各种需求，然后在此基础上确定新系统的功能。设计新系统时必须充分考虑今后可能的扩充和改变，不能仅仅按当前应用需求来设计数据库。

2. 概念结构设计

概念结构设计的任务是对用户的需求进行综合、归纳和抽象，产生一个独立于数据库管理系统的概念数据模型。在概念结构设计阶段，使用的工具主要是E-R图。E-R图的基本思想是在构造一个给定的数据库管理系统所接受的数据模型前建立一个过渡的数据模型。E-R模型面向现实世界，不必考虑给定的数据库管理系统的限制，目前被广泛应用于数据库设计之中。概念结构设计的基本过程如图9-8所示。

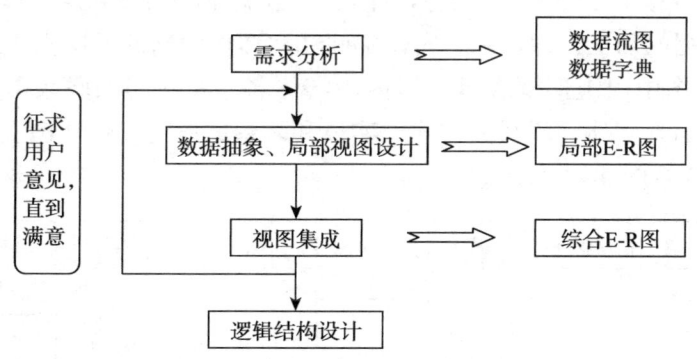

图 9-8 概念结构设计的基本过程

构造E-R模型事实上就是根据现实世界客观存在的"事物"及其关系所给出的语义要求，组合基本E-R图形为E-R模型。它包括如下步骤：标示实体集、标示联系集、标示属性值集、标示关键字。

如果所处理的对象是一个比较大的系统，则应先画出局部E-R图，而后再将局部E-R图经过合并同类实体和消除冗余，汇总为综合、整体的E-R图。

在构造概念数据模型时要注意以下几点：①应充分反映现实世界中实体与实体之间的联系；②满足不同用户对数据处理的要求；③易于理解，可以与用户交流；④易于更改；⑤易于向关系模型转化。概念模型是数据库管理系统所用数据模型的基础，是数据库设计过程的关键步骤之一。

3. 逻辑结构设计

逻辑结构设计的任务是将概念模型（如 E-R 模型）转换为某个数据库管理系统支持的数据模型，然后再对转换后的模型进行描述并对其进行优化，最终产生一个优化的数据库模式。其步骤主要包括两步。

第一步：把概念模型转换为关系模式，按一定的规则向一般的数据模型转换。其方法是：E-R 图中每个实体都相应转换为一个关系。

第二步：按照给定的数据库管理系统的要求，将上一步得到的数据模型进行修改和完善。转换后的模型往往要进行优化，该优化以应用处理为基础，在权衡响应时间、占用存储空间和潜在问题之间的利弊后确定。

4. 物理结构设计

物理结构设计是为逻辑结构选取最适合应用环境的物理结构，包括存储结构和存取方法，它主要依赖于给定的计算机系统。在进行物理结构设计时，主要应考虑数据存储和数据处理方面的问题。数据存储是确定数据库所需存储空间的大小，以尽量减少空间占用为原则。数据处理是决定操作次数的多少，应尽量减少操作次数，使响应时间缩短，响应速度增快。

9.4.3 E-R 模型

1. E-R 图的设计

在系统分析过程中已经建立了数据流图，从数据流图出发确定实体及其属性，依据数据流图中对数据的加工，即可确定实体集间和实体集内部的不同实体间的内在联系。

实体在 E-R 图中用矩形框表示，框内为实体名。实体间的联系用菱形框表示，联系需被赋予联系名。实体间联系的方式、实体和联系的所有属性在图上表示出来即局部 E-R 图，如图 9-9 ~ 图 9-11 所示。

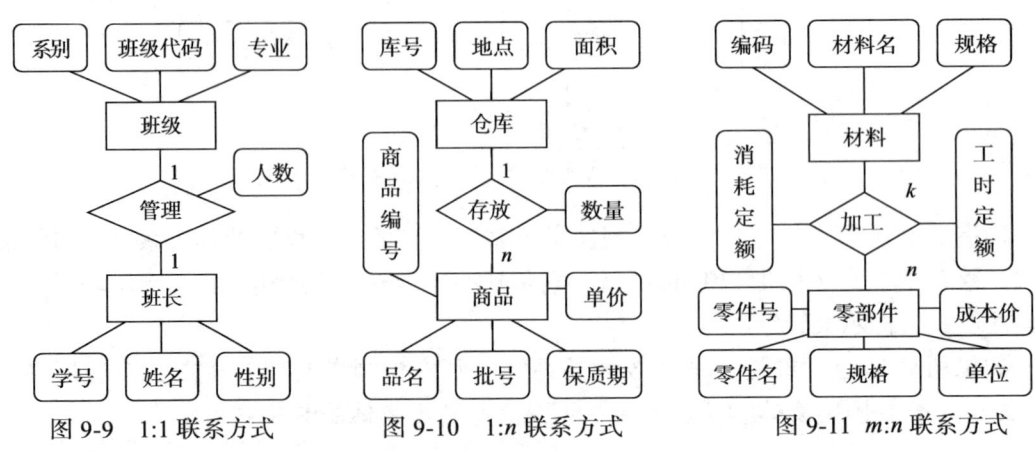

图 9-9　1:1 联系方式　　图 9-10　1:n 联系方式　　图 9-11　m:n 联系方式

有时为了简化 E-R 图，可以不标出实体和联系的属性，属性用单独的表格另外列出。实体间的联系还有其他情况，如图 9-12 ~ 图 9-15 所示。

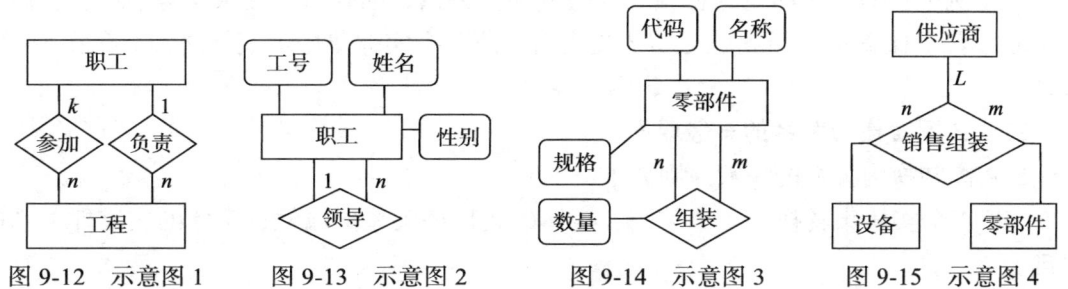

图 9-12　示意图 1　　图 9-13　示意图 2　　图 9-14　示意图 3　　图 9-15　示意图 4

图 9-12 表示 1 名职工参加过 n 项工程的建设，1 项工程有 k 名职工参加建设；在工程建设中，有 1 名职工负责 n 项工程建设，每 1 项工程限定 1 名负责人；图 9-13 表示同一实体内部的个体间存在二元关系，1 名职工领导 n 名职工，每 1 名职工仅接受 1 位负责人的领导；图 9-14 表示同一实体集内部的个体也是二元关系，1 个零部件由另外的 m 种零部件组装而成，1 个零部件被组装到另外的 n 种零部件上；图 9-15 表示两个以上不同实体间的多元关系。

将局部 E-R 图组合在一起即可得到整体 E-R 图。在整体 E-R 图中，同一实体只出现 1 次，凡由基本数据导出的数据和由其他联系导出的联系均可消除。例如，库存金额 = 单价 × 库存数量，库存金额则可不必出现。

图 9-16 是一个集成的 E-R 图的示例，在集成 E-R 图内同一实体集仅能出现一次。在该图中，一个仓库可以存放多种零件，一种零件可以存放在多个仓库中，仓库与零件为 $m:n$ 的联系。

一个仓库有多名职工工作，而每名职工只能在一个仓库中工作，所以它们之间存在 $1:n$ 的联系。

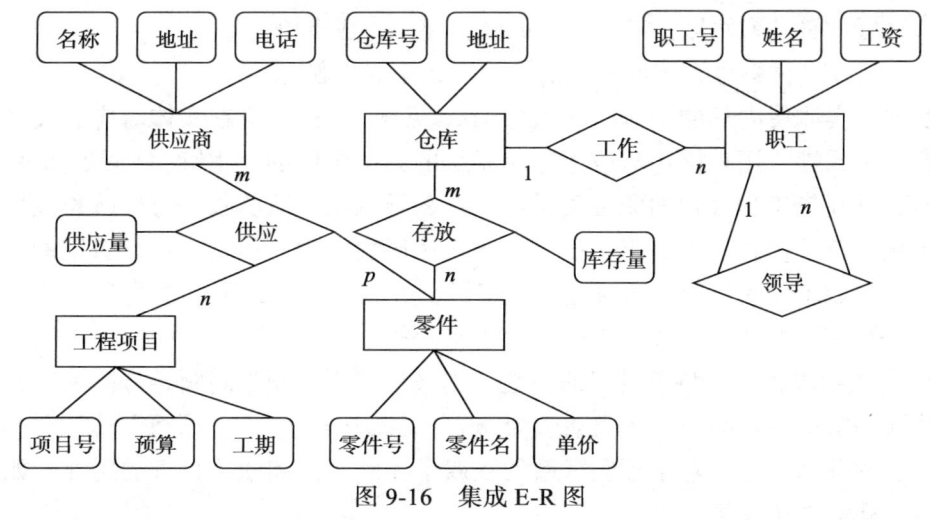

图 9-16　集成 E-R 图

一名供应商为多个工程项目供应物资，一个工程项目有多名供应商供货，一个工程项目使用多种零件，同一类型的零件使用在多个工程项目上，一名供应商经销多种零件，同类零件有多名供应商经销。也就是说，3个实体集两两之间存在多对多的联系。

在该例中，职工之间也存在领导与被领导的关系，如仓库主任领导若干班长，而班长又领导若干保管员，因此职工实体集自身（即一个实体集中的实体之间）存在 1:n 的联系。

2. E-R 图转换为关系的一般原则

E-R 图转换为关系的一般原则如下：

（1）1个实体集转换为1个关系。实体的属性即关系的属性，实体的主键即关系的主键。

（2）1个联系转换为1个关系。该关系的属性由联系的属性和所连接实体的主键组成。该关系的主键与联系方式有关。（用下划线表示主键或候选键，下同）

◆若联系为 1:1，则联系各实体的主键均是该关系的候选键。如图 9-9 中各实体的主键可转换为 3 个关系：

——班级（系别，专业，<u>班级代码</u>）。
——班长（<u>学号</u>，姓名，性别）。
——管理（<u>学号</u>，<u>班级代码</u>，人数）。

◆若联系为 1:n，则关系的主键为 n 端实体的主键；1 端实体的主键为外部键。如图 9-10 中各实体的主键可转换为 3 个关系：

——仓库（<u>库号</u>，地点，面积）。
——商品（<u>商品编码</u>，品名，保质期，批号，单价）。
——存放（<u>商品编码</u>，库号，数量），库号是外部键。

◆若联系为 $m:n$，则关系的主键为各实体主键的组合。如图 9-11 中各实体的主键可转换为 3 个关系：

——材料（<u>材料号</u>，材料名，规格，单位，单价）。
——零部件（<u>零件号</u>，零件名，单位，规格，成本价）。
——加工（<u>材料号</u>，<u>零件号</u>，消耗定额，工时定额）。

◆若同一实体集内部的个体间联系为 1:n（见图 9-13），应在实体对应的关系中多设置 1 个属性，用来描述与该个体相联系的另 1 个体的"主键"。假定图 9-13 描述的是某建筑工程公司的职工关系：经理领导各工程队队长，每位队长领导若干名组长，每位组长领导若干名职工，严格按层次管理。当然，任何级别的领导者也是 1 名职工。假设职工的属性有：工号，姓名，性别，则建立关系为：

——职工（<u>工号</u>，姓名，性别，领导者工号）。

其中，领导者工号是特意设置的属性，用来描述不同职工间领导与被领导的关系。

◆若同一实体集内部的个体间联系为 $m:n$（见图 9-14），则"联系"应该单独建立关系，该关系中至少包括被它联系的双双个体的主键和联系自身的属性。如图 9-14 应该建立 2 个关系：

——零部件（<u>代码</u>，名称，规格）

——组装（组装件代码，代码，数量）

其中，组装件代码是添加的属性，作为组装件个体的主键，代码是零部件个体的主键。

◆若两个以上实体间存在 $m:n$ 的多元联系（见图 9-15），则"联系"必须单独建立关系，该关系中至少包括它所联系的各实体的主键及联系自身的属性。假定图 9-15 中各实体的主键分别为供应商号、设备代码、零部件代码；销售组装联系的属性是数量、消耗定额，则联系建立的关系应该为：

——销售组装（供应商号，设备代码，零部件代码，数量，消耗定额）。

各实体建立的关系不再列出。

9.5 输入输出与界面设计

用户界面是指软件系统与用户的接口，通常包括人机对话、输出和输入三个方面。用户界面设计的好坏是评价软件质量的重要指标，也是用户是否认可系统的重要因素。

9.5.1 人机对话界面设计

人机对话界面是指系统运行过程中，操作人员通过屏幕等设备与系统进行对话的界面。对话界面设计的任务是确定系统与操作员对话的方式、内容及格式。人机对话界面设计应遵循以下原则：

（1）操作简单、方便使用。最大限度地降低用户输入量。

（2）对话界面友好。系统提示准确、简洁、友好，给人轻松感。

（3）界面美观、大方。在系统资源允许的情况下，适当采用图形对象可以增强操作直观性，激发用户热情，但图形对象占用存储空间大，运行速度慢，应使用得当。

9.5.2 输出设计

原始数据经过系统加工处理后得到了有效信息，系统按照标准格式或用户需求的格式将有效信息输出到指定的介质上，以满足不同层次管理者的需求。输出是系统目标是否实现的集中体现，也是系统开发的一个主要指标。

输出设计主要包括三方面的内容：

（1）输出内容及格式的选择。输出内容及格式必须满足不同层次管理者的需求，必须方便各级管理者和业务人员使用，尽量不让使用人员二次加工，让使用人员能够各取所需。

（2）选定输出设备。根据用户需求，确定信息输出设备，如终端显示、打印机、绘图仪、多媒体设备等。

（3）确定输出介质。依据一次性使用的数据、长期有用的数据或用户使用数据的方式等确定信息输出介质，如纸张、磁盘等。

9.5.3 输入设计

数据输入方式有人机交互、设备现场采集、机器读入（如读卡）等多种形式。人机交互方式是最常用的方式，也是错误数据来源的主要渠道。输入设计的任务之一是保证录入数据的正确性，只有输入到计算机中的初始数据是正确的，才能保证输出结果的正确性。输入设计应遵循下列原则：

（1）保证输入数据的正确性。系统应该提供有效的校验数据正确性的手段，例如提示人工核对，系统自动进行值域核查、总量平衡核查、批量汇总平衡核查、类型核查、逻辑核查（如月份越界）等。当然，保证输入数据的正确性不是绝对的。

（2）操作简便，尽量减少人工数据输入量，输入数据的内容以满足输出需求为准则。系统只有操作简便才能方便用户使用，减少数据输入量不仅可以减轻操作人员的负担，而且可以降低数据的出错概率。因此，应禁止下游二次人工输入系统上游输入的数据和处理的中间结果，保证系统上下游数据的一致性。

（3）具有较强的查错、纠错和容错能力。系统违规操作是常有的，特别对不熟悉系统使用的用户更是如此。无论使用者是否违反操作流程，是否输入了非法数据等，均不允许出现"死机"现象，而应该对操作者给出友好提示，指导用户操作。系统友好的联机帮助功能使用户能在操作中熟悉系统使用。

（4）输入界面符合业务规范。输入界面设计应符合业务规范，使操作者不感到业务陌生。例如，账务管理中的凭证录入界面应与正规的凭证格式类同。

9.6 软件结构设计

9.6.1 软件结构设计的目标

信息系统设计的最终结果是形成一个能完成新系统规定的软件系统。为了得到这个软件系统，从系统分析的详细调查开始到现在已经经历了一个漫长的过程，其间的各项工作都是为最终的软件设计服务的。事实上，系统开发的全过程是先将客观存在的、正在运行的老系统转变为符合新目标要求和逻辑的新系统，然后再转换为软件系统的过程。因此，系统分析与设计的质量集中反映到软件设计的质量上。MIS 软件结构设计的目标是提高软件的可靠性、可维护性、可修改性和可重用性。

9.6.2 信息系统的软件结构

信息系统是一个复杂系统，为了使复杂问题简单化，人们运用模块化思想构造信息系统的软件结构。

模块化原理有两种方法：HIPO 法和结构化设计方法（SD 方法）。这两种方法是目前应用最广泛的系统设计技术。HIPO 法使用的工具是 H 图（即层次图／功能图）和 IPO 图，SD 方法使用的工具是结构图。这两种方法有各自的缺点。对 HIPO 方法来说，由于 H 图只表示模块间的调用关系，不表示模块间的控制及通信关系，必须用 IPO 图对每一个功能模块的输入 – 处理 – 输出情况进行详细描述；而 SD 方法虽然克服了 H 图的缺点，把 H 图和 IPO 图的功能集中在结构图上表示，但传统的 SD 方法把整个系统的结构图画在一张图上，对于 MIS 这样一个大型系统来说很不方便。SD 方法的另一个缺点是：由于它侧重于系统的"程序结构描述"，是面向系统设计员的，不便于用户理解。

在实际使用中，系统设计员常常把这两种方法结合起来描述软件结构。这种方法把软件分成两大层次：功能结构层和程序结构层。前者面向逻辑和用户，后者面向程序结构、系统设计员和程序员。

1. 功能结构层

功能结构层用 H 图（功能图）表示，用以描述新系统的逻辑功能，功能结构层是在系统分析的逻辑设计阶段，根据新系统的目标和用户需求确定的。H 图中的每一个模块称为功能模块。

功能模块是从用户业务的需要及分解的角度出发进行划分的。它确定了新系统的工作范围，指出"做什么"的问题。H 图自顶向下分解并逐步细化，上一层模块是下一层模块的抽象，下一层模块是上一层模块的具体化，直到最底层的功能模块才表示一项具体的、独立的业务信息处理活动。由于 H 图面向管理问题和业务人员，便于用户理解和确认，是 MIS 软件的外壳，编程阶段可以直接被翻译成菜单。

2. 程序结构层

通过层层分解，功能图的基层功能已变得很简单，但它还只是从业务活动的角度进行描述的，并没有指出怎样用程序执行，进一步的工作是将它分解成面向程序结构的、更小的模块——程序模块。

在系统设计阶段，MIS 软件结构设计的任务是为 H 图的每一个基层功能模块设计一张结构图。为了与功能模块区别，结构图中的每个模块被称作程序模块，每个程序模块对应一段程序。它也可以是一个公用模块。

若系统有 n 个基层功能模块，那么需要设计 n 张结构图，这 n 张结构图便构成了 MIS 软件的程序结构图，形成 MIS 软件的内核。

3. 程序结构层的设计过程

从新系统的数据流程图可以导出结构图。具体设计过程如下：

（1）设计新系统功能图（系统分析阶段已完成）。

（2）设计新系统分层的数据流程图（系统分析阶段已完成）。

（3）根据新系统的基层功能模块所对应的基层数据流程图，导出一张结构图。

图 9-17 是 MIS 软件结构的两个层次及其设计过程的示意图。从图 9-17 可以看出，MIS 软件结构可以表示为一张功能图加上 n 张结构图。

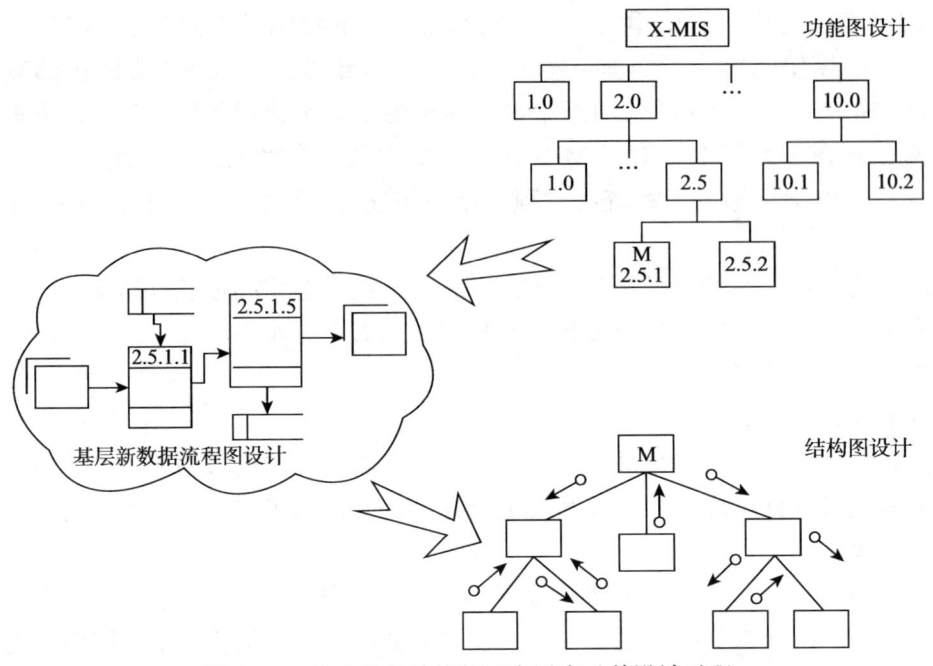

图 9-17 MIS 软件结构的两个层次及其设计过程

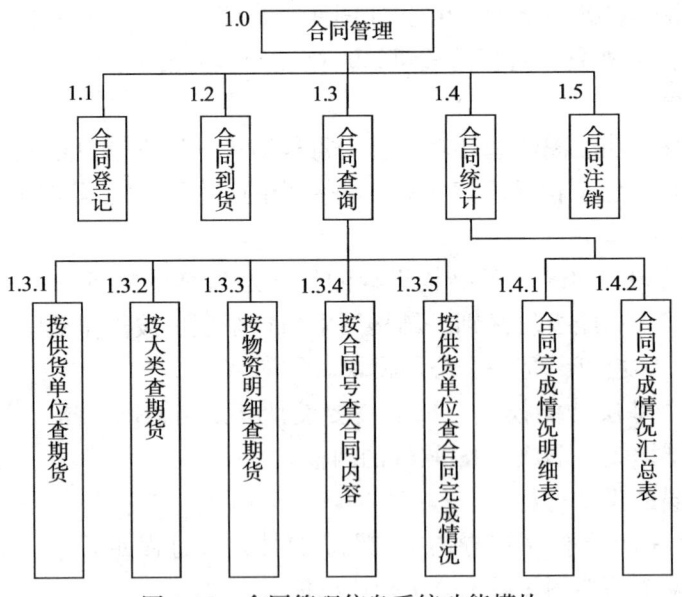

图 9-18 合同管理信息系统功能模块

9.6.3 软件结构设计案例

合同管理信息系统功能模型如图 9-18 所示。以图 9-18 "合同登记"模块示范结构图设计和模块说明的写作。

1. 结构图设计

以图 9-18 合同管理信息系统功能模块为例,图 9-18 中有 10 个基层功能模块,编号分别为：1.1，1.2，1.3.1，1.3.2，1.3.3，1.3.4，1.3.5，1.4.1，1.4.2，1.5，对应10张结构图。限于篇幅，我们只给出功能模版1.1"合同登记"的结构图。该模块对应的基层数据流程图如图9-19所示，由分析可知，它是一张比较特殊的、以变换为中心的数据流程图，它只有输入和输出处理逻辑，没有变换中心。

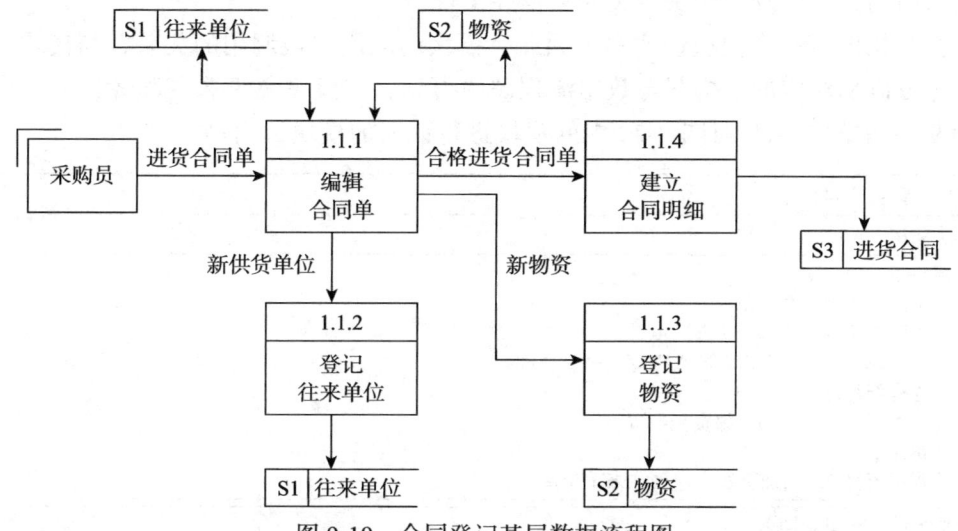

图9-19 合同登记基层数据流程图

以功能图的基层模块"合同登记"为最高模块设计的结构图如图9-20所示。其中，模块B下也可以增加一个"读合同单"模块，以优化模块B的块内联系。

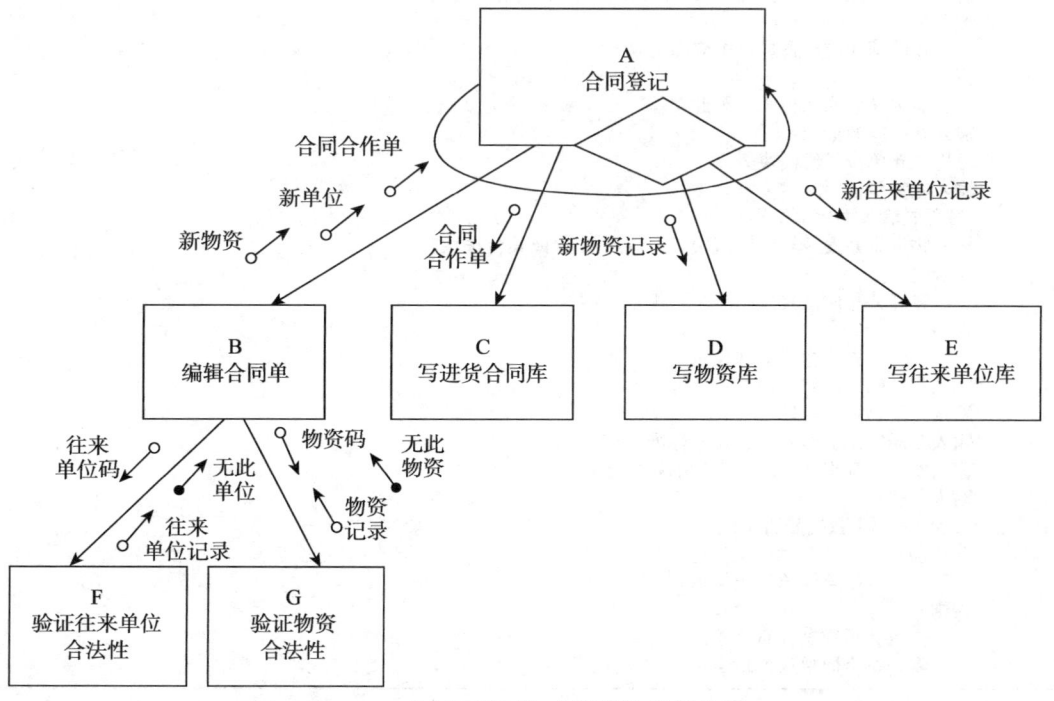

图9-20 "合同登记"功能模块的结构图

2. 模块说明书的编写

编写模块说明书是系统设计的一项基本工作，它定义了一个模块的处理过程。模块说明书由系统设计员编写，是系统实施阶段进行程序设计的基本依据。

模块说明书应包括以下内容：模块名称、所属子系统、模块的处理逻辑、模块的调用与被调用的关系以及与模块相关的数据库文件。

一张结构图有一个模块说明书。因此，模块的调用与被调用的关系、与模块相关的数据库等可以从对应的结构图与数据流程图中得到，在模块说明书中省略。

图 9-21 中的文档是对图 9-20 中的模块进行说明的模块说明书。

模块名称：合同登记
模块标识：A
处理逻辑： 　　对每一张进货合同单 　　调用模块 B，获得合格合同单 　　调用模块 C，将合格合同数据写入进货合同 　　若是新物资 　　　　调用模块 D，增加新物资到物资库 　　若是新往来户 　　　　调用模块 E，增加新往来户到往来单位库
模块名称：编辑合同单
模块标识：B
处理逻辑： 　　显示进货合同屏幕 　　输入合同依据、合同号、签订日期 　　输入供货单位码，并调用模块 F，调用 F 验证其合法性 　　若合法 　　　　在屏幕相应位置显示供应商记录 　　否则 　　　　显示 F 发来的标志"无此单位" 　　输入新供应商记录 　　发送"新单位"给模块 A 　　输入收货单位码 　　（过程同输入供货单位码） 　　输入物资码并发送给调用模块 G，调用 G 验证其合法性 　　若合法 　　　　在屏幕相应位置显示品名、规格、型号 　　否则 　　　　接受"无此物资"并显示 　　输入物资码、品名、规格、型号 　　发送"新物资'给模块 A 　　输入合同数量、合同价、技术标准、交货期 　　输入整车／零担／专线／水运的相应数据 　　输入备注 　　校验（视觉）数据是否正确 　　若正确 　　　　　将合格合同单送模块 A 　　否则 　　　　修改各项数据，直到正确 　　　　将合格合同单送模块 A

图 9-21　模块说明书

模块名称：验证往来单位合法性
模块标识：F
处理逻辑： 　　接受往来单位码 　　查往来单位库 　　如果有此单位 　　　　发送该单位记录给模块 B 　　否则 　　　　发送"无此单位"给模块 B

模块名称：验证物资合法性
模块标识：G
处理逻辑： 　　接受物资码 　　查物资库 　　如果有此物资 　　　　发送物资记录给模块 B 　　否则 　　　　发送"无此物资"给模块 B

模块名称：写进货合同库
模块标识：C
处理逻辑： 　　接受合格进货合同数据 　　按进货合同库要求的内容，写进货合同库

模块名称：写往来单位库
模块标识：E
处理逻辑： 　　接受新往来单位记录 　　写往来单位库

模块名称：写物资库
模块标识：D
处理逻辑： 　　接受新物资记录 　　写物资库

图 9-21 （续）

9.7 系统设计报告

系统设计报告是系统设计的阶段性成果，是新系统的物理模型，也是系统实施的依据，其主要内容包括：

（1）子系统划分及各子系统的功能、范围、内在联系等的详细说明。

（2）系统功能结构图及其详细说明，包括主要模块的处理流程及说明。

（3）文件和数据库设计说明。包括文件名、数据项名、类型、长度、小数位数、记录类型等，应以表格形式详细列出并附以必要的注释性说明。

（4）代码设计说明。包括各数据文件的代码名称、结构、功能、编码表及校验位的算法等。

（5）用户界面设计的详细说明。输入与输出格式、报表清样，保证数据正确性的措施等。

（6）系统及网络配置、系统实施投资费用计划等的详细说明。

（7）系统实施方案说明。按层次分解系统实施阶段的具体任务，编制系统实施的详细网络规划图，逐项落实任务、工期、要求等计划。

系统设计报告编写完成后，必须组织用户、系统设计人员、业务骨干和有关专家进行评审，并将评审意见附在系统设计报告之后交由用户领导审批。

本章小结

本章介绍了系统设计的任务、原则、主要内容以及所采用的方法。本章以结构化设计方法为例展示系统设计过程。结构图是结构化方法的重要工具，它有一套设计和评价标准，可以由数据流程图导出。结构化系统设计是指按照结构化系统设计的基本思想，将整个系统自上而下地划分为若干个大小适当、功能明确、具有相对独立性并容易实现的子系统，然后再自下而上地逐步设计。

系统设计包括概要设计和详细设计两个步骤。概要设计阶段的主要任务是确定系统的硬件结构、软件结构和网络结构设计；详细设计阶段包括代码设计、数据库设计、输入输出设计和功能模块设计等内容。本章从系统平台设计、代码设计、数据库设计、输入输出设计、软件结构设计等几个环节对系统设计过程进行了详细的描述。

本章详细介绍了数据库设计中数据库概念结构和逻辑结构的设计步骤，提出了软件结构设计中由功能结构层和程序结构层组成的 IS 软件结构。前者主要面向业务和用户；后者主要面向程序设计、系统设计员和程序员。本章在此基础上还详细介绍了用 H 图和结构图构建信息系统软件结构的步骤。最后，对系统设计报告进行了简要介绍。

复习思考题

1. 系统设计的主要任务是什么？应遵循的原则有哪些？
2. 模块分解应遵循什么样的原则？
3. 从数据流程图转换到结构图有哪些方法？各自的特点是什么？
4. 代码设计的一般原则是什么？常用的编码方法有哪几种？试举例说明。
5. 说明数据库逻辑设计阶段的步骤和内容。
6. 实体的联系方式有哪几种？将 E-R 图转换为关系一般应遵循哪些规则？
7. 假设有一个商务数据库用以处理销售记账，它涉及的信息包括顾客姓名、所在单位及电话号码，商品名称、型号及单价，某顾客购买某商品的数量和日期；假设无同名顾客，无同名商品，电话公用（指同一单位的顾客使用同一电话），顾客可在不同日期购买同一商品。请完成该数据库的逻辑设计。
8. 人机对话界面设计应遵循哪些原则？
9. 输出设计主要包括哪些内容？输入设计应遵循哪些原则？
10. 如何进行系统硬件和软件的配置，应考虑的因素有哪些？
11. 系统设计报告应包括哪些主要内容？

实训：补充订货系统的物理结构设计

根据第 8 章补充订货系统的逻辑结构设计，仍按原设计小组分工，按照系统设计的步骤，完成补充订货系统的物理结构设计。主要工作有：

（1）平台设计。
（2）代码设计。
（3）数据库设计。
（4）输入输出及用户界面设计。
（5）软件结构设计（结构图和模块说明）。

此外，还应产生相应的系统设计报告（由于文档工作量较大，可以选择有代表性的内容撰写）。

第 10 章

面向对象系统分析与设计

📝 学习目的和要求

1. 掌握面向对象系统分析与设计的基本理论和主要概念
2. 掌握 UML 及其常用图：用例图、类图、顺序图
3. 熟悉设计模式的概念和 S.O.L.I.D 基本原则
4. 掌握 MVC 系统设计模式，熟悉常用的技术和框架原理

📖 导入案例：软件危机

软件危机是 20 世纪六七十年代出现的一个计算机术语，形容在规定时间内编写有用和高效的计算机程序的困难。第一次软件危机发生在 20 世纪 60 年代中期，代表性事件有两件：一是 1963 年美国水手一号火箭发射失败，主要是一行 FORTRAN 代码错误导致的；二是 IBM 公司的 System/360 操作系统开发，公司投入 5 亿美元，2 000 多个程序员共计花费 5 000 人一年的工作量写出近 100 万行源码，但项目进度一再延迟，软件质量也得不到保障。该项目主管小弗雷德里克·布鲁克斯后来据此撰写了《人月神话》一书，此书成了史上最畅销的软件工程书籍之一。

在 1968 年的 NATO（North Atlantic Treaty Organization，北大西洋公约组织）软件工程会议上，有人首次提出"软件危机"一词，并提出针对性的解决方法"软件工程"。"结构化程序设计"作为一种解决软件危机的具体实施方案被提出来，它的主要特点是抛弃 GOTO 语句，采取"自顶向下、逐步细化、模块化"的指导思想，将软件的复杂度控制在一定范围内，从而整体降低软件开发的复杂度。结构化程序方法成了 20 世纪

70年代软件开发的潮流。

然而，随着硬件性能的快速提升，业务需求越来越复杂，编程的应用领域越来越广泛。20世纪70年代后期，第二次软件危机卷土重来，根据1979年美国政府统计局公布的统计数字，几个联邦软件计划共投资680万美元，其中的47%交付但从未使用，29%投资但未交付，19%被废弃或返工，3%经过某种改变后被使用，只有2%交付后被使用。第二次软件危机促进了面向对象思想的发展壮大，具体讲，就是从问题域中客观存在的事物出发来构造软件系统，用对象作为对这些事物的抽象表示并以此作为系统的基本构成单位。面向对象方法实现了模型对问题域的直接映射，从而使得从分析、设计直到编程和测试、维护成了自然且连续的过渡过程。1996年图灵奖获得者莫里斯·威尔克斯在颁奖仪式上说："对象是软件界从20世纪70年代以来最激动人心的革新之一。"

但是，不管是"软件工程""结构化程序设计"还是"面向对象思想"，甚至在当前云计算大行其道的大环境下，软件危机也并没有彻底消除。小弗雷德里克·布鲁克斯在1987年所发表的经典论文《没有银弹》中谈到，没有任何一项技术或方法能让软件工程的生产力在10年内提高10倍。该论文的核心思想可被解释为"复杂的软件工程问题无法靠简单的答案来解决"，而该结论到目前为止还是对的。

资料来源：Surhonne L M, Tennoe M T, Henssonow S F. Software Crisis[M]. New York: Betascript Publishing, 2010.

10.1 面向对象理念

采用面向对象技术开发信息系统，其核心强调以数据为中心描述系统，而数据相对于功能而言，具有更强的稳定性，因此采用面向对象技术设计出的系统模型往往能较好地映射现实域模型。面向对象技术引入的对象、类、继承、多态、动态等重要概念，也为提高软件可重用性和降低软件开发复杂性提供了有效途径。总之，由于面向对象技术具有易于维护、可扩展性、代码重用等种种优点，它逐渐成为当前系统分析与设计的主流技术。

10.1.1 从结构化分析设计到面向对象分析设计

自20世纪八九十年代兴起，面向对象（Object Oriented，OO）至今仍是信息技术领域的主流技术。面向对象技术包括面向对象分析（OOA）、面向对象设计（OOD）、面向对象编程（OOP）和面向对象测试（OOT），面向对象技术的核心是OOA和OOD。

面向对象的概念和应用已超越了程序设计和软件开发，扩展到很宽的范围，如数据库系统、交互式界面、应用结构、应用平台、分布式系统、网络管理结构、CAD技术、人工智能等领域。

结构化的系统开发策略是从系统的功能入手，将系统按照工程标准和严格规范分解为若干功能模块，然后以这些模块为中心，采用模块化、自顶向下、逐步求精的设计过程开发成型，系统实质是实现模块功能的函数和过程的集合。面向对象的系统开发策略则是从系统处理的数据和针对数据的操作（即对象）入手，按照现实世界的人类思维将问题域分解为对象以及对象和对象之间的关系，根据对象的属性和行为设计开发成型，系统实际关注的是执行操作的对象与对象之间的交互协作关系。

以"网上购物"为例，按照结构化分析思路：首先是登录购物网站，其次根据个人偏好找到要购买的商品并将其放入购物车，最后结账，整个购物过程结束。网上购物的数据流程图如图10-1所示，网上购物的模块结构图如图10-2所示。

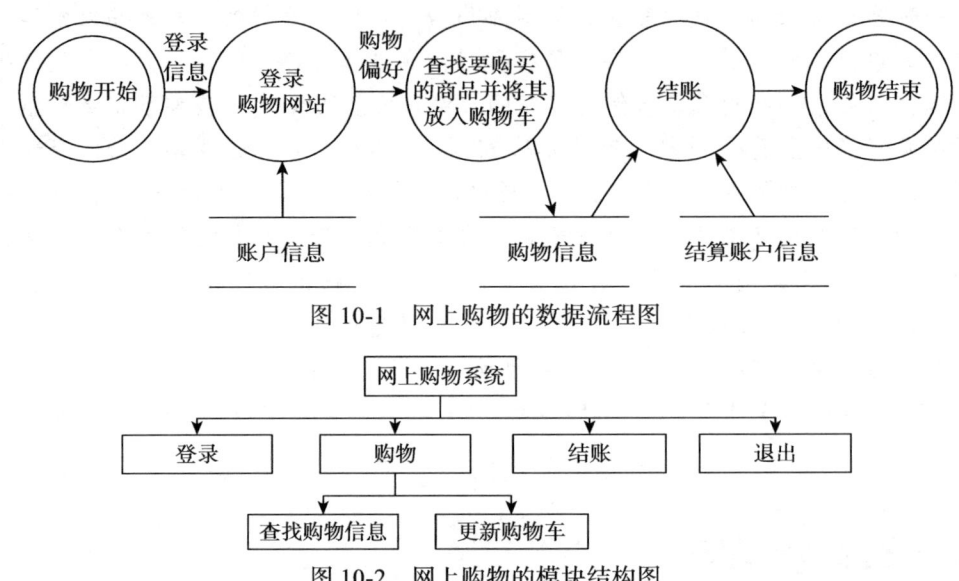

图 10-1　网上购物的数据流程图

图 10-2　网上购物的模块结构图

按照面向对象的分析思路，首先要考虑的是网上购物涉及哪些主要对象，每个对象有哪些职责。根据常识可以确定，除了购物者之外，还要有个人欢迎界面（个人购物门户）、购物车、商品和个人账户几个对象。这些对象各司其职，完成其分内的操作或者发送消息请求其他对象的服务，通过交互协调共同完成任务。网上购物的静态模型如图10-3所示，动态模型如图10-4所示。

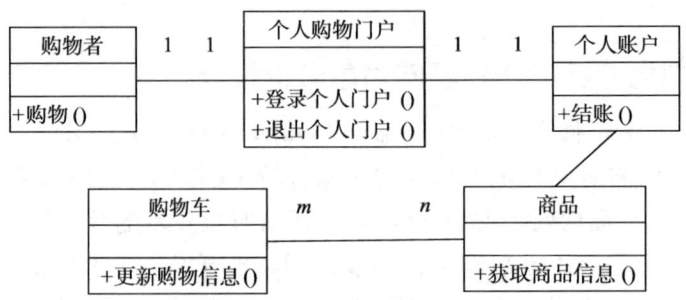

图 10-3　网上购物的静态模型（类图）

上例的面向对象模型并不太严格，因为只分析了对象的行为方法，没有涉及对象的静态属性，即只有操作没有数据。但是从上例的对比中能够看出面向对象方法较结构化方法的优势所在。

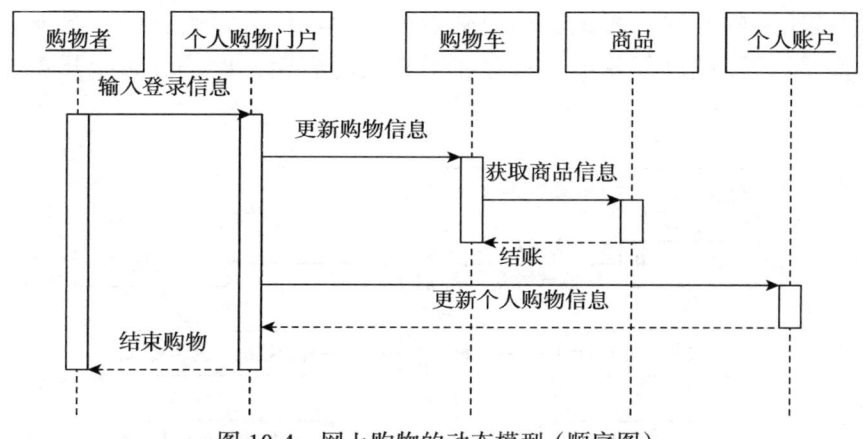

图 10-4　网上购物的动态模型（顺序图）

由于用户的需求和软、硬件技术的不断发展变化，在结构化方法中，系统基本成分的功能模块很容易受到影响，局部修改甚至可能会引起系统的根本性变化。这是因为结构化方法的本质是功能分解，从代表目标系统整体功能的单个处理着手，自顶向下不断把复杂的处理分解为子处理，这样一层一层地分解下去，直到仅剩下若干个容易实现的子处理功能为止，然后用相应的工具来描述各个最底层的处理。然而，用户需求的变化大部分是针对功能的，因此，这种变化对于基于过程的设计来说意味着巨大的成本。归纳而言，结构化方法主要存在三方面问题：一是软件重用性差；二是软件可维护性差；三是开发出的软件不能满足用户的动态需要。

面向对象方法则是用符合人类认识世界的思维方式来分析和解决问题的，它为需求分析人员提供系统构成视点、静态结构观点和动态结构视点，可以对软件开发过程所有阶段进行综合考虑，支持全面的问题分析和描述，可以建造起完整、清晰的需求模型，使软件生存期各阶段所使用的方法、技术具有高度的连续性。

10.1.2　模型驱动开发

模型驱动开发（Model Driven Development，MDD）就是以"模型"为核心的软件开发过程。MDD专注于业务的建模和抽象，而不是具体的语言和算法。这种软件开发方法使开发人员把更多精力放在产品的需求分析和功能划分上，而不是纠缠于软件的实现细节。模型以图形化为主的方式来表述所研究的系统、过程、事物或概念，较之用文字去表述概念更易于被接受。图 10-5 为模型、需求、测试驱动的软件开发过程。

从图 10-5 可以看出，软件开发的整个过程都围绕着模型与需求展开，根据驱动力不同可分为以下几种类型。

（1）需求驱动的开发：以需求为核心，需求是关键，是第一驱动力。一切任务都来源于需求，需求是定义开发范围和验证开发结果的唯一标准。

（2）模型驱动的开发：建模活动贯穿始终，模型是我们工作的方式，通过模型去描述需求和设计系统，进行具体的实现，甚至通过模型进行测试以验证我们的设计和实现。

（3）测试驱动的开发：测试驱动用来验证各阶段任务是否正确、合理，保障各阶段始终保持一致，测试过程并不是只存在于开发的后期，而是分布于开发过程的每一个阶段。

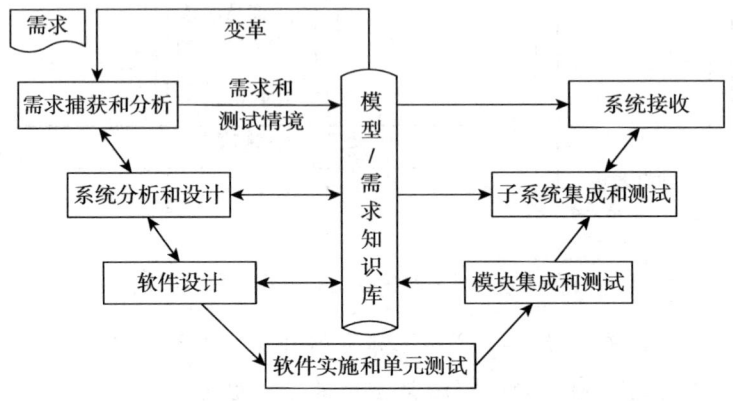

图 10-5　模型、需求、测试驱动的软件开发过程

可以说，需求、模型与测试三者相互关联，贯穿开发生命周期的各个阶段，有机地推动开发过程向前发展。

MDD 也是迭代的开发过程。在需求分析和系统设计阶段，我们可以随时进行验证和迭代。在具体的软件开发阶段，我们按不同的粒度，进行多次迭代，保证一个周期就是从设计到开发再到测试的过程。

10.1.3　面向对象分析与面向对象设计

1. 面向对象分析

系统分析是系统开发至关重要的阶段，该阶段的主要工作是解决"做什么"的问题，即理解问题和需求构模，将现实世界中的问题映射到问题域。在该阶段，要明确用户提出了哪些功能要求，为完成这些要求，系统应有哪些构件，采用什么样的结构并写出详细的需求规约。面向对象分析（Object Oriented Analysis，OOA）非常重要，OOA 引入了许多面向对象的概念和原则（如对象、属性、服务、继承、封装等），并利用这些概念和原则分析、认识和理解客观世界，将客观世界中的实体抽象为问题域中的对象，即问题对象。当然，仅分析出对象还不够，要做出软件系统，还需要分析客观世界中问题的结构与实体之间的关系，即分析出抽象对象间应具有的联系和相互作用。

总体而言，OOA 就是直接将问题域中客观存在的事务或概念识别为对象并用对象的属性和功能（或者叫服务、操作、方法、事件等）分别描述事物的静态特征和动态行为，保留问题域所涵盖的所有事物之间的联系。OOA 能够回答系统应由哪些对象构成，每个对象应有哪些属性和服务，对象间应有怎样的联系。为此，要进行三方面的工作：

（1）个体特征分析。个体特征分析即找出系统需要的对象并明确对象的属性和功能（或者叫服务、操作、方法、事件等）。

（2）静态分析。静态分析即分析和描述系统的静态结构。一般地，对象系统中的类或对象之间存在两种关系：一般－特殊关系和整体－部分关系。其中，前者更具普遍性，它的一种重要实现形式就是继承机制，绝大多数 OOA 方法也都为继承提供了相应的表示方法。因此，系统静态分析主要是分析和识别对象或类间的一般－特殊结构，据此添加一些必要的类，构造继承关系。

（3）动态分析。动态分析即分析对象及对象之间的行为及其控制关系，建立系统的动态模型。动态模型一般由一组状态转换图构成，从这组状态转换图可以映射到对象模型。系统的动态模型从对象行为的角度刻画了系统功能，方便了从 OOA 到 OOD 的过渡。

2. 面向对象设计

分析阶段是明确用户的功能需求及满足用户所需的系统部件及其结构；而设计阶段则是确定实现用户需求的方法，即怎样做才能满足用户需求并构造出系统的实现蓝图。设计阶段解决了"怎么做"的问题。OOD 强调的是定义软件对象（类）和这些软件对象的协作方式来满足需求，设计模型用类的属性和操作来描述对象的数据结构和功能，对象之间通过消息进行交互，在设计模型的基础上直接进行面向对象编程。所谓设计模式，是指经过了反复验证的成熟的解决方案和设计思想，它们展示了某种对象结构在特定问题中的巧妙应用，值得在不同问题域中反复使用。

OOD 首先从 OOA 的结果开始，将其从问题域映射到实现域；然后，为满足实现的需要，还要增加一些类、结构及属性和服务并对原有类及属性进行调整；最后，还要完成应用控制、人机交互界面的设计等。OOD 的主要工作如下所示：

（1）问题域部分的设计。问题域部分的设计即对 OOA 结果进行改进和精化，并将其由问题域转化到解域，具体包括：①类及对象。在 OOA 阶段一些有助于问题理解的类在 OOD 阶段成为冗余，需要删除，而为了优化调整继承关系还要增加一些类。所有的类都确定以后，还要明确哪些类的对象会引发哪些类创建新对象。②属性。有些属性在分析阶段有助于问题的理解，而到了设计阶段则可以由其他属性导出或根本没必要保留。因此，应将它们去掉。相反地，为了实现服务算法还需要增加相应的一些属性。③服务。OOA 只给出了服务的接口，其具体实现算法要在 OOD 阶段完成。④结构。对类间结构进行优化调整。⑤对象行为。明确对象间消息传递的实现算法，依据动态模型确定对象间消息发送的先后顺序并设计相应算法，协调对象的行为。

（2）人机交互与应用控制部分的设计。人机交互与应用控制部分设计的主要工作包括：①交互界面子系统的设计，包括与界面有关的类及类间结构的设计以及有关算法的设计。②交互界面子系统和应用之间接口的设计。③应用控制部分的设计，主要完成应用的驱动工作。为此而定义的有关对象不同于从现实世界中抽象出来的对象，这部分对象在现实世界中没有原型，它们要同界面子系统中的对象及问题对象发生作用，进而控制系统的运行。

10.1.4 面向对象编程

面向对象方法最早源于面向对象编程（Object Oriented Programming，OOP），OOP

也是面向对象技术中发展最快的一种，OOP 使用面向对象的程序设计语言（如 C#、Java 等）进行编码。Coad 和 Yourdon 给出一个面向对象的定义：面向对象 = 对象 + 类 + 继承 + 消息。如果一个软件系统是按照这样四个概念设计和实现的，则可以认为这个软件系统是面向对象的。

事实上，面向对象（或者叫物体、实例）编程的哲学非常简单，关键要明确对象的概念。通俗地讲，对象就是那些在自然界中被我们称为"东西"的东西。例如，汽车是个东西，小鸟是个东西，人也一样。对象由它的各个部分（组件）组合而成，例如人由头、身体、手、腿组成（叫作封装）；对象要有自己的特性（属性），例如人的身高、体重等；对象还要有动作的功能（方法），例如人要吃饭、说话等。可见，类比自然界，OOP 同自然界完全相似。一个对象有它自己的属性和完成它自己的工作的方法。一个对象属于某种类型，它被称为类（Class）。类就像是具有相似属性和方法的一组事物。

形同自然界，对象也具有繁殖与多种表现形式，就好比子女会有一些和父母相同的地方（叫作继承），但是也不完全一样（叫作多态），他（她）还有他（她）自己的个性特征（属性）和他（她）自己的特有行为——所有这些就构成了 OOP 的本质和基础。封装（涵存）、继承（遗传性）与多态（一体多样化）如图 10-6 所示。

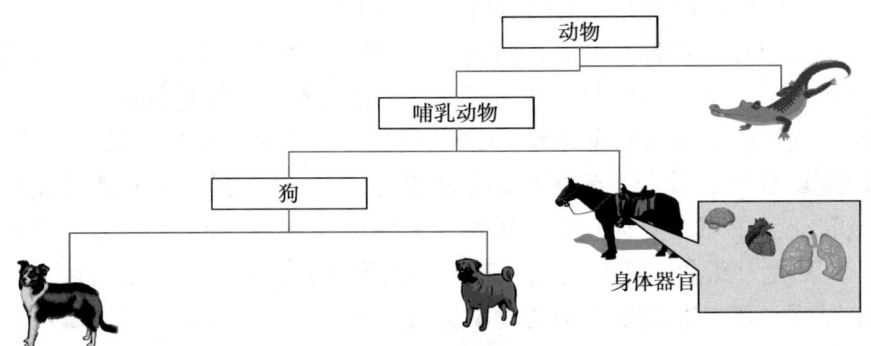

图 10-6　封装、继承与多态的示意图

OOP 的起源可追溯到 1967 年的 Simula-67 语言，该语言引入了数据抽象和类的概念，用于仿真实际问题。但是该语言并没有图形界面，因此所谓面向对象编程就是图形化编程不正确。该语言对后来的许多面向对象语言产生了很大的影响，但它没有后继版本。第一个真正意义上的面向对象语言是 20 世纪 80 年代初产生的 Smalltalk，Smalltalk 语言规定一切都是对象，程序设计以尽可能自动化的单元来进行，并且有了图形设计界面的雏形。Smalltalk 语言的广泛使用掀起了一场"面向对象运动"，随之诞生了 Objective C、C++、VB、Java 和 C# 等语言。

在图形化界面下，OOP 变得非常简捷，原本需要大量程序才能完成的图形显示、位置移动、颜色或图案设置、数据输入输出等功能，都被简化封装成各种软件对象，它们可以独立地存在和被重复使用。利用这些对象对外提供的属性和方法来控制其外观和行为，复杂的人机交互界面设计就变成了简单的组件组装游戏。

10.2 类与对象

我们使用面向对象的方法来分析和设计复杂的软件系统,基本构建块是类和对象。一个对象是一个具有状态、行为和标识符的实体。结构和行为类似的对象定义在它们共同的类中。实例和对象这两个术语可以互换使用。类的概念和对象的概念是紧密交织在一起的,因为我们在谈论一个对象时不得不提到它的类。但是,这两个术语之间存在重要的差别:对象是存在于时间和空间中的具体实体;而类仅代表一种抽象,即一个对象的本质。类是一组对象,它们拥有共同的结构、共同的行为和共同的语义。

10.2.1 基本概念

1. 类

类是具有相同属性和服务的一组对象的集合,它为属于该类的全部对象提供了统一的抽象描述,包括对所有属性和操作的声明。类也被称作对象类,是用来创造对象的模板。

面向对象编程语言一般还支持两种特殊的类:抽象类和接口。抽象类被定义为永远不会也不能被实例化为具体的对象。抽象类一般用于定义一种抽象的概念,在类的继承关系中往往被定义在较上层的位置。例如在图10-6中,狗和马可以用来表述一类具体的概念,它们是不同的,但是它们又同属于哺乳动物,因此"哺乳动物"可以被定义为抽象类,而再往上一层的"动物"也可以被定义为抽象类。接口是抽象类的变体,与抽象类不同的是,接口是完全抽象的成员集合。接口的主要特点是只有声明部分,而没有实现部分,即接口本身并不提供成员的实现,而是在继承接口的类中实现,并在类中被定义为单独的实体。类体现了一种"继承"的关系,而接口更侧重于体现"实现"的关系。例如,要"比较两个石头的大小"和要"比较两个人的大小",说法一样,但实现不一样。石头的大小可能是根据其重量确定的,而人的大小可能是根据年龄确定的。如图10-7所示,person类和rock类均实现了Comparable接口的Compare方法,但实现语句是不一样的。

2. 对象

面向对象方法代表一种解决问题的方法论,其核心就是对象(Object)。对象是一些属性及专用服务的封装体,是问题空间中一些事物的抽象。通俗地说,对象就是我们在问题空间中要考虑的那些人或事物,它具有一组属性和一组操作。这些属性的值刻画了一个对象的状态;这些操作是对象的行为(即服务),通过它们可以改变对象的状态(即属性值)。对象是数据和操作数据的方法的集合。

例如,目前有一个涉及学生信息的问题,在该问题域中,一个学生就代表一个对象。一组相似的对象被称作一个对象类型,简称类。虽然没有学生是完全一样的,但是学生们的特征和行为具有一定的共性,比如每个学生都有性别,都要去某个学校上课,因此学生就可以被声明为一个类。简言之,类就是按照共性将各种对象分类,因此类中要包含所涉及对象的属性和行为的一般性描述,而任何一个对象就是对应类的一个实例，如图 10-8 所示。

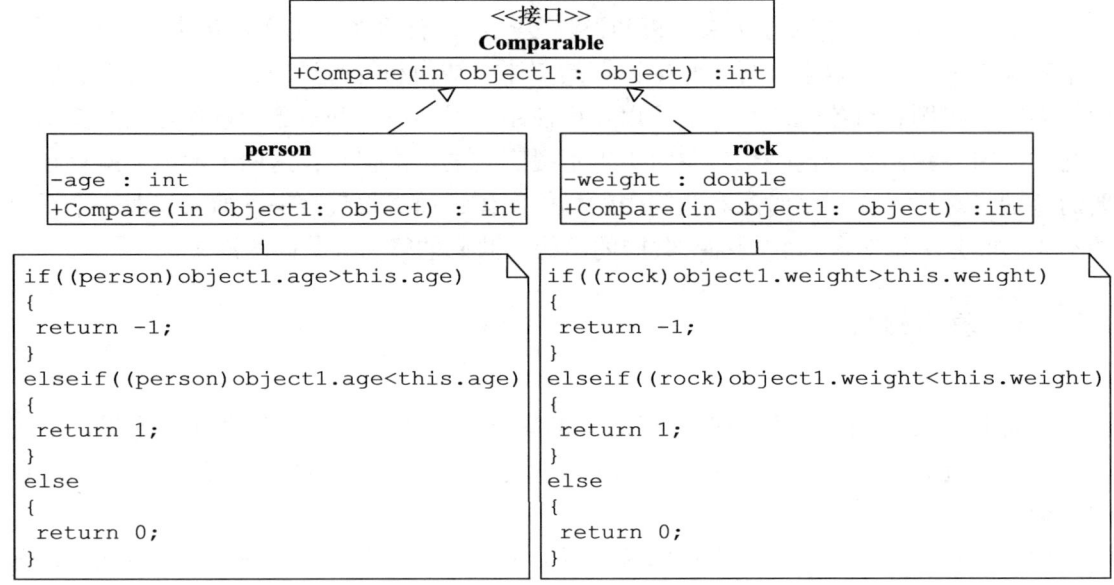

图 10-7　接口示意图

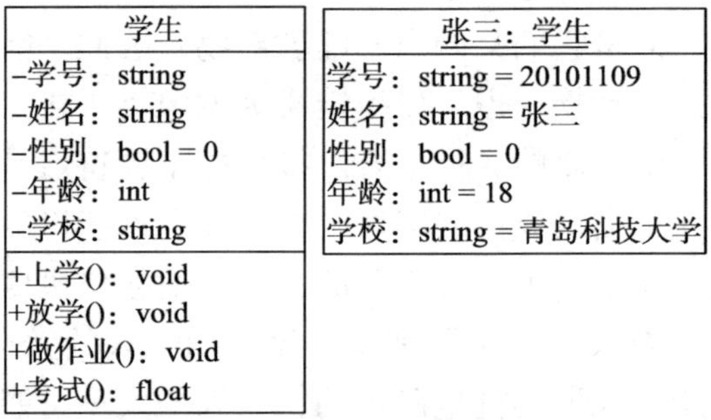

图 10-8　学生类和一个对象（叫张三的学生）的设计模型

系统中的对象在生命周期的不同阶段有不同的表示形式。OOA 提供的对象概念比较接近现实世界的客观事物，模型较为粗略；OOD 进行细化并转换为软件对象；OOP 则需要写出集体的程序代码。属性反映了对象的静态特征，行为反映了对象的动态特征。属性实现自我管理，操作会引发属性的变化。

3. 成员

类和对象的成员包括名词特征和动词行为两种，其名词特征的正规称谓是成员变量、成员字段或成员属性；其动词行为的正规称谓是成员函数、成员方法或成员行为。

例如，某大学生叫李明，学号为 2018010101，性别男，年龄 18 岁，身高 1.78m，体重 75kg，山东青岛人，能够学习、打篮球和编程序。小李的成员变量包括学生类型、学号、姓名、性别、年龄、身高、体重、籍贯；成员函数包括学习、打篮球和编程序。再例如一部手机，品牌为华为，价格为 2 900 元，金色，5in⊖，150g，能够打电话、上

⊖　1in ≈ 2.54cm。

网、拍照等，那么这部手机的成员属性包括品牌、价格、颜色、尺寸、重量等，成员行为包括打电话、上网、拍照。

通过定义成员，对象之间形成了明晰的界限，往深了说就是封装，把必需的成员组合在同一个单元中，从而把对象作为软件中的基本复用单元，提高软件内聚度，降低耦合度。把要使用的成员呈现给外部世界，而把其他不关注的成员遮蔽起来，这一机制就是信息隐藏。更为重要的是，信息隐藏将对象的实现细节与对象对外展现的接口严格分开，访问对象成员只需要知道对应接口就可以完成各种功能操作，而无须了解内部实现细节。

4. 消息

在面向对象技术中，消息（Message）是指向对象发出的服务请求，它应该含有下述信息：提供服务的对象标识、服务类型、输入信息和回答信息。简言之，消息就是对象之间进行交互和通信的实现。

正规的软件项目极少是由一个对象实现的，绝大部分情况下是多个对象交互作用的结果。这种交互关系就是通过消息实现的，例如当对象 A 需要对象 B 来执行一个 B 中的方法，则对象 A 就会发消息给对象 B。消息提供了两个很好的机制：一是普遍性，即由于对象的行为是通过其方法来表达的，因此消息传递支持所有在对象之间的可能交互；二是异步性，即对象不需要在相同的进程或者相同的机器上发送和接收消息。

5. 事件

事件驱动编程是一种编程范式，这里程序的执行流由外部事件来决定。它的特点是包含一个事件循环，当外部事件发生时使用回调机制来触发相应的处理。事件驱动编程是以事件为第一驱动的编程模型。提到事件，可能有很多容易混淆的概念，这里的事件是指一种异步并发的消息模型，而普通的观察者模式则没有这个要求，观察者和被观察者之间的通信可以是同步机制。事件处理流程如图 10-9 所示。

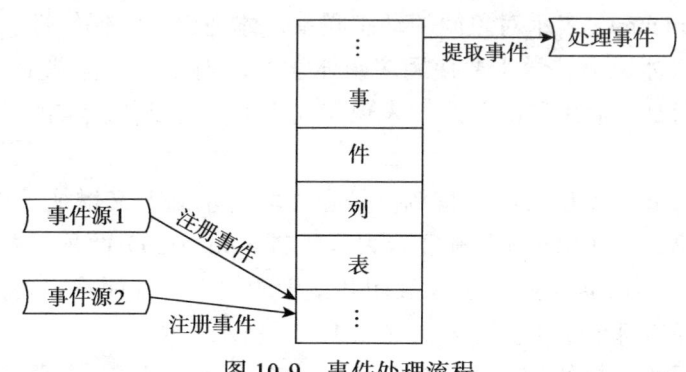

图 10-9　事件处理流程

目前大部分界面编程都是基于事件驱动模型的，如很多界面编程都会提供 onClick() 事件，这个事件就代表鼠标按下事件，一些主流的界面编程有 Java Swing、C# WinForm、JavaScript HTML DOM 等。事件驱动模型的大体思路如下：一是有一个事件（消息）队列；二是鼠标按下时，往这个队列中增加一个点击事件（消息）；三是有个循环，不断从队列中取出事件，根据不同的事件，调用不同的函数，如 onClick()、onMouseOver() 等；四是事件（消息）一般都各自保存各自的处理函数指针，这样每个消息都有独立的处理函数。

6. 关系

OO 方法论中的关系关注的是类之间和对象之间的关系。类之间的关系主要是泛化（Generalization），它可以表示类与类之间的继承关系、接口与接口之间的继承关系或类对接口的实现关系。泛化关系是从子类指向父类的，与继承或实现的方法相反。如果把继承（泛化）的关系看作纵向关系，则对象之间的关系就是横向关系。横向关系较为微妙，有关联关系和依赖关系两种。关联关系的深化是聚合关系，聚合关系又包括共享关系和复合关系，如图 10-10 所示。

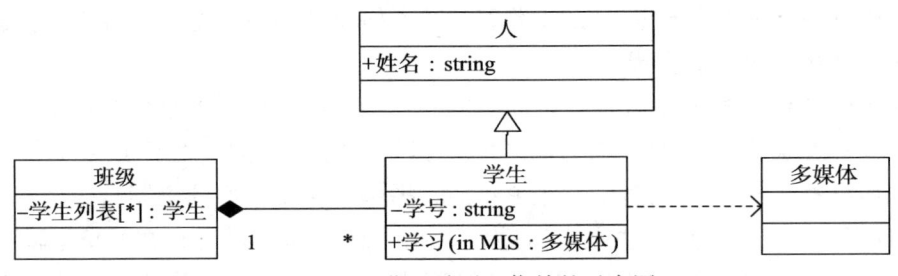

图 10-10　泛化、关联和依赖的示意图

关联（Association）表示对象间的静态联系，即某个对象会长期持有另一个对象的引用，两者的关联往往也是相互的，关联关系体现出一种稳定性和长期性。例如学生和所在班级的关系，学生肯定是处于某个班级的，班级"拥有"学生。表现在代码上，就是一个类包含另一个类的实例，例如班级类中包含一个学生类的数组，用于存放所有学生的信息。关联可以是单向的（需要加上箭头，表示关联方向），也可以是双向的（箭头省略）。

依赖（Dependency）表示对象间的动态联系，体现出一种偶然性。例如学生和多媒体的关系，在多媒体课上，学生要使用多媒体学习，当然在其他课上，多媒体不必要，学生和多媒体之间是"借用"的关系。表现在代码上，就是依赖类的某个方法以被依赖类作为参数。

聚合（Aggregation）是关联的特例，是在关联的基础上又增加了更高一级的要求，聚合关系包括共享聚合（Shared）和复合聚合（Composition）两种。共享聚合表示相对松散的从属关系 "…owns a…"，例如社团和学生的关系，社团肯定要由若干学生组成，但不代表社团要强迫每个学生都加入，如图 10-11 所示。

复合聚合表示整体与部分间的包含关系 "… is a part of…"，是强烈的聚合关系，例如汽车和发动机的关系，一辆汽车必须有一个发动机，否则跑不起来，如图 10-12 所示。

图 10-11　共享聚合举例　　　　　　　图 10-12　复合聚合举例

10.2.2 延伸概念

1. 构造方法

在多数情况下，初始化一个对象的最终步骤是去调用这个对象的构造方法。构造方法负责对象的初始化工作，赋予成员变量合适的初始值。通俗地说，构造方法的意义就是负责对象出生的职能和生育的职能。每产生一个新对象，都要调用一次对应的构造方法，所以构造方法的意义非凡，对面向对象技术来说不可或缺。为了与一般方法相区分，构造方法应满足以下语法规则：

（1）构造方法名必须与类名相同，包括大小写都要相同。

（2）对构造方法不声明返回类型，因为该方法的功能就是构造对应类的实例，其类型也就是这个类，声明返回类型多此一举。

（3）构造方法也不能随便被修饰，例如不能有静态的、异步的、抽象的修饰符前缀。每个对象都有个性化的构造过程，所以构造方法肯定不能是静态的。构造方法必须在对象创建的时候执行，不能早也不能晚，不能是异步的。构造方法是用来创建实实在在的对象的，所以它也不能是抽象的。

2. 实例与静态

类的成员有两种：一种是被 static 关键字修饰的成员，叫类成员或静态成员；另一种是没有被 static 关键字修饰的成员，叫实例成员或对象成员。

静态成员和实例成员的区别在于：类的静态成员在内存中只存一份。编译器在加载类的过程中为静态成员分配内存，静态成员位于方法区，被类的所有实例共享。静态成员可以直接通过类名被访问。静态成员的生命周期取决于类的生命周期。当加载类的时候，静态成员被创建并被分配内存；当卸载类的时候，静态成员被销毁并被撤销所占内存。类的实例成员存在于每个对象中。每创建一个类的对象，编译器就会为该对象的实例成员分配一块内存，实例成员位于堆区中。实例成员的生命周期取决于对象的生命周期：当创建对象的时候，实例成员被创建并被分配内存；当销毁对象的时候，实例对象被销毁并被撤销所占内存。

早期的结构化编程，几乎所有的方法都是"静态方法"，引入实例化方法概念是面向对象概念出现以后的事情了。因为不依赖于具体对象，静态方法要比实例方法执行效率更高，但是区分静态方法和实例化方法不能单单从性能上去理解，面向对象语言引入实例化方法的根本目的是让开发更加模式化、面向对象化。以"人"类为例，每个人都有姓名、年龄、性别、身高等，这些属性就应该是实例成员，因为每个人的这些属性都不相同；但人有几只手和几只脚，这种属性就是全人类共同且一致的，所以就应该是静态的，它不依赖于某个特定的人。

3. 重写与重载

重写（Override）是父类与子类之间多态性的一种表现，重载（Overload）是一个类中多态性的一种表现。

重写一个方法，一般是指在子类继承父类时，重写（重新实现）父类中的方法。其基本要求：第一，重写方法的参数列表必须完全与被重写的方法相同，否则不能被称为重写。第二，重写方法的访问修饰符一定要大于被重写方法的访问修饰符。第三，重写方法的返回值必须和被重写的方法的返回一致。第四，静态方法不能被重写为非静态的方法。

重载主要用于在同一个类内实现若干类似方法，这些方法的名称相同而参数形式不同。其中不同的参数形式可以是不同的参数类型、不同的参数个数或者不同的参数顺序，参数类型必须不一样。

4. 接口与抽象类

从使用者的角度出发，整个软件系统就是一个服务提供者。在系统内部，每个子系统（单个对象或对象的组合）也都是服务提供者，它们为其他子系统提供服务。每个对象都是服务提供者，那么对象如何对外提供服务？答案是接口。例如，汽车的信号接收器就是为遥控车钥匙提供的接口。再比如，电源插口也是接口，把整个供电系统看作一个对象，该对象提供的主要服务就是供电，而提供服务的途径就是提供一些电源插口，将各种电器的电源插进电源插口就能获得电源了。其他例如电脑机箱上的各种插口、手机触摸屏、键盘按键、电器设备上的按钮等也都是为用户提供的接口。接口无处不在。

在现实世界中，接口要落实为实体，比如电源插口，但是上升到定义层面，它就变成了非常抽象的概念，电源插口有单口、两口、三口甚至磁共振无线的，但是各种电源插口提供的核心功能相同——供电。同样，在面向对象范畴中，接口也是一个抽象的概念，是指系统对外提供的所有功能，也可被称为服务。接口只给出提供服务的声明，但是不包含提供服务的具体实现细节。站在使用者的角度，对象中所有向使用者公开的方法的声明构成了对象的接口，使用者调用对象的公开方法来获得服务。使用者在获得服务时，不必关心对象到底是如何实现服务的。

与接口相似的还有抽象类的概念。抽象类就是为了继承而存在的，如果定义了一个抽象类，却不去继承它，那么该抽象类就变成无用的了，因为你不能用它来做任何事情。抽象类中的抽象方法与接口中的方法类似，都是只有方法声明，没有方法体。但是抽象类和接口还是有区别的：首先，抽象类是对整个类整体进行抽象，包括属性、行为，而接口是对类局部进行抽象，例如提供的服务、功能等的抽象；其次，抽象类作为很多子类的父类，是一种模板式设计，而接口是一种行为规范，是一种辐射式设计。具体说来，对于抽象类，如果需要添加新的方法，可以直接在抽象类中添加具体的实现，子类可以不进行变更；而对接口来说则不行，如果接口进行了变更，则所有实现这个接口的类都必须进行相应的改动。

10.3 面向对象的特征

面向对象一般有三大特征：封装、继承和多态。封装就是把一些属性和方法封装到一个类里；继承就是子类继承父类的一些属性和方法；多态就是一个父类有多个不同特色的子类。

10.3.1 封装

封装（Encapsulation）是面向对象编程语言用于加强信息隐藏的重要机制，封装即隐藏了对象的属性和实现细节，仅对外公开接口，控制在对象中属性和方法的读写访问级别。封装使对象与对象之间产生了区别，构成封装的基本单位其实就是类。

封装的优点主要体现在两方面：一是安全性。封装使对象只能控制其自身的信息，而不能随意控制其他对象的信息，如果要访问其他对象的信息，必须要事先征得同意。这可以解决对象之间互操作的安全性问题。例如描述事件"银行客户操作提款机"，其中银行客户是一个对象，提款机是一个对象。不难发现，银行客户必须要输入密码才能登录提款机，而且对提款机的操作仅限于查询余额和提款。二是简单性。封装可以将与应用无关的信息隐藏起来，减少不必要的学习时间。例如，图形界面编程中使用的各种控件，其实现代码是非常复杂的，但是通过封装，界面设计者仅需要将控件从工具箱中拖到合适的位置上即可。

封装隐藏了对象的属性和实现细节，仅仅对外公开接口，从而还能为软件系统带来以下优点。

一是便于使用者正确、方便地理解和使用系统，防止使用者错误修改系统的属性。还是以供电系统为例，过去房屋墙壁的上方都是电线，现在房屋里的电线都"不见"了，在墙壁上只露出了一些电源插口。为什么要把电线藏起来呢？理由很简单，暴露在外面的电线不安全也不美观。再比如电视机系统，尽管它本身的实现很复杂，但用户使用起来非常简单，只要通过遥控器上的几个按钮就能享受电视机提供的服务。电视机的实现细节被藏在它的大壳子里，没有必要向用户公开。

二是有助于建立各个系统之间的松耦合关系，提高系统的独立性。当某一个系统的实现发生变化时，只要它的接口不变，就不会影响到其他系统。

三是提高软件的可重用性，每个系统都是一个相对独立的整体，可以在多种环境中得到重用。例如，干电池就是一个可重用的独立系统，在相机、手电筒、电动剃须刀和玩具赛车中都能发挥作用。

四是降低了构建大型系统的风险，即使整个系统不成功，个别的独立子系统依然有可能是有价值的。例如，相机损坏了，它的干电池依然有用，可以安装到手电筒中继续使用。

一个设计良好的系统会封装所有的实现细节，把它的接口与实现清晰地隔离开来，系统之间只通过接口进行通信。面向对象的编程语言主要通过访问控制机制来进行封装，这种机制能控制对象的属性和方法的可访问性。

10.3.2 继承

继承（Inheritance）是面向对象的关键特征之一，它是指特殊类的对象拥有其一般类的全部属性和服务。例如，先声明一个"人"类，定义三个属性：姓名、住址、电话号码；再声明一个"学生"类，继承自"人"类，则"学生"类不用定义，自动具有了属性：姓名、住址、电话号码。这种机制就是继承。继承关系中的上层类被称为父类或基类，下层类被称为子类或扩充类。

继承带来的最大好处是代码重用，只要没有特别的访问权限控制，扩充类可以任意使用基类中已定义好的属性和方法。并且，根据自身需要，扩充类本身还可以再添加新的属性和方法，以完善功能要求。

从每个对象都是服务提供者的角度来理解，子类会提供和父类相同的服务。此外，子类还可以提供父类所没有的服务或者覆盖父类中服务的实现方式。以手机为例，早期生产的手机具有打电话的功能，但不具有拍照功能；而现在的手机继承了打电话的功能，增加了拍照功能。

继承与扩展同时提高了系统的可重用性和扩展性。例如，手机和计算机之所以能迅猛地更新换代，具备越来越多的功能，就是因为当厂商在生产新型号的手机和计算机时，它们不必从头生产，而是在原有手机和计算机的基础上进行升级。

继承与扩展导致了面向对象的软件开发领域中架构类软件系统的发展。从头构建一个复杂软件系统的工作量巨大，为了提高开发效率，一些组织开发了一些通用的软件架构。有了这些软件架构，新的软件系统就不必从头开发，只需要在这些通用软件架构的基础上进行扩展即可。

如何在这些通用软件架构的基础上进行扩展呢？这些通用软件架构中都提供了一些扩展点。更具体地说，这些扩展点就是专门让用户继承和扩展的类。这些类已经具备了一些功能，并且能和软件架构中其他类紧密协作。用户需要创建这些类的子类，然后在子类中增加新功能或重新实现某些功能。用户自定义的子类能够和谐地融入软件架构中，顺利地与软件架构中的其他类协作。

10.3.3 多态

多态（Polymorphism）是指相同的操作（函数或方法）可作用于多种类型的对象并获得不同的结果。例如，图 10-7 中 person 类的 Compare 方法和 rock 类的 Compare 方法，方法名、传入参数和返回值都一样，但是其作用结果不一样：前者是根据 person 的 age 判断的，后者是根据 rock 的 weight 判断的。实现自同一个接口的方法，在不同的类中却具有表现多种形态的能力，这就是多态。

多态在成员方法的层面主要通过两种方式实现：一是重写或覆盖，即扩充类对基类的方法进行重写或实现类对接口的方法进行实现，是基类和多个扩充类或接口和多个实现类的多态性，被称为运行时多态或动态多态。二是重载，即在一个类中定义多个名称相同、参数类型不同的方法，是一个类中多态性的表现，被称为编译时多态或静态多态。

多态还可以通过接口实现，由继承关系通过重写父类的同一方法的几个不同子类来体现多态，也可以通过实现接口并覆盖接口中同一方法的几个不同的类体现多态。在接口的多态中，指向接口的引用必须是指定的实现了该接口的一个类的实例程序，在运行时，根据对象引用的实际类型来执行对应的方法。继承都是单继承，即只能为一组相关的类提供一致的服务接口；而接口却可以是多继承多实现，它能够利用一组相关或者不相关的接口进行组合与扩充，能够对外提供一致的服务接口，所以基于接口的多态具有更高的灵活性。

10.4 统一建模语言

UML 是统一建模语言（Unified Modeling Language，UML）的简称，简单地说，UML 是使用面向对象概念进行系统建模的一组表示法。UML 不是编程语言，而是描述、可视化以及构造软件系统制品的一种语言，它主要着眼于系统建模。UML 是面向对象建模领域的主导性的行业标准。在 UML 之前，国际上至少有 10 种不同的方法可用于面向对象分析与设计，这极大地影响了软件行业的开发效率和技术互通，不利于软件工程的学习和 CASE（Computer-Aided Software Engineering，计算机辅助软件工程）工具的开发使用。而 UML 最重要的贡献就在于它为全世界的面向对象使用者提供了一个非常完善的、表现力强且形式灵活的标准化建模语言。要想深入了解 UML 表示法的原始资料，可以登录 OMG 的万维网站（www.omg.org）学习。

10.4.1 UML 基础

UML 起源于 1994～1995 年，当时 Grady Booch、Jim Rumbaugh 和 Ivar Jacobson 三人将各自开创的且当时比较流行的建模技术——Booch、OMT（Object Modeling Technique）和 OOSE（Object-Oriented Software Engineering）进行了合并，这就是 UML 的雏形；随后到 1997 年，UML 作为国际建模语言和表示法的候选标准被 OMG（Object Management Group，对象管理组，一个行业标准化组织）采纳并获得了工业界的普遍认同。许多软件开发组织和 CASE 工具的开发赞助商都采纳了 UML，UML 迅速发展为广大开发人员、专业图书作者以及 CASE 工具商使用的世界标准。

学完结构化分析和设计的同学可能会误解"UML 是否类似于数据流图或模块结构图"，其实不然，UML 绝不仅仅指一种图，其强大的语言可以从各个角度建模，既能反映系统的静态特征，又能描述系统的动态功能和过程，既可以表现抽象，也可以深入到具体实现，UML 可以使用户获得对系统的完整理解。

在正式讲解 UML 之前，还要简单介绍 RUP（Rational Unified Process，Rational 统一过程），这是因为"建模方法 = 建模语言 + 建模过程"，UML 只是一种建模语言，而不是建模方法，软件开发除了需要建模技术和语言，还需要一个更高层次的、能够指导软件开发人员进行开发活动的开发过程方法学。目前与 UML 匹配的建模过程的最佳实践当属 RUP。RUP 由 Rational 公司开发，是一个通用的过程框架，适合于各种不同的软件系统、应用领域、组织、功能级别和项目规模。RUP 的突出特点包括四方面：①采用迭代增量式；②以架构为中心；③用例驱动的软件开发方法；④采用 UML 语言描述软件开发过程。其中，用例驱动又是贯穿软件开发始终的方法。迭代增量即将一个项目划分为较小的袖珍项目，每个袖珍项目都是一次能够产生一个增量的迭代过程，每一次迭代增量以向用户提供一个可使用的发布版本为终结。

作为一种可视化建模语言，UML（UML 2.0 标准）定义了 13 种图（Diagram），它们被分成三大类：结构图类（Structure Diagram）、行为图类（Behavior Diagram）和交互图类（Interaction Diagram）。结构图类包括 6 种图，主要用于表示应用程序的静态结构；行为图类包括 3 种图，主要用于表示一般行为类型；交互图类包括 4 种图，主要用于表示不同方面的互动。表 10-1 归纳了 UML 2.0 下的 13 种图的分类及其用途。

表 10-1 UML 2.0 下的 13 种图及其用途说明

图类	图名	图名（英语）	图的用途
结构图类	类图	Class	系统静态结构
	对象图	Object	系统运行特定时刻下的一组对象及其关系
	构件图	Component	系统中各软件构件以及相互依赖关系
	复合结构图	Composite Structure	系统运行时的各种内在要素相互通信协作共同实现目标
	包图	Package	系统的分解
	部署图	Deployment	运行环境的软硬件及网络的物理架构
行为图类	用例图	Use Case	说明系统功能与执行者
	活动图	Activity	描述系统为完成某项功能而执行的活动序列
	状态图	State Machine	描述对象可能的状态和发生某些事件时状态的转换，强调对象行为的事件顺序
交互图类	顺序图	Sequence	对象之间消息发送的时序
	通信图	Communication	收发消息对象的结构组织
	时序图	Timing	描述对象状态（或某数值）的时间变化特征
	交互概览图	Interaction Overview	从更高层面上以节点方式显示控制流，每个节点可以包含一个交互图

当然，并不是所有的图都会经常被用到，常用的图主要是用例图、类图和顺序图。

10.4.2 用例图

用例图（Use Case Diagram）属于行为图类，是 UML 最常用的模型图之一，这和该图自身通俗易懂有很大关系。用例图主要从外部观察者的角度描述系统的原理，它所要解决的问题是"系统是什么"而不是"系统如何开发"。

用例图与系统描述的情境（Scenario）密切相关，所谓一个情境，就是一个人机交互的场景。图 10-13 是一个学生在图书馆预定图书的情境：学生告诉接待员感兴趣的图书的书名或图书的 ISBN，接待员调出借书记录并查看该书是否被借出，如果已借出，接待员则在图书预定记录上记上预定信息并告诉学生能够借到图书的时间。

用例（Use Case）用于描述情境中一项任务的概况，在 UML 中使用椭圆符号表示。参与者（Actor）是系统之外与系统交互的任何事物，它激发了任务涉及的事件，在 UML 中使用小人符号表示。在图 10-13 中，图书预定是一个用例，学生是一个参与者，用例和参与者之间的连线表示通信连接（Communication Association），简称通信（Communication）。一个用例图就是一个由若干参与者、用例和通信组成的集合。图

10-14 所示的用例图是图 10-13 用例图的扩展，在图书馆运行用例图中包括了 3 个参与者和 4 个用例，需要注意的是，一个用例可以有多个参与者，一个参与者也可以参与多个用例。

用例图的用途主要有三方面：一是确定功能和需求。在系统分析和设计阶段，一个新的用例就表示一个新的需求。二是便于非专业人士理解。这是因为用例图的符号简单明了，开发人员能看懂，一般客户也能够看懂，是双方沟通的好帮手。三是方便生成全面的系统测试案例。用例图上所反映的每一项任务都能够启发生成对应的系统测试案例。

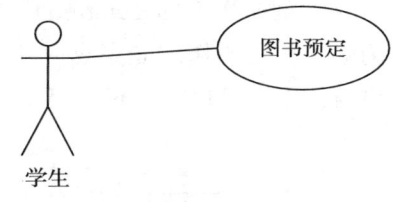

图 10-13　图书预定用例图

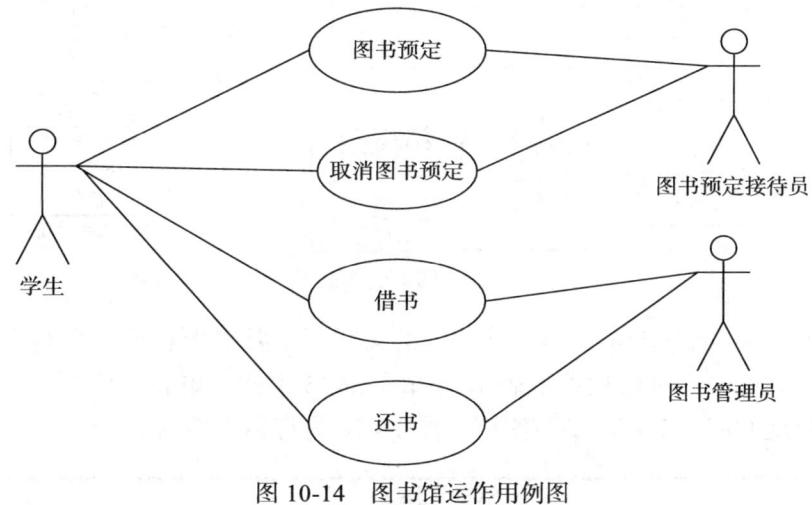

图 10-14　图书馆运作用例图

10.4.3　类图

类图（Class Diagram）通过显示类及类与类之间的关系给出系统的概况。类图显示了系统的静态特征，它能够显示出类与类之间的关联，但不能显示出关联的互动特征。

以网上购物为例，一位客户在当当网上浏览商品信息（项目），一旦发现感兴趣的商品，他首先要确定该商品的购买数量（订单细节），因为如果购买数量多，很可能有税额折扣等优惠（订单细节），然后他将该商品放入购物车（订单）；下面他要重复刚才的购物步骤，直至将所有感兴趣的商品都放入购物车为止；购物结束后进入付款结算环节（支付），网站会根据他的需要提供信用卡、现金汇票、支票等多种付款方式。

图 10-15 是上述网上购物例子对应的类图，该模型的核心类是订单类，该类与客户类和支付类关联（Associate），表示客户下订单并进行购买和支付。支付方式有三种：汇票、支票和信用卡，由此对应三个类。另外，每个订单都包含（Contain）若干条订单细节，每条订单细节与一个（商品或服务）项目关联。

在类图中，类用矩形表示，该矩形包括三部分：上部是类名，中部是类具有的属性（Attribute），下部是类具有的操作（Operation）。抽象类的类名用斜体，如图 10-15 中的支付类。类与类之间的关系主要有三种：

一是关联（Association），主要体现为两个类的实例之间的关系，如果这两个类的实例必须相互协作才能完成一项任务，那么这两个类之间就有关联关系，图 10-15 中的客户与订单、订单与支付、订单与订单细节、订单细节与商品之间都有关联关系。

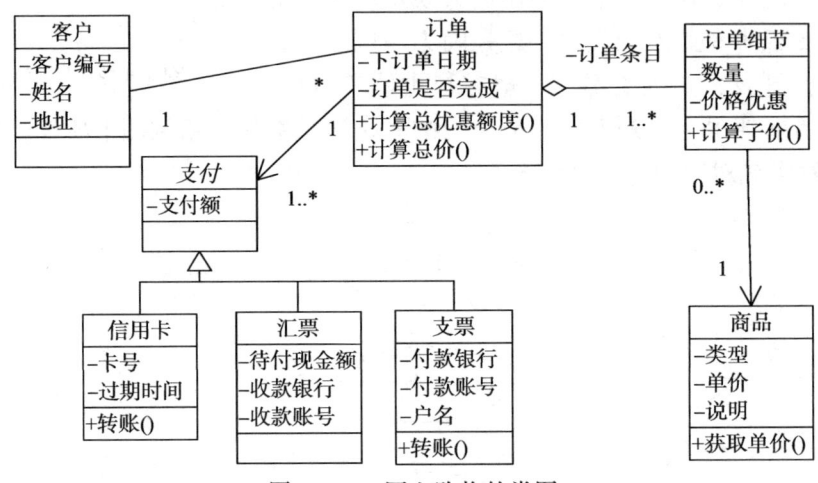

图 10-15　网上购物的类图

二是聚合（Aggregation），是一种特殊的关联，主要用于表示一个类属于一个集合的关系，其中在集合的一端用菱形表示，如图 10-15 中的订单和订单细节之间，订单中的每一个条目就对应一个订单细节实例。图 10-16 为订单直观图。

购书订单

订单编号 ____ 订单日期 ____ 录入人 ____

客户名称 ____ 客户编号 ____

地址 ____ 电话 ____

序号	产品名称	规格	单位	数量	单价	金额
						￥0.00
						￥0.00
						￥0.00
						￥0.00
合计	人民币(大写)					￥0.00

审批日期：____ 审批人：____ 审批结论：____

审批意见：____

注：每一行条目对应一个订单细节的实例。

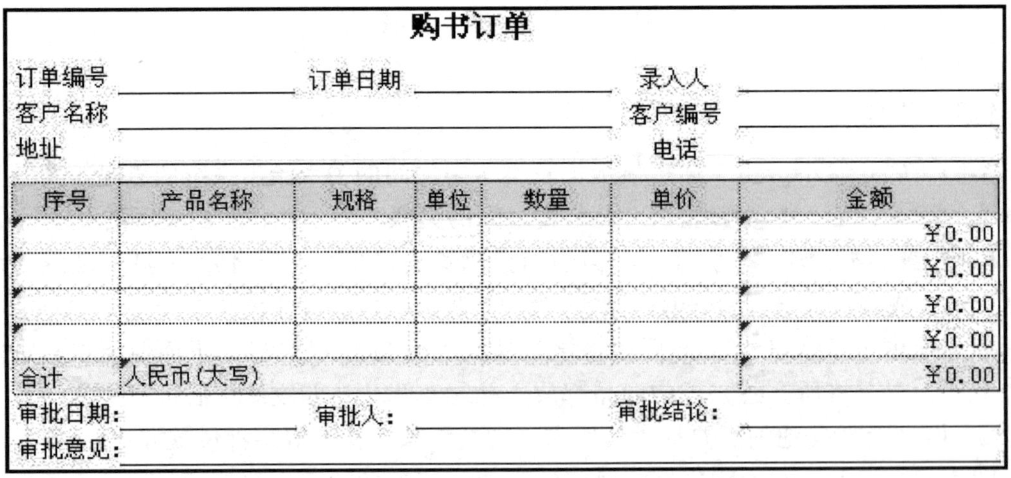

图 10-16　订单直观图

在上文“关系”中已讲到聚合，聚合主要用于界定类之间的关系，这里再对聚合的两种类型进行进一步解释：一种是共享聚合（Shared Aggregation），描述具有共享特性的整体 – 部分的关系，其含义是部分可能同时属于多个整体对象；另一种是复合聚合

（Composition Aggregation），描述具有很强归属性的整体 – 部分关系，部分只能是一个组合对象的成员，而且部分对象的存在依赖于整体对象，随着整体的创建而创建，随着整体的消亡而消亡。两种聚合的示例如图 10-17 所示。

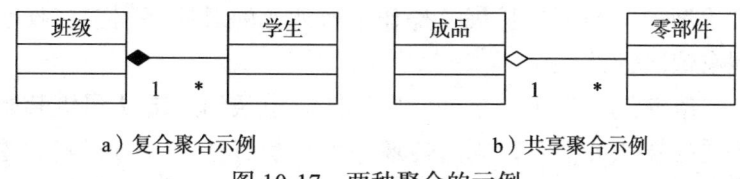

图 10-17　两种聚合的示例

三是泛化（Generalization），主要体现类或接口的继承或实现关系，在基类一边由一个三角形指向，例如，图 10-15 中支付类是信用卡类、汇票类和支票类的基类，支付类泛化了信用卡类、汇票类和支票类。

每个关联都有两端，每端都有一个角色名（Role Name）用于说明关联的性质，例如图 10-15 中订单与订单细节的关联，在订单细节一端标明角色名为订单条目，说明订单细节是订单的组成条目。

关联还能够带有导向箭头（Navigability Arrow），箭头指向哪一端，表明哪一端要被遍历（Traverse）或查询（Query）。例如图 10-15 中，由订单细节指向项目的箭头表明通过订单细节可以查询商品信息，反之则不行。导向箭头还能告诉我们谁决定（Own）关联的实施，例如由订单细节指向商品的箭头还表明一个订单细节上有一个商品信息；由订单指向支付的箭头表明订单上要带有支付信息，如图 10-15 和图 10-16 所示。如果关联不带导向箭头，则表明关联是双向导向的。例如，在图 10-15 中，客户必须要有订单，订单上也必须要有客户信息，所以客户与订单之间是双向导向的关联。

关联的每一端还要带有多重值（Multiplicity），表示关联一端的实例对应另一端实例的可能数量。多重值可以是一个数值，也可以是一个数值范围。例如图 10-15 中，一个订单只能对应一个客户，而一个客户却可以下多个订单，则在客户一端的多重值取 1，在订单一端的多重值取 *。常用多重值的释义如表 10-2 所示。

表 10-2　常用多重值的释义

多重值	释义
0..1	0 个或 1 个实例，语法 $n..m$ 表示 n 个到 m 个实例
0..* or *	实例的数量没有限制（包括 0 个）
1	有且仅有一个实例
1..*	至少有一个实例

最后要说明的是，类图中必须有类、关联和多重值；导向箭头和角色名则是可选内容，主要用于进一步明确类图的释义。

10.4.4　顺序图

类图、包图和对象图都属于仅描述系统静态特征的结构图类，它们无法反映系统处于运行状态时的特征，交互图类则可以做到这一点，它们主要描述对象之间的交互关系。顺序图（或序列图）（Sequence Diagram）是一种重要的交互图，通过该图能够弄明白消息的传递目标和时序，进而能够对操作的执行细节一览无余。顺序图按照时间组织，依时间进度逐渐向页面下方扩展。操作中所涉及的对象序列按接收或处理消息的先后顺序，从左到右依次排开。

图 10-18 是"遥控打开汽车"事件的顺序图。整条消息链从司机起始，首先司机向遥控钥匙发送按遥控按钮的消息，同时传递一个判断信号（flag）；随后遥控按钮向汽车发送遥控指令的消息，同时传递判断信号；汽车接收消息后，判断信号表示汽车是否上锁（locked），如果当前汽车是上锁的，则给汽车解锁并启动汽车；而后汽车返回给司机的消息依次是车灯亮和车喇叭响。

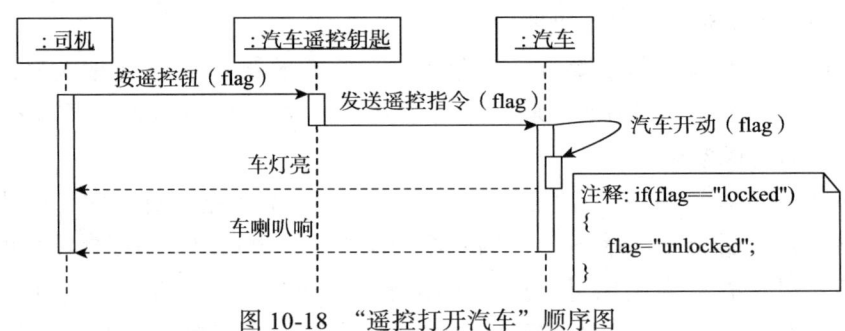

图 10-18 "遥控打开汽车"顺序图

在顺序图中，每一条垂直的虚线代表一条生命线，表示对象可以存活的时间；每一条带箭头的横线代表一个消息调用；在对象生命线上的每一个矩形长条代表一条消息的往返持续期，处于该期间的对象称为激活（Activation）。不难看出，正是由于消息调用，对象才被激活；消息调用结束，对象也停止激活。

在图 10-18 中，汽车的消息调用比较特别，它是对自身的调用，其意义是：汽车自行判断是否开锁，如果没有开锁，则解锁，然后回复给司机启动信号。由汽车发给司机的消息用虚线箭头表示，这表示是返回消息，如果返回消息简单且容易被想到，则可以被省略。还要注意到，在汽车开动消息的下方折起一角的长方形代表 UML 注释，在其中有一段小程序说明判断信号是如何因汽车开动而变化的，UML 注释可以被放在任何一种 UML 图中。

图 10-19 显示的是"学生借书"事件的顺序图：学生将预借的书交给图书管理员，图书管理员要设置所有被借书的状态。下面要有一个迭代循环事件，即图书管理员要将借书细节的每本书的借阅状态依次更新：如果是总馆的书，书的状态为可借，则确认图书借出；如果是阅览室的书，书的状态为不可借，则拒绝图书借出。该消息链的返回消息就是交给学生能借出的图书，比较容易被想到，所以被省略了。需要注意的是，顺序图对迭代（iteration）事件的表示方法"*[对每一本书]"，迭代通过消息名之前标星号"*"表示，迭代的次数则由星号后面方括号中的数字或文字描述确定。消息中传递的变量值用中括号包起来，例如"[书可借]"中的变量值由借书细节的递归迭代消息赋予，它是逻辑型变量（bool），当其为 true（即书可借）的时候，则消息会传递给借阅类的对象。

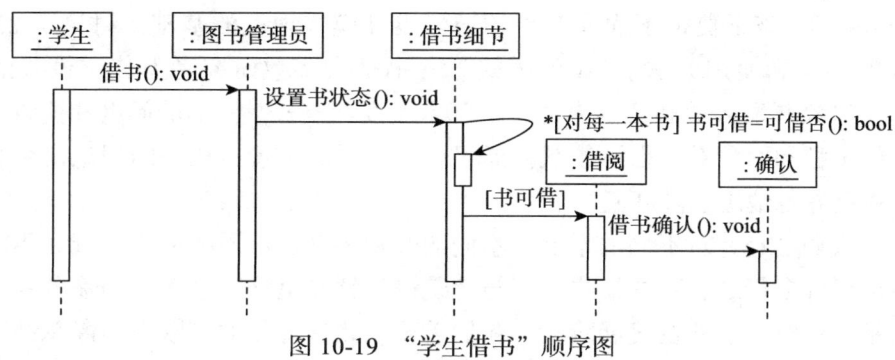

图 10-19 "学生借书"顺序图

10.5 设计模式

设计模式是一个在软件开发的长期过程中形成的、解决特定场合下的特定问题的、经过实践检验的、可重复使用的、高效的解决方案。设计模式是程序设计方法，是以面向对象为基础的。通俗来说，设计模式就好比武术中的招式，打出普通的拳脚功夫和降龙十八掌的区别，关键就在于习武者是否按照固定的模式使用拳脚。我们如果把一拳一脚的功夫理解为一条一条的编程语句，那么降龙十八掌就是一种千锤百炼，以致成为独门绝技的设计模式。设计模式的重要性和威力可想而知。

10.5.1 设计模式简介

在软件设计步入面向对象时代后，人们开发软件的能力获得了质的提升，软件项目规模越来越大，软件项目的管理越来越复杂，仅靠一条条语句的生硬编写已经不能满足现在的项目开发需求，一些天才程序员开始转向研究历来最成功的软件项目开发方式，或者叫框架（Framework），并进行归纳、总结和提升，就形成了今天的多种设计模式。设计模式虽然是在面向对象技术基础上诞生的，但其应用面不局限于此，结构化的程序设计语言同样能够很好地使用设计模式。

1977 年，建筑大师克里斯托夫·亚历山大（Christopher Alexander）凭借其"模式三部曲"——《建筑的永恒之道》《建筑模式语言》和《俄勒冈实验》构筑了完整而严谨的"模式语言"理论体系。在英文中，亚历山大的头衔是"Architect"，不过，这里的"Architect"指的并不是软件行业所说的架构设计师（比尔·盖茨的头衔里就有这个词），而是建筑行业里的建筑设计师一职。亚历山大提出的"模式语言"以及"模式"的概念所要解决的也是建筑行业里的问题：在建筑设计过程中最大限度地套用已有的优秀设计方案，以提高建筑质量和施工效率。

1992 年，詹姆斯·科普林在《高级 C++——编程风格和习惯》一书中最早将"模式"的概念引入了软件工程领域。肯特·贝克则是最早倡导在软件界学习克里斯托夫·亚历山大及其工作成果的先驱之一。1995 年，艾里奇·伽马、理查德·赫尔姆、拉尔夫·约翰逊、约翰·维利赛德四人合作编撰了著名的《设计模式：可复用面向对象软件的基础》，该书奠定了面向对象领域里设计模式理论的基础，讨论了 23 种基本设计模式的结构和使用方法。《设计模式》一书被大多数研究者看作"模式的圣经"，是所有面向对象开发人员必读的书之一。随着《设计模式》一书的问世和流行，"模式"一词在软件工程和面向对象设计领域占据了极其重要的位置，相关的理论研究和开发实践工作也在世界各地迅速开展起来。

今天，人们已经针对不同的平台、不同的开发环境、不同的应用领域和不同的软件规模总结出了许多行之有效的模式。但与建筑设计领域里种类繁多、用途各异的模式相比，软件领域的模式还处在发展阶段，我们需要在软件开发的实践中不断总结和归纳出更多更有用的模式，并不断探索合理应用模式的方法与经验。

到底什么是模式呢？模式就是人们根据以往的经验总结出来的，可以重复使用的设计方案。实践是学习设计模式的必经阶段，只有经过实践，我们才能悟出设计模式的主旨和内涵，发现隐藏在设计模式背后的面向对象设计原则和设计理念。《设计模式》一书中反复强调三点，可以看作设计模式的精髓：①设计模式最根本的意图是适应需求变化；②要针对接口编程，而不要针对实现编程；③优先使用聚合，而不是继承。

10.5.2 设计模式五大原则

S.O.L.I.D 即单一责任原则、开放封闭原则、里氏替换原则、依赖倒置原则和接口分离原则，本节分别用通俗方式和编写代码形式解释这五大原则。

S.O.L.I.D 原则由马丁·罗伯特提出，是面向对象设计（OOD）和面向对象编程（OOP）的重要原则，它是以下 5 个省略词的组合：SRP、OCP、LSP、ISP、DIP，如表 10-3 所示。

表 10-3　S.O.L.I.D 原则

原则缩写	原则全称	原则中文名称	原则的内容
SRP	the Single Responsibility Principle	单一责任原则	导致类发生变化的原因有且只有一个
OCP	the Open Closed Principle	开放封闭原则	软件实体对扩展开发，对修改关闭
LSP	the Liskov Substitution Principle	里氏替换原则	子类能够替换它所继承的父类
ISP	the Interface Segregation Principle	接口分离原则	接口的细粒化
DIP	the Dependency Inversion Principle	依赖倒置原则	依赖抽象，而不是具体实现

1. 单一责任原则

一个类有且仅有一个职责。也就是说，我们只针对一个目的去编写、修改和维护一个 Java 类。如果一个类是模型类，那么它应该严格地代表且仅代表一个实体。遵循单一责任原则可以给类的修改提供足够的灵活性，而不会对其他实体产生影响。类似地，如果我们编写一个服务/管理类，它应该仅包含需要调用的方法。该类甚至不包含与该模型相关的全局工具函数，这些全局方法应该被隔离在另一个全局访问的类文件中。这样有助于我们对类的维护，我们还可以针对具体的模型来确定其可见性。

2. 开放封闭原则

软件组件应该对扩展开放，但对修改关闭。这个原则意味着我们应该将类设计成这样：当后续开发人员需要针对特定的需求改变控制流程时，他们需要做的仅仅是扩展现有的类，然后重写类的一些函数。如果其他开发人员由于现有类的一些约束而无法设计所需要的行为，那么就需要考虑修改现有的类。这并不意味着任何人都可以修改现有类的实现逻辑，但软件应该允许其他开发人员能够通过一些无害的方式重写类的方法。例如，如果深入研究一些优秀的框架，如 spring、mybatis，就会发现，我们不能修改这些框架的核心逻辑和请求处理过程，但通过在配置文件中扩展一些类型或插件同样能实现所需要的应用流程。

3. 里氏替换原则

衍生类可以完全替换其基类。该原则意味着后续开发人员扩展的类型可以无缝地插入到现有的应用中。也就是说，如果一个后续开发人员扩展了现有类型的一部分并注入框架/应用中，尽管其扩展类编写得并不好，但应用也不能中断或显示致命的异常。上述要求可以通过严格遵守单一责任原则来保证。如果我们的基类均只承担单一的责任，最坏的情况也就是后续开发人员的重写只导致一个功能出错，而不会导致整个应用出错。

4. 接口分离原则

客户端不应该被强迫去实现其不需要使用的方法。例如，开发人员 Alex 创建了一个接口 Reportable 并添加了两个方法 generateExcel() 和 generatedPdf()。现在，客户端 A 需要使用这个接口，但客户端 A 只需要使用 PDF 格式的报告 (Report)，不需要 Excel 格式。那么，客户端 A 能够轻松地达到目标吗？当然不行。客户端 A 将不得不实现两个方法，不管其是否实现另一个方法或者仅仅是一个空方法，都是系统额外的负担。这不是我们想要的。那么，究竟什么是解决方案？答案是将现有的一个接口拆分成两个接口，即 PdfReportable 和 ExcelReportable。这样可能让客户端拥有足够的弹性去选择需要的方法。

5. 依赖倒置原则

依赖抽象，而不是依赖具体。也就是说，在设计软件时，各个模型应该互相独立，再使用一个抽象层将它们整合在一起。经典的案例就是 spring framework 中使用的 BeanFactory。在 spring framework 中，所有模型都以独立的组件（Components）的形式存在，这些组件通过简单的注入形成依赖并一起工作。这些组件有着明显的边界，因此，我们也可以直接在其他非 spring 环境下使用。这些都是通过依赖反转和开闭原则实现的。所有的模型仅暴露其抽象，这对扩展功能或以插件形式构建系统很有用。

10.5.3　23 种设计模式

一般的共识是 23 种设计模式，其基本概念如下。

Abstract Factory：创建一个接口，其实现的类多种多样，据此可创建一系列相关或相互依赖的对象。

Adapter：将一种接口转换成另外一种接口，以实现特定目的。适配器设计模式可以解决类之间由于接口不兼容而导致的系统不能对接的问题。

Bridge：将用户感觉的系统抽象部分（如界面视图层）与系统实现部分（如模型层）分离，可以相互独立地工作。

Builder：剥离对象的构造与显示，使得同样的构造过程创建出不同显示特征的对象。

Chain of Responsibility：基于问答响应的原理，在多个对象构成的虚拟链上的两两对象之间依次传递消息，每个对象都有机会处理这个消息，若当前对象不能处理，则交给下一个对象，直到有一个对象处理它。

Command：将命令封装成对象，用户通过命令就可以构造对象，命令对象可以排队、记入日志以及完成取消操作。

Composite：基于树形结构组合对象，构成"部分－整体"的层次结构。用户在操作单个对象（象征树形结构根的对象）时，其相关对象发生一致性操作。

Decorator：给对象动态添加功能，例如通过不同的子类对象来初始化基类的对象。

Facade：为一组子系统的接口提供一个一致的界面，便于用户对不同子系统上手。例如，Word、Excel、PowerPoint 都有完全一样的绘图工具栏，如果在 Word 中学会绘图了，在其他两个平台上就不用学习了。

Factory Method：定义一个接口并创建一系列拥有不同功能的实现子类。后面，在产生对象时，通过接口定义对象，而不是通过类定义，对象的构造则由实现子类根据实际情况自动选择。

Flyweight：运用共享技术有效地使用大量实现逻辑简单的对象，如 POJO 类的对象。

Interpreter：对给定的一种语言新定义出一种语法应用并对应地定义出一个解释器，以后就用该解释器解释该语法情形。

Iterator：提供一个方法，能够顺序访问一个对象集合中的各个元素，同时还能保护对象集合的内部技术秘密。

Mediator：Mediator 即中介者，这种对象能够封装一系列对象交互，为其他对象提供间接的相互引用，有利于系统低耦合。

Memento：在不破坏对象封装性的前提下，获取并保存一个对象的内部状态。以后若该对象出现错误，可恢复到保存的状态。

Observer：定义一个对象和多个对象之间的依赖关系，当这一个对象的状态发生改变时，所有依赖于它的对象都自动发生相应的改变。

Prototype：以原型的数量确定可创建的对象种类数，通过仿制原型创建新的对象。

Proxy：为对象设置代理，代理可以控制对某个对象的读写访问权限。

Singleton：保证一个类仅为一个对象的实例并给该对象提供一个面向程序全局的访问点。

State：在改变对象的内部状态时，同时改变它的行为，好像改变了对象基于的类。

例如，本章第 3 节中讲到的改变 Gentle.NET 的 XML 配置文件与之类似。

Strategy：定义一系列的算法并分别封装，算法之间可以相互调用和替换，让不同的用户感受到不同的算法处理结果。

Template Method：在基类中只定义一个算法模板，而将一些具体的和个性化的实现步骤放到子类中去实现。这样子类可以在不改变基类算法基本结构的前提下，重新定义某些特殊步骤，以满足特殊要求。

Visitor：定义针对对象中各元素的一系列操作，便于后续对对象元素的访问以及进行功能扩展，如 POJO 类中的属性访问。

10.5.4 模型－视图－控制器

MVC 模式的全称是"模型－视图－控制器（Model-View-Controller，MVC）模式"。在前面"架构分析"一章中，我们已经提到过，MVC 模式并不在 GoF 的 23 种设计模式之列，但是，在 GoF 的《设计模式》一书中，MVC 模式被当作一个非常重要的例子加以介绍。从抽象层次上看，我们可以简单地认为 GoF 的 23 种设计模式都是中层模式，在它们下面还可以列出一些更为具体的底层模式，在它们上面也可以抽象出某些高级模式来。MVC 模式大致可以归入高级模式的范畴，这是因为 MVC 模式要解决的问题领域比 23 种设计模式更为宽泛，MVC 模式的具体实现往往也是各种中层模式组合应用的结果。

MVC 模式的目的就是实现多用户并发处理系统（网络软件系统，ERP 等大型管理信息系统都属于此范畴）的职能分工。Model 层实现系统中的业务逻辑，主要是指对数据库的操作；View 层用于与用户的交互，主要是指用户操作的界面程序设计；Controller 层是 Model 与 View 之间的通信桥梁，它可以分派用户的请求给 Model，然后从 Model 反馈的视图中选择恰当地交给 View，另外它也可以解释用户从 View 上的输入并将它们映射为 Model 上可执行的操作，如图 10-20 所示。

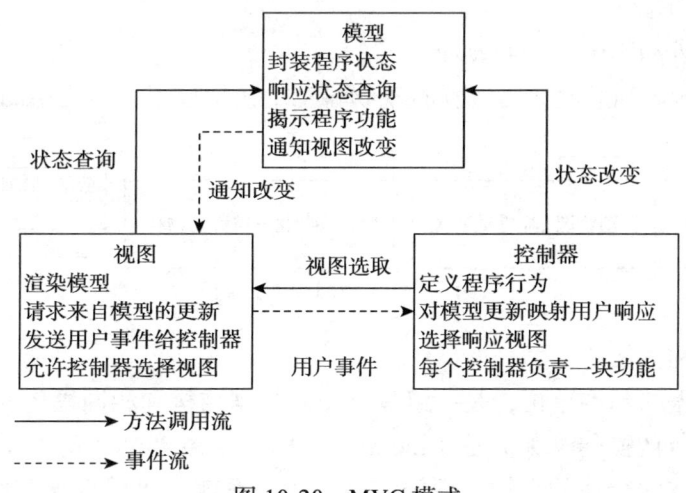

图 10-20　MVC 模式

MVC 开发模式的优势有：第一，三层各司其职，互不干涉，便于系统维护，哪一层的需求发生了变化，只需要更改相应层中的代码即可。第二，有利于项目分工，MVC 模式把系统按层划分进行开发，网页设计人员专门进行开发视图层，对业务熟悉的开发人员开发模型层，其他开发人员则可选择开发控制层。第三，有利于组件重用，MVC 的各层都可独立成一个能用的组件，供以后的项目使用。从 Windows XP 到 Windows Vista 的界面变化主要是画质提升，界面布局大同小异，其深层原因就在于 XP 的视图层在 Vista 中被重用和再包装了。应该说，MVC 模式从诞生到风靡的二十几年间，对催生多样的新软件技术意义重大，是最经典的设计模式之一。

10.5.5 设计类

UML 适用于系统开发过程中从需求分析到实施、测试和更新的各个阶段。在需求分析阶段，用户模型视图（用例）用来描述用户需求；在分析和设计阶段，静态结构视图和行为模型视图用来描述系统的静态结构和动态行为；在实现阶段，UML 各类模型可自动转换为基于面向对象语言的代码；在测试阶段，UML 模型亦可作为软件测试的依据。为了彻底掌握上述 UML 各图的使用原理，还需要进一步明确下述面向对象设计的概念。

1. 包和命名空间

类是构成面向对象系统的基本组成，但是对于拥有上百个类的大型系统而言，还需要更高一层的组织方式对类进行更有条理的管理也就是包（Package）。类似于文件夹管理文件，包可以对类进行逻辑分组，包是类的容器和物主，每个包都有唯一的命名。

包与命名空间（Namespace）是对等的两个概念（一般，在 Java 中被称为包，而在 .Net 中被称为命名空间）。包的真正意义在于创建了一个边界，在边界内所有元素的名称唯一，如果一个包里的元素（类及其方法和属性）要引用另一个包里的元素，则必须说明引用的元素名称和通过包导航到该元素的路径。如图 10-21 所示，要访问类"狮子"，则要通过以下路径：

动物园 :: 哺乳动物区 :: 猫科动物科

其中，动物园、哺乳动物区和猫科动物科三个包构成了一个三层的嵌套包。

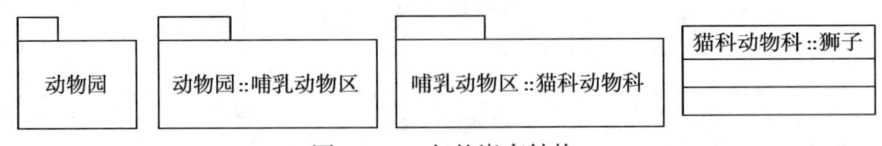

图 10-21 包的嵌套结构

2. 类的属性和方法

类是封装数据的基本单位，是一组具有相同数据结构和相同操作的对象的集合，用来定义对象可执行的操作，如方法（method）、属性（attribute）等。本章第 1 节已经对面向对象进行了非常全面的介绍，而类与对象的关系就好比模板与个例（或称实例）的关系，例如有 10 位同学，分别叫 XM1，XM2，…，XM10，每位同学除了有姓名，还有学号和年龄,于是我们将10位同学的共性用类来描述(见伪代码10.1)。

伪代码10.1:

```
类  同学
{
属性  字符串  姓名;
属性  字符  串学号;
属性  数值  年龄;
方法  布尔值  评三好(参数数值平均成绩)
    {
如果  平均成绩>=90  则
返回值  是;
否则
返回值  否;

方法   输出姓名()
    {
从界面上输出  姓名;
    }
}
```

一名具体的同学,就是一个同学类的实例(或者叫对象),以定义名叫XM1的具体同学为例(见伪代码10.2)。

伪代码10.2:

```
同学   XM1
{
    姓名="XM1";
    学号="20100123";
    年龄=19;
    评三好(91);
    输出姓名();
}
```

参考上面的程序,学生类的成员"姓名""学号""年龄"是属性,成员"评三好""输出姓名"是方法。二者的区别在于属性是一个值,是一个定义在类里,但不属于任何方法的变量,属性描述对象的特征,属性赋值不带括号;方法是一个函数、公式,它可以有传入的参数(如"评三好"的参数"平均成绩"),也可以无传入的参数(如"输出姓名"),方法描述了对象的行为,方法调用后需跟括号。请读者自行读伪代码10.2,确定"评三好"和"输出姓名"两个方法的执行结果。

3. 接口和类

接口与类,从广义层面上看是一回事,接口是一种特别的类;而从狭义层面上,两者是不一样的,类是对某类事物的抽象,而接口则是对某类行为或功能的抽象。接口也可以被理解为契约,魔幻神话中有很多和魔鬼定下契约来使自己的力量得到提升的故事,接口的契约大同小异:你想要什么力量就必须定下对应的契约,而且立了契约就必须履行（见伪代码10.3）。

伪代码10.3：

```
接口 飞行能力
{
方法 字符串 起降();
方法 千米/时 飞行(参数 米 飞行高度);
}
```

可以对照接口和类的声明，有明显的区别：接口中的方法只有方法名，没有方法体；而类中的方法则要有完整的方法名和方法体。下面是客机类的正确代码定义（见伪代码10.4），客机类完整实现了飞行能力接口。

伪代码10.4：

```
类 客机 实现 飞行能力
{
属性 字符串 客机编号;
方法 字符串 起降()
    {
    返回值 "通过跑道起降";
    }
方法 千米/时 飞行(参数 米 飞行高度)
    {
如果 飞行高度>10000 则
    返回值 1000;
否则 如果 (飞行高度<=10000 并且 飞行高度>5000) 则
    返回值 900;
否则
    返回值 800;
    }
}
```

下面是关于直升机类的错误代码定义（见伪代码10.5），错误在于直升机类只实现了飞行能力的飞行方法，而没有实现飞行能力的起降方法。

伪代码10.5：

```
类 直升机 实现 飞行能力
{
属性 数值 载客数量;
属性 数值 桨数;
方法 千米/时 飞行(参数 米 飞行高度)
    {
如果 飞行高度>10000 则
    返回值 500;
否则 如果 (飞行高度<=10000 并且 飞行高度>5000) 则
    返回值 400;
否则
    返回值 300;
    }
}
```

4. 界面原型

界面，专业名称为用户接口（User Interface，UI），从广义上，指实现人机交互的所有因素；从狭义上，指我们所看到电脑屏幕上的图像效果。这里，大家可以回顾 Visual Basic 6.0 的学习经历，首先是设计表单、添加控件、设置属性；然后才是编写控件的响应事件代码。其实不只是这个开发平台，Visual Studio.Net、Java 开发平台如 JBuilder，网站开发平台如 Dreamwaver 等都是以先做界面、后编代码的模式进行软件开发的。

可见，在面向对象的开发平台上，进行界面设计是非常重要的工作，我们常戏称这种方法为界面驱动型开发，因为在开发前（确切说是程序编码前）的大部分工作是处理界面、交互并且制作出高保真的界面原型。

所谓界面的原型，是指软件界面设计人员根据对用户需求的充分认识，落实成一组由菜单、工具栏等组成的紧密相关、功能齐全的屏幕界面。

界面原型能够对程序编码给予指导，例如用 VB 设计好的程序界面上有一个按钮，其 Caption 属性为"打开"，那么编写代码人员一般就会想到要编写该按钮的 Click 事件并在事件代码中实现打开文件的操作。

界面原型和完整的软件不是一回事，这就类似于房产规划建筑师搭的描述房屋结构的泡沫塑料模型和真正的房屋的区别。先将界面原型、事件代码、后台程序、相关的公共运行库和动态链接库（DLL）等全部打包，再进行软件项目的编译或解释，最后才形成软件。

以图 10-3 为蓝本制作 UML 用例图，即界面原型，如图 10-22 所示。

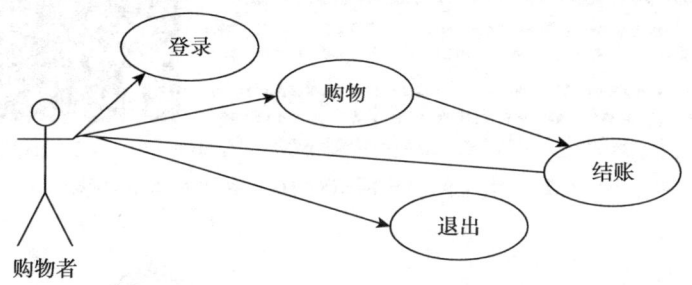

图 10-22 基于用例图的界面原型

参照图 10-22 的界面原型，其淘宝网的具体实现如图 10-23 所示，该门户上对登录、购物、结账的用例实现一目了然，对退出用例的实现更简单——关闭浏览器。通过这个例子可见，从界面原型到屏幕界面还是有很大跨度的，其中的转换需要 UI 设计师、美工、框架设计师等多种专业人才的参与完成。

10.5.6 对象持久化

1. 持久化

所谓持久化（Persistence），就是把暂存数据（主要是指内存中的数据）保存到可永久保存的存储设备中（如磁盘、光盘等）。例如，当打开 Word 文档并开始时，会发现在同一目录下莫名其妙地出现一些名字以"~"开头，扩展名为".tmp"的隐藏文件；

而当保存好文档并关闭后，这些隐藏文件就消失了。这其中的原因在于，正在编辑的 **Word** 文档是放在内存里面的，可以随时更新、随时修改，而那些隐藏文件中存放着更新和修改的临时数据；当关闭文档时，编辑者应该想到文档将来还会被用到，并且应该存有最后修改的状态，也就是要使文档的数据持久化，那么内存中的文档兼待修改的临时数据都归并为一个处于最终状态的文档，然后该文档被转移到硬盘上的某个位置，如图 10-24 所示。

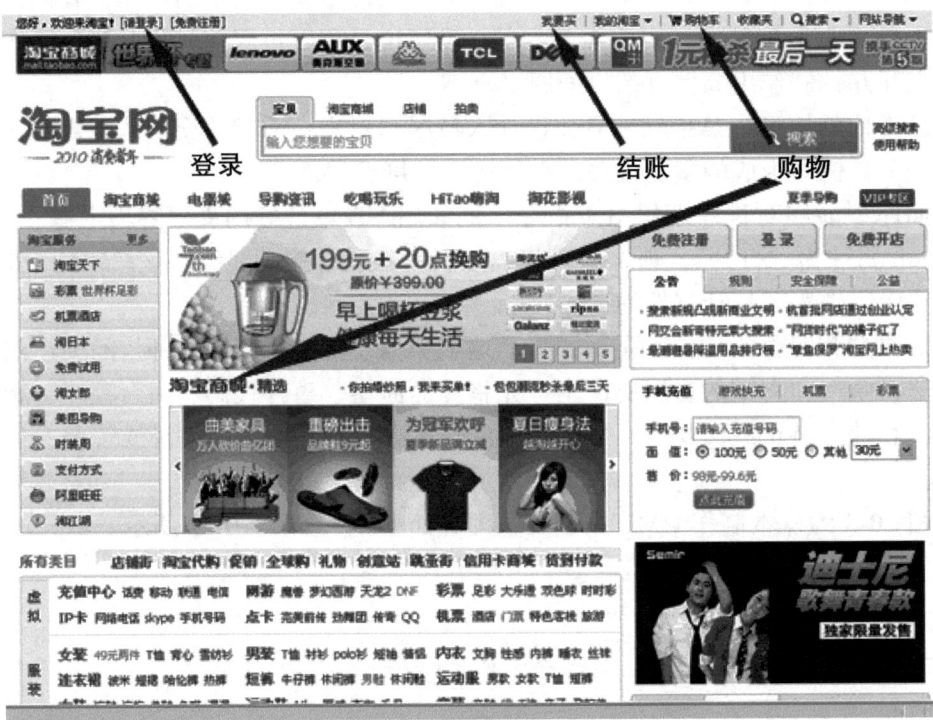

图 10-23　淘宝网门户网站对 10-2 界面原型的实现

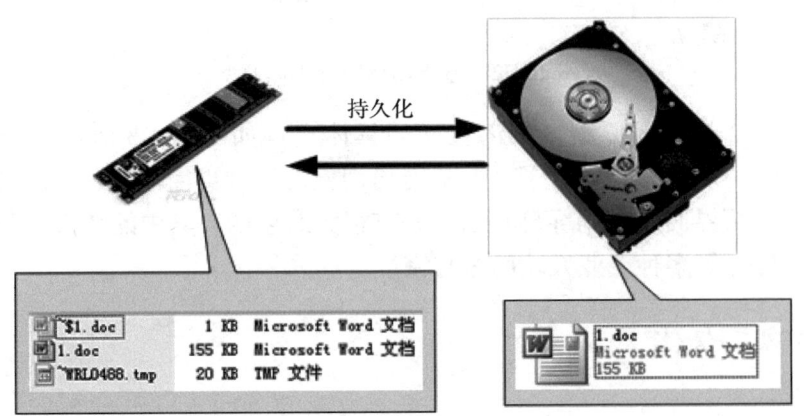

图 10-24　持久化示意图

持久化的主要应用是将内存中的数据存储在磁盘文件、XML 数据文件、数据库中，等等，目前各界致力的关键是实现将数据存储在关系型数据库中，该问题将在下一节细讲。持久化面临的关键难题至少有三个：一是数据格式的对接，例如将一段程序转化为在网上发布的信息并保持其框架格式。二是数据类型的对接，即持久化不同类型的数据时，能让接收持久化数据的存储介质知道。例如当存储介质是持久化整数、字符串，甚至是类时，存储介质如何区别。表 10-4 为基于 XML 格式定义文件的解决方案。

表 10-4　Cat 类基于 XML 格式的解释

C# 或 Java 程序	XML 定义文件

``
public class Cat {
    private String id;
    private String name;
    private char sex;
    private float weight;
}
``
	``
	<class name = "Cat">
	    <property name = "id" type = "String"/>
	    <property name = "name" type = "String"/>
	    <property name = "sex" type = "char"/>
	    <property name = "weight" type = "float"/>
	</class>
	``

三是效率、简单性和兼容性的矛盾。要提高数据持久化的处理效率，例如将 500M 的数据存到永久介质"如硬盘"上，过去需要 10 分钟，现在只需要 2 分钟，即持久化的效率提升了 5 倍。不考虑 CPU 等硬件处理速度提升的因素，实现持久化的途径另有三个：一是基于更底层（往往也是更复杂的）的开发技术，例如用 C 语言而不是 VB 开发持久化程序，C 语言比 VB 执行速度快得多，但从应用程序的开发效率看，VB 比 C 语言快得多。二是基于单一的解决方案，例如将 500M VOD 格式的电影原封不动地拷到硬盘上只需要 2 分钟，而如果为了播放兼容性，要将其一边转化为 AVI 格式一边拷到硬盘上，就需要 120 分钟。三是并发处理，从网上把 500M 的电影下载下来，可以使用下载工具，如迅雷（多线程下载），也可以按右键另存（单线程下载或裸下载）。有经验的人都明白，绝大多数情况下，迅雷下载要比裸下载快得多，这可以理解为六车道的大路和独木桥的区别。综上，要提高持久化的效率，往往要以牺牲简单性和兼容性为代价，如何在效率和简单性、兼容性之间找到一个微妙的平衡正是持久化工具致力要解决的。我们将在下一小节讲到 Hibernate、Gentle.NET 等。

2. 对象关系映射

对象关系映射（Object/Relational Mapper，ORM），顾名思义，就是将面向对象技术的对象和关系型数据库中的关系（二维表）进行相互转换的技术。使用 ORM 还有一个前提，即必须同时使用面向对象和关系型数据库进行开发。基于面向对象技术的软件在运行时不能持久保存数据，但如果将数据存到数据库中则可以实现持久化，因此，ORM 也是持久化问题。ORM 在有关基于后台数据库的软件项目开发中太常见了，属于业界热点技术。

ORM 最大的好处是将软件的表现层和数据处理层分离，表现层即软件界面设计及直接相关的代码设计，数据处理层即与数据库操作直接相关的代码设计。可以采用 ORM 工具将表现层和数据处理层剥离，这里以 Gentle.NET（一种面向 .Net 的开源 ORM 持久化工具，下载地址为 http://sourceforge.net/projects/gopf/）的解决方案为例，了解 ORM 持久化工具（或持久化框架、持久层）的思路，如图 10-25 所示。

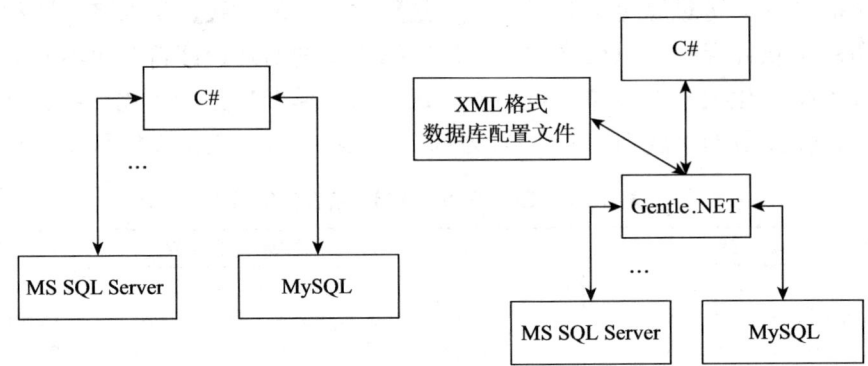

图 10-25　传统数据库应用（左）与基于 ORM 工具的数据库应用（右）的区别

图 10-25 中的粗箭头代表需要编写程序，不难看出在使用 ORM 工具之前，基于任何一种数据库的应用都要重新编写程序；而使用了 Gentle.NET 等 ORM 工具之后，基于任何一种数据的应用只需要修改 XML 格式的数据库配置文件即可，不用对编写好的程序做任何修改。ORM 工具好像是在显示层和数据应用层之间加的一层过渡，业界将其称作持久层（Persistence Layer）。

市面上有很多 ORM 框架，例如 Hibernate、EJB、JDO 等，这些工具的实现技术是不同的，但本质目的一样，即将原本只用两层的应用程序（表现层和数据操作层）变成了用三层或更多层的应用程序（表现层、持久层和数据操作层等，如图 10-25 所示）。采用多层架构会使面向对象的系统模块间低耦合，系统整体更具柔性，代码编写更加规范。对于小型软件而言，这看似小题大做，但对于大型管理信息系统如 ERP、CRM 等而言，基于 ORM 的多层架构则是必要的。设置 ORM 的核心不在 C#、Java 等程序代码，而是 XML 格式配置文件，这基本上是所有 ORM 框架的通识，因此，要学好 ORM 还需要掌握 XML 的基本知识。对于 ORM 框架、POJO 以及 XML 配置文件等，本书只是通过一个简单的例子使读者明白其原理，更细致的学习可通过搜索丰富的网络资源获取。

本章小结

本章首先介绍了面向对象系统分析和设计的基本概念，包括对象、类、封装、消息、继承、多态和关系；然后介绍了面向对象系统分析和设计的建模工具 UML，重点讲解了其设计核心的 10 种图的用途、原理、基本元素和制作逻辑，分别是用例图、类图、包图、对象图、顺序图、通信图、状态图、活动图、构件图和部署图；再次介绍了对象持久化和 ORM 的概念，通过一个基于 ORM 技术的数据库应用程序的开发例子，阐明了对象持久化和 ORM 对面向对象技术的重要价值；最后简要介绍了设计模式的理念、MVC 模式和 23 种常用设计模式。

复习思考题

1. 面向对象方法与结构化方法的区别是什么？
2. 什么是对象？对象和类的关系是什么？
3. 封装、继承和多态的概念是什么？
4. UML 的建模图有哪些？分别的用途是什么？
5. UML 动态建模和静态建模的区别是什么？
6. 什么是对象持久化？
7. 什么是 ORM？常用的 ORM 技术有哪些？这些技术的区别是什么？请举例说明。
8. 什么是 MVC？常用的 MVC 技术有哪些？这些技术的区别是什么？请举例说明。
9. 请设想在线购物网站的系统逻辑并制作其用例图、类图和顺序图。

实训：识别系统开发涉及的类和对象

以"银行网络系统"（见图 10-26）为例，基于一段需求描述，识别系统开发涉及的类与对象。

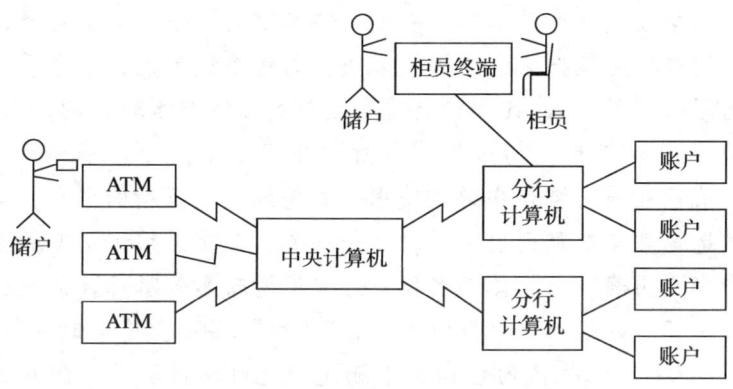

图 10-26　银行网络系统

1. 问题陈述

设计支持银行网络的软件，银行网络包括人工出纳站和分行共享的 ATM 出纳机。

每个分理处用分理处计算机来保存各自的账户，处理各自的事务；各自分理处的出纳站与分理处计算机通信，出纳站录入账户和事务数据；

自动出纳机与分行计算机通信，分行计算机与拨款分理处结账，自动出纳机与用户接口接收现金卡，与分行计算机通信完成事务，发放现金，打印收据；

系统需要记录保管和安全措施；系统必须正确处理同一账户的并发访问；每个分处理为自己的计算机准备软件，银行网络费用根据顾客和现金卡的数目分摊给各分理处。

2. 非正式分析

非正式分析是指以用自然语言书写的需求陈述为依据，把陈述中的名词作为类与对象的候选者，用形容词作为确定属性的线索，把动词作为服务（操作）的候选者。以银行网络系统为例，可以把以下概念作为类与对象的初步候选者：

银行、自动取款机（ATM）、系统、中央计算机、分行计算机、柜员终端、网络、总行、分行、软件、成本、市、街道、营业厅、储蓄所、柜员、储户、现金、支票、账户、事务、现金兑换卡、余额、磁卡、分行代码、卡号、用户、副本、信息、密码、类型、取款额、账单、访问。

通常，在需求陈述中不会一个不漏地写出问题域中所有有关的类与对象，因此，分析员应该根据领域知识或常识进一步把隐含的类与对象提取出来。例如，在该系统需求陈述中虽然没写"通信链路"和"事务日志"，但是，根据相关知识和常识可以知道，在该系统中还应该包含这两个实体。

3. 筛选出正确的类与对象

在筛选类与对象时主要依据下列标准，删除不正确或不必要的类与对象：

一是冗余。如果两个类表达了同样的信息，则应该保留在此问题域中最富于描述力的名称。以银行网络系统为例，上面用非正式分析法得出了34个候选的类，其中储户与用户，现金兑换卡与磁卡及副本分别描述了相同的两类信息，因此，应该去掉"用户""磁卡""副本"等冗余的类，仅保留"储户"和"现金兑换卡"这两个类。

二是无关。现实世界中存在许多对象，不能把它们都纳入系统，仅需要把与本问题密切相关的类与对象放进目标系统中。有些类在其他问题中可能很重要，但与当前要解决的问题无关，同样也应该把它们删掉。以银行网络系统为例，这个系统并不处理分摊软件开发成本的问题，而且ATM和柜员终端放置的地点与本软件的关系也不大。因此，应该去掉候选类"成本""市""街道""营业厅"和"储蓄所"。

三是笼统。我们在需求陈述中常常使用一些笼统的、泛指的名词，虽然在初步分析时把它们作为候选的类与对象列出来了，但是，要么系统无须记忆有关它们的信息，要么在需求陈述中有更明确、更具体的名词对应它们所暗示的事务，因此，通常把这些笼统的或模糊的类去掉。以银行网络系统为例，"银行"实际指总行或分行，"访问"在这里实际指事务，"信息"的具体内容在需求陈述中随后就指明了。此外还有一些笼统含糊的名词。总之，在本例中应该去掉"银行""网络""系统""软件""信息""访问"等候选类。

四是属性。在需求陈述中，有些名词实际上描述的是其他对象的属性，应该把这些名词从候选类与对象中去掉。当然，如果某个性质具有很强的独立性，则应把它作为类而不是属性。在银行网络系统的例子中，"现金""支票""取款额""账单""余额""分行代码""卡号""密码""类型"等，实际上都应该被当作属性对待。

五是操作。在需求陈述中有时可能使用一些既可作为名词又可作为动词的词，应该慎重考虑它们在本问题中的含义，以便正确地决定把它们作为类或类中定义的操作。例如，谈到电话时，通常把"拨号"当作动词，但在构造电话模型时，确实应该把"拨号"作为一个操作，而不是一个类。但是，在开发电话的自动记账系统时，"拨号"需要有自己的属性（例如日期、时间、受话地点等），因此应该把它作为一个类。总之，本身具有属性需独立存在的操作，应该作为类与对象。

六是实现。在分析阶段，不应该过早地考虑怎样实现目标系统。因此，应该去掉仅和实现有关的候选的类与对象。在设计和实现阶段，这些类与对象可能是重要的，但在分析阶段过早地考虑它们反而会分散我们的注意力。在银行网络系统的例子中，"事务日志"无非是对一系列事务的记录，它的确切表示方式是面向对象设计的议题；"通信链路"在逻辑上是一种联系，在系统实现时它是关联类的物理实现。总之，应该暂时去掉"事务日志"和"通信链路"这两个类，在设计或实现时再考虑它们。

最后，在银行网络系统的例子中，经过初步筛选，剩下下列类与对象：ATM、中央计算机、分行计算机、柜员终端、总行、分行、柜员、储户、账户、事务、现金兑换卡。

提示问题：

1. 请使用 UML 建模软件（例如 Visio、StarUML 等）对该实训所提到的类绘制类图。

2. 请使用 UML 建模软件（例如 Visio、StarUML 等）对该实训案例绘制用例图。

3. 请使用 UML 建模软件（例如 Visio、StarUML 等）对该实训案例的自动出纳过程绘制顺序图。

第 11 章

系统实施、维护与管理

学习目的和要求

1. 掌握程序设计的方法
2. 理解程序调试与系统测试的方法
3. 掌握系统切换的方法
4. 掌握信息系统的维护
5. 了解信息系统评价体系
6. 了解信息系统运行管理的目标与内容

导入案例：ERP 实施的成功之路

中航国际是中国民用航空产品进出口贸易的主窗口、主渠道和主力军。2004 年 3 月，公司决定使用 ERP 系统。经过几年的 ERP 实施，中航国际在信息化建设方面取得了优异成绩。ERP 系统提高了获取信息和响应的速度，提供 24 小时全天候服务。同时，中航国际年销售收入由 2004 年的 20 亿元提升到 60 亿元，客户订单数量由 2004 年末的 1.2 万个提升到 1.9 万个，但是每个客户订单的处理成本由原先的 2 310 元降低到 1 896 元，处理时间由 22.6 天降低为 15.1 天，订单处理正确率由原先的 81% 提升到 96%，客户满意率由 2004 年的 51% 提高到 86%。

中航国际的 ERP 实施过程并不是一帆风顺，在尝试了种种解决问题的措施后，中航国际终于探索出了一条 ERP 实施的成功之路。由于 ERP 越来越普及，公司专门设置了 ERP 相关的职位，并且要求员工定期参加有关 ERP 系统的培训，ERP 相关的能力成为相关岗位工作者必须具备的能力。项目组在强摩擦中快速推进系统的升级，不断加强沟通、支持与考核，消除系统中的各种问题，通过二次开发和系统的优化来改善用户的体验。慢慢地，人们在潜移默化中熟悉了 ERP，尝到了使用 ERP 的甜头。ERP 并不是企业信息化的终点，相反，它只是信息化的开端。中航国际在信息化的道路上不断探索，不断攀登新的信息化高峰。

资料来源：中国管理案例共享中心，http://www.cmcc-dut.cn/Cases/Detail/834，有删改。

11.1 系统实施概述

系统实施是继系统规划、系统分析、系统设计之后的又一重要阶段，旨在具体实现系统设计选定的方案。在系统实施前，需要做好各项准备工作并且按系统设计方案中提出的设备清单进行购置，还要安装硬件、软件和网络。

系统实施可分为两个阶段：第一阶段是系统技术实现的过程和对这个过程的管理，包括程序设计、系统测试等。这一阶段由开发团队完成，它着重于技术实现，完成的系统应完全覆盖需求规格，达到系统目标和指标，从技术角度实现系统，满足用户需要。交付物包括软件、数据、文档资料和用户手册等。第二阶段是用户转化阶段，即系统发行后交付用户使用的过程，包括系统转换、维护与评价等。这一阶段的交付物主要是用户实施方案，包括培训方案、转换方案、运行和维护方案、维护记录与修改报告等。第二阶段着重于维护和管理，在用户端完成。虽然两个阶段侧重点不同，但其目标都是系统的成功实施，给用户一个好系统，让用户用好这个系统。

11.2 程序设计

系统实施就是将设计结果转变成实际可以运行的物理系统。程序设计阶段的主要任务是根据系统设计阶段产生的文档和处理过程说明书，使用系统规定的开发环境和语言工具编写程序。

11.2.1 程序设计指标

编程工作的质量将影响整个信息系统的质量、运行以及后期的维护。衡量编程工作质量的指标是多方面的，随系统开发技术和计算机技术的发展而不断变化。从目前技术的发展看，衡量编程工作质量的指标有以下几个。

（1）正确性。这是对程序设计的最基本要求。正确性的要求包括正确使用编程工具，没有语法和语义错误，熟悉设计语言的语句格式、功能、适用条件及场合并能做到灵活运用，依据系统内的每个模块和处理功能正确设计算法和使用语言描述算法，编写程序满足系统设计要求的功能等。

（2）可靠性。可靠性是衡量系统质量的重要指标。可靠性指标可分解为两方面：一方面是程序或系统的安全可靠性，如数据存取安全可靠、通信安全可靠、操作权限安全可靠，这些工作一般靠系统分析和设计来严格定义；另一方面是程序运行的可靠性，通过高质量的程序设计、仔细的程序调试实现。程序应具备较好的容错能力，不仅在正常情况下能运行，而且在意外情况下也便于处理。

（3）规范性。规范性即系统的划分、格式的书写、变量的命名等都要统一规范，方便今后程序的阅读、修改和维护。

（4）可读性。这是高质量程序的一个重要指标。程序不仅要逻辑正确，使计算机能够执行，而且应当层次清楚、易于理解。可读性通过良好的程序结构、清晰的结构以及详尽的注释等方法实现。

（5）可维护性。系统维护是系统生命周期的重要阶段，可维护性也成为程序设计的重要质量标准。系统投入运行后要不断满足用户新的需求，另外，为适应环境的变化而需扩展功能时，必须对程序进行修改、扩充等维护工作。可维护性要求能够方便地维护系统，不因局部修改或增删功能而波及系统其他部分，这要求系统具有良好的结构，采用模块化、组件等技术并提供完整的系统开发文档等。

11.2.2 程序设计方法

目前程序设计的方法大多是按照结构化方法，原型方法，面向对象的方法进行。不论采用何种方法，必须遵循减少程序设计和调试的工作量、规范化编程、易于维护等原则。

1. 结构化程序设计方法

结构化程序设计强调程序设计风格和程序结构的规范化，提倡清晰的结构，要求程序由三种基本结构组成。这种程序设计方法便于编写、阅读、修改和维护，也减少了程序出错的机会，提高了程序的可靠性，保证了程序的质量。

一个复杂的问题是很难一次就准确地写出一个层次分明、结构清晰、算法正确的程序的。结构化程序设计方法的基本思路是：把一个复杂问题的求解过程分阶段进行，每个阶段处理的问题都控制在人们容易理解和处理的范围内。具体来讲，其基本思想是：

（1）自顶向下逐步细化。

（2）程序仅由顺序、分支、循环三种基本结构及其嵌套形式构成的模块组合而成。

（3）任何模块都是单入口、单出口。

（4）任何模块内均不含"死语句"，即永远执行不到的语句。少用或不用跳转语句。

由于大多高级语言都支持结构化程序设计方法，其语法上都含有表示三种基本结构的语句，因此，从用结构化程序设计方法设计的模块结构到程序的实现是直接转换的，只需用相应的语句结构代替标准的控制结构即可，减轻了程序设计的工作量。

2. 快速原型式的程序设计方法

该方法的具体实施过程是：首先将结构图中类似带有普遍性的功能模块集中，如菜单模块、报表模块、查询模块、统计分析和图形模块等，这些模块几乎是每个子系统都不可或缺的。然后再去寻找相应可用的软件工具，如果没有，则考虑开发一个能够适合各子系统情况的通用模块，再用这些工具生成这些程序模型原型。如果结构图中有一些特定的处理功能和模型，但目前无法通过现有的软件工具生成，则考虑再编制一段程序并加进去。利用现有的工具和原型方法可以很快地开发出所要的程序。

3. 面向对象的程序设计方法

所谓面向对象的程序设计，就是把面向对象的思想应用到软件工程中并指导开发维护软件。

面向对象的程序设计并不是最近才提出来的，主要是由于 C++ 和 Java 这类语言的传播，才显得其越来越重要。面向对象的程序设计方法一般与面向对象设计的内容相对应，它将面向对象设计中所定义的范式直接用面向对象的程序设计方法取代。面向对象的程序设计方法不仅为人们提供了较好的开发风范，而且在提高软件的生产率、可靠性、可重用性和可维护性等方面有明显的效果，已成为当今计算机界最为关注的一种开发方法。

11.3 系统测试

11.3.1 系统测试的目的

虽然在信息系统开发周期的每个阶段都经过了认真的规划和检测，但仍然不能完全避免错误的存在。如开发人员之间的沟通不完善、对文档理解的偏差、程序设计阶段产生的错误等原因都可能造成错误。因此，在系统投入使用前对其进行测试是不可缺少的，是保证系统质量的关键步骤。据统计，对于一些较大规模的系统来说，系统测试的工作量占整个系统研发总工作量的 40% 以上。

系统测试的目的在于发现其中的错误并及时纠正，保证程序的正确性，尽最大努力避免将错误带入系统运行阶段，防止造成不必要的损失。即使这样，测试通过也不能保证系统绝对无误，只能说明各模块、子系统的功能和运行情况正常，在系统的维护阶段仍可能发现少量错误并需进行纠正。系统测试中可能出现的错误主要有以下几种类型。

（1）编程错误，主要指程序逻辑结构错误，语法类错误可通过编译方便而快速地查出。

（2）过程错误，主要指处理过程中算术运算及逻辑运算方面的错误。

（3）功能错误，指程序员对模块的功能、算法和处理过程的理解与设计说明书有偏差而偏离设计要求。

（4）系统错误，指模块间调用时参数传递、系统与外部接口的错误等。

这些错误的测试可通过相应的测试方法和测试过程得以解决。

11.3.2 系统测试的原则

如前所述，系统测试的目的是希望排查出系统中隐含的所有错误，但有时想通过彻底的调试找出系统的全部错误是不可能的。因此在一定的开发时间和经济的限制下，应通过有限的操作或执行测试用例，尽可能多地发现错误。为实现这一目的，系统测试应遵循以下原则：

（1）由测试小组全面负责系统测试，测试小组由非系统开发成员的专家组成。这样测试小组容易变换角度，以全新的思路审视系统，易于发现错误。

（2）测试小组必须首先认真审阅系统分析和系统设计报告，特别是在对系统设计无异议并熟悉设计内容的基础上着手准备系统测试。

（3）精心设计测试用例。测试用例中使用的数据应包括正常数据、边界数据和不合理的数据。对选用这些数据的原因应使用文字进行详细说明；对不同类型数据输入系统后产生的结果事先做出正确的分析与判断；对使用这些数据系统运行的结果与预期的正确结果进行对比分析，从中发现系统是否存在错误。

（4）回归测试。当发现系统中存在错误并改正错误后，应使用原测试用例从头开始测试。对测试过程中错误多的模块或子系统要重点测试。

所有的测试用例应收入文档并长期保存。在系统投入运行后，一旦发现新的错误，要修改、扩充系统功能，对系统进行维护，还要使用原来的测试用例测试系统。

11.3.3　系统测试方法

系统测试的方法分为静态测试和动态测试两种。静态测试是由人工进行测试，其主要目的是检查程序的静态结构、审查程序的算法描述与系统设计的非一致性及程序设计的逻辑错误等，因为这类错误是编译系统不能发现的。静态测试的方式可以为程序员自查、测试小组集体会审等不同形式。动态测试是使用测试用例让计算机执行被测程序，分析执行结果并发现错误。动态测试按在设计测试用例时是否涉及程序的内部结构，可以分为黑盒测试和白盒测试两种。

（1）黑盒测试。黑盒测试即暗箱操作，又称功能测试，指在完全不考虑程序内部结构和特性的情况下，测试软件的外部特性，依照系统需求设计测试用例，从系统输入输出特性上测试其是否满足设定功能。

（2）白盒测试。白盒测试即透明操作，又称结构测试，指按照程序的内部结构和处理逻辑设计测试用例，对程序的逻辑路径和处理过程进行测试，检查系统与设计是否相符。

目前已经研究出多种设计测试数据的技术，这些技术各有优缺点，没有哪一种是最好的，更没有任何一种可以代替其余所有技术。同一种技术在不同应用场合效果可能相差很大，因此，在实际使用时需联合使用多种技术共同设计测试数据。

本书介绍的设计测试数据技术主要有：适用于黑盒测试的等类价划分、边界值分析及错误推测法；适用于白盒测试的逻辑覆盖法。通常设计测试数据的做法是：用黑盒法设计基本的测试用例，再用白盒法补充一些方案。

（1）等价类划分。等价类划分是黑盒测试的一种技术。穷尽的黑盒测试需要使用所有有效的和无效的输入数据来测试程序，通常这是不现实的。因此，只能选取少量有代表性的输入数据，以期用较小的代价暴露出较多的程序错误。

该方法是将被测试程序的所有可能的输入数据（包括有效的和无效的）划分成若干个等价类，把无限的随机测试变成有针对性的等价类测试。按这种方法可以合理地做出下列假定：每类中的一个典型值在测试中的作用与这一类中所有其他值的作用相同。因此，可以从每个等价类中只取一组数据作为测试数据。这样可以选取少量有"代表性"的测试数据来代替大量相类似的测试，从而大大减少总的测试次数。

设计等价类的测试用例一般分为两步进行：第一步，划分等价类并给出定义；第二步，选择测试用例。

（2）边界值分析。经验表明，处理边界情况时程序最容易发生错误。例如，许多程序经常在下标、数据结构和循环等的边界附近出错。因此，设计使程序运行在边界情况附近的测试方案，暴露出错误的可能性更大一些。

使用边界值分析方法设计测试用例时，首先应该确定边界情况，这主要依靠经验确定，通常输入等价类和输出等价类的边界，就是应该着重测试的程序边界情况。选取的测试数据应该刚好等于、刚刚小于和刚刚大于边界值。因此测试时应该选取刚好等于、稍小于和稍大于等价类边界值的数据作为测试数据，而不是选取每个等价类内的典型值作为测试数据。

（3）错误推测。使用边界值分析法和等价类划分技术，可以帮助开发人员设计有代表性的、容易暴露程序错误的测试用例。但是不同类型和不同特点的程序通常又有各自容易出错的情况。此外，有时分别使用每组测试数据时程序都能正常工作，但这些输入数据的组合可能检测出程序的错误。一般说来，即使是一个很小的程序，可能的输入组合数往往也十分巨大，因此必须依靠测试人员的经验和直觉，从各种可能的测试用例中选出一些最可能引起程序出错的方案。对程序中可能存在的错误的推测，是挑选测试用例时的一个重要因素。

错误推测法的基本想法是列举出程序中可能有的错误和容易发生错误的特殊情况并且根据它们选择测试用例。根据经验，程序经常在以下情况容易出错。例如，输入数据为零或输出数据为零时往往容易发生错误；如果输入或输出的数目允许变化（例如被检索的或生成的表的项数），则输入或输出的数目为 0 和 1 的情况（例如表为空或只有一项）是容易出错的情况。还应该仔细分析程序规格说明书，注意找出其中遗漏或省略的部分，以便设计相应的测试用例，检测程序员对这些部分的处理是否正确。

（4）输入组合。前面的方法只是孤立地考虑各个输入数据的测试功效，而没有考虑多个输入数据的组合效应，可能会遗漏输入数据易于出错的组合情况。选择输入组合的一个有效途径是利用判别表和判定树，列出输入数据各种组合与程序应做的动作（及相应的输出结果）之间的对应关系，然后为判定表的每一列至少设计一个测试用例。

（5）逻辑覆盖（白盒测试技术）。有选择地执行程序中某些最有代表性的通路是对穷尽测试的唯一可行的替代方案。所谓逻辑覆盖，是对一系列测试过程的总称，这组测试过程逐渐进行越来越完整的通路测试。

从覆盖源程序的语句的详尽程度分析，测试数据覆盖程序逻辑的程度大致有以下一些不同的覆盖标准：①语句覆盖。为暴露程序中的错误，选择足够多的测试数据，使被测试程序中的每个语句至少执行一次。②判定覆盖。不仅每个语句必须至少执行一次，而且每个判定的可能的结果都应该至少执行一次，也就是每个判定的每个分支都至少执行一次。③条件覆盖。不仅每个语句至少执行一次，而且判定表达式中的每个条件都取到各种可能的结果。④判定/条件覆盖。它的含义是，同时满足判定和条件两种覆盖标准的逻辑覆盖，选取足够多的测试数据，使得判定表达式中的每个条件都取到各种可能的值，而且每个判定表达式也都取到各种可能的结果。⑤条件组合覆盖。它是更强的逻辑覆盖标准，要求选取足够多的测试数据，使得每个判定表达式中条件的各种可能组合都至少出现一次。

11.3.4 系统测试步骤

系统的测试过程也是结构化的过程。完整的系统测试过程一般要经过以下步骤：

（1）单元测试。单元是可以独立编写、独立编译、独立运行的最小程序单位。单元测试又称为模块测试，其目的是检验每一个模块是否能正常运行，是否实现了系统设计时规定的功能，发现和排除编程与详细设计中的错误。事实上，单元测试并非编程工作全部完成后才进行的，在任何一个模块编程后都应随即进行静、动态测试，发现错误并及时排除。在进行动态测试时，可用黑盒法和白盒法交替进行，使用正常数据、边界数据、错误数据反复测试，在确定实现既定功能的前提下，确保模块运行的可靠性。

（2）子系统测试。子系统测试是指完成单元测试后，把经过调试的逻辑相关的模块按照系统结构组装成子系统进行综合测试。其主要目的是检查子系统的功能与模块之间接口和数据传递的正确性。

（3）系统测试。把通过调试的所有子系统组装成一个完整的系统进行综合测试称为系统测试。其目的是检验系统的功能是否实现了设计目标，子系统间的接口是否正确，系统可靠性、数据安全性、使用方便程度、交互界面等综合指标是否理想，是对系统指标的全面考核。系统测试是由程序员、系统分析与设计人员完成的。

（4）验收测试。验收测试即在真实的运行环境下，和用户一起完成最终的验收测试。该阶段的测试用例由有实际意义的数据组成，除验证新系统的结果外，还要考察系统的有效性、可靠性和效率。验收测试的结果需经过用户认可才能生效，验收测试的资料和结论也应归档。

为尽可能快速全面地发现问题，在测试过程中测试方法的设计和数据的选择是非常重要的，在不同的测试阶段可以使用不同的测试方法。

11.4 系统切换

系统经过充分的测试和修改后，由原来的系统转换为新系统的过程称为系统切换。系统切换前需进行人员培训和数据转换等大量的准备工作。系统切换存在很大的风险，因此不能将其认为是一个简单的系统替换过程，应根据实际情况选择正确的切换策略，减少风险，保证新旧系统转换过程的平稳进行。

11.4.1 系统切换前的准备工作

在系统投入使用前，其准备工作涉及多个方面，归纳起来主要是三个方面的工作。

1. 人员培训

为用户培训系统操作、维护、运行是系统开发过程中不可缺少的重要环节。对用户的培训包括信息系统知识的普及、新制度的学习、操作训练等。针对不同的培训对象，培训的内容有所不同，主要涉及以下几个方面：

（1）计算机应用基础知识。

（2）网络与通信知识。

（3）系统所用主要软件工具（编程语言、工具、软件包、数据库等）的使用。

（4）系统概貌及整体结构。

（5）系统分析设计思想。

（6）系统操作方式。

（7）可能出现的故障以及故障的排除。

（8）运行操作注意事项等。

2. 数据准备

在开发系统的过程中，应以系统分析和系统设计、数据字典等为指导，根据手工管理的资料，组织和整理所需原始数据。在数据准备过程中，应遵循真实性、准确性、完整性的原则。同时要将数据采集、输入过程加以规范化，以确保新系统运行有稳定、可靠的数据来源。

3. 文档移交

对在开发过程中形成的所有文档资料，要由开发者移交给用户，这些文档资料十分重要，用户单位应该妥善保管，以便在系统运行过程中随时查询使用等。需要移交的文档主要包括：

（1）系统使用说明书。使用说明书的内容包括：系统使用的软硬件环境、系统的主要功能及结构、软件系统的安装方法与步骤、系统初始化方法、系统启动方法、有关参数设置及正常操作流程等。

（2）程序设计报告。程序设计报告的内容包括：程序文件名称、功能及说明一览表，数据文件的名称、记录类型、用途、相互关系及说明一览表、原程序清单及其说明等。

（3）系统测试报告。系统测试报告的内容包括：系统测试记录及测试用例、验收测试结论及需要说明的问题等。

（4）系统转换过程记录。应和用户管理人员一起，建立使用与维护系统的必要规章制度，如系统操作规程、系统使用登记制度等，还要建立维护档案。

11.4.2 系统切换方式

系统切换的方式通常有三种，如图 11-1 所示。

（1）直接切换。在原有系统停止运行的某一时刻，新系统立即投入运行，中间没有过渡阶段。这种切换方式简单、费用低，但风险大，适用于相对简单、规模较小或即使转化不成功也不会造成大的损失的系统的切换。切换时应做好准备，做好初始数据的备份，旧系统可暂时处于待运行的状态，经过一段时间考验并确认新系统运行正常后再取消旧系统。

（2）并行切换。在一定时间期限内，新旧系统并行运行，新旧系统处理的结果相互验证，新系统经过考验期的验证，证明正确无误且运行可靠，则停止旧系统的运行，新系统完全取代旧系统。这种转换方式比较安全，风险较小，对重要系统一般采用并行切换方式。但新旧系统同时运行，费用、设备、人员投入大。

（3）逐步切换。这种方式是上述两种切换方式的综合，即将新系统分期分批地直接取代旧系统。此方式在一定程度上节省了并行切换的费用，也降低了全部直接切换的风险。逐步切换方式适用于大型系统，使新旧系统切换的过渡比较平稳。先期切换部分的成败对于后继切换工作影响甚大，必须处理好新旧系统切换的接口。

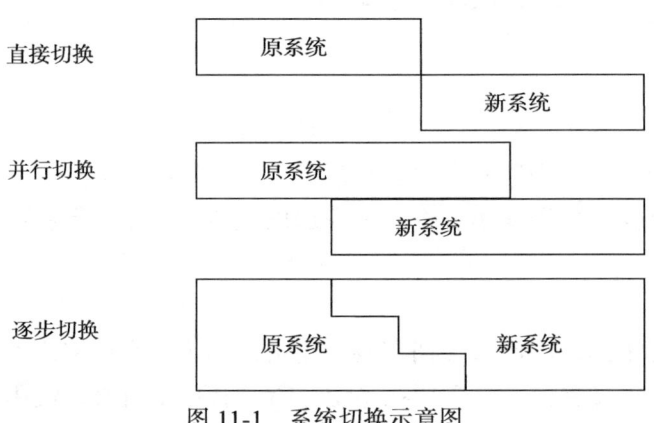

图 11-1　系统切换示意图

总之，系统切换的工作量较大，情况十分复杂。据国外统计资料表明，软件系统的故障大部分发生在系统切换阶段，这就要求开发人员要切实做好准备工作，拟定周密的计划，使系统切换不至于影响正常的工作。

11.5　系统维护与评价

信息系统是一个复杂的人机系统，随着信息技术的进步，管理水平的提高，系统内外环境以及各种人为、机器等因素不断变化，从系统投入使用到被更新或淘汰的系统生命周期里，始终离不开系统维护。系统维护的目的不仅在于排除系统故障，保证系统的可靠运行，也在于使系统适应种种变化并且不断满足用户的新需求，产生良好的社会和经济效益。另外，大中型软件产品的开发周期一般为 1~3 年，运行周期则可达 5~10 年，在这段时期内，除了要改正软件中残留的错误外，还可能多次更新软件的版本，以适应改善运行环境和加强产品性能等需要。这些活动也属于维护工作的范畴，能否做好这些工作，将直接影响系统的使用寿命。系统运行使用的过程，也是改正错误、排除系统故障、修改或扩充系统功能、适应环境变化等完善系统的过程。使用结构化系统分析和设计的方法是提高系统可维护性的根本方法之一。程序编码时强调程序的可读性、可维护性，强调结构化程序设计和在系统分析、设计、实施各阶段做好技术资料的整理归档工作等，其重要目的是方便系统投入运行后的维护工作。

11.5.1 系统维护

一方面，根据维护活动的目的不同，可将系统维护分成改正性维护、适应性维护、完善性维护和预防性维护四大类。

（1）改正性维护。在系统交付使用后，因在系统测试阶段会有部分隐藏的错误遗留到运行阶段，这些隐藏下来的错误在某些特定的使用环境下会暴露出来。为了识别和纠正系统错误，改正系统性能上的缺陷，排除实施中的误使用，应当进行准确的诊断并改正错误。

（2）适应性维护。适应性维护是为使系统适应环境的变化而进行的维护工作。进行适应性维护的原因主要有两方面：一是管理体制的改变、机构的调整等带来系统服务环境的变化；二是计算机技术的迅速发展，使得系统的外部环境（新的硬件、系统配置）、数据环境（数据库、数据格式、数据输入输出方式、数据存储介质）可能发生变化，从而导致系统运行环境的变化。

（3）完善性维护。在系统的使用过程中，由于业务处理方式和人们对信息系统功能需求的提高，用户往往会对系统提出新的功能与性能要求，例如修改输入格式，调整数据结构使操作更简单、界面更漂亮等。为了满足这些要求，需要修改或再开发系统，以扩充系统功能、增强系统性能、改进加工效率、提高系统的可维护性。这种情况下进行的维护活动叫作完善性维护。

（4）预防性维护。预防性维护的目的是提高系统的可维护性和可靠性等，为以后进一步改进系统打下良好基础。预防性维护是指采用先进的系统工程方法对需要维护的系统或系统中的某一部分重新进行设计、编制和测试。

另一方面，根据维护活动的具体内容不同，可将系统维护分成程序维护、数据库维护、代码维护和硬件设备维护这四类。

（1）程序维护。程序维护是指改写一部分或全部程序，程序维护通常都充分利用原程序。修改后的原程序，必须在程序的注释语句中加以说明，指出修改的日期和人员。同时，必须填写程序修改登记表，填写包括所修改程序的所属子系统名、程序名、修改理由、修改内容、修改人、批准人和修改日期等内容。

程序维护不一定在发现错误或条件发生改变时才进行，效率不高的程序和规模太大的程序也应不断地加以改进。

（2）数据库维护。数据库维护包括对数据库中存储数据的维护以及数据库安全和结构的维护。由于数据变化或发现错误，需对数据库中的数据进行及时的更新。为保证系统数据的安全，重要的信息系统必须具备数据备份的功能。当系统出现故障造成系统崩溃时，能利用备份的数据进行数据的恢复。对于数据库安全的维护包括对用户的管理和维护，增加、删除用户，修改用户密码或权限等。另外，由于环境和需求的变化，可能需要修改数据库的逻辑结构，需增加或删除数据表、数据项，改变数据项的类型等。

（3）代码维护。随着用户环境的变化，当原有代码已经不能继续适应新的要求时，就必须对代码进行维护，包括订正、新设计、添加和删除等内容。代码维护过程中的关键是使新的代码得到贯彻。

（4）硬件设备维护。硬件设备维护主要指计算机及网络系统设备的维护、管理、维修、更换及升级等。保持计算机及外部设备的良好运行状态是信息系统正常运行的基础。因此，系统运行管理应建立相应的规章制度，定期对设备进行检查、保养和杀病毒工作，还应设立专门设备故障登记表和检修登记表，以便设备维护工作的进行。

11.5.2 系统评价

信息系统正常运行一段时间以后，需要对系统进行全面评价，考察和评审新系统是否达到了预期目标，技术性能是否达到设计要求，系统的各种资源是否得到充分利用，经济效益是否理想。该过程是检验系统是否达到规划的目标而进行的全面的评价和分析。系统评价是系统开发不可缺少的环节，是系统开发效果的评价和总结，也是未来新系统开发的基本依据。系统评价应由系统开发人员、用户领导和操作人员共同参加。系统评价主要从目标、系统性能和经济效益等三个方面进行。

1. 目标评价

目标评价的主要工作是按照系统规划总体方案提出的目标要求，从系统实现功能的角度检查是否完全达到了目标。目标评价的内容主要包括：

（1）开发目标是否实现。
（2）系统功能是否完备，功能设置与分组是否合理，用户对系统功能的满意程度如何。
（3）系统是否实现了不同层次管理人员和业务人员对信息的需求。
（4）输出信息的格式是否符合标准，用户对数据精确度、使用方便程度等是否满意。
（5）用户对输入数据的正确性校验与控制是否满意。

2. 系统性能评价

系统性能评价是从技术的角度判断信息系统的技术性能能否满足规划的要求。系统性能评价内容包括：

（1）系统运行是否可靠，平均无故障运行时间是多少。
（2）系统及数据的安全、保密措施的有效性。
（3）联机响应时间、数据处理效率。
（4）系统对环境的适应能力。
（5）系统的查错、纠错、容错与控制能力。
（6）操作是否方便，用户界面是否直观舒适。
（7）系统的易维护性、可扩展性，源程序的易读性。
（8）系统技术资料的规范性和完整性等。

3. 经济效益评价

经济效益是评价新系统的一个重要指标，但由于系统取得的效益往往是综合效益，因此要对其做出准确的评价具有一定的难度和复杂性。一般认为，信息系统的应用可以促使企业提高管理水平和管理效率，其部分经济效益可以直接定量计算，有些则很难准确测算。因此，信息系统的经济效益可以分为直接效益和间接效益两大类。

（1）直接效益。直接效益是指直接取得的可以定量计算的效益。信息系统的应用增加了投资和一些费用，但可以减少管理人员，减少相应的工资及劳务费用。通过先进的信息处理系统所带来的管理现代化可以节约物资消耗、降低成本消耗、减少库存资金、节约管理费用。直接经济效益评价主要有以下几项：①系统的投资额，包括系统硬件和软件的购置、安装，应用系统的开发等投入的资金、人力和材料等成本。②系统运行费用，包括消耗性材料费、系统投资折旧费、硬件维护费及其他费用。③系统运行所带来的效益，主要体现在成本降低、质量提高、库存积压减少、流动资金周转加快、资金占用额减少、人工费减少和企业利润增加等方面。④投资回收期，为通过新增效益逐步收回投入资金所需的时间，也是反映系统经济效益好坏的重要指标。

（2）间接效益，主要表现在企业管理水平和管理效率的提高程度上。间接效益是综合性的效益，可以通过许多方面体现，但很难用某一指标来反映间接效益，主要体现在以下几个方面：①提高管理效率。用计算机代替人工处理信息，减轻了管理人员的劳动强度，使他们有更多时间从事调查研究和决策工作；各类数据集中处理使综合平衡容易实现；采用计算机网络等手段，加强了各部门之间的联系，提高了管理效率。②提高管理水平。信息处理的效率提高使事后管理变为实时管理，使管理工作逐步走向定量化。③提高企业对市场的适应能力。应用计算机提供辅助决策方案，当市场情况变化时企业可及时进行相应决策以适应市场。

例如，物资管理系统的建立可以明显提高库存记录的准确性和及时性，减少库存量，从而减少物资的积压和浪费，同时也能保证生产用料的供应，避免因原料短缺而生产停顿，最终提高了生产力。生产管理系统的建立有助于更合理地安排人力物力，及时掌握生产进度和产品质量，从而提高生产率和生产管理水平。销售管理系统的建立，可以提供较强的查询功能，提高服务质量并及时提供各项经营决策。财务管理系统的建立，可以大大提高业务处理能力、减少差错、提高资金周转率，等等。以上这些都是间接效益的表现形式。

11.6 系统运行管理

11.6.1 系统运行管理的目标和任务

信息系统在运行阶段将发挥作用，产生预期的效益。但系统建成后，预定的目标并不能肯定实现，开发与运行是影响系统质量与效果的两个同等重要的方面。系统运行管理工作的目的要求与开发阶段有着根本的区别，开发阶段要求经济地、保质按时地开发好系统，而运行管理的目的是使信息系统在一个预期的时间能正常地发挥其应有的作用，产生其应有的经济效益。为使基于网络的信息系统分布于各部门各岗位的计算机设备与软件有一个良好的状态，必须有一个统一的管理。系统中的基本数据及信息是企业重要的资源，为充分利用这些资源，数据与信息的存储、维护以及安全保密也是运行中的重要工作。运行管理的任务围绕这一目标展开，一般包括三方面的工作：一是运行情况的记录，二是文档的规范化管理，三是系统的安全管理。

1. 运行情况的记录

信息系统运行情况的记录是系统管理的基础，也是系统发生故障时对系统修复的线索。从每天计算机的打开、应用系统的进入，到各个功能项的选择与执行到数据的备份、存档、关机等，都要按要求严格就系统软硬件及数据等的运行情况进行记录。系统运行情况有正常、不正常与无法运行等，当出现后两种情况时，应将出现的问题、发生的时间及可能的原因做尽量详细的记录。运行情况的记录对系统问题的分析与解决有重要的参考价值，无论是自动记录还是人工记录，都应作为基本的系统文档长期保存，以备系统维护时参考。

2. 文档的规范化管理

系统的开发以文档的描述为依据，系统的运行与维护更需要文档的支持。系统文档是相对稳定的，随系统的运行会有局部的修改与补充。系统文档的管理工作主要包括文档标准与规范的制定以及文档的收存与保管。文档的标准与规范要按国家规定，并结合具体系统的特点在开发前制定，用于指导系统开发人员及使用人员及时编写有关的文档资料。形成的文档要集中统一管理并由专人负责。

3. 系统的安全管理

在系统运行过程中会产生和积累大量的信息，这些信息是企业的重要资源。信息系统的安全管理是指为预防意外或人为的破坏或非法使用信息资源，而对信息系统运行所采取的保护措施。信息系统的安全性问题主要由以下几方面因素造成：

（1）自然及不可抗因素引起的软硬件破坏与数据破坏。

（2）操作失误导致的数据破坏。

（3）病毒侵扰导致的软件与数据的破坏。

（4）人为对系统软硬件及数据所做的破坏。

为维护信息系统的安全，应做好以下工作：

（1）根据国家法规及企业的具体情况，制定严密的信息系统安全制度。

（2）制定信息系统损害恢复规程，明确在信息系统遇到自然或人为的破坏时而采取的各种恢复方案与具体步骤。

（3）配备齐全的安全设备。

（4）设置可靠的系统访问控制机制，包括权限的授予、用户身份的确认等。

（5）完整的制作系统软件和应用软件的备份。

系统的运行管理是一项长期性的工作，其目标是对信息系统运行进行实时控制，记录其运行状态，使信息系统能真正满足用户的需求。

11.6.2 系统运行管理的组织

目前我国各企业、各组织中负责系统运行的大多是信息中心、计算机中心、信息处等信息管理职能部门，从信息系统在企业中的地位来看，目前常用的有与其他部门平行的方式和参谋中心的方式。

与其他部门平行的方式是指信息中心与其他职能部门平级，尽管信息资源可以为整个企业共享，但信息处的决策能力较弱，系统运行中有关的协调和决策工作将受到影响，如图 11-2 所示。

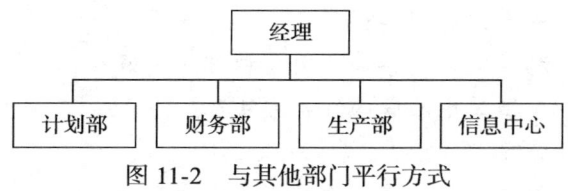

图 11-2　与其他部门平行方式

参谋中心方式是指信息中心在经理之下，各职能部门之上，有利于信息资源的共享，并且在系统运行过程中便于协调和决策，但容易造成脱离管理或服务较差的现象，如图 11-3 所示。

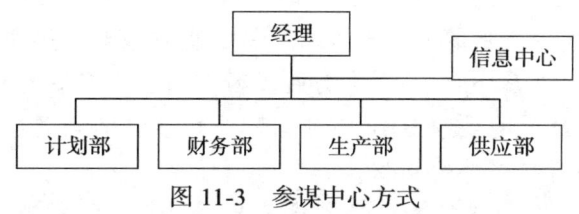

图 11-3　参谋中心方式

信息系统在组织中的地位最好是将上述两种方式结合在一起，各尽其职。信息中心主任最好是由组织中的副职领导兼任，这样更有利于加强信息资源管理。

本章小结

系统实施是系统开发的最后阶段，也是将系统设计的结果最终在计算机系统上实现的阶段。本章介绍了系统实施阶段的主要任务，包括程序设计、系统测试及系统的切换、运行和维护、系统评价等。在程序设计中，应选择合适的程序设计方法，提高程序的可靠性、规范性和可维护性。

系统投入使用前应进行系统测试，尽可能地发现错误。本章介绍了系统测试方法，包括静态测试和动态测试两大类，动态测试又可以分为黑盒测试和白盒测试两种。本章介绍的设计测试数据技术主要有：适用于黑盒测试的等类价划分、边界值分析及错误推测法，适用于白盒测试的逻辑覆盖法。

经过测试的新系统在进行转换时，一般有直接切换、并行切换、逐步切换等方式，本章介绍了这三种切换方式的特点，在系统应用中应根据具体情况灵活运用。系统投入运行后，要定期对系统的功能、软硬件性能、应用状况和系统的经济效果进行评价，以检查系统是否达到预期目标并提出今后的发展方向。

系统运行中要做好日常维护工作，对系统的运行情况进行准确记录，形成规范的文档，并对信息系统安全采取相应的保护措施。

复习思考题

1. 简述系统实施阶段的主要任务。
2. 程序设计应遵循的原则有哪些？
3. 系统测试过程中常见的方法有哪些？
4. 常见的切换方式有几种？在什么条件下用哪种方式较好？
5. 如何针对不同的维护类型采用不同的维护方法？
6. 进行系统维护时应注意哪些问题？
7. 如何评价信息系统的经济效益？评价中的主要问题是什么？

实训：谁来负责

Hopper公司是位于新墨西哥州法明顿的一个经营工业五金的零售商。其最初是一个小的沿街铺面，主要为当地的石油和天然气钻工提供服务。店主Hopper用了10年时间来扩展自己的生意，使Hopper公司成为新墨西哥州西北部最大的工业五金销售商。

Hopper公司和它最大的主顾BHP矿业国际公司签订的合同中要求Hopper在48小时内提供BHP所需的所有零件的90%。

随着公司的发展，它的存货清单越来越显示出大而全的趋势。最后Hopper决定采用计算机系统来处理所有这些清单，他开始寻找可以为存货密集型的公司提供销售和清单功能的软件。NCR的库存管理器（Warehouse Manager）软件就是其中的一个。这套软件只需按几下键盘便可以查找清单中上千种商品及其时价，还可以在库存不足时发出警告，自动打印清单发票，甚至平衡每月的订购量。这个软件在不到一秒钟的时间内就可以得到顾客的发票清单。对产品做了进一步调查后，Hopper对其有了很深的印象。1998年年底，他决定采用这个软件产品。

1998年9月，库存管理器安装完毕，公司刚刚启动这个系统便出现了问题。仓库职员发现原定30秒钟的反应时间常常变为几分钟之久。另外，终端一天要锁死20～30次。耽搁的反应时间导致Hopper的顾客排成长队等候，并且员工不久就发现系统的报价常常出错。

2000年年初，Hopper让他的员工在2个月内进行了6次盘点，每一次计算机显示的数据都和实物相违。客户常常要排队等候，有时甚至排到了人行道上。由于计算机系统经常出现故障，员工不得不手写发票。公司的办公室经理经常要每天工作14个小时，并且周末还要加班，仅仅是为了处理计算机系统所引起的问题。

在这段困难的时期，Hopper和NCR一直保持联系。NCR的代表告诉他，他的问题很特别，因为这个系统在别的地方运转正常，他们把原因归于公司员工的无经验，他们的技术人员甚至认为有些问题是静电引起的。

Hopper的问题是面临竞争，如果他的顾客对Hopper特定的服务不满意的话，他们可以选择别人。Hopper 的顾客开始减少，因为顾客开始光顾 Hopper 竞争对手的商店，这使他不得不减少库存，因为他无法再经营那么多种类的存货。当然，这样做的后果是他常常不能提供顾客所需的现货。

2003 年年初，Hopper 雇用了一个外面的会计师事务所清理他的银行账目。工作人员发现许多数目在公司的计算机化的总账系统中消失了，库存管理器系统已随意地消除了这些数据。为保存生意，Hopper 被迫投入 35 万美元的私人资本。

2004 年 4 月，BHP 公司取消了每年约 35 万～50 万美元的合同。BHP 公司的采购代理解释道："时间越长，情况会越糟糕。"迄今为止，Hopper 已别无选择。他开始裁减雇员，而留下人员的保健福利也开始减少。他还放弃了计算机系统的使用，因为库存减少了，已经没有这个必要了。

Hopper 决定起诉 NCR。Hopper 在起诉书中提到，由于系统的原因，他的公司已经损失了 420 万美元。NCR 则声称 Hopper 不该要求赔偿那么多。因为 NCR 根据合同所规定的义务只负担计算机系统的费用，即大约 184 567 美元。NCR 还认为诉讼过晚，要求驳回诉讼，因为新墨西哥州对此类案件的法定限期为 4 年，NCR 认为 Hopper 在诉讼以前对这个问题的发现已超过了 4 年。

库存管理器是由 Taylor 公司开发成功的，1997 年 NCR 公司购买其使用权并移植到 NCR 机器上。然而麻烦出现了，一个汽车部件批发公司向 NCR 抱怨，批评该软件不注意细节及打补丁的问题解决方式。操作员抱怨，如果一个以上的用户要同时存取库存管理器，所有的终端将被锁住，所有的用户只好都退出计算机，再重新登录才可使用。但是，当重新登录时，用户发现已经保存的数据常常被莫名其妙地修改成了非法数据。一个大型建筑零件供应公司的总裁抱怨，他们公司的总分类账受到来自库存管理器的错误数据的影响。他指出，有一个机器部件，公司的购入价格为 114 美元，结果它的售出价格却是 54 美分。他抱怨道："这个软件是如此差劲，有那么多缺陷，以至于它可能使我们停业。"

NCR 却一直在告诉其客户软件的问题是孤立的，除此之外的其他部分的运行是没有问题的。然而，尽管 NCR 否认问题的存在，但其仍然保存着其收到的抱怨的完整记录。NCR 不能再否认软件有问题。1999 年 1 月，NCR 暂时停止销售该软件，让它们的工程师去改正用户提出的软件中的缺陷。同时对于出现的问题，NCR 与 Taylor 开始了长期的争斗。NCR 责备 Taylor 和它的软件，而 Taylor 责备 NCR 的硬件和它的操作系统。最终两家公司因在软件出现的问题之原因上意见不一致而诉诸法律。

提示问题：

1. Hopper 公司在安装 Warehouse Manager 之前是一个成功并发展很好的企业。有人认为这个软件应为公司的经营失败负责。你认为 Hopper 公司的经营急剧衰败应由谁来承担责任？说明你的理由。

2. 如果你是 Hopper 公司的管理者，你将会如何防止上述问题的出现？请给出你的方案。

资料来源：原创力文档，https://max.book118.com/html/2018/0601/169975467.shtm，有删改。

第 12 章

信息系统前沿技术

学习目的和要求

1. 了解人工智能的代表性技术和发展前沿
2. 了解大数据分析技术的代表性技术和发展前沿
3. 了解量子技术的基本原理和相关专业名词意义
4. 了解区块链技术的基本原理和相关专业名词意义

导入案例：AlphaGo

AlphaGo（阿尔法围棋）是一款人工智能围棋程序，由被谷歌收购的 DeepMind 公司开发。2015 年 10 月，AlphaGo v13 Fan 以 5:0 战胜樊麾二段。2016 年 3 月，AlphaGo v18 Lee 以 4:1 战胜拥有 18 个世界冠军头衔的棋王李世石九段。2016 年 12 月 29 日至 2017 年 1 月 4 日，AlphaGo 以 ID 名 Master 在网络围棋平台弈城和野狐上以 60:0 战胜数十名中、韩、日职业围棋手。2017 年 5 月，AlphaGo Master 以 3:0 战胜当时 GoRatings 世界排名第一的柯洁九段。AlphaGo 的最终版本是 AlphaGo Zero 及其通用版本 AlphaZero。

AlphaGo 战胜李世石、柯洁等世界冠军是人工智能领域里程碑式的事件，代表了人工智能水平的重要突破。AlphaGo 的基本原理可以参考 Nature 原文"Mastering the Game of Go with Deep Neural Networks and Tree Search"。用精简的话描述大意如下：

AlphaGo 有两个网络：一个走棋网络和一个估值网络。走棋网络通过学习顶级水平的和一般水平的（如网上棋艺比赛）人类棋谱，决定下一步落子的点。可以落子的地方有很多，最终决策由估值网络做出。估值网络对这些可能落子的点进行推理演绎。所谓推理演绎，就是类似棋手往后看几步棋的操作，判断获胜的概率有多高。获胜概率的计算，通过增强学习得到，通俗的说法就是自我博弈，该过程的专业称谓是"蒙特卡洛搜索树搜索最优值"。

AlphaGo 对弈过程需要借鉴人的经验，第一步的走棋网络寻找落子点就是根据人类棋谱学出来的。事实上，第二步蒙特卡洛搜索树也不是漫无边际地盲目搜索，而是通过一些人类棋谱做了剪枝优化。因而，当初 AlphaGo 与李世石下棋时，开始有不少人是看低 AlphaGo 和增强学习的，他们认为没有监督信号，机器自学习无法超越人类能力。这就好比著名论断所说，"给我一个支点，我能翘起地球"。人要往上走，需要有高人指点。结果证明大家都小瞧了 AlphaGo 的强化学习能力。

强化学习的概念十分简单，很像进化过程：环境会奖励主体采取正确行为，而惩罚错误行为。其最主要的挑战来自训练出一种能在数百万种可能性中选择正确行为的能力。

资料来源：田渊栋. 阿法狗围棋系统的简要分析[J]. 自动化学报，2016（5）：34-38.

12.1 人工智能技术

人工智能（Artificial Intelligence, AI）是研究、开发用于模拟、延伸和扩展人的智能的理论、方法、技术及应用系统的一门新的技术科学，是指由人工制造出来的系统所表现出来的智能。人工智能目前在计算机领域内得到了愈加广泛的发挥，并在机器人、经济政治决策、控制系统、仿真系统中得到应用。人工智能是计算机学科的一个分支，被称为 20 世纪 70 年代以来世界三大尖端技术之一（空间技术、能源技术、人工智能），也被认为是 21 世纪三大尖端技术（基因工程、纳米科学、人工智能）之一。人工智能已逐步成为一个独立的分支，无论在理论和实践上都已自成一个系统。

12.1.1 统计分析

人工智能的核心技术之一就是机器学习（Machine Learning），它是使计算机具有智能的根本途径，其应用遍及人工智能的各个领域。简单来说，机器学习就是教电脑怎样从数据中学习，然后做出决策或预测。机器学习属于计算机科学与统计学的交叉学科，在多个领域会以不同的面目出现，比如数据科学、大数据、人工智能、预测型分析、计算机统计、数据挖掘等。总之，机器学习正是利用了统计学（大多是推断统计学）来开发自学习算法，因此统计分析技术也是人工智能技术的关键基础之一。

统计学是一门研究怎样收集、组织、分析和解释数据中的数字化信息的科学。统计学可以分为两大类：描述统计学和推断统计学。描述统计学涉及组织、累加和描绘数据中的信息。推断统计学涉及使用抽样数据来推断总体。

1. 收集数据

一般来说，数据的来源无非是试验和调查。平时谈到统计学似乎不太注重数据的收集问题，然而试验设计和调查技术（包括抽样等）都是很有用的学问。生物统计、医学统计等领域对试验设计的要求都特别高，有些名词诸如正交设计、随机区组试验、拉丁方试验等都是必备基础，方差分析则是试验设计之后最基本的统计分析方法之一。对于调查，一方面它是以统计学的理论作为背景支撑的（大数定律、数理统计、抽样理论等），另一方面涉及实务操作方面的技术。调查工作很"艰辛"，但如果有统计学的指导，我们也会发现一些让人变聪明的技术。

2. 整理数据

数据收集好后并不能马上做分析。有实践经验的人都知道，在收集数据的过程中，总会有各种意想不到的情况发生，例如问卷上空着不填或者乱填的信息。空着调查项目不填写的称为缺失值（Missing Value），胡乱填写的可能成为离群点或野值（Outlier），对于这样的数据，应该事先做一些处理才能进行下一步的统计分析，不然会对统计结果产生一些不良影响。另外，数据的整理还包括很多其他内容，诸如重新编码（Recode）或者进行某种综合计算等。从前沿知识看，关于缺失值的处理，目前已经发展起来的比较完备的插补技术（Imputation）包括均值插补、热平台插补、冷平台插补、最近邻插补、EM算法、Bootstrap、Jackknife、MCMC（Monte-Carlo Markov Chain）等知识。而对于数据中的离群点，也要谨慎处理，不排除在离群点中反而有可能隐藏极有启发的信息（比如一位同学的学分绩点太高以至于成了"野值"，我们就不能把他从班里"删除"，而应该借鉴其学习经验）。

3. 分析数据

当今社会对于统计的需求，大部分都在这一块。最简单的分类莫过于描述统计与推断统计。描述统计即在原始数据的基础上稍做加工，提炼信息，让人对一个数据集（样本）有大致的了解，比如关于一国的GDP，国家统计局不可能每年都向外界公布某家钢厂的年产值等，而是公布一个总数，让大家对我国的国力有大致的了解。推断统计则需要用到一些比较精深的统计理论，最重要的支撑莫过于数理统计。推断统计根据是否需要参数假设又可以分为参数统计和非参数统计，后者出现的年代要晚一些，因此在理论和应用方面可能不如前者。需要注意的是，从参数统计到非参数统计，个人的统计思维必将经历一个重大转变，相关概念如相关分析（包括典型相关分析）、回归分析（包括投影寻踪回归、分位数回归）、对应分析、信度分析、生存分析、聚类分析、判别分析、因子分析、路径分析和主成分分析、普通最小二乘法（OLS）、偏最小二乘法（PLS）等。还有一点要注意的是，统计分析方法往往都有理论假设或前提，在实际应用时，首先要检查数据是否满足理论条件，不要拿来就做分析，即使统计软件会"不假思索"地给你输出漂亮的结果。

4. 表述数据

把分析结果表述给人家看，需要经过一定的"转化"。不要轻视数据的表述问题，有些统计方法之所以能"红"起来，就是因为人们为它的分析结果找到了巧妙的解释。统计结果的外观形式方面的问题同样值得注意。表格中的数据不使用右对齐（或小数点对齐），图形不能过于花哨或过于简单，否则都会让统计的功效受损。

12.1.2 模式识别

模式识别是指对表征事物或现象的各种形式的（数值的、文字的和逻辑关系的）信息进行处理和分析，以对事物或现象进行描述、辨认、分类和解释的过程，是信息科学和人工智能的重要组成部分。

模式识别研究主要集中在两方面：一是研究生物体（包括人）是如何感知对象的，属于认识科学的范畴，二是在给定的任务下，如何用计算机实现模式识别的理论和方法。前者是生理学家、心理学家、生物学家和神经生理学家的研究内容，而后者通过数学家、信息学专家和计算机科学工作者近几十年来的努力，已经取得了系统的研究成果。以下是对模式识别进行归纳得出的两个要点：

1. 模式与模式识别

人类在识别和分辨事物时，往往是在先验知识和以往对此类事物的多个具体实例进行观察的基础上产生的对整体性质和特征的认识。其实，每一种外界事物都可以被看作一种模式，人们对外界事物的识别，很大一部分是通过把事物进行分类来完成的。中文的模和式是一个意思，简单来说就是一种规律，识别是指对事物对象进行分门别类，模式识别可以被看作对模式的区分和认识，是事物样本到类别的映射；而英文中的 pattern 则表示两层意思，第一层代表事物的模板或原形，第二层则是表征事物特点的特征或性状组合。在模式识别学科中，模式可以被看作对象的组成成分或影响因素间存在的规律性关系或者是因素间存在的确定性或随机性规律的对象、过程或事件的集合。因此，也有人把模式称为模式类，模式识别也被称作模式分类（Pattern Classification）。

模式识别的专业术语：①样本（Sample），要研究对象的一个个体，注意与统计学中的不同，类似于统计学中的实例（Instance）。②样本集（Sample Set），样本的集合，统计学中的样本就是指样本集。③类或类别（Class），在所有样本上定义的一个子集，处于同一类的样本，我们说它们具有相同的模式；习惯性地，我们用 w_1，w_2 等来表示类别，两类问题中也会用 $\{0,1\}$ 或 $\{-1,1\}$。④特征（Feature），表征样本的特点或性状的量化集合，通常是数值表示（对于非数值形式，要转化为数值特征），也被称作属性，如果是多个特征，就组成了特征向量（Feature Vector）。样本的特征构成了样本特征空间，空间的维数就是特征的个数，每一个样本就是特征空间中的一个点。⑤已知样本（Known Sample），已经事先知道类别的样本。⑥未知样本（Unknown Sample），指类别标签未知但特征已知的样本。

模式识别的方法主要有模板匹配法、ANN 法、基于知识的方法和基于数据的方法。基于知识的方法就是专家系统；基于数据的方法也就是基于统计的方法，即依据统计原理构造分类器，对未知样本进行预测，是机器学习中研究最多的一个方向，也是模式识别采用的最主要方法。

模式识别可以划分为有监督的模式识别和无监督的模式识别，类别已定的叫作监督分类，反之则无监督分类。常见的模式识别系统主要有：语音识别、说话人识别、OCR、复杂图像中特定目标的识别、根据地震勘探数据对地下储层性质的识别、利用基因表达数据进行癌症的分类，等等。

典型的模式识别系统主要分为四个部分：一是对原始数据的获取和预处理，二是特征提取与特征选择，三是分类或聚类，四是后处理。

2. 支持向量机

支持向量机（Support Vector Machines，SVM）能为模式识别的分类问题找出最优方案。传统意义上，它们只能处理线性可分的数据，比如找出哪张图片是加菲猫、哪张是史努比，此外就无法做其他输出了。训练过程中，SVM可以理解为：先在平面图表上标绘所有数据（加菲猫、史努比），然后找出到那条能够最好区分这两类数据点的线。这条线能把数据分为两部分，线的一侧全是史努比，线的另一侧全是加菲猫。而后移动并优化该直线，令两边数据点到直线的距离最大化。分类新的数据，将该数据点画在这个图表上，然后查看这个数据点在分隔线的哪一侧（史努比一侧，还是加菲猫一侧）。

通过使用核方法，SVM便可用来分类n维空间的数据。这就引出了在三维空间中标绘数据点，从而让SVM可以区分史努比、加菲猫与西蒙，甚至在更高的维度对更多卡通人物进行分类。SVM并不总被视为神经网络。

12.1.3 启发式算法

启发式算法（Heuristic Algorithm）有不同的定义：一种定义为，一个基于直观或经验的构造的算法，对优化问题的实例能在可接受的计算成本（计算时间、占用空间等）内，给出一个近似最优解，该近似解与真实最优解的偏离程度不一定可以事先预计；另一种定义是，启发式算法是一种技术，这种技术使得在可接受的计算成本内去搜寻最好的解，但不一定能保证所得的可行解和最优解，甚至在多数情况下，无法阐述所得解与最优解的近似程度。在现阶段，启发式算法以仿自然体算法为主，主要有遗传算法、蚁群算法、模拟退火算法、粒子群算法等。

1. 遗传算法

遗传算法（Genetic Algorithm，GA）遵循"适者生存，优胜劣汰"的原则，是一类借鉴生物界自然选择和自然遗传机制的随机化搜索算法。遗传算法模拟一个人工种群的进化过程，通过选择（Selection）、交叉（Crossover）以及变异（Mutation）等机制，在每次迭代中都保留一组候选个体，重复此过程，种群经过若干代进化后，在理想情况下其适应度达到近似最优的状态。自从遗传算法被提出以来，其得到了广泛的应用，特别是在函数优化、生产调度、模式识别、神经网络和自适应控制等领域，遗传算法发挥了很大的作用，提高了一些问题求解的效率。

（1）遗传算法组成。①编码→创造染色体；②个体→种群；③适应度函数；④遗传算子，包括选择、交叉、变异；⑤运行参数，包括是否选择精英操作、种群大小、染色体长度、最大迭代次数、交叉概率、变异概率。

（2）编码与解码。实现遗传算法的第一步就是明确对求解问题的编码和解码方式。对于函数优化问题，一般有两种编码方式：①实数编码，即直接用实数表示基因，容易理解且不需要解码过程，但容易过早收敛，从而陷入局部最优；②二进制编码，稳定性高，种群多样性大，但需要的存储空间大，需要解码且难以理解。

（3）个体与种群。染色体表达了某种特征，这种特征的载体称为个体。许多这样的个体组成了一个种群。

（4）适应度函数。在遗传算法中，一个个体（解）的好坏用适应度函数值来评价。适应度函数值越大，解的质量越高。适应度函数是遗传算法进化的驱动力，也是进行自然选择的唯一标准，它的设计应结合求解问题本身的要求而定。

（5）遗传算子。我们希望有这样一个种群，它包含的个体所对应的适应度函数值都很接近于最大值（或最小值），但是这个种群一开始可能不那么优秀，因为个体的染色体串是随机生成的。那么如何让种群变得优秀呢？答案是不断地进化。每一次进化都尽可能保留种群中的优秀个体，淘汰掉不理想的个体，并且在优秀个体之间进行染色体交叉，有些个体还可能出现变异。种群的每一次进化，都会产生一个最优个体。种群所有世代的最优个体，可能就是适应度函数最大值对应的定义域中的点。如果种群无休止地进化，那总能找到最好的解。但实际上，我们的时间有限，通常在得到一个看上去不错的解时，便终止了进化。对于给定的种群，赋予其进化的能力主要通过以下三个途径：

首先是选择（Selection）。选择操作是从前代种群中选择多对较优个体，一对较优个体称为一对父母，让父母将这些个体的基因传递到下一代，直到下一代个体数量达到种群数量上限。在选择操作前，将种群中个体按照适应度从小到大进行排列。采用轮盘赌选择方法（当然还有很多别的选择方法），各个体被选中的概率与其适应度函数值大小成正比。轮盘赌选择方法具有随机性，在选择的过程中可能会丢掉较好的个体，所以可以使用精英机制，直接选择前代最优个体。

其次是交叉（Crossover）。两个待交叉的不同的染色体（父母）根据交叉概率（cross_rate）按某种方式交换其部分基因。采用单点交叉法，也可以使用其他交叉方法。

最后是变异（Mutation）。染色体按照变异概率（mutate_rate）进行染色体的变异。采用单点变异法，也可以使用其他变异方法。

一般来说，交叉概率（cross_rate）比较大，变异概率（mutate_rate）极低。例如求解函数最大值问题，可以设置的交叉概率（cross_rate）是 0.6，变异概率（mutate_rate）是 0.01。

（6）遗传算法流程。遗传算法的流程如图 12-1 所示。

2. 蚁群算法

蚁群算法（Ant Colony Algorithm，ACA）是由意大利学者 A. Colomi 等人于 1992 年提出来的一种模拟蚂蚁群体在食物采集过程中表现出来的智能行为的仿生优化算法。与大多数基于梯度应用的优化算法不同，蚁群算法依靠的是概率搜索算法，该方法已经成功解决了旅行商问题、指派问题以及调度问题等，得到了较好的试验效果。

（1）算法来源。人们发现，单个蚂蚁往往很难找到食物源，然而整个蚁群在觅食过程中总能寻找到到达食物源的最短路径。进一步研究发现，蚂蚁个体之间通过一种被称为信息素的物质进行信息传递，每只蚂蚁在其经过的路径上留下这种物质，在决定行动方向时，总是倾向于朝着该物质强度高的方向移动，从而相互协作，完成寻找食物源的工作。因此，由大量蚂蚁组成的蚁群的集体行动表现出一种信息正反馈现象，即某一路径上走过的蚂蚁越多，则其他蚂蚁选择该路径的概率越大。

（2）归纳概括。概括起来，蚂蚁群体行为的典型特征有三个：一是每只蚂蚁能释放信息素；二是蚂蚁能判断出是否有食物以及同类的信息素轨迹；三是信息素有时效性，其数量会随时间而逐步变弱。蚁群算法吸收了这些特征。

（3）算法模拟。蚁群算法是一种随机搜索算法，通过候选解组成的群体的进化过程来寻求最优解。蚁群算法不需要先验知识，起初随机地选择路径，记住搜索路径并留下信息素，随着信息素的增加以及对路径的记忆，逐步了解搜索空间，指导下一次路径的选择。此时搜索开始变得有目的，并不断迭代直至得到空间内的最优解。对搜索空间的了解主要通过以下三方面：①蚂蚁的记忆。每条路径代表着解空间中的一个解，一只蚂蚁搜索过的路径在下次搜索时就不会再被选择，在蚁群算法中通过建立禁忌表进行模拟，提高了效率，真实蚂蚁则没有记忆。②信息素。蚂蚁在其经过的路径上会释放一种被称为信息素的物质，当其他蚂蚁进行路径选择的时候，会依据路径上的信息素强度进行选择。③集群活动。随着单个蚂蚁的搜索进行，倾向于最优路径上的蚂蚁会越来越多，信息素数量也会越来越多，从而导致这些路径上的信息素强度增大，被下一只蚂蚁选择行走的概率就会增加，产生了信息的正反馈。蚁群算法利用的就是这种信息的正反馈机制，逐步了解解空间，使搜索向最优解推进。

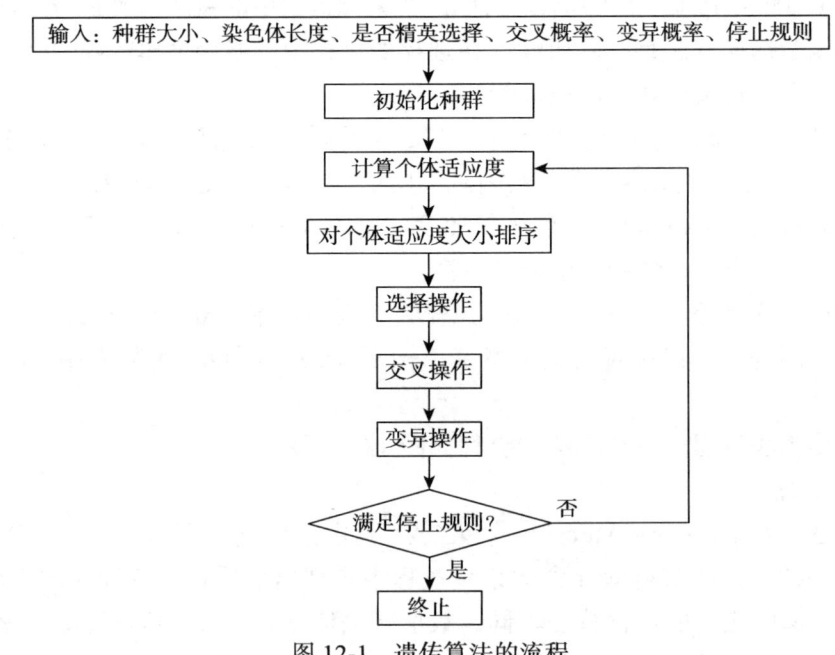

图 12-1 遗传算法的流程

3. 模拟退火算法

（1）爬山算法。介绍模拟退火算法前，先介绍爬山算法。爬山算法是一种简单而"贪心"的搜索算法，该算法每次从当前解的临近解空间中选择一个最优解作为当前解，直到达到一个局部最优解。爬山算法的实现很简单，其主要缺点是会陷入局部最优解,而不一定能搜索到全局最优解。如图 12-2 所示,假设 C 点为当前解,爬山算法搜索到 A 点这个局部最优解就会停止搜索,因为在 A 点无论向哪个方向小幅度移动都不能得到更优的解。

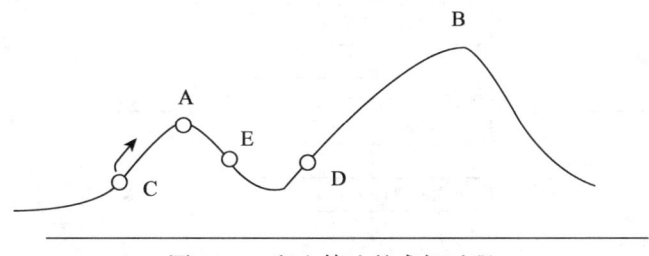

图 12-2 爬山算法的求解过程

（2）模拟退火（Simulated Annealing,SA）思想。爬山法是完完全全的"贪心法",每次都目光短浅地选择一个当前最优解,因此只能搜索到局部的最优值。模拟退火算法其实也是一种贪心算法,但是它的搜索过程引入了随机因素。模拟退火算法以一定的概率来接受一个比当前解要差的解,因此有可能会跳出这个局部的最优解,达到全局的最优解。以上图为例,模拟退火算法在搜索到局部最优解 A 后,会以一定的概率接受 E 的移动。也许经过几次这样的不是局部最优的移动后会到达 D 点,于是就跳出了局部最大值 A。这里的"一定的概率"的计算参考了金属冶炼的退火过程,这也是模拟退火算法名称的由来。

根据热力学的原理,在温度为 T 时,出现能量差为 dE 的降温的概率为 P(dE),表示为：P(dE) = exp(dE/(kT))。其中 k 是一个常数,exp 表示自然指数,且 dE<0。这条公式表明：温度越高,出现一次能量差为 dE 的降温的概率就越大；温度越低,则出现降温的概率就越小。又由于 dE 总是小于 0（否则就不叫退火了）,因此 dE/kT 小于 0,P(dE) 的函数取值范围是 (0,1)。随着温度 T 的降低,P(dE) 会逐渐降低。我们将一次向较差解的移动看作一次温度跳变过程,我们以概率 P(dE) 来接受这样的移动。

用一个有趣的比喻解释爬山算法与模拟退火算法：爬山算法就好像兔子朝着比现在高的地方跳去,它找到了不远处的最高山峰,但是这座山不一定是珠穆朗玛峰,它不能保证局部最优值就是全局最优值；模拟退火就好像兔子喝醉了,它随机地跳了很长时间,其间,它可能走向高处,也可能踏入平地,但是它渐渐清醒了并朝最高的方向跳去。

（3）算法流程。模拟退火算法的流程如图 12-3 所示。

4. 粒子群算法

（1）概念理解。粒子群优化算法（Particle Swarm Optimization,PSO）于 1995 年由 Eberhart 博士和 Kennedy 博士共同提出,它源于对鸟群捕食行为的研究。它的基本核心是利用群体中的个体对信息的共享使得整个群体的运动在问题求解空间中产生从无序到有序的演化过程,从而获得问题的最优解。我们可以利用一个有关 PSO 的经典描述来对 PSO 算法进行直观的描述。设想一个场景：一群鸟进行觅食,而远处有一片玉米地,所有的鸟都不知道玉米地到底在哪里,但是它们知道自己当前的位置距离玉米地有多远。那么找到玉米地的最佳策略,也是最简单有效的策略,就是搜寻目前距离玉米地最近的鸟群的周围区域。PSO 就是从这种群体觅食的行为中得到启示，从而构建的一种优化模型。

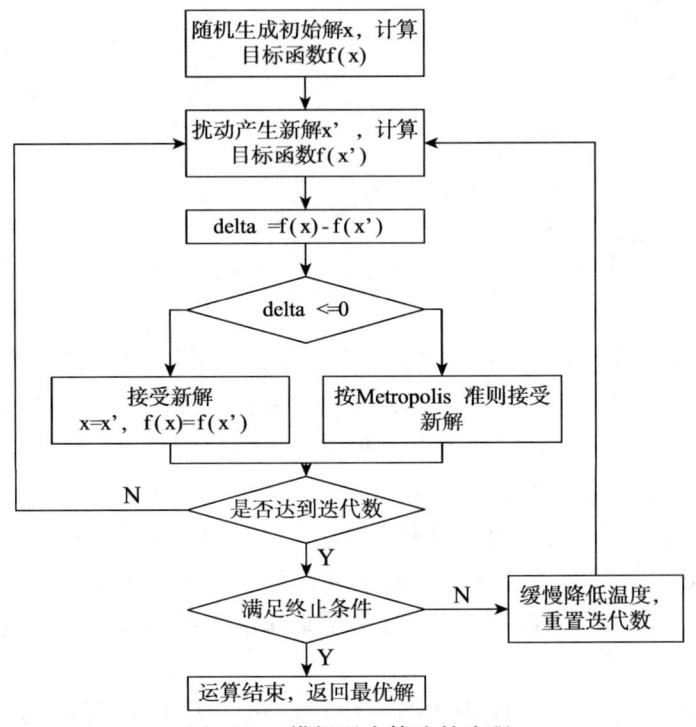

图 12-3　模拟退火算法的流程

在 PSO 中，每个优化问题的解都是搜索空间中的一只鸟，称为"粒子"，而问题的最优解就对应为鸟群要寻找的"玉米地"。所有的粒子都具有一个位置向量（粒子在解空间的位置）和速度向量（决定下次飞行的方向和速度），并可以根据目标函数来计算当前所在位置的适应值（Fitness Value），可以将其理解为距离"玉米地"的距离。在每次的迭代中，种群中的粒子除了可以根据自身的"经验"（历史位置）进行学习以外，还可以根据种群中最优粒子的"经验"来学习，从而确定下一次迭代时需要调整和改变的飞行的方向和速度。就这样逐步迭代，最终整个种群的粒子就会逐步趋于最优解。

（2）基本框架。整个粒子群优化算法的算法框架：Step 1 种群初始化，可以进行随机初始化或者根据被优化的问题设计特定的初始化方法，然后计算个体的适应值，从而选择出个体的局部最优位置向量 $Pbest_i$ 和种群的全局最优位置向量 Gbest。Step 2 迭代设置，设置迭代次数 g_{max}，并令当前迭代次数 g=1。Step 3 速度更新，更新每个个体的速度向量。Step 4 位置更新，更新每个个体的位置向量。Step 5 局部位置向量和全局位置向量更新，更新每个个体的 $Pbest_i$ 和种群的 Gbest。Step 6 终止条件判断，判断迭代次数是否达到 g_{max}，如果满足，输出 Gbest；否则继续进行迭代，跳转至 Step 3。

对于粒子群优化算法的运用，主要是对速度和位置向量迭代算子的设计。迭代算子的有效性将决定整个 PSO 算法性能的优劣，所以如何设计 PSO 的迭代算子是 PSO 算法应用的研究重点和难点。

（3）粒子群算法的基本流程如图 12-4 所示。

12.1.4 神经网络

1. 神经元模型

神经网络本质上也是一种启发式算法。当今机器学习、深度学习等概念愈趋愈热，神经网络正是这些技术的关键基础。

以监督学习为例，假设我们有训练样本集 (x(i), y(i))，那么神经网络算法能够提供一种复杂且非线性的假设模型 $h_{w,b}(x)$，它具有参数 W、b，可以以此参数来拟合我们的数据。先从最简单的神经网络讲起，这个神经网络仅由一个"神经元"构成，如图 12-5 所示。

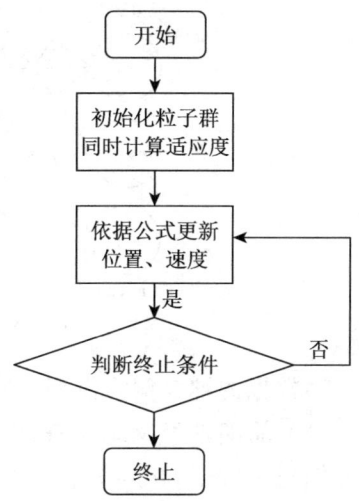

图 12-4 粒子群算法的基本流程

这个"神经元"的输出为 $h_{w,b}(x) = f(W^T x) = f(\Sigma_{i=1}^{3} W_i x_i + b)$，其中函数 $f: R \to R$ 被称为"激活函数"。可以选用 sigmoid 函数作为激活函数：$f(\cdot):f(z) = 1/(1+\exp(-z))$。除了 sigmoid 函数，也可以选择双曲正切函数（tanh）：$f(z) = \tanh(z) = (e^z - e^{-z})/(e^z + e^{-z})$。tanh 函数是 sigmoid 函数的一种变体，它的取值范围为 [-1,1]，而不是 sigmoid 函数的 [0,1]。

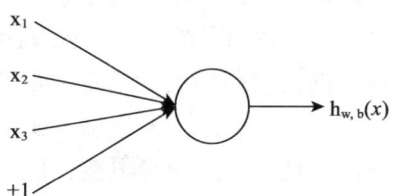

图 12-5 神经元的算法模型

2. 神经网络模型

所谓神经网络，就是将许多个单一"神经元"联结在一起，这样，一个"神经元"的输出就可以是另一个"神经元"的输入，如图 12-6 所示。

使用圆圈来表示神经网络的输入，标上"+1"的圆圈被称为偏置节点，也就是截距项。神经网络最左边的一层叫作输入层，最右的一层叫作输出层（上图中的输出层只有一个节点）。中间所有节点组成的一层叫作隐藏层，因为我们不能在训练样

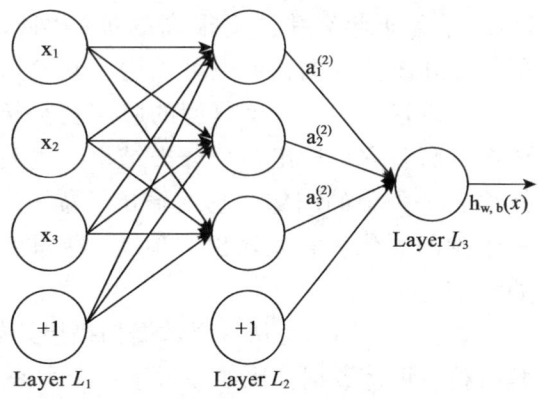

图 12-6 神经网络的算法模型（单隐含层）

本集中观测到它们的值。可以看到以上神经网络的例子中有 3 个输入单元（偏置单元不计在内）、3 个隐藏单元及 1 个输出单元。我们也可以构建更复杂的神经网络，即包含多个隐藏层、多个输出的神经网络。比如，图 12-7 的神经网络有两层隐藏层：L_2 及 L_3，输出层 L_4 有两个输出单元。

图 12-7 的神经网络可以预测多个输出，例如在医疗诊断应用中，患者的体征指标就可以作为向量的输入值，而不同的输出值可以表示不同疾病的存在。

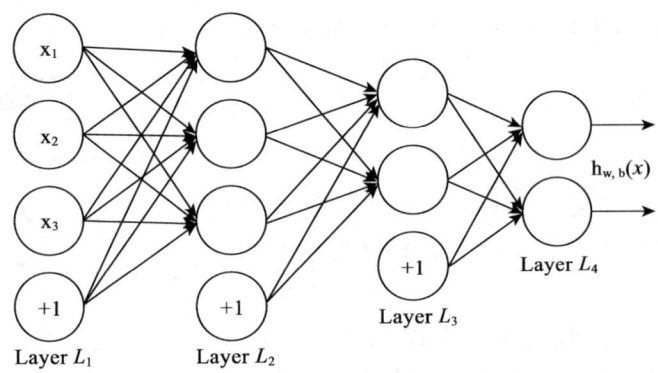

图 12-7　神经网络的算法模型（双隐含层）

3. 常见的神经网络模型

（1）前馈神经网络（FFNN）。前馈神经网络（Feed Forward Neural Networks，FFNN）与感知机（Perceptrons）非常简单，信息从前往后流动（分别对应输入和输出）。针对 FFNN 的训练问题，一般是提供一对数据集（分别是"输入数据集"和"我们期望的输出数据集"），然后通过反向传播算法来训练，这就是所谓的监督式学习。与此相反的是无监督学习：我们只给输入，然后让神经网络去寻找数据当中的规律。反向传播的误差往往是神经网络当前输出和给定输出之间差值的某种变体。如果神经网络具有足够的隐藏层和神经元，那么理论上它总是能够建立输入数据和输出数据之间的关系。在实践中，FFNN 的使用具有很大的局限性，但是，它们通常和其他神经网络一起组合成新的架构。

（2）卷积神经网络（CNN）。卷积神经网络（Convolutional Neural Networks, CNN）或深度卷积神经网络（Deep Convolutional Neural Networks, DCNN）是近年来关注度很高的神经网络，它们主要用于处理图像数据，但也可以用于其他形式数据的处理，如语音数据。一个典型的应用就是给它输入一个图像，而后它会给出一个分类结果。也就是说，如果你给它一张猫的图像，它就输出"猫"；如果你给它一张狗的图像，它就输出"狗"。卷积神经网络模型如图 12-8 所示。

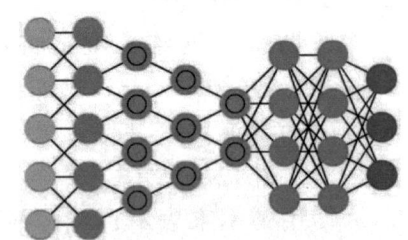

图 12-8　卷积神经网络模型

卷积神经网络是从一个数据扫描层开始的，这种形式的处理并没有尝试在一开始就解析整个训练数据。比如，对于一个大小为 200×200 像素的图像，你不会想构建一个 40 000 个节点的神经元层。而是，构建一个 20×20 像素的输入扫描层，然后，把原始图像第一部分的 20×20 像素图像输入到这个扫描层（通常是从图像的左上方开始）。当这部分图像（可能是用于进行卷积神经网络的训练）处理完毕，你会接着处理下一部分的 20×20 像素的图像：逐渐移动扫描层（通常情况下是移动一个像素，但是，移动的步长是可以设置的），来处理原始数据。

需要注意的是，你不是一次性移动扫描层的 20 个像素（或其他任何扫描层大小的尺度），也不是把原始图像切分成 20×20 像素的图像块，而是用扫描层在原始图像上滑过。这个输入数据（20×20像素的图像块）紧接着被输入卷积层，而非常规的神经细胞层——卷积层的节点不是全联结的。每一个输入节点只会和最近的那个神经元节点联结（至于多近要取决于具体的实现，但通常不会超过几个）。

这些卷积层会随着深度的增加而逐渐变小。大多数情况下，会按照输入层数量的某个因子缩小（比如：20个神经元的卷积层，后面是10个神经元的卷积层，再后面就是5个神经元的卷积层）。2的n次方（如32、16、8、4、2、1等）也是一个非常常用的因子，因为它们在定义上可以简洁且完整地除尽。除了卷积层，池化层（Pooling Layers）也非常重要。

池化是一种过滤掉细节的方式：一种常用的池化方式是最大池化，比如用2×2的像素，然后取4个像素中值最大的那个传递。为了让卷积神经网络处理语音数据，需要把语音数据切分，一段一段输入。在实际应用中，通常会在卷积神经网络后面加一个前馈神经网络，以便进一步处理数据，从而对数据进行更高水平的非线性抽象。

12.2 大数据分析技术

大数据分析技术能够将大规模数据中隐藏的信息和知识挖掘出来，为人类社会经济活动提供依据，提高各个领域的运行效率甚至整个社会经济的集约化程度。

12.2.1 文献计量

1. 基本概念

文献计量学是以文献体系和文献计量特征为研究对象，采用数学、统计学等计量研究方法，研究文献情报的分布结构、数量关系、变化规律和定量管理并进而探讨科学技术的某些结构、特征和规律的一门学科。

文献计量学的分析数据指标取自各种不同的数据源，在机读文献数据库出现之前，对科学文献定量分析都是以印刷型出版物为分析对象的。随着各类型电子出版物不断涌现，获取分析数据的方法与途径也在不断扩展。目前获取分析数据的主要途径有：①使用机构内部的文件，如研究报告、年度报告等；②如果所需信息不包括在书目数据库中，要查找原始文献；③大规模的分析需要通过商用文献数据库来获取；④利用专门为指标统计而提供数据的数据库来获取数据；⑤选择与国际上某机构签订协议来获取这方面的服务。

另外，还可以通过一些机构获取有关文献计量学方面的统计分析指标，如中国科学院文献情报中心等。由于各单位统计的指标来源于不同的统计方法和不同的数据，相互之间可比性较差，因此使用从不同单位获得的数据进行文献计量学研究时，要全面了解具体指标产生的方法和依据，客观衡量和评价每一项分析研究成果。

2. 文献计量学三大定律

一是布拉德福定律。如果将科技期刊按其刊载某学科专业论文的数量多少，以递减顺序排列，那么可以把期刊分为专门面对这个学科的核心区、相关区和非相关区。各个区的文章数量相等,此时核心区、相关区与非相关区期刊数量成 $1:n:n^2$ 的关系。

二是洛特卡定律。它描述的是科学工作者人数与其所著论文之间的关系:写两篇论文的作者数量约为写一篇论文的作者数量的 1/4;写三篇论文的作者数量约为写一篇论文作者数量的 1/9;写 n 篇论文的作者数量约为写一篇论文作者数量的 $1/n^2$……,而写一篇论文作者的数量约占所有作者数量的 60%。

三是齐夫定律(二八原则)。如果把单词出现的频率按由大到小的顺序排列,则每个单词出现的频率与它的名次的常数次幂存在简单的反比关系,这种分布就称为齐夫定律。它表明在英语单词中,只有极少数的词被经常使用,而绝大多数词很少被使用。实际上,包括汉语在内的许多国家的语言都有这种特点。这个定律后来在很多领域得到了同样的验证,包括网站访问者数量、城镇大小和每个国家公司数量。所以以其名字命名的定律早已走出语言学,进入了信息学、计算机科学、经济学、社会学、生物学、地理学、物理学等众多研究领域。例如,80% 的财富集中在 20% 的人手中;80% 的用户只使用 20% 的功能;20% 的用户贡献了 80% 的访问量。

3. 文献计量学软件

(1)Citespace。Citespace 软件是美国德雷塞尔大学陈超美教授开发的用来分析和可视共被引网络的 JAVA 应用程序。他主要是基于共引(Co-citation)分析理论和寻径(PathFinder)网络算法等对特定领域文献进行计量,以探寻出学科领域演化的关键路径及其知识拐点,并通过一系列可视化知识图谱的绘制来形成对学科演化潜在动力机制的分析和学科发展前沿的探测。

Citespace 可以分析不同来源的数据,包括文献数据,比如 WOS、Scopus、CNKI、CSSCI 等;还有一些其他数据,比如 NSF、Derwent 等。目前外文文献以 WOS 数据库数据居多,WOS 数据下载时以纯文本格式存储全记录和参考文献。中文文献的研究以 CNKI 和 CSSCI 为主,但是来自 CNKI 和 CSSCI 的数据需要利用 Citespace 软件格式转化之后才能进行分析。

(2)Bibexcel。Bibexcel 软件是 Olle Persson 开发的一款文献计量学工具。在 Bibexcel 软件中,用户可以完成大多数文献计量学分析工作,并且 Bibexcel 软件可以很方便地与其他软件进行数据交换,如 Pajek、Excel 和 SPSS 等。

Bibexcel 软件的核心原理是"共词分析法"。该方法最早起源于 20 世纪 70 年代中后期,属于内容分析法的一种。该方法主要统计一组词中两两之间同时出现于一篇文献的次数,以这种"共现"次数反映这些词之间的关联程度,然后借助聚类方法可分析学科的主题结构。共词分析法的原理可描述为:两个词的"共词强度"指两个词同时出现于一篇论文中的次数,该值越高,则这两个词之间的关联越紧密。

12.2.2 爬虫技术

1. 基本概念

在互联网领域,爬虫(Web Crawler 或 Web Spider)一般指抓取众多公开网站网页上数据的相关技术。在当前数据爆发时代,数据分析行业势头强劲,越来越多的人涉足数据分析领域。人们进入该领域最想要的就是获取大量的数据来为自己的分析提供支持，但是如何获取互联网中有效信息呢？这就促进了爬虫技术的飞速发展。网络爬虫又被称为网页蜘蛛、网络机器人、网页追逐者等，它是一种按照一定的规则，自动地抓取万维网信息的程序或者脚本。

2. 发送请求

简单理解爬虫，其实就是通过程序来发送 HTTP 请求。所以对爬虫技术原理的理解，从发送请求开始。HTTP 请求的基本组成有 request line、headers 和 request body。发送请求与这三部分密切相关，主要需要关注的是 url、method、headers 和 body。可以通过浏览器的检查功能（推荐使用 Chrome 浏览器，但 IE 没有该功能），查看每个请求的详细信息。对于 headers，需要关注以下几个方面：① User-Agent，针对反爬虫机制，设置该字段可以简单地伪装成浏览器。② Referer，针对反爬虫机制，有些网站会检测该字段。③ Cookie，模拟登录的最简单的方法。④ Content-Type，当请求方法为 POST 时，设置请求体的类型，最常用的为 application/x-www-form-urlencoded 和 application/json。

3. 模拟登录

许多网站都需要登录后才能获取到内容。最简单的登录方式就是用户名和密码。在这种情况下，可以通过程序维护一个 Session，使用用户名和密码进行登录，然后使用该 Session 来发送请求。然而现在许多网站的登录都会比较复杂，有的需要输入复杂的验证码，有的还需要手机验证等。这些情况往往都比较烦琐，如果依然使用 Session 的方式，通常实现起来比较麻烦，考虑到 Session 也不过是维护了 Cookie 等一些状态，在这种情况下，直接使用 Cookie 模拟登录不失为一个简单的方法。使用 Cookie 来模拟登录，就是用户在浏览器先登录网站，然后将 Cookie 信息拷贝出来，用来设置请求的 Cookie header。

4. 页面解析

很多情况下，通过爬虫抓取到的内容是一个 HTML 页面或者 HTML 片段。为了从中提取出我们所需要的数据，需要对其进行解析。常见的解析方式有两种：正则匹配和 DOM。对于一些比较简单的数据提取，例如提取页面中所有的图片地址，使用正则匹配就可以做到。但是对于一些复杂的解析，常用的还是 DOM 的方式。

5. 多线程抓取

一次发送一个请求未免效率太低。为了实现数据的快速抓取，往往会使用多线程来进行抓取。常用的爬虫编程语言，如 Java、Python、Node.js 等，都可以实现多线程抓取效果。

6. 反爬虫

许多网站针对爬虫都设置了反爬虫机制，常见的有：①登录限制，通过模拟登录可以解决。②用户代理检测，设置 User-Agent header。③ Referer 检测，设置 Referer header。④访问频率限制，如果是针对同一账号的频率限制，则可以使用多个账号轮流发请求；如果针对 IP，则可以通过 IP 代理；还可以为相邻的两个请求设置合适的时间间隔来减小请求频率,从而避免被服务端认定为爬虫。

7. 其他

一是动态内容:对于许多网页的动态内容,通过浏览器进行查看就可以解决。对于更为复杂的动态内容,可以考虑使用专用程序库,如 Selenium 和 Phantomjs。二是数据存储:对于多媒体文件,直接存文件;对于 JSON 格式的数据,使用 MongoDB 会很方便。三是容错机制:请求失败可能会有多种情况。如果是访问频率过快,可以考虑暂停一段时间或者换账号,换 IP 等手段;如果是 404,可以直接跳过该次抓取。然而有些站点返回的 HTTP 状态码并不一定符合其本意,因此也可以考虑统一的容错处理,例如重试 n 次,如果不行就丢弃。四是大规模分布式抓取:这肯定是要基于现成的爬虫框架实施。五是关于常用的工具:Python 的有 requests、BeautifulSoup、Scrapy 等,Node.js 的有 request、cheerio 等。

12.2.3 复杂网络

1. 基本概念

复杂网络(Complex Network)是指具有自组织、自相似、吸引子、小世界、无标度中部分或全部性质的网络。复杂网络的特征:小世界、存在集群即集聚程度的概念、存在幂律的度分布概念。

复杂网络的复杂性主要表现在以下几个方面:①结构复杂,表现在节点数目巨大,网络结构呈现多种不同特征。②网络进化,表现在节点或连接的产生与消失,例如 world-wide network,网页或链接随时可能出现或断开,导致网络结构不断发生变化。③连接多样性,节点之间的连接权重存在差异且有可能存在方向性。④动力学的复杂性,节点集可能属于非线性动力学系统,例如节点状态随时间发生复杂变化。⑤节点的多样性,复杂网络中的节点可以代表任何事物。例如,人际关系构成的复杂网络节点代表单独个体,万维网组成的复杂网络节点可以表示不同网页。⑥多重复杂性融合,即以上多重复杂性相互影响,导致更为难以预料的结果。例如,设计一个电力供应网络需要考虑此网络的进化过程,其进化过程决定网络的拓扑结构。当两个节点之间频繁进行能量传输时,它们之间的连接权重会随之增加,通过不断的学习与记忆可以逐步改善网络性能。

2. 复杂网络的三个特性

第一,小世界。它以简单的措辞描述了大多数网络尽管规模很大,但是任意两个节(顶)点间有一条相当短的路径的事实。以日常语言看,它反映的是相互关系的数目可以很小但能够连接世界的事实,例如,在社会网络中,人与人相互认识的情况很少,但是可以找到很远的、无特定关系的其他人。正如马歇尔·麦克卢汉所说,地球变得越来越小,变成一个地球村,也就是说,地球变成了一个小世界。

第二,存在集群即集聚程度(Clustering Coefficient)的概念。例如,社会网络中总是存在熟人圈或朋友圈,其中每个成员都认识其他成员。集聚程度的意义是网络集团化的程度,这是一种网络的内聚倾向。连通集团概念反映的是一个大网络中各集聚的小网络分布和相互联系的状况。例如，它可以反映这个朋友圈与另一个朋友圈的相互关系。

第三，存在幂律（Power Law）的度分布概念。度指的是网络中某个顶（节）点（相当于一个个体）与其他顶点关系（用网络中的边表达）的数量；度的相关性指顶点之间关系的联系紧密性；介数是一个重要的全局几何量。顶点 u 的介数含义为网络中所有的最短路径之中，经过 u 的数量，它反映了顶点 u（即网络中有关联的个体）的影响力。无标度网络（Scale-free Network）的特征主要集中反映了集聚的集中性。

3. 复杂网络的延伸概念

复杂网络（Complex Network）是在物理和计算机等领域的称谓，而在社会科学领域，复杂网络叫作社会网络分析（Social Network Analysis，SNA），在数学领域叫作图论。也有一些学者称其为网络科学（Network Science）。基本的东西都类似，且使用相同的分析软件和可视化技术，只是关注的点不同。

最早的溯源可以归到哥尼斯堡的七桥问题。莫雷诺在 20 世纪初开始将可视化和类似的网络分析技术应用在分析社会现象上，比如女生的午餐关系。之后生物领域和社会领域分别独立发展出比较完善的分析技术。集大成者是哈佛大学的哈里森·C. 怀特（Harrison C. White），之后许多著名的学者都是他的徒子徒孙。

很难说复杂网络是一门特定的学科。更多的应用是作为一种研究方法，有时候也会作为一种研究视角。当然，也产生了一些中层的理论，比较常见的是马克·格兰诺维特（Mark Granovetter）的弱联系理论、罗纳德·S. 伯特（Ronald S. Burt）的结构洞理论、邓肯·J. 瓦茨（Duncan J. Watts）的小世界模型、艾伯特－拉斯洛·巴拉巴西（Albert-Laszlo Barabasi）的幂律分布。例如从 SNA 看，之前的社会科学往往关注个体（或者行动者，如企业、个人）的特性，而忽略个体之间的关系。而 SNA 正是研究关系的方法、视角。其最大的特征在于考虑了个体之间的互相依赖，更接近于现实社会。将这些关系用网络关系图展示出来，可以直观地看到各个行动者在网络中的位置和网络整体结构。图 12-9 是复杂网络的拓扑图。

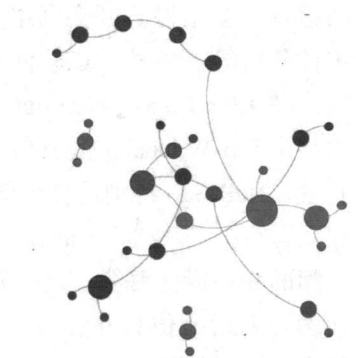

图 12-9　复杂网络的拓扑图

4. 复杂网络软件

（1）Pajek。Pajek 运行在 Windows 环境中，用于上千及数百万个节点大型网络的分析和可视化操作。在斯洛文尼亚语中，Pajek 是蜘蛛的意思。Pajek 于 1996 年 11 月应用 Delphi（Pascal）语言开发。Pajek 向多种网络提供分析和可视化操作工具，如合著网、化学有机分子、蛋白质受体交互网、家谱、因特网、引文网、传播网（AIDS、新闻、创新）、数据挖掘（2-mode 网）等。大型网络集在这里也可以找到。

设计 Pajek 的主要目的：①支持将大型网络分解成几个较小的网络，以便进行进一步处理。②向作用者提供一些强大的可视化操作工具。③执行分析大型网络的有效算法（Subquadratic）。通过 Pajek 可完成的工作包括：在一个网络中搜索类（组成，重要节点的邻居，核等）；析取属于同一类的节点并分别地显示出来，或者反映出节点的连接关系（更具体的局域视角）；在类内收缩节点并显示类之间的关系（全局视角）。除普通网络（有向、无向、混合网络）外，Pajek 还支持多关系网络，2-mode 网络 [二分（二值）图——网络由两类异质节点构成，以及暂时性网络（动态图——网络随时间演化）]。

（2）UCINET。UCINET 软件是由加州大学欧文（Irvine）分校的一群网络分析者编写的。对整体网资料的整理和分析，可以利用很多网络分析软件，其中 UCINET 是最常用的。用来分析整体网数据的统计方法则不是通常意义上的线性相关分析、偏相关分析、方差分析和回归分析等。常规统计方法一般不能用来分析整体网络资料。那么，整体网研究运用哪些统计分析方法呢？答案是看研究者分析的是什么层次的整体网，不同层次的整体网研究对应着不同的分析方法。如果研究"二方关系"层次的网络整体结构，可以根据特定的计算程序计算出二方谱系并对有关二方关系的命题进行检验，如果研究"子群"层次的整体网络结构，可以利用 UCINET 软件，计算出"派系""n- 派系""k- 丛"等。

UCINET 网络分析集成软件包括一维与二维数据分析的 NetDraw，还有正在发展应用的三维展示分析软件 Mage 等，同时集成了 Pajek 用于大型网络分析。利用 UCINET 软件可以读取文本文件、KrackPlot、Pajek、Negopy、VNA 等格式的文件。它能处理 32 767 个网络节点。当然，从实际操作来看，当节点数为 5 000 ~ 10 000 时，一些程序的运行就会很慢。社会网络分析法包括中心性分析、子群分析、角色分析和基于置换的统计分析等。另外，该软件包有很强的矩阵分析功能，如矩阵代数和多元统计分析。

（3）NetLogo。NetLogo 是一个用来对自然和社会现象进行仿真的可编程建模环境。它是由 Uri Wilensky 在 1999 年发起的，由连接学习和计算机建模中心（CCL）负责持续开发。NetLogo 特别适合对随时间演化的复杂系统进行建模。建模人员能够向成百上千的独立运行的"主体"（agent）发出指令。这就使得探究微观层面上的个体行为与宏观模式之间的联系成为可能，这些宏观模式是由许多个体之间的交互涌现出来的。NetLogo 可以让学习者运行仿真并参与其中，探究不同条件下他们的行为。它也是一个编程环境，科研人员可以创建自己的模型。NetLogo 入手比较简单，可以非常容易地进行仿真，或者创建自己的模型，并且它也足够先进，在许多领域都可以作为一个强大的研究工具。

NetLogo 有详尽的文档和教学材料。它还带着一个模型库，库中包含许多已经写好的仿真模型，可以直接使用和修改。这些仿真模型覆盖自然和社会科学的许多领域，包括生物和医学、物理和化学、数学和计算机科学以及经济学和社会心理学等。NetLogo 提供了一个课堂参与式仿真工具，称为 HubNet。通过联网计算机或者一些如 TI 图形计算器这样的手持设备，多人可以控制仿真模型中的多个主体。

12.3 量子技术

量子不是一种粒子，它在多数情况下是一个形容词而不是名词，它也不是指分立、不连续，而是一套自然规律的总称，这套规律是人类现有认识范围内物质世界的"基本法"。我们日常生活中接触到的各种力、热、电、光现象大多可以用建立于 17～19 世纪的经典物理学解释；但进入 20 世纪后，科学家们发现世界是由原子组成的，如果想从分子、原子水平上更本质地理解自然现象，就必须引入一套与经典物理很不一样的新规律，这就是量子力学，也称为量子物理（Quantum Physics）或量子理论（Quantum Theory）。

12.3.1 量子技术基础

量子物理是人类迄今为止建立的最基础、最精确的科学理论，现代物理学的主体就是量子力学在各种不同物质尺度上的具体延伸和应用。然而以人们日常的经验和直觉来看，这套规律非常诡异，尤其是下面三点：①量子叠加（Quantum Superposition）。在量子世界中，物体可以同时处于不同状态的叠加上，从另一个角度说就是"波粒二象性"。②量子纠缠（Quantum Entanglement）。在量子世界中，相互作用的物体之间存在一种不受距离限制的、用任何经典规律都无法解释的关联。这种关联携带着信息，使得发生纠缠的各个物体处于一种不可分割的整体状态，不能分别描述。著名的"薛定谔猫态"就是思想实验中一只猫和一个放射性原子的纠缠态（猫也因此成了量子物理学家的图腾）。控制和利用量子纠缠是量子信息处理的物理本质。③量子测量（Quantum Measurement）。量子世界中不存在安静的暗中观察者，测量不是被动地读取信息，而会根本地改变被测物体的状态。它最简单的表现就是"海森堡不确定关系"。量子测量的这种必须干扰被测物体的诡异属性使得人们从量子系统中获取信息变得极其困难。现实中，我们制造量子计算机遇到的大部分难题最终都能归结到量子测量。总体上，人类对量子力学的应用至今仍非常初级。相比于对微观世界的认识，人类在实验上控制、测量子系统的能力还很落后，这至今仍是量子技术发展的最大瓶颈。

量子技术即为利用量子理论形成新事物，改变现有事物功能和性能的方法。代表性的技术包括：①涉及量子原理的经典机器。"涉及量子原理"是指这些仪器的核心工作原理都源自原子尺度上的、必须用量子力学解释的物质性质——半导体的能带、原子的受激辐射、超精细能级结构、原子核的自旋磁矩等。那为什么说它们是"经典机器"？这是因为这些仪器只是在微观组成上涉及量子力学，人机交互的过程是完全经典的，包括晶体管、激光、原子钟、核磁共振等等。②量子通信（Quantum Communication）。人们对单个原子、电子或光子的量子态进行单独操控和工程实践，就是量子通信。量子通信直白地说就是"量子电报"。传统电报机收发的是经典电磁波，信息加载在电磁波的幅度、频率或者相位上；"量子电报机"收发的是单个光学频率的光子，信息加载在光子的不同量子态上。量子通信的物理基础就是单光子的产生、操纵、传输和测量。③量子计算（Quantum Computing）。量子计算机不是"下一代计算机"，不是电子计算机的升级版，而是科学家构想中的一种高度复杂、高度可控的人造量子系统，兼具信息处理的功能。量子计算机是人类当前设想中最复杂、实现难度最大的量子机器，一旦建成，其对科学和社会的影响将非常深远。除了上述 3 种代表性技术外，量子技术还包括量子仿真（Quantum Simulation）、量子传感（Quantum Sensing）等。

12.3.2 量子计算与量子算法

量子计算是一种遵循量子力学规律调控量子信息单元进行计算的新型计算模式。传统的通用计算机的理论模型是通用图灵机，而量子计算机的理论模型是用量子力学规律重新诠释的通用图灵机。从可计算的问题来看，量子计算机只能解决传统计算机所能解决的问题，但是从计算的效率上看，由于量子力学存在叠加性，目前某些已知的量子算法在处理问题时速度要快于传统的通用计算机。

量子算法对于现在的程序员而言，是概念上的变化。在某种意义上就像第一次卷入使用面向对象编程方法、结构化编程或多线程时概念上的转变。从另一种角度看，这种转变更为重要，因为它使全新的一类（有可能）没有替代物的问题开始出现了。让我们想象下面这个问题：我们要找一条路穿过一个复杂的迷宫。每次我们沿着一条路走，很快就会碰到新的岔路。即使知道出去的路，还是容易迷路。换句话说，有一个著名的走迷宫算法就是右手法则：顺着右手边的墙走，直到出去（包括绕过绝路）。这条路也许并不很短，但是至少你不会反复走相同的路。以计算机术语表述，这条规则也可以被称作递归树下行。现在让我们想象另外一种解决方案：站在迷宫入口，释放足够数量的着色气体，同时将其充满迷宫的每条过道。这时让一位合作者站在出口处，当合作者看到一缕着色气体出来时，就向那些气体粒子询问它们走过的路径。他询问的第一个粒子走过的路径最有可能是穿过迷宫的所有可能路径中最短的一条。当然，气体颗粒绝不会给我们讲述它们的旅行。但是量子算法以一种同我们的方案非常类似的方式运作，即量子算法先把整个问题空间填满，然后只需费心去询问正确的解决方案（把所有的绝路排除在答案空间以外）。

12.3.3 量子计算机

量子计算机（Quantum Computer）是一类遵循量子力学规律进行高速数学和逻辑运算、存储及处理量子信息的物理装置。当某个装置处理和计算的是量子信息，运行的是量子算法时，它就是量子计算机。量子计算机的概念源于对可逆计算机的研究，研究可逆计算机的目的是解决计算机中的能耗问题。

不同于传统电脑使用 0 与 1 的二进制系统，量子计算机在原理上所使用的量子比特（Qubit），可以同时以不同的或然率存在于两个状态。换个角度而言，传统计算机其实应该被视为量子计算机的一个特例，在这个特例中一个比特只能够是两个可能状态的任一，相对地，量子比特则可以是两个可能状态的任何叠加（Superposition）。这个特质，加上不同量子彼此之间可以跨越距离进行纠缠（Entanglement），让量子计算机理论上可以用很少的能量就完成大量的平行运算。这里面像矩阵乘法（Matrix Multiplication）这样的平行运算应用让我们特别感兴趣，这是因为神经网络中最重要的运算就是矩阵乘法。以二进制电脑的结构来说，随着输入维度的增加，矩阵乘法的硬件需求将以指数级增长，虽然有很多方式可以进行简化，但所有简化技巧都只是治标不治本，如果人工智能最终的目标是理解世界上人类在乎的所有事情，那么显然使用二进制电脑进行的机器学习一定会遇到运算需求呈指数增长的瓶颈。但如果采用量子计算机就不同了，通过叠加和纠缠，量子计算机对于输入维度的增加理论上只有线性增长的需求，耗能的增长也会回到线性的路径，其未来远远比传统计算机有更多的想象空间。

直到目前，还没有诞生真正的量子计算机。2007年，一家叫D-Wave System的神秘的加拿大公司突然宣布自己做出了一台量子计算机的原型机Orion，但它并不是一台基于逻辑门的通用量子计算机，而是一台量子退火机（Quantum Annealer）。D-Wave机器里有没有量子纠缠？一些实验表明很可能有。那D-Wave机器有没有量子加速？绝大部分测试表明没有。特别是在2015年，一支合作团队（包括John Martinis在内）用D-Wave Two最适合解决的专门问题对它的计算复杂度随问题规模的增长规律做了严谨的测试，结果是这台512比特的机器没有任何量子加速。

与此相关的另一个重要概念叫作逻辑量子比特。单独的天然或人造原子称为物理量子比特，多个物理量子比特纠缠形成容错的逻辑量子比特。经过量子纠错，逻辑量子比特的寿命会远超过物理量子比特的相干时间，这才是真正计算意义上的量子比特。到目前，任何实验系统都没能做出逻辑量子比特。没有量子纠错的"量子计算机"就只能在相干时间内做一些最简单的运算。谷歌、IBM等公司近两年一直在比拼芯片上"量子比特"的数量，但它们都只是寿命几十微秒的物理量子比特，逻辑量子比特的数量都是零。量子纠错是迄今为止人们研究量子计算机遇到的最难的问题。它的实现将是当代量子科技的一大里程碑——人类从此有方法保护在自然界中转瞬即退的量子态，就好比从原始人从采集到种植、从狩猎到畜牧；在工程上，它将为大型通用量子计算机提供基本逻辑单元。当下量子计算最大的挑战就是实现逻辑量子比特，而不是在一块芯片上集成物理量子比特。

12.3.4 量子密码

量子密码是指在量子的不可复制性这一基本定律上研制出的密码通信系统。这个密码系统是建立在一个通信系统的基础上，信息是通过单个光子进行传递的，它们不会遗留下可追踪的痕迹，无法被窃听者截获。建造一个量子密码网络需要一种新的光纤和一种精致的光子探测器，才能让额外的单个用户连接到网络，造价相当昂贵。

在普朗克提出的量子理论中，量子的不可复制性是一项基本定律。如果一枚旋转着的硬币是量子世界中的一个物体，一旦你要复制它，势必要对它进行测量，这种外来的行为就会改变它的运动状态。也就是说，任意量子的状态，在受到复制或测量时，都会发生变化。换个角度说，量子一旦被测量过，就不再是原来的那个量子了。所以，利用量子的这一特性制作的密码，从理论上讲是一种最为安全的密码。一个量子物质的传送过程就像光在光纤里传输的过程一样，如果一个窃听者想在某一个地方窃听信息或者将该信息内容复制下来，这就是一种测量行为，这种测量意味着对整个量子体系的破坏，其结果是被测量的信息将全部消失。正是基于以上原理，科学家们提出了量子密码的概念并把它应用在量子通信系统中，因此从理论上讲，量子通信是绝对安全的。

通俗理解量子密码，还是需要基于量子纠缠。假设有两个粒子，其中一个粒子的状态改变了，那么另外一个粒子会马上知道这个改变并且自身做出相应的变化。基于这一点，通信双方在传送消息的时候可以利用它来安全的通信，如果中途消息被修改或截获等，发送方会马上得知。基于此原理，量子密码是无条件安全的。当然现实中，量子物理信道总是存在噪声，所以合法用户分配的密钥也会存在误码。为了确保密钥的安全，合法用户必须假设所有的误码都是由窃听引起的。合法用户可以根据误码的大小计算出窃听者可能获取信息的上限，并且通过纠错和私密增强等算法获得最终的安全密钥。

12.4 区块链技术

区块链（Blockchain）本质上是一个去中心化的分布式账本数据库，其本身是一串使用密码学相关联所产生的数据块，每一个数据块中包含多次比特币网络交易有效确认的信息。区块链是由节点参与的分布式数据库系统，它的特点是不可更改、不可伪造，也可以将其理解为账簿系统（Ledger）。它是比特币的一个重要概念，完整比特币区块链的副本，记录了其代币（Token）的每一笔交易。通过这些信息，我们可以找到每一个地址在历史上任何一点所拥有的价值。

区块链是由一串使用密码学方法产生的数据块组成的，每一个区块都包含上一个区块的哈希值（Hash），从创始区块（Genesis Block）开始连接到当前区块，形成块链。每一个区块都确保按照时间顺序在上一个区块之后产生，否则前一个区块的哈希值是未知的。这些特征使得比特币的双花（Double-Spending）非常困难。

区块链技术是众多加密数字货币的核心，包括比特币、以太坊、莱特币等。维护区块链的方式有工作量证明（Proof-of-Work）、权益证明（Proof-of-Stake）等。

12.4.1 互联网金融与区块链

互联网金融是指传统金融机构与互联网企业利用互联网技术和信息通信技术实现资金融通、支付、投资和信息中介服务的新型金融业务模式。互联网金融不是互联网和金融业的简单结合，而是在实现安全、移动等网络技术水平上，被用户熟悉接受后（尤其是电子商务的接受），自然而然为适应新的需求而产生的新模式和新业务，是传统金融行业与互联网相结合的新兴领域。当前的"互联网+"金融格局，由传统金融机构和非金融机构组成。传统金融机构主要为传统金融业务的互联网创新以及电商化创新、App 软件等；非金融机构则主要是指利用互联网技术进行金融运作的电商企业、P2P 模式的网络借贷平台，众筹模式的网络投资平台，挖财类模式的手机理财 App（理财宝类）以及第三方支付平台等。

互联网金融涉及一个重要的词——数字货币。数字货币产生于 20 世纪 90 年代中期的数学家、密码学家和电脑专家大卫·乔姆（David Chaum）之手，他认为在因特网上必须有自己的网络货币，并可自由流通，成为网上交易的无纸化媒介。而目前在网上大行其道的比特币已经远远超出了当年"数字现金""电子现金"的概念。比特币的概念由化名为中本聪的程序师在 2009 年提出，比特币是一种新型的数字化虚拟货币。它已经成为一种完全脱离政府和银行控制，总量"封顶"，可实现兑换法定货币且价格由供求决定，被认为有可能彻底改变全球金融格局的数字货币。比特币背后的关键技术支撑即为"区块链"技术，它创造的是一种解决彼此之间不信任问题的记账方式，其意义要远远超越货币或现金。

区块链技术在金融领域的另一个重大应用是物联网。顾名思义，物联网即物物相连的互联网：①核心和基础仍是互联网；②在互联网的基础上延展到物与物之间，进行信息交换。下面列举几个应用场景：院方可以远程监控、调节患者病情；工厂能自动化处理生产线；酒店可以根据客人的个人偏好调节房间内的温度。传统的物联网模式是由一个中心化的数据中心收集所有已连接设备的信息，但这样一来，在生命周期成本、收入方面有严重缺陷。为了解决这个问题，每个设备都得能自我管理，这样就无须经常做人工维护。这意味着，设备的运行环境应该是去中心化的，它们彼此相连，形成分布式云网络。而要打造这样一种分布式云网络，就得解决节点信任问题。在传统的中心化系统中，信任机制比较容易建立，毕竟存在一个中央机构来管理所有设备和各个节点的身份。但对于潜在数量在百亿级的联网设备而言，这几乎不可能做到。然而，区块链技术可以完美地解决这一问题。区块链技术解决了闻名已久的拜占庭将军问题——它提供一种无须信任单个节点，还能创建共识网络的方法。比特币使用算法工程保证整个网络的安全，借助它，设备能在金融市场中完全独立于任何人工干预。一套算法会生成自己的比特币钱包，从而允许它与别的算法（别的钱包）进行交易。这在物联网上是同一道理，所有日常家居物件都能自发、自动地与其他物件或外界世界进行金融活动，比如，你的智能电表可以通过调节用电量和频率来生成更优惠的电费账单。

传统的互联网是一个"中心——去中心——中心"的结构，但本质是一个中心化结构；而区块链是一个"去中心—中心—去中心"的结构，更接近于自然的智慧。所以区块链较传统互联网更能为金融业带来强大的生命力和更广阔的发展空间。

12.4.2 区块链架构模型

从架构设计上来说，区块链可以简单地分为三个层次，协议层、扩展层和应用层。其中，协议层又可以分为存储层和网络层，它们相互独立但又不可分割。

1. 协议层

所谓的协议层，就是指最底层的技术。这个层次通常是一个完整的区块链产品，类似于我们电脑的操作系统，它维护着网络节点，仅提供 API 供调用。通常官方会提供简单的客户端（通称为钱包），这个客户端钱包功能也很简单，只能建立地址、验证签名、转账支付、查看余额等。这个层次是一切的基础，构建了网络环境、搭建了交易通道、制定了节点奖励规则，至于你要交易什么、想干什么，它一概不过问，也过问不了。典型的例子是比特币还有各种二代币，比如莱特币等。

从用到的技术来说，协议层主要包括网络编程、分布式算法、加密签名、数据存储技术等 4 个方面，其中网络编程能力是大家选择编程语言的主要考虑因素，因为分布式算法基本上属于业务逻辑上的实现，什么语言都可以做到，加密签名技术是直接简单地使用（请看书中相关的加密解密文章，不建议自由发挥，没有过多的编码逻辑），数据库技术也主要在使用层面，只有点对点网络的实现和并发处理才是开发的难点，所以对于那些网络编程能力强，对并发处理简单的语言，人们就特别偏爱。因此 Node.js 开发区块链应用，逐渐变得更加流行，Go 语言也在逐渐兴起。

协议层可以进一步被分成存储层和网络层。数据存储可以相对独立，选择自由度大一些，可以单独讨论。选择的原则无非是性能和易用性。我们知道，系统的整体性能主要取决于网络或数据存储的 I/O 性能，网络 I/O 优化空间不大，但是本地数据存储的 I/O 是可以优化的。比如，比特币选择的是谷歌的 LevelDB，这个数据库读写性能很好，但是很多功能需要开发者自己实现。目前，困扰业界的一个重大问题是，加密货币交易处理量远不如现在中心化的支付系统（银行等），除了 I/O，需要全方位的突破。

分布式算法、加密签名等都要在实现点对点网络的过程中加以使用，所以自然是网络层的事情，也是编码的重点和难点。当然，也有把点对点网络的实现单独分开的，把节点查找、数据传输和验证等逻辑独立出来，而把共识算法、加密签名、数据存储等操作放在一起组成核心层。无论怎么组合，这两个部分都是最核心、最底层的部分，都是协议层的内容。

2. 扩展层

这个层面类似于电脑的驱动程序，是为了让区块链产品更加实用。目前有两类，一是各类交易市场，是法币兑换加密货币的重要渠道，实现简单、来钱快、成本低，但风险也大。二是针对某个方向的扩展实现，例如可为第三方出版机构、论坛网站等内容生产商提供定制服务等。特别值得一提的就是"智能合约"的概念，这是典型的扩展层面的应用开发。所谓"智能合约"，就是"可编程合约"，或者叫作"合约智能化"，其中的"智能"是执行上的智能，也就是说达到某个条件，合约自动执行，比如自动转移证券、自动付款等，目前还没有比较成型的产品，但不可否认，这将是区块链技术重要的发展方向。

扩展层使用的技术就没有什么限制了，可以包括很多，例如分布式存储、机器学习、VR、物联网、大数据等，都可以使用。在编程语言的选择上，可以更加自由，因为可以与协议层完全分离，编程语言也可以与协议层使用的开发语言不相同。在开发上，除了在交易时与协议层进行交互之外，其他时候尽量不要与协议层的开发混在一起。这个层面与应用层更加接近，也可以理解为 B/S 架构产品中的服务端。这样不仅在架构设计上更加科学，让区块链数据更小，网络更独立，同时也可以保证扩展层开发不受约束。

从这个层面来看，区块链可以架构开发任何类型的产品，不仅仅是用在金融行业。在未来，随着底层协议的更加完善，任何需要第三方支付的产品都可以方便地使用区块链技术；任何需要确权、征信和追溯的信息，都可以借助区块链来实现。

3. 应用层

这个层面类似于电脑中的各种软件程序，是普通人可以真正直接使用的产品，也可以理解为 B/S 架构的产品中的浏览器端。目前这个层面的应用几乎是空白，市场亟待出现这样的应用，引爆市场，形成真正的扩张之势，让区块链技术快速走进寻常百姓，服务于大众。大家使用的各类轻钱包（客户端），应该算作应用层最简单、最典型的应用。

限于当前区块链技术的发展，市面上的区块链应用一般只能从协议层出发，把目标指向应用层，同时为第三方开发者提供扩展层的强大支持。这样做既可以避免贪多，又可以避免无法落地，是真正理性的开发路线。因为纯粹的开发协议层或扩展层，无法真正理解和验证应用层，会脱离实际，让第三方开发者很难使用。如果仅仅考虑应用层，目前还缺乏真正牢固、易用的协议层或扩展层的产品。

12.4.3 区块链核心技术

要了解区块链，需要理解几项核心技术。

1. 区块链的链接

顾名思义，区块链即由一个个区块组成的链（见图12-10）。每个区块分为区块头和区块体（含交易数据）两个部分。区块头包括用来实现区块链接的前一区块的哈希值（又称散列值）和用于计算挖矿难度的随机数（Nonce）。前一区块的哈希值实际是上一个区块头部的哈希值，而计算随机数规则决定了哪个矿工可以获得记录区块的权力。

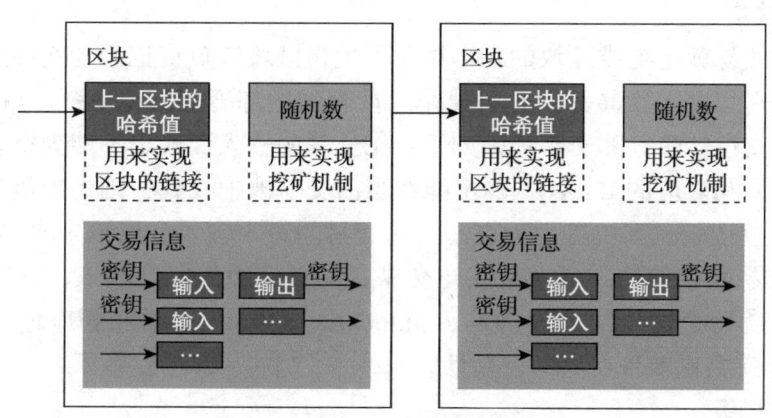

图12-10　区块链技术模型

2. 共识机制

区块链是伴随比特币诞生的，是比特币的基础技术架构。可以将区块链理解为一个基于互联网的去中心化记账系统。类似比特币这样的去中心化数字货币系统，要在没有中心节点的情况下保证各个诚实节点记账的一致性，就需要区块链来完成。所以区块链技术的核心是在没有中心控制的情况下，在互相没有信任基础的个体之间就交易的合法性等达成共识的共识机制。区块链的共识机制目前主要有四类：PoW（Proof-of-Work，工作量证明）、PoS（Proof-of-Stake，权益证明）、DPoS（Delegated Proof-of-Stake，委托权益证明）、分布式一致性算法。

3. 智能合约

智能合约是一套以数字形式定义的承诺（Promise），包括合约参与方可以在上面执行这些承诺的协议。一个合约就是存在在区块链里的程序。合约的参与双方将达成的协议提前安装到区块链系统中。在双方的约定完成后，开始执行合约，不能修改。至于合约执行所需要的"燃料"，也就是手续费，也需要提前支付。智能合约可以解决日常生活中常见的违约问题，如果应用到各行业中，可以避免违约的信用问题。在区块链出现之前，商业领域的信任关系通常要依赖于正直、诚信的个人、中介机构或其他组织才能建立起来。在区块链这个新兴的领域中，信任关系的建立是基于网络，甚至是网络上的某个对象。由区块链驱动的智能合约将会要求双方遵守他们的承诺。

4. 解锁脚本

脚本是区块链上实现自动验证、自动执行合约的重要技术。每一笔交易的每一项输出严格意义上并不是指向一个地址，而是指向一个脚本。脚本类似一套规则，它约束着接收方花掉这个输出上锁定的资产。交易的合法性验证也依赖于脚本。目前它依赖于两类脚本：锁定脚本与解锁脚本。锁定脚本是在输出交易上加上的条件，通过一段脚本语言来实现，位于交易的输出。解锁脚本与锁定脚本相对应，只有满足锁定脚本要求的条件，才能花掉这个脚本上对应的资产。通过脚本语言可以表达很多灵活的条件。解释脚本是通过类似编程领域里的"虚拟机"，它以分布式运行在区块链网络里的每一个节点中。

5. 交易规则

区块链的交易就是构成区块的基本单位，也是区块链负责记录的实际有效内容。一个区块链交易可以是一次转账，也可以是智能合约的部署等其他事务。就比特币而言，交易即指一次支付转账。其交易规则如下：①交易的输入和输出不能为空。②对交易的每个输入，如果其对应的 UTXO⊖ 输出能在当前交易池中找到，则拒绝该交易。因为当前交易池是未被记录在区块链中的交易，而交易的每个输入，应该来自确认的 UTXO。如果在当前交易池中找到，那就是双花交易。③交易中的每个输入，其对应的输出必须是 UTXO。④每个输入的解锁脚本（Unlocking Script）必须和相应输出的锁定脚本（Locking Script）共同验证交易的合规性。

6. 交易优先级

区块链交易的优先级由区块链协议规则决定。对于比特币而言，交易被区块包含的优先次序由交易广播到网络上的时间和交易额的大小决定。随着交易广播到网络上的时间的增长，交易的链龄增加，交易的优先级就被提高，最终会被区块包含。对于以太坊而言，交易的优先级还与交易的发布者愿意支付的交易费用有关，发布者愿意支付的交易费用越高，交易被包含进区块的优先级就越高。

7. Merkle 证明

Merkle 证明的原始应用是比特币系统。比特币区块链使用了 Merkle 证明，为的是将交易存储在每一个区块中，使得交易不能被篡改，同时也容易验证交易是否被包含在一个特定区块中。

⊖ UTXO（Unspent Transaction Outputs）是未花费的交易输出，它是比特币交易生成及验证的一个核心概念。交易构成了一组链式结构，所有合法的比特币交易都可以追溯到前向一个或多个交易的输出，这些链条的源头都是挖矿奖励，末尾则是当前未花费的交易输出。

8. RLP

RLP（Recursive Length Prefix，递归长度前缀编码）是以太坊中对象序列化的一个主要编码方式，其目的是对任意嵌套的二进制数据的序列进行编码。

本章小结

本章从管理信息系统的前沿展望角度，依次介绍了人工智能技术、大数据分析技术、量子技术和区块链技术。人工智能以统计分析作为基础，模式识别是重要的应用，启发式算法和神经网络都是主要依托的技术。大数据分析技术在文献计量领域有了新的拓展，通过爬虫技术获取网页大规模数据，基于复杂网络建模进行呈现和分析。量子技术发展至今虽已有20余年历史，却是在2014年以后才备受资本青睐。本章对量子技术的原理、发展阶段等做了深入浅出的介绍。区块链技术也是近年来非常热门的领域，尤其是区块链对传统互联网服务的"去中心化"颠覆，极有可能会带动互联网产业的新一轮升级，本章也做了一定的介绍。

复习思考题

1. 统计学对人工智能的意义是什么？
2. 模式识别主要依赖的原理是什么？
3. 代表性启发式算法的原理是什么？
4. 卷积神经网络的原理是什么？
5. 大数据文献计量的常用软件有哪些？擅长的领域是什么？
6. 复杂网络分析的常用软件有哪些？擅长的领域是什么？
7. 什么是网络爬虫？
8. 什么是量子纠缠？
9. 互联网金融与区块链的关系是怎样的？

实训：深度学习

人工智能就像长生不老和星际漫游一样，是人类最美好的梦想之一。虽然计算机技术已经取得了长足的进步，但是到目前为止，还没有一台电脑能产生"自我"意识。在人类和大量现成数据的帮助下，电脑可以表现得十分强大，但是离开了这两者，它甚至都不能分辨一个喵星人和一个汪星人。

图灵，是计算机和人工智能的鼻祖，分别对应于其著名的"图灵机"和"图灵测试"。图灵试验的设想于1950年被提出，图灵试验的内容即隔墙对话，你将不知道与你谈话的是人还是电脑。这无疑给计算机，尤其是人工智能，预设了一个很高的期望值。但是半个世纪过去了，人工智能的进展远远没有达到图灵试验的标准。这不仅让多年翘首以待的人心灰意冷，认为人工智能是"忽悠"，相关领域是"伪科学"。

但是自 2006 年以来，机器学习取得了突破性的进展。图灵试验至少不是那么可望而不可即了。至于技术手段，不仅仅依赖于云计算对大数据的并行处理能力，而且依赖于算法。这个算法就是深度学习（Deep Learning）。借助于深度学习算法，人类终于找到了处理"抽象概念"这个巨古难题的方法。

2012 年 6 月，《纽约时报》披露了谷歌大脑（Google Brain）项目，吸引了公众的广泛关注。这个项目是由著名的斯坦福大学的机器学习教授吴思达（Andrew Ng）和在大规模计算机系统方面的世界顶尖专家杰夫·狄思（Jeff Dean）共同主导，用 16 000 个 CPU Core 的并行计算平台训练一种称为"深度神经网络"（DNN, Deep Neural Networks）的机器学习模型[⊖]。但即便如此，谷歌大脑项目在语音识别和图像识别等领域依然获得了巨大的成功。一名项目负责人称："我们没有像通常做的那样自己框定边界，而是直接把海量数据投放到算法中，让数据自己说话，系统会自动从数据中学习。"另外一名负责人则说："我们在训练的时候从来不会告诉机器说这是一只猫。系统其实是自己发明或者领悟了'猫'的概念。"

近年来，谷歌大脑项目的发展可以用爆发式成长来形容，例如在 2018 年 6 月，谷歌大脑提出了一个为强化学习环境构建的神经网络模型"世界模型"（World Models），可通过无监督方式快速训练，使人工智能在"梦境"中对外部环境的未来状态进行预测，大幅提高完成任务的效率。而在 2019 年，其推出的新成果之一则是一个能够理解机器思维方式的 AI 翻译器。归根结底，以上成果的取得都离不开深度学习技术的核心支撑。

资料来源：https://www.36kr.com/p/122132，有删改。

提示问题：
1. 请使用 TensorFlow 建模实现一个简单的非线性函数拟合。
2. 请使用 MATLAB 的神经网络工具箱实现一个简单的非线性函数拟合。

⊖ 内部共有 10 亿个节点。这一网络自然是不能跟人类的神经网络相提并论的。要知道，人脑中可是有 150 多亿个神经元，互相连接的节点也就是突触更是如银河沙数。曾经有人估算过，如果将一个人的大脑中所有神经细胞的轴突和树突依次连接起来并拉成一根直线，可从地球连到月亮，再从月亮返回地球。

参考文献

[1] 王珊，萨师煊. 数据库系统概论 [M]. 4 版. 北京：高等教育出版社，2006.
[2] 韩润春. 管理信息系统 [M]. 河北：河北人民出版社，2003.
[3] 杨义先. 网络信息安全与保密 [M]. 北京：北京邮电大学出版社，2001.
[4] 国林. 数据通信基础 [M]. 北京：清华大学出版社，2006.
[5] 韩家炜. 数据挖掘概念与技术 [M]. 2 版. 北京：机械工业出版社，2007.
[6] INMON W H. 数据仓库（原书第 3 版）[M]. 王志海，等译. 北京：机械工业出版社，2006.
[7] 赵乃真. 信息系统设计与应用 [M]. 2 版. 北京：清华大学出版社，2009.
[8] 张仕. 基于面向对象软件的动态更新研究 [D]. 上海：上海交通大学，2008.
[9] 范凯. 程序的灵魂：面向对象技术的思维方法 [EB/OL].(2006-05-12)[2020-01-01]. http://www.ccidnet.com/2006/0512/550979.shtml.
[10] 刘仲英，王洪为，吴冰. 管理信息系统 [M]. 3 版. 北京：高等教育出版社，2017.
[11] 薛华成. 管理信息系统 [M]. 6 版. 北京：清华大学出版社，2012.
[12] 黄梯云，李一军. 管理信息系统 [M]. 6 版. 北京：高等教育出版社，2016.
[13] 齐治昌，谭庆平，宁洪. 软件工程 [M]. 北京：高等教育出版社，2001.
[14] 邝孔武，王晓敏. 信息系统分析与设计 [M]. 3 版. 北京：清华大学出版社，2006.
[15] 罗鸿. 企业资源计划（ERP）教程 [M]. 北京：电子工业出版社，2007.
[16] 孙滨丽. ERP 原理与应用 [M]. 北京：电子工业出版社，2008.
[17] 邱立新. 管理信息系统 [M]. 北京：中国质检出版社，2011.
[18] POST G V, ANDERSON D L. 管理信息系统：解决商务问题的信息方案（原书第 3 版）[M]. 于明，译. 北京：清华大学出版社，2009.
[19] 杨桦，尹聪春. 管理信息系统 [M]. 北京：清华大学出版社，2010.
[20] 程学先等. 管理信息系统及其开发 [M]. 北京：清华大学出版社，2008.
[21] 周继雄. 管理信息系统 [M]. 上海：上海财经大学出版社，2008.
[22] 高洪深. 决策支持系统（DSS）理论与方法 [M]. 4 版. 北京：清华大学出版社，2009.

[23] 奥布赖恩，马拉卡斯．管理信息系统 [M]．李红，姚忠，译．北京：人民邮电出版社，2009．

[24] 郭东强．现代管理信息系统 [M]．北京：清华大学出版社，2006．

[25] 劳顿．管理信息系统（原书第 15 版）[M]．黄丽华，等译．北京：机械工业出版社，2018．

[26] 哈格，卡明斯．信息时代的管理信息系统（原书第 9 版）[M]．颜志军，贾琳，尹秋菊，等译．北京：机械工业出版社，2016．

[27] 周三多，陈传明．管理学：原理与方法 [M]．7 版．上海：复旦大学出版社，2018．

[28] 张凯．信息资源管理 [M]．3 版．北京：清华大学出版社，2013．

[29] 汪应洛．系统工程 [M]．5 版．北京：机械工业出版社，2017．

[30] 陈文伟．决策支持系统教程 [M]．3 版．北京：清华大学出版社，2017．

[31] HAN J W, KAMBER M, PEI J. 数据挖掘：概念与技术（原书第 3 版）[M]．范明，孟小峰，译．北京：机械工业出版社，2012．

[32] INMON W H, LINSTEDT D. 数据架构 [M]．唐富年，译．北京：人民邮电出版社，2016．

[33] 王珊，萨师煊．数据库系统概论 [M]．5 版．北京：高等教育出版社，2014．

[34] SILBERSCHATZ A, KORTH H F, SUDARSHAN S. 数据库系统概念（原书第 6 版）[M]．杨冬青，李红燕，唐世渭，译．北京：机械工业出版社，2012．

[35] 曾凡平．网络信息安全 [M]．北京：机械工业出版社，2015．

[36] 谢希仁．计算机网络 [M]．7 版．北京：电子工业出版社，2017．

[37] 周昕，贾冬梅，任百利．数据通信与网络技术 [M]．2 版．北京：清华大学出版社，2014．

[38] 毛京丽，董跃武．数据通信原理 [M]．4 版．北京：北京邮电大学出版社，2015．

[39] 徐敏奎，邱立新．管理信息系统 [M]．北京：中国标准出版社，2003．

[40] 杨国荣．供应链管理 [M]．3 版．北京：北京理工大学出版社，2015．

[41] 沃德，佩帕德．信息系统战略规划（原书第 3 版）[M]．吴晓波，耿帅，译．北京：机械工业出版社，2007．

[42] 刘希俭．企业信息技术总体规划方法 [M]．北京：石油工业出版社，2012．

[43] 左美云，余力，李倩．信息系统项目管理 [M]．2 版．北京：电子工业出版社，2014．

[44] 仝新顺，王初建，于博．电子商务概论 [M]．2 版．北京：清华大学出版社，2017．

[45] 商务部电子商务和信息化司．中国电子商务报告 2018[M]．北京：中国商务出版社，2019．

[46] 段楠楠，赵珑．电子商务概论 [M]．北京：北京交通大学出版社，2012．

[47] 特班，金，李在奎，等．电子商务：管理与社交网络视角（原书第 8 版）[M]．占丽，徐雪峰，时启亮，等译．北京：中国人民大学出版社，2018．

[48] 彭媛．电子商务概论 [M]．3 版．北京：北京理工大学出版社，2018．

[49] 王民，扈健丽，王静. 电子商务概论 [M]. 2版. 北京：北京理工大学出版社，2017.

[50] 虞益诚. 电子商务概论 [M]. 2版. 北京：中国铁道出版社，2013.

[51] 程学先，宋克振. 管理信息系统及其开发 [M]. 北京：清华大学出版社，2008.

[52] 黄孝章，刘鹏，苏利祥. 信息系统分析与设计 [M]. 2版. 北京：清华大学出版社，2017.

[53] 麻志毅. 面向对象分析与设计 [M]. 2版. 北京：机械工业出版社，2013.

[54] 田渊栋. 阿法狗围棋系统的简要分析 [J]. 自动化学报，2016(5):34-38.

[55] 朱福喜. 人工智能基础教程 [M]. 北京：清华大学出版社，2011.

[56] 朱大奇. 人工神经网络研究现状及其展望 [J]. 江南大学学报，2004 3(1):103-110.

[57] 王书浩，龙桂鲁. 大数据与量子计算 [J]. 科学通报，2015，60(z1)：499-508.

[58] NIELSEN M A, CHUANG I L. 量子计算和量子信息 [M]. 赵千川，译. 北京：清华大学出版社，2004.

[59] 邵奇峰，金澈清，张召，等. 区块链技术：架构及进展 [J]. 计算机学报，2018，41(5)：969-988.

[60] 袁勇，王飞跃. 区块链技术发展现状与展望 [J]. 自动化学报，2016，42(4)：481-494.

[61] 何蒲，于戈，张岩峰，等. 区块链技术与应用前瞻综述 [J]. 计算机科学，2017，44(4)：1-7.

[62] 郭丽丽，丁世飞. 深度学习研究进展 [J]. 计算机科学，2015，42(5)：28-33.

[63] 王汉新. 物流信息管理 [M]. 北京：北京大学出版社，2010.